현대 메타윤리학과 칸트

<논문집>

윤화영 지음

Contemporary Metaethics and Kant

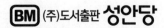
BM (주)도서출판 성안당

현대 메타윤리학과 칸트

2022. 12. 26. 초 판 1쇄 인쇄
2023. 1. 4. 초 판 1쇄 발행

지은이 | 윤화영
펴낸이 | 이종춘
펴낸곳 | **BM** ㈜도서출판 **성안당**
주소 | 04032 서울시 마포구 양화로 127 첨단빌딩 3층(출판기획 R&D 센터)
     | 10881 경기도 파주시 문발로 112 파주 출판 문화도시(제작 및 물류)
전화 | 02) 3142-0036
     | 031) 950-6300
팩스 | 031) 955-0510
등록 | 1973. 2. 1. 제406-2005-000046호
출판사 홈페이지 | www.cyber.co.kr
ISBN | 978-89-315-5931-6 (93160)
정가 | 20,000원

이 책을 만든 사람들
책임 | 최옥현
교정 · 교열 | 이영남
본문 디자인 | 이다은
표지 디자인 | 박원석
홍보 | 김계향, 박지연, 유미나, 이준영, 정단비
국제부 | 이선민, 조혜란
마케팅 | 구본철, 차정욱, 오영일, 나진호, 강호묵
마케팅 지원 | 장상범
제작 | 김유석

www.**cyber**.co.kr
★★★
성안당 Web 사이트

■ **도서 A/S 안내**

성안당에서 발행하는 모든 도서는 저자와 출판사, 그리고 독자가 함께 만들어 나갑니다.
좋은 책을 펴내기 위해 많은 노력을 기울이고 있습니다. 혹시라도 내용상의 오류나 오탈자 등이 발견되면 **"좋은 책은 나라의 보배"**로서 우리 모두가 함께 만들어 간다는 마음으로 연락주시기 바랍니다. 수정 보완하여 더 나은 책이 되도록 최선을 다하겠습니다.
성안당은 늘 독자 여러분들의 소중한 의견을 기다리고 있습니다. 좋은 의견을 보내주시는 분께는 성안당 쇼핑몰의 포인트(3,000포인트)를 적립해 드립니다.
잘못 만들어진 책이나 부록 등이 파손된 경우에는 교환해 드립니다.

승계호(T. K. Seung) 박사님을 추모하며

머리말

여기에 수록된 논문들은 2006부터 십수 년간 필자가 발표한 논문 중 메타윤리학이 무엇이고 그 안에서 일어나는 논쟁들은 무엇인가를 연구한 것들을 책으로 묶은 것이다. 메타윤리학이라는 분야는 윤리학적 또는 도덕적 가치들의 본질을 탐구하는 학문으로써 도덕가치의 형이상학이라고도 설명할 수 있겠다. 이것을 예들을 통해 간단히 소개해 보자. 어떤 이들은 우리가 말하는 도덕가치들의 본질이 실은 개인의 이익 추구를 원활히 해 주는 도구일 뿐이라고 말한다. 예를 들어, 도덕적 가치들을 잘 지키지 않는 사람들은 사회에서 비난도 받고 처벌도 받아서 자신의 사익 추구를 잘하지 못할 수 있다. 그래서 도덕률들을 잘 지키는 목적은 사익 추구를 원활히 하려는 것일 뿐이니 도덕가치란 것은 개인적 이익으로 환원될 수 있다고 말하는 것이다. 비슷하게 도덕가치를 사회적 이익으로 귀착시킬 수 있다고 주장할 수도 있다. 도덕가치를 존중하는 것은 개인들 사이의 마찰을 줄이려는 것이니 사회적 이익이 그 본질이라고 주장할 수 있다. 또 어떤 이들은 도덕적 가치가 신의 명령이라고 말한다. 또 다른 이들은 도덕가치는 인간이 만든 것이라고 한다. 이렇게 다양한 입장들은 메타윤리학에서 많은 이론적 조류를 낳고 있다.

필자는 칸트의 입장에서 다양한 이론들을 비판해 왔다. 칸트는 도덕가치를 인간이 만든 것이기는 하나 이성적 산물이기 때문에 보편성과 절대성을 가지고 있다고 보았다. 그 어떤 사람이라도 이성적 사고를 할 수 있으므로 도덕가치에 관한 한 동일한 결론에 도달할 수 있다고 보았기 때문이다. 또한 칸트는 생각하기를, 도덕가치들은 물론 인간의 자연적 본성과 연관이 있기는 하지만 자연적 본성 자체가 도덕가치가 될 수 없다고 보았다. 인간이 좋은 성향이나 의지가 있다고 해도 자연적 본성은 변덕스런 감성이나 사악함,

비도덕적 본성 등도 함께하고 있으므로 일관성 있는 원칙을 만들어 낼 수 없다. 비유하자면, 금 원석을 제련해서 금을 뽑아내고 금괴를 만들듯이 인간의 본성을 이성으로 제련해서 도덕가치를 만들어 낸다는 것이 그의 입장이라고 필자는 보고 있다. 금 원석 자체는 정형적인 금괴가 아니다.

이렇게 도덕가치가 인간의 자연적 본성에 근거한다고 보는 시각은 많다. 그러나 칸트와 달리, 어떤 이들은 감성이 도덕가치의 근원이라고 보기도 하고, 또 다른 이들은 자연적 심성이 그대로(이성의 도움이 없이) 도덕가치가 된다는 입장을 가지고 있기도 하다. 필자는 그동안 논문에서 이런 입장들이 갖는 맹점을 비판해 왔다. 차차 본문에서 살펴보기로 하겠다.

필자는 이 분야에 대한 연구를 하면서 꽤 의미 있는 구분을 생각하게 되었는데, 그것은 개략적으로 말해서 '철학교수'와 '철학자' 간에 차이가 있을 수 있다. (물론 어떤 '철학교수'와 '철학자'가 같은 경우도 얼마든지 있다.) 서구권에서는 소위 스타급 철학교수들이 있다. 대가(大家) 또는 석학이라고도 불리는데, 이들은 특정한 철학 조류를 선도하는 이들로 다른 사람들의 주목과 존경을 받고 있다. 이들이야말로 새로운 개념과 화두를 던지면서 많은 논문도 쓰고 한 조류를 대표하는 역할을 한다. 그들의 글은 많은 이들이 읽기도 하고 높은 평가를 받기도 한다. 그들이야말로 시장가치가 있는 학자들이라고 하겠다. 유명한 대학들에서는 높은 연봉과 연구비를 제시하며 이들 스타급 철학교수들을 스카우트해 가기도 한다. 그들의 공헌은 다른 연구자들 그리고 학생들에게까지 영향을 미친다. 철학교수로 취업할 수 있는 기회 또는 승급할 수 있는 기회 등이 첨단에서 달리는 학자들의 업적으로 만들어진다. 이들은 철학계에서 소중한 존재가 아닐 수 없다.

그런데 이들은 과연 진실을 찾거나 진실에 가까이 다가가고 있을까? 이런 질문은 철학을 본격적으로 막 시작한 대학원생 정도나 던져볼 수 있다. 그러나 이 질문은 철학을 하는 모든 이가 잊지 말아야 하는 질문이 아닐까? 지금

대가급 학자들이 진실 추구에 관심이 없다는 것을 주장하려는 것이 아니다. 이런 질문을 던지는 것은 높은 시장가치와 진리 추구는 서로 관계가 없다는 점을 지적하고 싶을 뿐이다. 이런 질문을 하는 이유는 영향력 있는 학자들의 이론을 좇아갔을 때, 우리는 빈번히 어떤 미로 같은 곳에 빠져있는 자신을 발견하게 되기 때문이다. 때로는 열심히 그들을 좇아가도 손에 쥘 수 있는 것은 해가 떠오르면 사라지는 이슬방울과 같은 것이다. 실제로 진리는 철학계에서 환영받지 못할 수 있다. 어떤 진리가 등장한다면 빈약한 개념들이나 심지어는 열띤 논쟁도 사라질 수 있다. 이것은 철학계의 위축이다. 그러나 우리는 철학적 진리가 정말로 필요한데, 그것이 없이는 철학이라는 학문의 가치 자체가 정당화되지 못하기 때문이다.

필자가 이런 말을 하는 것은 나름의 이유가 있다. 필자가 여러 논문들과 이론들을 살펴보았을 때, 많은 글들이 '철학자'가 쓴 것이라기보다는 '철학 교수'가 쓴 것 같은 인상을 더 받게 된다. 철학적 진리의 탐구가 포함될 수 있지만 자신들이 내놓은 이론의 옹호에 더 많은 노력을 기울이며 독자의 시야를 넓게 확대해 주지는 못하는 것 같다. 결과적으로 그들 이론의 폭과 깊이는 닫혀 있는 조개와 비슷하다고 느낄 때가 많다. 그들의 방어 전략은 크게 나무랄 데가 없어 보인다. 그러나 그들의 무기는 의심스러운 개념들과 특수 용어로 구성되어 있다. 그러다보니 이론적 논쟁의 결과는 철학에서 흔히 만들어지는 실책들, 예를 들어 '근거가 박약한 주장' '허수아비 때리기' '장님 코끼리 만지기' 등이 되기 쉽다. 이런 상황에서 학자들 간 진정한 소통은 쉽지 않고, 확실한 지식의 축적도 거의 불가능해 보이며, 철학을 통한 문제의 해결은 기대하기 어렵게 보인다. 학자들은 삼삼오오 짝을 지어 무리를 이루고 자신들도 잘 이해하지 못하는 내용들을 가지고 상대편에 손가락질해 댄다. 그러다가 새로운 논쟁거리가 등장하면 새로운 전선을 형성하고 전장을 바꾸게 된다. 좀 심하게 비유하자면, 새로운 패션을 찾아 시장을 누비는 의류업자 같을 때도 있다. 그래서 첨단 학자들의 역할이 더 소중할 수 있다. 왜냐하면 그들은 이 게임을 계속할 수 있는 장을 만들어주고 기회를 부여하기 때문이다. 상황은 악순환 같아 보일 수 있다. 진실을 찾는다는 측면에서 대대적인 수선이 필요해 보이기도 하는데 필자가 강력한 해결책을 갖고 있지는 못하다.

이런 혼란함의 예외가 될 수 있는 것이 칸트의 이론이다. 또 칸트는 이런 혼란을 정리할 수 있는 실마리도 줄 수 있다고 믿는다. 물론 그의 이론조차도 혼란의 한복판에 있다고 할 수 있는데, 많은 경우 그의 이론 체계를 잘못 이해하는 데서 온다고 생각된다. 내가 칸트를 높이 사는 이유는 그의 이론이 일관성이 있고 체계적이어서 결점을 찾기도 쉽지 않으며, 그의 이론은 도덕의 거의 모든 단계와 측면을 포괄할 수 있기 때문이다. 필자의 의견으로는 칸트의 방법론은 혼란스러워 보이는 현 상황을 똑바르게 정리할 수 있을 것 같다. 무엇보다도 우리는 인간세상의 실제적 도덕 양상들을 더 잘 이해해야 한다. 이것은 몇몇 개념들을 만들어내기 위해 부분에 초점을 맞추는 것과 다르다. 그 다음은 칸트가 그랬듯이 진짜 문제와 숨겨진 개념들을 찾아내기 위해 다양한 도덕적 측면들을 분석하는 것이다. 이런 방법을 통해 메타윤리학적 논쟁을 좀 더 긍정적이고 생산적으로 만들어 갈 수 있다.

많은 다른 이론들은 도덕양상의 한 측면을 잘 설명하지만, 이 이점을 다른 측면으로까지 확대하는 경향이 있다. 이런 무절제한 확장이 해당 이론 전체를 또 메타윤리학적 논쟁을 혼란스럽게 만든다. 예를 들어보자. 3장에서 다루게 될 '감수성이론'은 어떤 장점이 있다. 그 이론이 말하는 대로 우리가 어떤 도덕적 인식의 경우를 진실이라고 느끼는 경우 외부적으로 주어지는 행위나 현상에 대한 강한 확신이 생기게 된다. 즉, 이런 확신은 마치 '현상' 같이 우리에게 주어질 수 있다. 감수성이론은 이런 확신의 경우를 지나치게 확대했다고 본다. 문제는 이런 확신이 나중에 보면 틀릴 때도 있고, 또 이런 확신으로 설명하기 어려운 도덕적 측면도 있다. 비슷하게 우리가 도덕적 판단을 할 경우, 맥키나 다른 이론가들이 말하는 것처럼 감성이나 감수성에 의존하는 경우가 많다. 누군가가 약한 자를 괴롭히는 것을 보면, 깊이 생각하기 전에 정의로운 감정, 피해자를 동정하는 감정, 가해자를 처벌하고 싶은 감정 등이 자연스럽게 생기고, "가해자의 행동은 나쁘다." 같은 감정에 의한 판단을 할 수 있다. 그러나 이런 감정에 근거한 판단을 다른 측면에까지 확대할 수 없다. 특히 도덕의 기준을 감정에만 의존해서 만들 수 없다. 칸트 이론의 장점은 이런 다양한 도덕적 판단, 도덕적 경험을 설명할 수 있는 기본 개념들의 생성 그리고 이런 개념들이 실생활 속에서 어떻게 경험적 규범으로 발전해 나가는가 등을 단계적으로 설명하고 있다. 또 칸트는 사람들이 자신들의 욕망과 바람, 성향 등으로 행동하고 판단하고 있음을 충분히 인지하고 있다. 감정의 역할은 누구나 알 수 있는 평범한 사실이다. 그런데 많은 현대 이론가들은 칸트의 이성론에만 집착해 칸트가 모든 판단을 이성적으로만 한다면서 칸트를 왜곡시켜 자신들의 이론을 정당화하려는 경우가 많다. 이런 자세들이 결과적으로 혼란스러운 논의, 잘못된 논리 등을 만들어 낸다고 본다. 그래서 각 철학적 주장은 비판하거나 논의하려는 대상을 충분히 이해하고 단계적으로 분석해서, 큰 이론을 위한 개념들을 만들어 나가는 것이 필요하다고 생각한다. (실제로 이런 방법이 오랫동안 분석철학이 주장해 오던 것이라고 필자는 생각한다.) 이것이 칸트의 방법이며, 칸트가 주는 교훈이라고 할 수 있다.

여기 수록된 논문들은 메타윤리학을 공부하는 학자들을 대상으로 쓴 것이지만, 도덕 문제에 관심이 있고 그 본질을 이해하고자 하는 일반 독자들도 읽어볼 수 있다고 생각한다. 일단 특수 분야에서 쓰는 개념들과 용어들을 이해하게 되면, 책과 논문들이 보여주고자 하는 것을 어렵지 않게 이해할 수도 있다고 생각한다. 논문들을 묶어서 네 개의 장으로 나누고 각 장의 앞부분에 소개말을 수록하였다. 이렇게 함으로써 독자들이 더 잘 이해할 수 있다고 생각한다. 그리고 논문의 내용에 관심을 갖고 있는 영어권 친구들을 위하여 머리말과 각 장의 소개말 정도를 영어로 번역하였으나 내용 전달이 잘 되고 있는지는 큰 자신이 없다.

논문을 모아 논문집으로 발간할 수 있게 허락해 주신 각 게재지에 감사드리며, 최종 출판에 힘써 주신 성안당에도 감사드린다. 끝으로 논문이 수록되었던 잡지들과 논문 목록을 적어보았다.

「Non-cognitivism의 바른 평가」	『철학연구』 제32집 (고려대 철학연구소; 2006. 9)
「존 맥키의 "기이함에 근거한 논변" 비판」	『철학적 분석』 제14호 (한국분석철학회; 2005. 12)
「도덕가치의 투사와 객관성: 존 맥키와 사이먼 블랙번의 경우」	『철학적 분석』 제18호 (한국분석철학회; 2008. 12)
「오류이론, 허구론, 그리고 도덕 체계의 객관성」	『철학』 133집 (한국철학회; 2017. 12)
「반객관주의자인 존 맥키와 자연주의적 실재주의자들의 도덕가치」	『윤리학』 3권2호 (한국윤리학회; 2014. 11)
「존 맥키는 도덕 실재주의자가 될 수 있는가?」	『철학』 119집 (한국철학회; 2014. 5)
「존 맥키의 기이함과 월터 시노트-암스트롱의 "기이함"」	『철학』 125집 (한국철학회; 2015. 12)
「감수성이론에서의 도덕적 진리」	『철학적 분석』 제19호 (한국분석철학회; 2008. 6)

「존 맥도웰의 도덕적 제 이의 천성: 무엇이 문제인가?」 『철학연구』 제94집 (철학연구회; 2011. 9)

「조지 무어의 "열린 질문 논증과 피터 레일톤의 환원론적 자연주의」 『윤리학』 2권1호 (한국윤리학회; 2013. 5)

「무어의 "열린 질문 논증과 코넬 학파의 도덕적 자연주의」 『철학연구』 제103집 (철학연구회; 2013. 12)

「도덕가치의 보편화와 도덕 상대주의」 『철학연구』 제115집 (철학연구회; 2016. 12)

「정언명법, 가언명법, 그리고 도덕 객관주의」 『윤리학』 7권1호 (한국윤리학회; 2016. 6)

「도덕 행위자 이론의 문제점」 『철학연구』 제56집 (고려대 철학연구소; 20017. 9)

「도덕 경험론의 욕망과 도덕규범의 문제」 『윤리학』 7권2호 (한국윤리학회; 2018. 12)

Preface

This anthology is a collection of my articles that had been published for more than a decade from 2006. They deal with metaethical issues, disputes, or arguments. Roughly speaking, metaethics means metaphysics of moral(or ethical) values(norms) or a field of philosophy studying the nature of morals. Let us take an example. Some people say that moral values are nothing but a tool of achieving personal interests; those who don't follow moral values would be harshly rebuked or even punished, so they have difficulties in their pursuit of personal interests and goals. For this reason, people would want to behave morally. In terms of this view, moral values are reducible to personal interests. Similarly, some argues that morals may be needed to attain higher social benefit; morals could reduce serious conflicts among them. Harmonious relationship among the citizens could yield bigger social benefits. The goal of moral values and practices would be to serve for social benefits and interests. In that sense moral values might be reduced to social benefits. On the contrary, some believe that morals are the command of the God. Some others believe that morals are made by human beings, not by the God. Diverse views would produce many different schools in metaethics.

The author has criticized many theories in metaethics from the Kantian perspective. Kant holds that moral values are the product of human reason, so moral values and principles must have universality or transcendental meanings insofar as rational thinking can lead us the same conclusion. Kant seems to think that moral values are linked to good will (or inclination) of humans, but the good inclination is not the same as morality. Although people would have good characters or natures, the goodness frequently accompanies with whims, or badness. So natural goodness cannot be morality because there is no consistency and principles in it. As miners extract gold out of mother lode, rational person construct morality out of natural inclinations. Mother lode is not gold bar.

Many other philosophers believe that morality is grounded in some natural human qualities. Unlike Kant, some believe that human sense (or sensibility) is the source of morality. Others believe that good nature of humans becomes morality without the help of human reason. The author has criticized non-Kantian perspectives. We will see more at coming chapters.

While studying philosophy, the author comes to think about a meaningful distinction between "philosopher" and "philosophy professor." (Of course, a philosophy professor also can be a philosopher, too.) Some philosophy professors are praised as great scholars, and draw others' attention and respect. They are usually the leaders of philosophical trends, and they present new concepts, ideas, or theories. Their writings are usually popular and highly praised. They must have market value. Many prestigious universities are ready to hire them with good salary. Their contribution expands to other scholars and students. Many new opportunities — such as job opportunities or opportunities of promotion — could be created by them. Leading–edge professors are really valuable figures in the society of philosophy.

But my question is whether they are really looking for truth. A graduate student who just begins to study philosophy may raise such a question. But is this a question that every philosophy students and scholars should keep asking? I am not saying that renowned professors are not interested in searching for truth at all. I want to ask this question simply because market value has nothing to do with truth. I ask this question simply because following them frequently ends up with finding ourselves in a maze; or what we can grasp would be something like a few drops of dew that evaporate when the sun comes up high in the sky. In fact, truth would not be welcomed in the society of philosophy. It is because truth may kick out evanescent concepts or extinguish fiery disputes. Truth may constrict philosophical debates and society. But we still need truth without which the value of philosophy would be seldom justified.

I am saying this since I have had impressions that many theories and articles in metaethics would be written by "philosophy professors," not by "philosophers." Again, I am not saying that the professors are not interested in truth at all, but they are concerned more about defending or saving their own views, rather than opening our eyes to see some concealed truths. Their world is closed like a shellfish which has strong and beautiful shells. Of course they are good at defending themselves. They wield their weapon loaded with suspicious concepts and jargons. But the discussions among them tend to end up with common mistakes found in philosophy like "mere assertion," "attacking a straw man," or "blind men and an elephant." Under this circumstance, true communication between scholars is not easy; accumulation of valid knowledge is almost impossible; solution of problems is hardly expected. People grouped twos or threes raise their voices and point their fingers to the opponents on an issue they do not fully understand. With the advent of a new issue, they would change their battleground to form a new frontline. Sarcastically speaking, they would look like vendors seeking for a new fashion in a market. The role of leading scholars is laudable because they provide the opportunities to keep playing games. The situation is something like a vicious circle. In terms of seeking truth, we have to revamp what is going on. But to be honest I don't know how.

I believe an exception to this mess is Kant's theory. I also believe Kant can provide a clue to clean up the mess. I admire Kant not only because his theory is so consistent and well-organized that no one easily can find fault with it, but because his view can comprise almost all the aspects in morality. I think Kant's methodology could make the messy situation straight. Most of all, we'd rather figure out the real aspects in the moral world as they are, rather than propose recklessly a view based on insufficient understanding. Next, we may analyze, as Kant does, various moral aspects to find real problems and hidden aspects. I believe that these methods can improve metaethical discussions toward a more positive and productive direction.

A theory can have an advantage or a useful tool in explaining some moral experiences. A problem is that it tries expand its advantage to explain other aspects of moral experience as if it would be a panacea. Uncontrolled expansion like this would cause confusion even though this confusion is not obvious to everyone. For example, Sensibility Theory which will be discussed in Chapter 3 has an advantage. As the theory holds, when we think we grasp a moral truth on some action, our conviction on the truth and the true property of moral action may come together. if not, we may be hesitating in accepting its truthfulness. So the conviction on the truth would be something like "phenomenon." But Sensibility Theory extends too much the concept of phenomenon. That is, the theory is difficult in explaining the cases in which the conviction is proven wrong later. The conviction sometimes does not explain efficiently some moral cases. Similarly, we would make some moral judgment from our sense or sensibility. For example, we see a case in which a person annoys another. Our sense of justice or sympathy could yield a judgment, "The wrongdoer should be punished." But this process of judgment based on sympathetic sense could not be extended to other moral cases. For instance, when moral standards or laws are made, the role of sense or sensibility should be minimized. A merit of Kant's moral theory is that it can explain various aspects of morals by dividing the stages in the development of moral concepts. Basic concepts and principles are devised to explain commonsense moral concepts that can be applied to real—life morals. Kant explain this development step by step. He knows very well that many people carry out activities by wants, desires, or inclinations. This is a simple fact that everyone can see. But this fact is not a ground of any moral truth to Kant. Many modern theorists focus only on Kant's rationalism, and try to distort him to justify their views. Such distortions or oversimplifications would produce confusing theories. To avoid this, we have to have a deep understanding on what we are going to analyze, and try to avoid oversimplification. Rather than try to find out cure-all concept — such as "sense," "sensibility," "error," "fiction," etc. — we try to find a fact and establish a corresponding concept to build a big theory step by step. (In fact this is, I believe, analytic philosophy have claimed for a long time.) This is Kant's methodology and lesson we can learn from him, I think.

I suppose the readers of these articles are those who study metaethics. But people who are interested in the nature of morals can try reading them. Once you understand basic concepts and jargons used in a specific academic field, you can figure out what books and theories try to propose. I grouped the articles to four chapters and attach an overview in the beginning of each chapter. I hope that is helpful to any readers.

차례

1

비인지론과
인지론

1장 소개말

메타윤리학에서 'non-cognitivism'이라고 불리는 조류가 있다. Non-cognitivism은 말 그대로 비인지론, 즉 도덕적 판단에 옳고 그름이 없다는 주장을 하는 이론이라는 의미이다. 그 반대는 인지론(cognitivism)이다. 그런데 대부분의 'non-cognitivists'라고 불리는 이들은 비인지론을 주장하지 않는다. 오히려 도덕적 판단에는 진위가 있다는 주장을 하지만 이 진위의 근거는 어떤 사실(fact)에 근거하지 않는다는 것뿐이다. 그 근거는 이성적 사고에 의한 사회적 기준 또는 공리주의적 사고에 의한 판단 등에 근거한다.

흥미로운 것은 일단의 학자들이 왜 이들을 비인지론자로 매도하는 것인가 하는 점이다. 여기에는 다소 긴 역사가 있다. 20세기 초반 무어(G. E. Moore)로까지 거슬러 올라가 보자. 무어는 도덕적 판단과 사고는 자연적(도덕외적, 경험적) 판단과 근본적으로 다르다는 주장을 하였고, '열린 질문 논증(Open Question Argument)'을 통해 이를 보여주려고 하였다. 이후 스티븐슨(C. L. Stevenson)도 주장하기를 도덕적 판단에는 '감성적 요소'가 포함되어 있으므로 경험적 판단과 같을 수 없다고 하였다. 후에 이런 '감성적 요소'를 헤어(R. M. Hare)에 의해서 '권고성(prescriptivity)'이라고 구체화되었다. 즉, 도덕적 판단에는 다른 사람들에게 권고하는 의미가 포함되어 다른 사람들의 행위에 영향을 미치려 한다는 것인데 사실을 기술하는 자연적 판단이나 진술에는 이것이 없다. 이 점은 다음 논문에서 자세히 살펴보기로 하자.

이런 도덕적 판단의 특징(권고성)과 함께 소위 비인지론자들은 도덕적 판단에 진위가 없다는 주장을 하지 않는데, 왜 이들을 비인지론자로 부를까? 또 누가 이들을 비인지론자로 몰고 가는가? 이들을 비인지론자로 부르는 이들은 자연주의자와 실재론자 등 상당히 광범위하게 분포하고 있는데, 필자의 의견으로는 이들을 경험론자라고 부를 수 있다. 이들의 입장은 다음과 같다. 첫째, 도덕적 판단의 진위도 어떤 사실, 즉 경험적, 자연적, 또는 문화적 사실에 근거해야 하는데, 소위 'non-cognitivist'들은 이 진위 판단의 근거를 사실(fact)이라고 보지 않기 때문에 비인지론이라고 주장하는 듯하다. 무어에서 헤어까지 이들은 도덕적 판단의 근거가 사회에서 전통으로 주어지고 있음을 부정하지는 않는다. 단지 그 근거가 '사실'이라고 볼 수 없다는 것뿐이다.

둘째, 경험론자들은 무어에서 헤어까지 강조되고 있는 도덕적 판단을 하거나 도덕 기준을 형성하는 과정에서 이성적 사고를 인정하고 싶어 하지 않는 듯하다. 도덕적 판단은 감정적, 감성적 또는 감수성적 판단(이것은 스티븐슨이 말하던 '감성적 요소'와 다르다. 그의 '감성적 요소'는 권고성을 말하는 것이라고 봐야 한다.)이라고 봐야 한다는 것이다. 예를 들어, "도둑질이 나쁘다."라는 판단은 그 판단을 하는 사람의 성향이나 감성 등을 나타내는 것일 뿐이지 어떤 이성적 판단이 개입되어 있지 않다고 보는 것이다. 그러나 이것도 설득력 있는 반박은 아닌 것 같다. 왜냐하면 각 개인들이 감성에 의해 도덕적 판단을 할 수 있지만 그것이 옳은가 그른가를 판정하는 기준들은 단지 감성에 의해 만들어진다고 보기 어렵기 때문이다. 소위 'Non-cognitivist'들은 그 기준이 정당하려면 이성적 사고에 의해 만들어져야 하는 것이라고 주장하는 것으로 봐야 한다.

이렇게 'non-cognitivist'들과 그 반대편 학자들 사이에는 확실한 입장 차이가 있다. 양쪽 다 도덕적 판단에 진위가 있을 수 있다는 입장을 갖고 있지만, 그 진위 판단 기준의 본질을 서로 다르게 보는 것이다. 소위 'non-cognitivist'의 입장에서는 이 도덕적 기준들은 분석될 수 있고 거기에는 이성의 작용이 포함되었다고 보지만, 그 반대편에서는 이 기준들은 자연적이거나 관습적이거나 또는 분석 불가능한 것이라는 시각을 갖고 있음을 대략적으로 말할 수 있다. 그러니 무어에서 헤어까지 이성론자들을 'non-cognitivist'라고 낙인찍는 것은 무리한 처사라고 말하고 싶다. 만약 이들이 비인지론자라면 칸트도 비인지론자로 봐야 한다는 결론을 내릴 수 있다. 필자의 「Non-cognitivism에 대한 바른 평가」는 이런 점을 설명하려고 했으며, 메타윤리학을 이해하고 또 이 분야의 문제점을 이해하는 데 대표적인 사례라고 생각되어 하나의 논문으로 제 1장을 구성하게 되었다. 비록 한 편이라고 해도 그 비중은 결코 작지 않다고 생각된다.

Overview of Chapter 1

There is a trend called "non-cognitivism" in metaethics. Non-cognitivism is literally a theory which would hold that there is no truth or falsity in any moral statement or judgment. Cognitivism is the opposite to non-cognitivism. But so-called "non-cognitivism" or "non-cognitivist" does not agree with non-cogitivism. Rather the "non-cognitivist" holds that there is truth or falsity in a moral statement although the judgment does not rely on any "fact". The criteria of moral judgment would be grounded on other than facts such as rational thinking or convention.

It is interesting to see why they are stigmatized as "non-cognitivist." There appears to be a long story which traces back to G. E. Moore. He argues that moral judgments are categorically different from natural (or factual) ones; his Open Question Argument is designed to show the difference. Similarly C. L. Stevenson says that moral judgments cannot be the same kind as empirical ones because the former contain something like "emotive" element. Later, R. M. Hare coined the term "prescriptivity" to conceptualize what Stevenson called something emotive. That is, moral judgments contain a meaning or a power that can prescribe or recommend strongly others to act in a certain way. On the other hand, natural or factual judgment does not have this element. You will see more explanation in "Proper Explanation of Non-cognitivism."

Despite that so-called "non-cognitivism" holds that moral judgments or statements have truth value, why are they called "non-cognitivists?" Who call them "non-cognitivists?" Those who stigmatize them range from naturalists to "realists." In my opinion, they can be grouped as empiricists. The empiricists have a few noticeable views. First, according to them, the standards for truth values of moral judgments must be facts whether they natural, conventional, or empirical. But "non-cognitivists" would agree that the standards would be conventional, but not factual.

Second, unlike Moore and others, empiricists do not want to endorse a significant role of reason playing in making moral judgments or constructing moral standards. According to empiricists, making moral judgments matters with emotion, sense, or sensitivity. This emotion or sensitivity is different from what Stevenson called "emotive" element which amounts to prescriptivity. For example, when someone say, "Stealing is bad," this judgment is made from his or her sense or sensitivity, not from reason. To me, this is partly right. Although a moral judgment can be uttered by the person's emotion or sensitivity, its truth value is determined by looking up to the corresponding moral criterion. This is exactly what cognitivism means. But the moral criteria are not just expressions of emotion or sensitivity. According to "non-cognitivism," the criterion is formed by the work of reason.

There must an obvious difference between "non-cognitivists" and their opponents. Both parties agree that there are moral standards to estimate the truth values of most moral judgments, but they disagree on the nature of moral standards. "Non-cognitivists" believe that moral standards can be analyzed to see the role of reason, while the opposite party holds that the standards would have nothing to do with reason; they are just natural, factual, conventional. But I think the theorists — like Moore and Hare — emphasizing the role of reason cannot be labeled as non-cognitivists. If they are really non-cognitivists, Kant must be regarded as a non-cognitivist, too. My "Proper Explanation of Non-cognitivism" addresses this issue. Cognitivism vs. non-cognitivism is a classical example of metaethical arguments. Once you understand the argument, you may be able to figure out what metaethicists try to do and what problems are likely to generate in metaethical discussion. Although the first chapter consists of only one article, its weight is not light at all.

Non-cognitivism의 바른 평가

윤화영 (평택대학교)

【주제분류】 메타윤리학, 윤리학 (Meta-ethics, Ethics)
【주 제 어】 비인지론, 비외부적진실인지론, 찰스 스티븐슨, 리차드 헤어, 앨런 기바드 (non-cognitivism, non-factual cognitivism; or non-descriptivism, Charles L. Stevenson, Richard M. Hare, Allan Gibbard)
【요 약 문】 메타윤리학의 한 조류인 non-cognitivism은 대개 비인지론으로만 알려지고 있다. 즉 non-cognitivist들은 도덕적 판단이나 주장의 진위를 궁극적으로 알 수 없다고 한다. 이런 종류의 비인지론을 주장하는 non-cognitivist 들도 분명히 있다. 그러나 또 다른 부류의 non-cognitivist들은 비인지론을 주장하는 것이 아니다. 이 논문에서는 잘 알려진 non-cognitivist들인 찰스 스티븐슨, 리차드 헤어, 그리고 앨런 기바드의 이론을 살펴봄으로써 이들이 추구하는 것이 비인지론이 아니라 비외부적진실인지론임을 설명한다. 이들 모두를 비인지론자로 취급하는 것은 공정하지 못하다.

Ⅰ. 머리말

메타윤리학의 한 조류인 non-cognitivism은 빈번히 언급되는 이론 체계이면서도 이 분야의 이론가들이 정확히 무엇을 이야기하는가는 보통 잘못 전달되고 있다. 일반적으로 많은 사람들이 non-cognitivism을 에어(A. J. Ayer)가 제시한 견해로만 파악하고 있다. 즉, non-cognitivism의 기본 입장을 "도덕적 명제의 진위를 판별할 수 없다는 것이다."라고 하거나, "도덕적 가치라는 것은 오직 개인의 판단이나 선택에 달린 것이다."라고 해석하는 것이 일반적 해석이다. 이렇게 되면 non-cogntivism을 말 그대로 비인지론(非認知論)으로 받아들이는 것인데, 이것은 에어 이후에 non-cogntivists로 분류되는 다수의 메타윤리학자들의 입장과는 전혀 동떨어진 것이다. 감정론(emotivism)을 제시하는 찰스 스티븐슨(C. L. Stevenson)조차도 에어와 같은 생경한 비인지론을 주장하지 않는다. 더욱이 에어 이후의 다수의 non-cognitivists들은 도덕적 명제를 참 또는 거짓으로 판별할 수 있다는 입장을 확고히 하고 있다. 물론 그들이 제시하는 판별의 근거는 그 반대편에 서있는 학자들(cognitivists)과는 다를 수밖에 없다. 필자의 소견으로는 이 두 번째 부류의 non-cognitivism을 비외부적진실인지론(非外部的眞實認知論)으로 이해하는 것이 정확하다고 본다. 다시 말하면, 서로 다른 시각이 non-cognitivism 내부에 있고, 두 번째 non-cognitivism의 입장은 도덕적 진실이 외부적 사실에 달린 것이 아니라는 것이다. 첫 번째나 두 번째 의미의 non-cognitivism에서 도덕적 판단이 외부적 사실과 무관하다고 보는 것은 공통점이라고 할 수 있으나, 도덕적 판단에 진실이 있다고 보는 점은 그 차이라고 할 수 있다.

물론 에어 이후 오늘날에도 그와 동일한 입장을 취하는 철학자들이 있을 수 있다.[1] 이들의 입장을 비인지론으로 부르는 것은 타당하다. 그러나 대부분 잘 알려진 non-cognitivists들의 입장은 비외부적인지론으로 보는 것이 정확하다고 본다. 이 논문에서는 에어 이외에 non-cognitivism의 핵심에 있는 철학자들, 즉 찰스 스티븐슨(Charles L. Stevenson), 리차드 헤어(Richard M. Hare), 그리고 앨런 기바드(Allan Gibbard)의 이론을 살펴봄으로써 이런 non-cognitivist들이 주장하는 도덕적 진실에 대해 알아보고 이들의 이론 체계를 비외부적진실인지론이라고 부르는 것이 적절하다는 것을 논하고자 한다.[2] 또한 이 같은 오해가 생긴 이유도 간략히 생각해 보고자 한다.

---

1) 대표적으로는 J. J. C. Smart가 비인지론자로 알려져 있다. 또한 앞으로 언급될 Richard Taylor 등도 비인지론자에 포함된다.
2) 필자는 이 논문에서 "도덕적(moral)"이라는 표현과 "윤리적(ethical)"이라는 표현을 동일하게 쓰고 있다.

II. Non-cognitivism의 부정적 평가

우선 non-cognitivism과 대비되는 입장으로 알려진 cognitivism의 입장을
간단하게 알아보자. Cognitivism이란 다른 분야(예를 들어 수학, 과학 등)와
마찬가지로 도덕적 판단과 진술에 참과 거짓이 존재한다는 것이다. 또 이
도덕적 진위는 인간의 감성이나 취향 같은 내부적 요인으로 판단하는 것이
아니라 외부적 사실(fact), 사물의 속성(property) 또는 합의된 객관적 기준
같은 것들에 의거한다는 것이다. 현재의 메타윤리학자들 중 non-cognitivist로
분류되거나 지칭되는 소수의 학자들을 제외한 대다수는 cognitivist로 평가되고
있다. 자연주의자들(ethical naturalists)이나 도덕 실재주의자들(moral
realists), 도덕 직관주의자(moral intuitionist)들은 말할 것도 없고,3) 객관적
가치 회의론자(error theorist)인 존 맥키(John Mackie),4) 마이클 더멧(Michael
Dummett)식(式)의 반실재주의(anti-realism)를 주장하는 크리스핀 라이트
(Crispin Wright),5) 반실재주의자와 준실재주의(quasi-realism)를 동시에 주
장하는 투사론자(projectivist) 사이먼 블랙번(Simon Blackburn)6) 등이 모두
cognitivist로 자처하거나 불리고 있다. 또한 감수성이론(sensibility theory)을
주장하는 도덕 현상학자들인 데이비드 위긴스(David Wiggins)와 존 맥도웰

---

3) 대표적 자연주의자는 19세기부터 활동했던 F. H. Bradley가 있고, 현대에는 Peter
Railton, Richard Boyd 등이 대표적이다. Railton과 Boyd는 또한 도덕 실재주의자로도
자처하고 있다. 이에 관련해서 Railton의 "Moral Realism"과 Boyd의 "How To Be a
Moral Realist"가 대표적 논문이라 할 수 있다. 또한 자연주의자가 아닌 도덕 실재론자
로는 G. E. Moore, Nicholas Sturgeon, David Brink, Robert Audi 등이 있다. 대표적
으로 Nicholas Sturgeon의 "Moral Explanations"가 도덕 실재론을 이해하는 데 도움이
된다. 또한 도덕 직관주의의 예로는, Mark Platts의 "Moral Reality"가 있다.

4) John Mackie의 *Ethics: Inventing Right and Wrong* (Penguins, 1977), Chapter 1에
그의 견해가 설명되어 있다.

5) Crispin Wright의 견해는 그의 "Truth in Ethics"에 잘 설명되어 있다.

6) Blackburn의 이론과 그의 cognitivism은 그의 논문 모음집 *Essays In Quasi-
Realism* (Oxford, 1993) 중 "How to Be an Ethical Anti-Realist" "Errors and the
Phenomenology of Value"에 잘 설명되어 있다.

(John McDowell) 등과[7] 도덕가치 기질론(dispositional theory of value)을 주장하는 데이비드 루이스(David Lewis), 길버트 하만(Gilbert Harman), 마이클 스미스(Michael Smith)들도 모두 cognitivist로 불리고 있다.[8]

문제는 대부분의 cognitivist들이 non-cognitivism을 자신들과 반대되는 입장, 즉 도덕적 진실이 없다고 보는 입장으로만 말하고 있다. 그러나 앞서 말한 non-cognitivist들의 근본 주장은 도덕적 진실이 없다는 것이 아니라 도덕적 진실이 외부적 사실이나 속성에 달려있지 않다는 주장이다. non-cognitivism을 잘못 이해하고 있는 사례를 들어보자. 잘 알려진 철학자인 데이비드 위긴스는 non-cognitivism을 위와 같이 cognitivism의 반대되는 입장으로만 평가하므로 non-cognitivism은 (도덕 판단이나 진술의) 객관적 진실 또는 실재성을 부정하는 입장이라는 것이다.[9] 그에 따르면, non-cognitivist들은 도덕적 진실이나 객관적 사실을 단지 개인이 선택한 가치를 충실히 지키는 것(commitment)으로 본다. 위긴스 뿐만이 아니라 많은 cognitivist들에 따르면, non-cognitivist들은 진리라든가 확고한 사실 등이 세상에 존재하지 않는다고 믿지만, 이런 믿음이 사람들로 하여금 허무, 혼돈, 실망, 공황 등을 가져올 수 있다는 것을 non-cognitivist들 또한 잘 알고 있다. 진리 부재가 가져오는 부정적 영향 때문에, non-cognitivist들은 진리의 존재를 실용적 관점에서 마지못해 수긍한다는 것이다. 이것은 "세상에 위안과 희망을 주기 위한 수긍일 뿐, 진리의 본질이란 개개인이 선택한 가치에 모든 것을 위임하는 것(commitment)에 달려있다."라고 그들은 말한

---

7) David Wiggins의 "Moral Cognitivism, Moral Relativism and Motivating Moral Beliefs"을 참조 바람. 또한 McDowell의 cognitivism은 "Asthetic Value, Objectivity, and the Fabric of the World"에 잘 나타나 있다.

8) 이들 각자가 쓴 세 편의 논문은 "Dispositional Theories of Value"라는 공통된 제목으로 *Proceedings of the Aristotelian Society* (supp. Vol. 63(1989))에 각각 수록되어 있다.

9) 위긴스는 non-cognitivism에 대한 자신의 견해를 그의 저서 *Needs, Values, Truth* (Oxford, 1998)에 수록된 "Truth, Invention, and The Meaning of Life" 라는 논문에서 밝히고 있다. 특히 이 책의 86, 87쪽에 non-cognitivism에 대한 그의 생각을 요약해 놓고 있다. 위긴스가 non-cognitivism을 비인지론으로 보는 것이 그가 실재주의자이기 때문이 아니다. 그는 스스로를 주관주의자(subjectivist)로 부르고 있다.

다는 것이다. 종교적 논쟁 중에, 신이란 근본적으로 인간이 창조해 낸 개념이지만 이 창조된 개념을 믿고, 이를 중심으로 역사와 사건들을 해석함으로써 마치 신이 존재하는 것처럼 느끼고 믿을 수 있다는 주장이 있을 수 있다. 위긴스는 non-cognitivism이 도덕가치에 관해 이와 비슷한 주장을 펼치고 있다고 보는 것이다. 그는 말하기를, 결국 non-cognitivism이란 진리와 사실을 궁극적으로는 인정하지 않는 이론 체계라는 것이다.

위긴스는 리차드 테일러(Richard Taylor)의 non-cognitivism을 예로 들어 non-cognitivism에 대한 그의 견해를 설명한다. 테일러는 non-cognitivism을 시지프스의 신화와 비교하여 설명하고 있는데, 잘 알려진 대로 그리스 신화 속 등장인물인 시지프스는 무거운 바위를 산꼭대기까지 힘겹게 굴려 올리지만, 산꼭대기에 도달하는 즉시 바위는 계곡으로 굴러 떨어지고 그는 바위를 다시 산 정상으로 밀어 올리는 무의미한 노동을 끝없이 반복한다는 것이다. 테일러가 이런 비교를 하는 이유는 삶의 근본적 양상이 바로 무의미함에 있다고 보기 때문이라는 것이다. 위긴스는 말하기를, "[테일러의] 판단은 어떤 삶이든 간에 요체는 명확히 그 삶 자체일 뿐이다."라고 한다.[10] 삶의 의미는 삶의 진정한 무의미성을 깨달은 후에 온다는 것인데, 삶의 원천적 무의미성에 충격을 받은 인간들이 "삶의 의미"나 "의미 있는 삶" 같은 말들을 만들어 내서 무의미한 삶을 풍성하게 하고 삶의 본질을 은폐한다는 것이다. 즉, 시지프스의 노동에 어떤 대단한 의미를 부여할 수도 있지만 그 부여된 의미는 결국 공허한 것이라는 것이다.

　　오랜 동안의 무시무시한 고생 끝에 마지막 결과를 이루었다고 상상해 보자. 시지프스가 마침내 그의 사원을 산꼭대기에 건설하고 만족스럽게 말하기를 "나의 일이 끝났다. 앞으로 영원히 나의 업적을 즐길 것이다." (......) 이 가정된 상황에서 시지프스의 존재와 그의 어마어마한 고생에 어떤 의미가 있을 수 있다. 왜냐하면 우리가 거기에 의미를 부여하기 때문이다. 그러나 우리가 의미를 부여하는 동시에 진정한 의미라는 것은 어디론가 모두 사라져 버리고

---

10) *Needs, Values, Truth*, p. 93.

만다. (그 진정한 의미는 시지프스의 노동이나 고생에 본질적으로 내재하는 것이 아니고, 우리가 해석하는 또는 부여하는 것이기 때문에—역자 주)[11]

이제까지 본대로 위긴스는 non-cognitivism을 인간의 존재나 가치가 궁극적으로 무의미하고 허무하다는 시각에 기초한 이론이라고 보고 있다. 가치 부여란 무의미나 허무, 공허함을 극복하기 위한 방편일 뿐이니, 알베르 까뮈나 사르트르의 실존주의나 헤어(R. M. Hare)의 윤리이론 등이 non-cognitivism에 모두 포함된다는 것이 그의 주장이다.[12] 또한 이 이론들에 있어서 가치란 개인이 선택해서 지키는 것(commitment)이라는 것이 위긴스의 생각이다.

가치를 선택해서 충실히 지키는 것은 심리적 또는 정신적 행위이므로 위긴스 같이 non-cognitivism을 파악한다면 non-cognitivism 범위가 매우 넓어진다. 실제로 그는 공리주의(utilitarianism)도 non-cognitivism으로 볼 수 있다고 이야기하고 있다.[13] 왜냐하면 행복이라든지 쾌락 등은 다 심리적, 정신적인 작용이기 때문이다. 그러나 잘 알려진 대로 공리주의는 "최대 다수의 최대 행복의 원리"에 의해 구체적인 도덕적 판단 제안들의 진위를 판단할 수 있다고 보고 있으니, 얼핏 보아도 위긴스의 non-cognitivism에 관한 설명에는 우리가 쉽게 수긍할 수 없는 점이 있다.

위긴스와 같은 맥락에서 마이클 스미스(Michael Smith)도 non-cognitivism이란 도덕가치의 판단을 심리적 작용이라고 보는 이론 체계라고 보고 있다.

심리적으로 보았을 때, 도덕적 판단을 한다는 것은 어떤 욕구를 충족하고 있다는 것을 보여줄 뿐 아니라, 이 같은 욕구를 갖는다는 것은 사실이나 현실의 자각과는 아무런 연관이 없는 것이니, 도덕적 판단이란 단순히 그러한 욕구의 표현이거나 잘해야 그런 욕구를 갖게 되는 좀 복잡한 성품의 표현에 불

---

11) Ibid., p, 94.
12) Ibid., p. 97.
13) Ibid., pp. 103-4.

과한 것임에 틀림없다는 것인 바, 이런 입장이 non-cognitivism인 것이다.[14]

스미스는 가난구호기금의 예를 들어 non-cognitivism이란 도덕가치를 욕구의 표현으로 밖에 보지 않는다는 것을 설명한다. 즉, "가난한 사람들을 돕기위해 돈을 기부하는 것은 옳은 일이다."라고 이야기할 때, non-cognitivist들은 객관적 사실이나 마음 밖의 진실에 의존하지 않기 때문에 가난한 사람을 돕자는 판단은 욕구의 표현이라고 밖에는 달리 설명할 길이 없다. 즉, non-cognitivists들에게는 "가난한 사람들을 돕기 위해 돈을 기부하는 것은 옳은 일이다."라는 판단은 "와아! 가난한 사람들에게 빵을 주자"는 구호와아무런 차이가 없다. 따라서 스미스에 따르면, non-cognitivism은 "반실재주의(irrealism)"[15]라는 것이다.

이상과 같이 위긴스와 스미스의 말을 종합해 보면, non-cognitivism은 도덕적 판단을 감정이나 심리에 기초한다고 보기 때문에 도덕적 판단이 욕구의 표현일 뿐이며, 또한 도덕적 판단을 외부적 객관적 사실에 무관하다고보기 때문에 도덕적 판단이란 감탄사와 같이 순수한 감정의 표현으로 본다는 것이다. 그러므로 도덕적 가치를 논하는 것이 결국은 공허한 이야기일뿐이라는 것이니, non-cognitivism은 도덕가치의 옳고 그름을 따질 수 없거나 따지는 것 자체가 결국은 무의미하다는 입장이라는 것이다. 위긴스나스미스의 설명에서 보자면, non-cognitivism을 비인지론이라고 평가하는것이 타당한 것이 된다.

에어(Ayer)나 리차드 테일러 같은 사람들이 non-cognitivist로 분류한다면, 그들의 non-cognitivism은 비인지론으로 볼 수 있으나, 모든 non-cognitivism을 비인지론으로 단정하기는 어렵다. 앞서 말했듯이 non-cognitivism의 중심에 있는 이론가들이 도덕가치의 비인지론을 인정하지 않기 때문이다. 이제

---

14) Smith, Michael, *The Moral Problem* (Blackwell, 1994). P. 10.
15) Loc. cit.

핵심적인 non-cogntivist들의 이론을 차근차근 살펴보면서 그들이 비인지론자인가 아닌가를 따져 보자.

Ⅲ. 스티븐슨의 감정론(emotivism)

먼저 non-cognitivism을 대표하는 이론가로 취급되며 많은 논란과 오해를 불러일으키는 찰스 스티븐슨(Charles Lesley Stevenson)의 이론, 즉 감정론(emotivism)부터 살펴보기로 하자. (그의 이론이 이후 non-cognitivism의 기본적 모델이 되므로, 좀 상세히 보기로 하자.) 도덕적 언어의 일상적 용법을 분석한 그는 도덕적 언어에 두 가지의 서로 다른 양상이 포함되어 있다고 보았다. 첫째는 도덕적 언어가 이해관계의 상태를(what the state of interest is) 묘사한다고 그는 이야기한다.16) 예를 들어, A라는 사람이 "나는 사형제도가 도덕적으로 옳다고 생각한다."라고 말하고 B는 "나는 사형제도가 나쁘다고 생각한다."라고 말하면, "옳다" "나쁘다"라는 도덕적 언어들은 각 사람의 선호가 어떤지 그들의 이해관계가 어떤지를 묘사한다는 것이다. "나는 사형제도가 도덕적으로 옳다고 생각한다."라고 말하는 사람은 "나는 사형제도가 좋다."라고 말하는 것과 별로 다르지 않다는 것이다. 이 같은 묘사적 용법은 cognitivist들도 인정하는 용법인 바, 논란의 여지가 없다. 그러나 스티븐슨은 묘사적 용법이 도덕적 언어의 주 기능이 아니라고 본다. 또 다른 용법은 도덕적 판단과 언어를 통해 다른 사람들에게 개별적 사안에 관해 자신의 영향력을 행사하려 한다는 것이다. 즉, 도덕적 언어를 통해 다른 사람에게 자신의 생각을 설득시키는 의지가 작용한다는 것이다. 그의 말을 직접 들어보자.

[도덕적 언어들의] 주된 용법은 사실관계를 지적하는 것이라기보다는 어떤

---

16) Charles Stevenson "Emotive Meaning of Ethical Terms" Mind, Vol. 46 (1937) p.18.

영향력(influence)을 만들어 내는 것이다. 도덕적 언어들이 단지 사람들의 이해를 묘사하기보다는 이해를 바꾸게 또는 강화하게 하는 것이다. 그 언어들은 이미 존재하는 이해관계를 기술하기보다는 외부적 사물 속에 포함된 이해의 관점을 추천하는 것이다.[17]

그는 이 두 번째 용법을 동적 용법(dynamic usage)이라고 이름붙이고 있다. 이런 용법에 의거해 도덕적 언어는 다른 사람들의 반응이나 성향에 영향을 끼치려는 것이므로, 이럴 때의 도덕적 언어의 의미는 사실적일 수가 없다. 따라서 스티븐슨은 이 용법에 의한 의미를 "감정적 의미(emotive meaning)"라고 말한다. 즉, 다른 사람에게 영향력을 발휘하려는 것이 감정적 언어의 사용과 비슷하기 때문이다. 앞서의 예를 다시 보자면, "사형제도가 옳다."라고 말하는 것은 듣는 이들에게 그의 판단을 받아들여 사형제도에 반대하는 사람들도 태도를 바꾸도록 은연 중에 강요한다는 것인 바, 감성적 언어의 사용과 비슷하다는 것이다. 여기서 우리가 빠트리지 말아야 할 부분은 스티븐슨이 실제로 도덕적 언어가 어떻게 사용되고 있는지를 분석하고 있다는 것이다. 그가 도덕적 가치 자체를 분석하면서 "도덕적 가치는 실체가 없다."라든지 "가치란 개인이 선택해서 충실히 지키는 것"과 같은 주장을 하고 있지 않다는 것이다. 다시 말하면, 그의 분석 대상은 가치 자체이기보다는 가치 언어인 것이다.

여기서 cognitivism을 다시 한번 생각해 보자. 앞서 위긴스나 스미스의 논쟁에서 암시되듯이 cognitivist들은 도덕적 판단이나 주장을 옳거나 그르다고 판정할 수 있는 것은 이런 판단과 주장 속에 객관적 사실이 포함되어 있다고 보는 것이다.[18] 다시 말하면 도덕적 판단이나 주장이 사실을 기술하는 판단이나 주장, 예컨대 과학적 판단이나 주장과 같이 취급될 수 있다는

---

17) Ibid., pp. 18-19.
18) 사실의 본질을 무엇으로 해석하는가에 따라 앞서 소개한대로 cognitivism의 이론들이 다양하게 갈라진다.

것이다. 역으로 말해서, 만약 도덕적 판단이나 주장 속에 객관적 사실이 포함되어 있지 않다면 그 진위를 판정할 수 없다는 것이 cognitivist들의 기본 입장이다. 도덕적 판단이나 주장에 고유한 특성이 있을 수 있지만 "도둑질은 나쁘다."라든가 "사형제도는 옳다." 같은 도덕적 판단들은 "2+2=4" "지금 쓰고 있는 연필의 색깔은 노랗다." 같은 객관적 사실의 판단과 같은 종류가 될 수 있다는 것이 그들의 주장이다. 이 같은 cognitivist들의 주장은 분석철학의 역사와 밀접한 관계가 있다. 분석철학은 논리실증주의(Logical Positivism) 이래 진위 판단의 근거를 객관성 실증성에 역점을 두고 있었던바, 많은 철학자들이 주장하기를 도덕적 판단이나 진술의 경우에는 이와 같은 객관적 근거가 결여되어 있다는 것이다. 잘 알려진 대로 에어(Ayer)가 말하기를 가치에 관한 주장들은 사실적 근거의 결여로 맞다 틀리다는 논쟁을 할 수 없다는 것이다. 이에 대해 cognitivist들은 도덕적 판단이나 진술도 객관성과 사실성을 확보할 수 있다는 주장을 한다. 그들에 따르면, 도덕적 판단에도 객관적 사실이 포함되어 있으며 이를 근거로 최종 가치 판단을 결정할 수 있다는 것이다. 예를 들면 "사형제도가 좋다(또는 나쁘다)."는 판단이 맞나 틀리냐는 사형제도 속에 사실적 또는 객관적 속성(property)이 있으므로 이 속성을 제대로 이해하면 논쟁의 최종 판단을 내릴 수 있다는 것이다.

이 같은 cognitivist들의 시도가 성공할 수 없다는 것이 스티븐슨이 말하고자 하는 핵심이다. cognitivist들의 시도란 도덕적 판단이나 진술을 사실적 판단이나 기술과 등치하는 것이다. 그렇게 되면, 도덕적 판단과 기술도 여타 과학같이 경험적 방법으로 다룰 수 있기 때문이다. 이에 대해 스티븐슨은 말하기를,

　　내가 강조하고 싶은 것은 단순히 말해서 경험적 방법이 윤리적 논쟁을 해결하는 데에 있어서 도움이 되기는(instrumental) 하지만, 윤리적 이해관계의 차이가(disagreement in interest) 윤리적 믿음의 차이(disagreement in belief)에 근거할 때 뿐이다. 윤리적 논쟁이 모두 이런 종류의 하나라고 볼

수는 없다. 그래서 경험적 방법은 도덕 문제를 다루기에는 불충분하다.[19]

도덕적 진술을 맞거나 틀리다는 판정을 하기 위해서는 도덕가치에 대한 합의가 먼저 이루어져야 한다. (이 주장에는 문제가 있을 수 있으나, 적어도 이것이 스티븐슨의 생각이다.) 그러나 도덕적 언어의 특별한 의미(남에게 영향을 행사하는 것) 때문에 도덕적 논쟁이 쉽게 합의에 도달하지 않는다. 앞에서 본 "사형제도가 좋은 것이다."라는 주장과 "사형제도는 나쁜 것이다." 라는 주장이 충돌할 때에 의견의 불일치가 해소되기 어려운 이유는 단지 사형제도가 좋거나 나쁘다는 사실 판단 외에도 상대편에게 영향력을 행사하려는 일종의 영향력 싸움이 내재되어 있기 때문이라는 것이 스티븐슨의 생각이다. 이와 같은 생각을 스티븐슨은 두 종류의 불일치를 제시하면서 설명하는데, 그것이 윤리적 이해관계의 차이와(disagreement in interest) 윤리적 믿음의 차이(disagreement in belief)이다. 전자의 차이는 사실관계의 파악에서 오는 차이가 아닌 말 그대로 이해관계의 차이이고, 후자의 차이는 주로 사실관계의 파악에서 오는 차이이다. 따라서 어떤 특정한 윤리 논쟁을 둘러싼 사실관계를 사람들이 동일하게 이해한다면 윤리적 믿음의 차이가 해소되고, 또 윤리적 이해관계의 차이가 단지 윤리적 믿음의 차이에서 발생하였다면 윤리적 이해관계의 차이도 해소되어 이 윤리 논쟁은 해결될 수 있다. 그러나 스티븐슨에 의하면 이 같이 단순한 경우는 매우 적고, 많은 윤리 논쟁에 있어서 윤리적 이해관계의 차이는 사실관계의 정확한 파악과 관계없이, 즉 윤리적 믿음의 불일치나 일치와 관계없이 존재하고 있다는 것이다.

이같이 두 가지 양상의 의견 불일치가 있다는 것을 보여주는 것은 스티븐슨의 통찰력이 돋보이는 부분이다. 이 두 가지의 불일치는 윤리적 논쟁의 많은 부분을 설명할 수 있다. 예를 들어, 공산주의자들이나 그 옹호자들은 공산주의가 자본주의가 낫다고 주장해 왔던 반면에, 자유주의자들이나 자본

---

19) Stevenson, p. 30.

주의자들은 자본주의의 우월성을 주장해 왔다. 어떤 체제가 객관적 입장에서 우월한가에 대한 입장 차이는 상기한 윤리적 믿음의 차이라고 볼 수 있다. 이런 입장 차이는 학문적 과학적 논쟁이 될 수 있다. 반면에 체제의 우월성에 관한 객관적 논쟁 이면에는 상대편을 이기겠다든가 또는 상대를 설득해서 나의 편으로 끌어들이겠다든가 하는 생각이 있을 수 있다. 그런 생각을 갖게 되는 동기는 공포, 망상, 영웅심, 종교적 열정 등 우리가 쉽게 알 수 없는 복잡한 개인적 이유가 있을 것이다. 이런 심리적 요소들이 윤리적 이해관계의 차이를 불러오는 것이니, 이런 차이는 쉽게 해소될 수 없는 것이다. 구소련이 파산하고 공산주의의 많은 문제점이 들어나면서, 이제는 공산주의가 자본주의보다 우월하다고 경험적 측면에서 주장하기는 어려울 것이다. 그러나 아직도 많은 수의 열정적인 공산주의자들은 공산주의가 자본주의의 대안이라고 믿고 있을 수 있으니, 이런 사례를 설명해 주는 것이 스티븐슨이 제시한 윤리적 이해관계의 차이인 것이다.

여기서 도덕적 진위에 관한 스티븐슨의 견해를 다시 살펴보자. 많은 자칭 cognitivist들은 스티븐슨이 도덕적 언어에 감정적(emotive) 의미가 있다 해서 그를 non-cognitivist라고 부르고, 그가 도덕적 진술의 진위를 알 수 없다고 이야기했다고 하지만, 이런 비판은 잘못된 것이라는 것이 필자의 생각이다. 스티븐슨은 윤리적 믿음의 차이는 경험적 방법으로 해소될 수 있다고 명백히 이야기하고 있다. 즉, 윤리적 믿음에 관해서는 옳고 그름의 기준을 제시할 수 있다는 것이다. 이것은 cognitivism의 근본 주장과 하등 다를 바가 없다. 그러나 경험적 방법에 의한 기준이 제시된다고 해도, 윤리적 이해관계의 차이 때문에 윤리적 논쟁이 끝나지는 않는다는 것이다.

스티븐슨의 이론에는 크게 두 가지 정도 해명되어야 할 점이 있다고 본다. 첫째로는 그가 말하는 도덕적 언어의 동적 용법(dynamic usage)이 불분명하다. 또 다른 용법인 묘사적 용법(descriptive usage)은 우리가 명확히 이해할 수 있으나 동적 용법은 그렇지 못하다. 그는 동적 용법의 예로 도덕적 언어의 감정적 의미를 들고 있지만, 이 의미가 동적 용법의 모든 것을 대표할 수 있는지 의문시된다. 더욱이 이 같은 스티븐슨의 동적 용법은 우리가 생각하는 도덕적 판단이나 행위를 충분히 설명하지 못한다고 본다. 즉, 스티븐슨에 있어서는 도덕적 진술이나 판단이란 남을 움직이려는 감정적 언어표현(expression)이라고만 보니, 이 같은 설명은 도덕적(moral) 행위와 자신의 이익을 위한 사려 깊은(prudential) 행동 사이에 어떤 차이가 있는지 집어낼 수가 없다. 예를 들어, 온갖 파렴치한 짓을 은밀히 해서 재산을 모은 부도덕한 졸부가 있다고 상정해 보자. 이 사람이 자신의 이익을 보호하고 체면을 차리기 위해 "나쁜 짓을 해서 재물을 모아서는 안 된다."라고 말했을 때, 이 표현을 도덕적 표현이라고 할 수 있는지 아니면 단지 입에 발린 말인지 스티븐슨의 이론에서는 구분할 수가 없다. 스티븐슨의 주목적이 도덕적 진술, 판단, 또는 행위의 본질을 찾아내는 것이 아니고, "윤리문제에 관한 질문들을 명확히 하는 것"[20]이라지만 그의 불충분한 설명은 아쉬움을 남긴다.

두 번째 문제로는 도덕적 진술과 판단에 참과 거짓이 있을 수 있는가 하는 문제에 스티븐슨의 입장이 모호하다. 앞서 본대로, 윤리적 믿음에 관한 진술은 경험적 방법에 의해 참과 거짓을 알 수 있다는 것이 그의 입장인데, 윤리적 이해관계까지 포함한 윤리적 진술(expression)을 참과 거짓으로 판정하는 것은 불가능할까? 아니면 윤리적 이해관계의 차이를 배제한 윤리적 믿음 만에 의거한 판단은 불가능한 것인가? 스티븐슨은 이에 대해 경험적 방법에 의해 합의에 도달이 어렵다고만 말할 뿐, 도덕적 진리가 왜 합의라는 방법만으로 얻어지는 것인지에 대해서는 구체적 언급이 없다. 그가 경험적 방법의 한계를 지적했으니, 어떤 선험적 방법에 의존하는 길을 모색하지 않을까 추측해 볼 수도 있다. 그러나 그는 선험적 방법을 거부하고 있다.

내가 대답할 수 있는 것은 나는 [선험적 진리가 무엇인지] 이해하지 못한

---

20) Ibid., p. 14.

다는 것이다. 이런 개념의 진리가 도대체 무엇을 뜻하는가? 나는 플라토닉 이데아라는 것을 내 기억 속에서 끄집어낼 수도 없고 무엇을 끄집어낼 수 있는지 알 수도 없다. 나는 정의할 수 없는 특성(indefinable property)이 어떤 것인지 알지 못할 뿐만 아니라, 생각의 대상 속에 무엇을 가리키는지도 모르겠다. 그리고 잘 따져 보면 많은 철학자들이 주장해 온 "이성에 의한 '자명한' 판결(self-evident deliverance of reason)"이라는 것도 그들 개개인의 이성적 판단일 뿐 나로서는 공감이 되지 않는다.[21]

스티븐슨의 말은 윤리적 이해관계가 포함된 진술일 경우 경험적 방법으로나 이성적 방법으로나 그 진위를 알 수 없다는 입장인 듯도 하다. 즉, 도덕적 진술이 항상 어떤 감정의 표현을 담고 있다면 (즉, 감정적 말싸움 같은 것이라면), 옳고 그름을 따지는 것이 무의미하다고 할 수 있다. 그러나 여기서 그의 직접적 관심이 도덕적 논쟁의 해결이라고 보면(도덕적 진실의 발견이라기보다는), 그의 주장은 윤리적 이해관계가 포함된 논쟁에 있어서는 결말이(또는 합의가) 나기 어렵다는 좀 평범한 사실을 지적한다고도 할 수 있다. 이것은 순수한 도덕적 진실이나 진위의 근거를 따져 보는 것과는 좀 다른 이야기이다. 이와 같이 스티븐슨의 도덕적 진위에 대한 설명을 더 이상 다루지 않으므로 그의 입장에 대한 궁금함은 해소되지 않는다.

Ⅳ. 헤어와 기바드

또 다른 non-cognitivist인 리차드 헤어가 스티븐슨 이론의 장점을 살리면서 미진한 점들을 본격적으로 보완하려고 시도하였다. 우선 그는 주장하기를 도덕적 언어에서 사실 설명이 아닌 부분, 즉 스티븐슨이 "동적 용법"으로 불렀던 부분을 "권고성(prescriptivity)"이라고 이름 붙였다. 간단히 말해

---

21) Ibid., pp. 30-31. 여기서 스티븐슨은 플라톤, 무어(G. E. Moore), 그리고 칸트 같은 이성론자들을 차례로 논박하고 있다.

서, 다른 사람에게 자신의 도덕적 판단을 권고한다는 것이다.[22] 스티븐슨은 도덕적 언어의 동적 용법을 좀 애매하게 "남에게 영향을 끼치기 위한 감정적 표현" 정도로 이야기했지만, 헤어는 이런 표현론(expressivism)의 핵심을 권고성으로 규정하면서 이에 보편가능성(universalizability)과 공평성(impartiality)을 덧붙였다.[23] 그래서 도덕적 진술이나 판단은 다른 사람들에게 화자(話者)의 의견을 권고하는 것이기는 하지만, 말하는 사람도 자신의 진술과 판단에 구속되는 것이니, 언어를 통해 남을 조종하기만 하거나 자신의 이익만을 위해 남에게 영향력을 행사하는 것 등은 모두 도덕적 진술이나 판단이 되지 못한다. (따라서 앞서의 예에서 본 졸부의 발언은 도덕적 발언이 되지 못한다.) 결국 헤어에게는 도덕적 판단이란 것은 자신의 이익을 위한 개인적 입장에서 내려서는 안 되며, 중립적인 입장에서 누구에게나 적용될 수 있는 판단이 되어야 한다는 것이니, 도덕적 판단에 관한 스티븐슨의 설명보다 훨씬 정교하고 상식에 맞는 설명이 된다.

다음으로, 헤어는 도덕적 진실이 경험적 지식이나 사실과는 무관하다는 주장을 하였다. 이것은 cognitivism과는 확연히 대치되는 입장으로, 스티븐슨의 이론에서 애매했던 점을 과감히 정리하였다. 앞에서 본대로 스티븐슨은 도덕적 진실이 있다면, 어떤 합의(agreement)에 의해 도출되는 것처럼 이야기하였다. 그러나 헤어는 도덕적 언어와 진술의 특징이 권고성, 보편가능성, 공평성에 있다고 본 바, 특히 보편가능성을 충족시키지 못하는 진술이나 판단은 도덕적으로 옳은 것이 될 수 없다고 선언하였다. 예를 들어 "낙태는 도덕적으로 옳다."라는 판단을 내릴 때에, 이 판단이 참이냐 거짓이냐는 이 판단의 보편가능성에 달려 있다는 것이다. 헤어는 이 판단이 보편가능

---

22) Prescriptivity에 관해서는 Hare 저서 *The Language of Morals* (Clarendon, 1964) Part 1, "Prescriptive Language" (pp. 1-16)에 잘 설명되고 있다.

23) Universalizability에 관해서는 Hare의 *Freedom and Reason* (Clarendon, 1963) Part 1, "Principles" (pp. 30-50)와 *Moral Thinking* (Clarendon, 1981) 중 "Universalization" (pp. 107-116)에, Impartiality는 *Moral Thinking* 중에 "The Archangel and the Prole" (pp. 44-64), "Interpersonal Comparison" (pp. 117-129)에 설명되어 있다.

성이 없는 것으로 보았다. 왜냐하면 이런 판단을 하는 사람의 경우, 그의 모친이 낙태를 해서 그가 존재하지 않는 상황을 옳다고 볼 수 없기 때문이라는 것이다.24) 헤어의 기준이 적절한가의 여부를 떠나서 중요한 사실은 그가 도덕적 진술과 판단의 진위를 따질 수 있는 근거를 제시하는 것이다. 많은 cognitivist들에 의해 비인지론자로 평가받는 헤어가, 실제로는 도덕적 진술에 참과 거짓이 있다고 이야기하는 것이다.

물론 도덕적 진술을 평가하는 기준에는 cognitivism과 non-cognitivism 사이에 큰 차이가 있다. 전자는 마음 밖에 존재하는 사실에 근거해서 도덕적 진술을 평가한다고 주장하지만, 헤어 같은 non-cognitivist는 사실이나 객관적 특성 같은 것들이 아닌 기준들(도덕적 언어의 의미에 포함된 기준들)에 의거해 평가한다는 것이다.25) 결국 헤어는 칸트의 이성주의에서 제시되는 도덕적 기준들을 도덕적 언어의 특징으로 규정하고, 도덕적 진술의 평가는 공리주의적 기준을 도입하여 칸트식(式) 공리주의 (Kantian utilitarianism)를 제시하게 된다.26) 이리하여 헤어는 말하기를 non-cognitivism이 도덕적 진위를 부정한다는 주장은 터무니없고, 이와 같은 오해에 근거한 cognitivism 대 non-cognitivism의 구분은 잘못되었다고 하면서, descriptivism 대 non-descriptivism(혹은 prescriptivism)이라는 새로운 구분을 제시하였다.27) 필자의 의견으로도 헤어의 구분에 일리가 있다고 생각되는 것이, non-cognitivist라고 분류되는 많은 이론가들이 헤어와 마찬가지로

---

24) 낙태에 관한 Hare의 주장은 *Sex and Philosophy* (Prometheus, 1975; edited by Robert Baker & Frederick Elliston)에 수록된 "Abortion and the Golden Rule"에서 볼 수 있다.

25) 이에 관해서는 Hare의 "Objective Prescriptions" *Philosophy* Vol. 35(1993; supplement, pp. 1-17)에 잘 나타나 있다.

26) 이 부분에 관해서는 앞서의 *Moral Thinking* 중 Hare의 utilitarianism에 관한 설명 (pp. 160-172)을 참조하시오. 헤어의 칸트식 공리주의에 관해서는 김종국의 「보편주의 윤리학에서 황금율 논쟁」(『철학연구』 62집 (2003) pp. 75-92)에 또한 잘 설명되어 있다.

27) *Moral Thinking* 중 "Descriptivism and the Error Theory"(pp. 65-86)와 "Objectivity and Rationality" (pp. 206-228)를 참조하시오.

도덕적 진술의 진위가 있다고 주장하므로 그들을 비인지론자로 부르는 것은 정확치 않다고 본다. 또한 헤어가 말하는 도덕적 진실이 허무함과 같은 것을 위장하기 위한 개인적 선택과 선택에 충실하기(commitment) 같은 것에 근거하는 것도 아니다.

앨런 기바드(Allan Gibbard) 역시 비인지론자(non-cognitivist)로 불리고 있으나 그도 도덕적 진위가 있다는 주장을 펴고 있다.[28] 우선 그는 스티븐슨이나 헤어처럼 도덕적 판단이 도덕적 믿음이나 생각의 표현이라는 표현론(expressivism)의 전통에서 시작한다.[29] 그러나 기바드 역시 이 같은 도덕적 판단을 객관적으로 평가할 수 있다고 본다. 그 근거로 첫째는 도덕적 판단이 이성적(rational) 판단이라고 그는 주장한다. 즉, 어떤 행위에 대해 본인이 죄스런 감정을 느낀다거나 다른 이들이 그의 행위를 비난하는 것은 다 이성적 판단이 개입되어 있다는 것이다. 이러한 도덕적 평가에는 실증적 사실과 규범적 판단이 동시에 포함되어 있으나 도덕적 평가 자체는 이성적일 수밖에 없다는 것이다.[30] 기바드가 제시하는 두 번째 근거는 도덕적 판단과 평가가 자연적이라는 것이다. 즉, 도덕적 규범을 받아들이는 일은 진화론적 심리에 의거한다는 것인바, 계속해서 반복되는 도덕적 판단의 상황은 생물학적 진화와 같이 어떤 특정한 규범들을 인정하고 받아들이는 방향으로 진행된다는 것이다. 사회 전체를 위한 도덕적 규범을 정하는 일은 어떤 게임 상황과도 같이 도덕적인 협상(bargain)의 반복이라는 것이다.[31] 이 도덕적 협상의 게임에서 우리는 언어를 매개수단으로 해서 도덕적 믿음이나 감성, 느낌을 상호 조정해 나간다는 것이다. 그에 따르면, 이 같은 게임은 인간뿐만이 아니라 다른 종에서도 발견되는 보편적 행태라는 것이다.

---

28) Allan Gibbard의 이론 소개는 그의 *"Precis of Wise Choices, Apt Feelings"*을 기초로 하였다.
29) Allan Gibbard 著 *Wise Choices, Apt Feelings* (Harvard, 1990) Chapter 1 과 7. 특히 pp. 8-9 와 pp. 126-129를 참조하시오.
30) Rationlity에 관해서는 같은 책 Chapter 3(pp. 36-54)을 참조하시오.
31) 같은 책 Chapter 4(pp. 55-82), 특히 pp. 61-68을 참조하시오.

도덕적 판단이 이성적이고 도덕적 규범이 자연적이라는 것은 도덕적 진위가 존재한다는 것을 개연적으로 보여줄 뿐이다. 구체적으로 객관적인 도덕적 진위의 어떻게 정해지는가를 보여주기 위해 기바드는 다음과 같은 이론을 제시한다. 어떤 판단이 이성적이라고 이야기할 때, 어떤 객관성이 이 판단에 포함되어 있는데, 이 객관성의 특징은 대략 세 가지로 요약될 수 있다는 것이다. 첫 번째로는 도덕적 판단을 내리는 사람은 그 판단을 누구나 받아들일 수 있는 독립적 판단, 즉, 자신에게만 해당되는 판단이 아니라고 여긴다는 것이다.[32] 이것은 앞서 말한 헤어의 보편가능성(universalizability)과 아주 흡사한 주장이다. 판단의 옳고 그름을 떠나 누구에게나 적용되는 독립성, 보편가능성이야말로 도덕적 판단의 큰 특징인 것이다. 두 번째로는 개별적 도덕 판단을 하는 것은 실제로는 상위의 도덕 기준을 인정하고 그에 따른 판단을 한다는 것이다.[33] 일상적 예를 들어본다면, 속임수로 돈을 뺏는 야바위꾼에게, "네 행동은 잘못된 것이니까 돈을 돌려주어야 한다."라고 말을 했을 때, 기바드의 이론에 의거한다면 이것은 한 특정한 경우에 대한 판단일 뿐 아니라 비슷한 모든 경우를 아우를 수 있는 좀 더 포괄적 기준에 의거해서 내리는 판단이라는 것이다. 다시 말하면, 개별적 도덕적 판단을 내릴 때에는 언제나 상위의 도덕 법칙(norms)을 인정한다는 것이다. 물론 모든 사람들이 똑같은 상위의 도덕 법칙들을 받아들이는 것은 아니다. 그렇지만 상위의 도덕 법칙이 있다고 인정하는 것은 도덕적 판단이 개별적 판단이 아니고 공통적 기준(norm)에 의한 판단임을 인정하는 것이 된다는 것이다. 또한 올바른 기준을 찾아냄으로써 개별적인 도덕적 판단과 진술에 궁극적인 진위가 있다는 것을 인정하는 것일 수 있다. 마지막으로 기바드는 주장하기를 도덕적 판단을 내린 다음은 판단을 가능케 하는 기준의 권위를 인정한다는 것이다.[34] 따라서 도덕적 판단은 단순히 개별적 경우의 옳고 그름의 지적 판단을 넘어서 그 기준

---

32) 같은 책 Chapter 8, 특히 pp. 154-164.
33) 같은 책 Chapter 8, 특히 pp. 164-166.
34) 같은 책 Chapter 8, 특히 pp. 171-203.

이 요구하는 행동을 인정한다는 뜻인 바, 이것은 스티븐슨이 말하는 "영향력"이나 헤어가 말하는 "권고성"과 일맥상통하는 개념이라고 할 수 있다.

이렇게 도덕적 기준의 객관성이 좀 더 구체적으로 확보된 후에 도덕 기준이 실제로 어떻게 결정될 수 있는가를 논의해 볼 수 있다. 그러나 기바드는 이 부분에 대해서 침묵하고 있다.35) 기바드의 생각은 다양한 도덕적 견해와 이해관계가 서로 간의 마찰과 경쟁 합의 등에 의해 진화론적 발전을 한다는 것이니 데이비드 위긴스의 수렴이론(convergence theory)과36) 비슷한 견해이지만, 도덕 기준의 결정에 관한 자신만의 이론을 제시하지는 않고 있다.

Ⅴ. 맺음말

이제까지 본대로 상당수 non-cognitivism의 중심에 서 있는 학자들은 도덕적 판단이나 주장에 진위가 없다는 주장을 하지는 않는다. 따라서 이들의 이론을 비인지론으로만 보는 것은 명백히 잘못된 평가라고 할 수 있다. 이들은 도덕적 진위가 있을 수 있으나, 진위의 판단이 외부적 사실에 기초한다고 보지 않을 뿐이다. 즉, 도덕 판단을 할 때에 외부적 사실을 모두 무시하는 것이 아니지만, 사실 자체가 옳고 그름의 기준을 제시하는 것이 아니라는 것이다. 그러므로 이들의 non-cognitivism은 비외부적진실인지론으로 평가해야 정확한 것이라고 본다.37) 물론 non-cognitivist들이 도덕적 판단이란 인간 심리(psychology)에 기초하고, 도덕적 진위는 외부적 사실과 무관하다

---

35) 실제적 도덕 기준이 어떻게 결정되는가를 보여주는 이론의 예로는 데이비드 위긴스의 수렴이론 등이 있다. 앞서 본 헤어의 칸트식 공리주의도 실제적 도덕 기준을 구성하는 이론이 되겠다.

36) 데이비드 위긴스의 *Needs, Values, Truth* (Oxford, 1998) 중 Essay Ⅴ를 참조하시오.

37) 비외부적진실인지론의 개념은 외재론(externalism)과 구별되는 내재론(internalism) 과 다르다. 내재론과 외재론은 구분은 도덕가치의 근원이 궁극적으로 어디 있는가를 따지거나 도덕 행위의 동기가 무엇에 근거하는가를 따지는 것으로, 자연주의나 도덕 실재주의만이 externalism에 해당되고 나머지 대부분 이론이 internalism에 해당된다고 볼 수 있다.

고 보는 것이 cognitivist들과 대비되는 점이다. 도덕뿐만 아니라 다른 모든 분야에서도 마찬가지이지만, 진위의 판단이나 진리의 발견을 객관적 사실과 떼어 생각할 수 없다는 cognitivist들의 신조가 non-cognitivist들을 비인지론자로 치부하게 된 것으로 볼 수 있다.[38] 또한 이들은 비외부적진실인지론은 객관적 사실에 근거하지 않기 때문에 결국 비인지론으로 환원되고 만다는 생각을 할 수도 있다. 그러나 사실만이 도덕적 진위의 기초가 되어야 한다는 주장은 윤리학적 전통에서 보았을 때, 오히려 소수의 주장이다. 전통적으로 보자면, 도덕적 진리는 객관적 사실이나 외부적 사물의 속성과는 무관하게 주장되어 왔다. 플라톤의 이데아라든가 칸트의 정언명법 등은 도덕적 진리를 객관적 사실이 아닌 이성적 사고에 의존하고 있는 바, cognitivist들의 논법에 의하면 이들도 비인지론자로 치부될 수 있는 이상한 결과가 초래되는 것이다. 즉, 플라톤이나 칸트도 도덕적 진리의 존재가 외부적 사실과 무관한 것이라고 보니까, 객관적 사실만이 도덕적 진실을 제공한다고 보는 cognitivist들에게는 플라톤이나 칸트도 비인지론자들이라고 부를 수 있는 것이다. 하지만 플라톤이나 칸트의 이론을 비외부적진실인지론으로 부를 수는 있으나, 도덕적 진실이 없다고 주장하는 비인지론으로는 전혀 볼 수 없는 것이다.[39]

이제까지 본 바와 같이 스티븐슨, 헤어, 기바드 등이 명백히 도덕적 판단에 진위가 있음을 옹호하고 있는데도 어째서 그들의 기본 입장이 무시되고 있을까? 이 질문에 대한 답은 non-cognitivism을 비인지론으로 평가하는 cognitivist들 개인마다 다를 수 있다. 그러나 피터 레일톤은 우리가 이 질문에 대한 대답의 실마리가 될 만한 흥미로운 발언을 하고 있다. 그는 말하기를,

---

38) 객관적 사실(facts)이 중요한 변수라 해서 cognitivism 과 non-cognitivism 사이의 차이가 도덕 반실재주의 대 실재주의의 차이와 같은 것은 아니다. 머리말에서 보았듯이 도덕 반실재주의자 계열인 크리스핀 라이트, 사이먼 블랙번, 존 맥키 등도 인지론자로 분류된다.

39) 플라톤이나 칸트,를 non-cognitivist로 분류하려는 것은 무리일 것이나 그들과 non-cognitivist들 사이에는 앞서 말한 공통점이 있다. 즉, 도덕적 진리란 외부적 사실과 무관하다는 것이 그들 모두의 입장이다. 이런 이유로 Hare가 Kant의 도덕 이론을 수용하는 데 큰 무리가 없는 것이다. 물론 그의 Kantian utilitarianism에는 많은 비판이 있을 수 있다.

철학의 이 분야나 [즉, 메타윤리학—역자 주] 다른 분야에서 마찬가지지만, 어떤 이론이나 주장들이 크고 잘 형성된(well-articulated) 조류의 한 부분으로 존재하고 다른 조류의 이론이나 주장들과 대비될 수 있는 그런 것들로 파악되지 않고서는, 그들의 적절함을 조리 있게 평가하기는 불가능하다.[40]

레일톤에 의하면 어떤 특정한 이론이라는 것은 그 이론이 속한 철학적 사조의 한 부분으로써 평가되는 것이 적당하다는 것이다. 구체적으로 말하면, non-cognitivism에 속하는 여러 이론가들의 이론은 non-cognitivism이라는 큰 조류에서 보았을 때, 그 조류의 특징을 공유하는 부분적 이론들로써 그 가치와 적절함이 보장된다는 것이다. 따라서 스티븐슨, 헤어, 기바드 등이 에어로 대표될 수 있는 non-cognitivism의 전통에 있으므로 이들 모두를 비인지론자로 보아야 한다는 결론이 나올 수 있는 것이다.[41] 이러한 평가 방식은 개개 이론들을 철학적 조류에 맞추어 단순화시킴으로써 한 조류의 이론들을 다른 조류의 이론들과 명료하게 대비할 수도 있고, 전체적인 특징을 잡아내어 논의하거나 비판을 할 수 있는 장점이 있을 수 있다. 그러므로 cognitivist들의 입장에서는 non-cognitivism이라는 전통 내에 서로 다른 시각이 존재함을 크게 신경쓰지 않는다고 볼 수 있다. 그러나 이런 방식은 cognitivist가 아닌 제삼자의 입장에서 보면 공정한 것이 아니라고 본다. 더구나 앞서 살펴본 헤어 등의 도덕적 진위 판단의 이론을 무시하고 단순히 비인지론자로 모는 것은 많은 사람들의 오해를 불러일으킬 수 있는 것이다.[42]

---

40) Peter Railton, "What the Non-Cognitivist Helps Us to See the Naturalist Must Help Us to Explain" *Reality, Representation, And Projection* (Oxford, 1993) edited by John Haldane and Crispin Wright, p. 280.

41) 이 논문에서 레일톤 역시 non-cognitivism을 비인지론으로만 평가하고 있다.

42) 여기서 필자가 따져 보고자 하는 것은 레일톤에 대한 비판이 아니라, 어째서 non-cognitivism이 잘못 평가되는가를 모색해 보는 것이므로, 레일톤식 이해 방식의 비판은 다음 기회로 미루도록 한다. 또 비슷한 혼란이 메타윤리학의 다른 개념들 사이에 있다. 즉, subjectivism, objectivism, realism, intuitionism, naturalism 등에도 정도의 차이가 있지만 서로 다른 해석들이 존재하면서 메타윤리학적 논문의 이해를 어렵게 하고 있다.

참고문헌

김종국 　　　　「보편주의 윤리학에서 황금율 논쟁」『철학연구』 62집 (2003), pp. 75-92.

Blackburn, S. 　　"Errors and Phenomenology of Value." In *Essays In Quasi-Realism*, pp. 149-165, edited by Simon Blackburn: Oxford University Press, 1993.

――――――― 　　"How to Be an Ethical Anti-Realist." *In Essays In Quasi-Realism*, pp. 166-181, edited by Simon Blackburn: Oxford University Press, 1993.

Boyd, Richard 　　"How to Be a Moral Realist." In *Moral Discourse and Practice*, pp. 105-135, edited by Stephen Darwall et. al.: Oxford University Press, 1997.

Gibbard, Allan 　　*Wise Choices, Apt Feelings.* Harvard University Press, 1990.

――――――― 　　"Precis of Wise Choices, Apt Feelings." *Philosophy and Phenomenological Research*, Vol. 52, No.4 (1992): 943-945.

Hare, R. M. 　　*Freedom and Reason.* Oxford: Clarendon Press, 1963.

――――――― 　　*The Language of Morals.* Oxford: Clarendon Press, 1964.

――――――― 　　"Abortion and the Golden Rule." In *Sex and Philosophy*, pp. 356-375, edited by Robert Baker & Frederick Elliston: Prometheus, 1975.

――――――― 　　*Moral Thinking.* Oxford: Clarendon Press, 1981.

――――――― 　　"Objective Prescriptions" *Philosophy*, Vol. 35 (1993) supplement: 1-17.

Johnston, Mark 　　"Dispositional Theories of Value." *Proceedings of the Aristotelian Society.* supplement, Vol. 63 (1989): 139-174.

Lewis, David 　　"Dispositional Theories of Value." *Proceedings of the Aristotelian Society.* supplement, Vol. 63 (1989): 113-37.

Mackie, John   *Ethics: Inventing Right and Wrong.* England: Penguins, 1977.

McDowell, John   "Aesthetic Value, Objectivity, and the Fabric of the World." In *Mind, Value, and Reality*, pp. 112-130, edited by John McDowell: Harvard University Press, 1998.

Platts, Mark   "Moral Reality." In *Essays On Moral Realism*, pp. 282-300, edited by Geoffrey Sayre-McCord: Cornell University Press, 1988.

Railton, Peter   "What the Non-Cognitivist Helps Us to See the Naturalist Must Help Us to Explain." In *Reality, Representation, And Projection*, pp. 279-300, edited by John Haldane and Crispin Wright: Oxford University Press, 1993.

    ————————— "Moral Realism." In *Moral Discourse and Practice*, pp. 137-163, edited by Stephen Darwall et. al.: Oxford University Press, 1997.

Smith, Michael   "Dispositional Theory of Value." *Proceedings of the Aristotelian Society.* supplement Vol. 63 (1989): 89-111.

    ————————— *The Moral Problem.* Oxford: Blackwell, 1994.

Stevenson, C.   "Emotive Meaning of Ethical Terms." *Mind*, Vol. 46 (1937): 14-31.

Sturgeon, N.   "Moral Explanations." In *Essays On Moral Realism*, pp. 229-255, edited by Geoffrey Sayre-McCord: Cornell University Press, 1988.

Wiggins, David   "Moral Cognitivism, Moral Relativism and Motivating Moral Beliefs." *Proceedings of the Aristotelian Society.* Vol. 91 (1991): 61-85.

    ————————— *Needs, Values, Truth.* Oxford: Clarendon Press, 1998.

Wright, Crispin   "Truth in Ethics." In *Truth In Ethics*, pp. 1-18, edited by Brad Hooker: Oxford: Blackwell Publisher, 1996.

Abstract

Proper Evaluation of Non-cognitivism

Youn, Hoa-Young

Non-cognitivism, a section of meta-ethics, is known commonly as a theory denying moral truth. That is, they say that non-cognitivists do not endorse any truth, so that they cannot objectively assess any moral judgments or claims. There must be such non-cognitivists. But another group of non-cognitivists do not agree with the common characterization. I show that Charles Stevenson, Richard Hare, and Allan Gibbard form the second group and that they argues for moral truth not grounded in external facts. I label their position as non-factual cognitivism which is almost same as non-descriptivism. I believe that so-called cognitivists unfairly characterize non-cognitivism.

2

맥키의 회의주의 그리고 그것과 연관된 이론들

2장 소개말

2장에서 주로 다루게 될 이론가는 존 맥키(John Mackie)이다. 무어(G. E. Moore)가 20세 초반 활동했으며, 1950년대 경부터 20세기 말까지 헤어(R. M. Hare)가 칸트주의에 입각한 도덕가치론을 설파했다면, 맥키는 1970년대에 등장해서 헤어의 이론을 정면으로 반박하게 된다. 맥키가 논박하는 대상은 칸트주의와 플라톤주의 나아가 도덕가치에 절대성이 있다는 모든 이론들이다. 십계명을 하느님의 명령이므로 절대성이 있다고 믿는 것도 여기에 포함될 것이다. 맥키는 이런 이론들을 묶어서 도덕 객관주의(moral objectivism)라고 불렀다. 이에 대비해서 맥키는 회의주의(skepticism)을 제시하였다. 맥키의 주장들은 다음과 같다. 첫째, 모든 도덕적 판단은 (도덕적) 감성이나 감수성에 의한 것이다. 그런 판단들이 옳은가 그른가를 따지는 도덕적 기준들은 각 사회의 환경이나 전통에 의해 만들어진다고 봐야 하며, 여기에 칸트적 이성이 개입되지 않는다는 것이다. 둘째, 이런 사실에도 불구하고 대다수의 사람들이 도덕가치에 객관성이 있다고 잘못 믿고 있는데, 이것을 그는 '오류이론(error theory)'이라고 불렀다. 즉, 대다수의 사람들은 객관주의자로서 도덕가치에 대해 잘못된 믿음을 갖고 있다는 것이 오류이론이다. 필자의 「존 맥키의 '기이함에 근거한 논변」 비판"은 맥키의 '논변'이 품고 있는 논리적 문제를 비판한 것이다.

맥키와 비슷한 투사론자로 볼 수 있는 사이먼 블랙번(Simon Blackburn)은 필자가 지적한 맥키의 문제를 알고 있었던 듯하다. 그래서 필자와는 다른 방식으로 맥키의 오류이론을 논박하며 투사론을 지키려 하고 있다. 필자의 「도덕가치의 투사와 객관성: 존 맥키와 사이먼 블랙번의 경우」에서 이것을 다루고 있다. 그런데 맥키와 블랙번의 투사론이 갖는 진정한 문제는 다음과 같다고 본다. 만약 도덕적 판단과 기준이 감성 또는 감수성에 근거한다면, 그것들이 어떻게 옳고 그름을 평가하는 도덕 기준들을 만들 수 있을까하는 점이다. 또한 주관적 감성이나 감수성이 도덕적 논의의 중심이 된다면, 어떻게 개인들이 도덕적 판단을 하면서 자신들 판단에 객관적 옳고 그름이 있다는 믿음(인지론)을 갖게 된다는 설명을 할 수 있을까하는 점 또한 의문시된다. 그런데 그들 모두 이 점에 대해 대단한 취약성을 보인다. 특히 블랙번이 주장하는 바는 현실적으로 사람들이 도덕적 판단의 옳고 그름이 있다고 믿고 있으며, 도덕 판단의 기준들이 전통으로 주어져 있기 때문에 인지론이 옳다는 입장을 취하고 있다. 그러나 문제가 될 수 있는 것은 그 인지론이 어떻게 투사론 특히 감성의 투사로 설명할 수 있는가를 묻는 것인데 이에 대한 대답은 빈약한 것이다. 「도덕가치의 투사와 객관성: 존 맥키와 사이먼 블랙번의 경우」에서 이 문제도 다루고 있다.

맥키가 인지론자로 자처하기는 하지만 그의 이론을 바탕으로 왜 인지론이 가능한가를 증명하는 것은 어려운 일임을 이야기하였다. 특히 그의 오류이론은 객관적 도덕가치의 존재를 부정하는 바, '객관적'이라는 의미를 확대한다면 모든 가치에 객관성이 없다고도 할 수 있고, 만약 그렇다면 인지론도 성립하기 어렵게 된다. 왜냐하면 객관적 도덕 기준이 있어야 인지론이 가능하기 때문이다. 맥키의 오류이론과 비슷하게 리차드 조이스(Richard Joyce)는 '허구론'을 주장하였다. 조이스에 의하면, 모든 도덕규범이나 도덕 기준은 모두 허상일 뿐이며 잘못된 것이라고 한다. 그럼에도 규범과 가치가 현실적으로 유용하므로, 도덕체계는 유지할 필요가 있다는 것이다. 필자는 「오류이론, 허구론, 그리고 도덕체계의 객관성」에서 조이스의 주장을 반박하였다. 필자의 논지는 다음과 같다. 모든 도덕규범과 가치기 단지 허상이고 잘못된 것이라면, 이들은 현실적 문제들, 즉, "왜 도덕적 행위를 해야 하는가?" "어떻게 도덕적 갈등을 중재하고 해결하는가?" 등의 질문에 답을 하기가 어려울 것 같다. 도덕들이 허상이며 잘못된 것이라고 생각한다면, 도덕적 명령에 권위나 설득력이 없기 때문이다. 단지 편리함으로 도덕체계를 유지하고자 한다면, 도덕체계가 나의 이익과 충돌할 경우 언제든지 도덕을 버릴 수 있는 것이다. 그래서 허구론은 인간세계의 도덕체계가 지속성이 있고 그 도덕체계에 인간들이 의존하고 있는 현실을 설명할 수 없다는 것이 필자의 주장이다.

「반객관주의자인 존 맥키와 자연주의적 실재주의자들의 도덕가치」에서 필자는 이들이 어떻게 다르고 어떻게 유사한가를 탐구하는데, 맥키와 실재주의자들은 실제적으로 거의 유사함에도 다른 점은 도덕가치의 위상을 해석하는 것에 있다고 필자는 말한다. 맥키는 오류이론에 따라 도덕가치에는 객관적 실재성이 없다고 보는 반면, 자연주의적 실재주의자들은 현실 상황에서 도덕가치가 객관적으로 통용되고 있으니 실재성이 있다고 보는 차이가 있다. 또한 맥키는 현실적 도덕가치의 근원이 분석될 수 있다고 보는 반면, 자연주의적 실재주의자들은 그 분석을 할 수 없다는 '침묵론(queitism)'의 입장을 취하는 것이다. 그래서 양자 간의 유사점은 아주 많지만, 도덕가치의 위상에 대한 형이상학적 입장 차이가 두 진영 사이에 가로놓여 있다. 이와 같이 양자 간에 실질적 유사점이 아주 많으므로, 제임스 드라이어(James Drier)는 맥키를 실재주의자로까지 볼 수 있다고 주장한다. 맥키의 회의주의와 실재주의의 공통점을 꼽아 본다면, 첫째 모두가 인지론자들이고 둘째로는 드라이어가 강조하는 것은 "도덕적 속성이 외부적으로 존재한다."라는 것이다. 드라이어는 맥키를 실재주의자로 해석할 수 있도록 다른 걸림돌을 또한 해결하려 한다. 맥키를 실재주의자로 해석할 수 있는 여지는 분명히 있다. 그러나 앞서 필자가 주장했듯이, 맥키의 형이상학적 위치는 실재주의자라기보다는 그의 주장대로 회의주의자라고 봐야 할 것 같다. 이것이 「존 맥키는 도덕 실재주의자가 될 수 있는가?」에서 필자가 주장하는 점이다.

2장에서 필자가 마지막으로 다루는 것은 맥키의 '기이함'이라는 개념이다. 「존 맥키의 '기이함'과 월터 시노트-암스트롱(Walter Sinott-Armstrong)의 '기이함'」에서 필자는 맥키의 기이함을 설명함으로써 시노트-암스트롱이 해석하는 "기이함"에 문제가 있다고 주장한다. 잘못된 해석을 비판하여 오해의 소지를 없애는 것도 철학적으로 중요한 작업일 것이다.

Overview of Chapter 2

In the second chapter, John Mackie is the central figure. Moore took the major role in leading early twentieth-century metaethics, and Hare would be the next major figure from early 40s until the late twentieth century, who has stressed Kantian perspective. From 1970s, Mackie refuted Hare's view and any other absolutism (or moral objectivism), such as Platonism. The belief that the Ten Commandments are the order of the God must be included in Mackie's list of absolutism. Mackie's idea can be represented best by the term "skepticism," which he labeled on his theory. There are a few points in his theory. First, all moral judgments are made by (moral) sense or sensibility. There are moral standards to estimate individual moral judgment. The standards are formed by a society's environment and convention without relying on Kantian reason, according to Mackie. Second, despite of the fact, most people believe that moral values are objective. That is, most people's belief is simply erroneous. That is the meaning of Mackie's "error theory." 「A Critique of John Mackie's Argument from Queerness」 tries to show his problematic logic hidden in the Argument.

Simon Blackburn, a projectivist like Mackie, seems to know the problem I pointed out in Mackie's logic. He refutes Mackie's view to save projectivism. 「Projection and Objectivity of Moral Values: The Cases of John Mackie and Simon Blackburn」 deals with Blackburn's attempt to save projectivism in order to show a deeper problem in his and Mackie's theory. Their problem I think of is as follows: As they argue, if sense or sensitivity plays a central role in moral matters, how can sense or sensitivity produce or contribute to making moral standards? Or how can they show that cognitivism is right? In particular, it seems that Blackburn answers almost nothing persuasive to the questions. Instead, they rely on the fact that there are moral standards already and that people have a strong belief in moral cognitivism. I address this issue in the article, too.

Mackie never denies that he is a cognitivist, but his ideas like "error theory" or projectivism could not persuasively advocate moral cognitivism. If we live in the world of moral error, our concept of moral objectivity which is the most important feature of moral standards would be meaningless. In a similar context of Mackie's error theory, Richard Joyce proposes "Fictionalism" which holds that all moral values and institutions in our experience are false and our moral belief should be given up; but moral principles and values are useful enough not to abandon them. 「Error Theory, Fictionalism, and the Objectivity of Moral Institutions」 criticizes Joyce's view. My question is: If people come to believe in fictionalism, why do they have to follow moral orders which is basically false? Usefulness is not a good reason and has no authority over maintaining current moral system, I think.

「Moral Values of John Mackie, the Anti-objectivist, and Realistic Naturalists」 deals with how Mackie and the Realists are different and similar to each other. Virtually their views are almost same with each other except how to interpret the status of moral values, I think. For example, Mackie appears to deny moral values' objectivity and reality while the realists endorse the values' objectivity and reality simply because people in the real world use and rely on moral values. Also,

While Mackie believes that the nature of moral values can be analyzed, the realists take the view, "queitsm" by saying that the values are unanalyzable. So their difference lies in their metaphysical difference in interpreting the status of moral values.

Due to the many similarities between Mackie and the realists, James Drier argue that Mackie can be regarded as a realist. Similarities between them would be: First they are all cognitivists, Second, Drier emphasizes that all of them agrees that moral values or properties exist objectively in the world. Drier also tries to clear away an obstacle in interpreting Mackie as a realist. I agree that there are many features that Mackie shares with the realists. But we have to keep in mind that his metaphysical stance is, as he claims, skepticism not realism.

The last topic in Chapter 2 is "queerness." In 「John Mackie's "Queerness" and Water Sinnott-Armstrong's "Queerness"」 I tried to make clear Mackie's concept of queerness, and to show how Sinnott-Armstrong's queerness is different from Mackie's. It is one of meaningful works in philosophy to clarify key concepts and rectify a misinterpretation.

존 맥키의 "기이함에 근거한 논변" 비판[*]

존 맥키의 "기이함에 근거한 논변" 비판[*]

존 맥키의 "기이함에 근거한 논변" 비판[*]

윤 화 영[†]

【주제】 메타윤리학(meta-ethics)

【주 요 어】 존 맥키(John Mackie), 데이비드 브링크(David Brink), 리차드 가너(Richard Garner), 객관적 도덕가치, 오류이론, 도덕행위 동기유발

【요 약 문】 존 맥키는 객관적 도덕가치라는 것을 부정하고, 따라서 도덕적 객관주의는 잘못된 이론이라고 주장한다. 그는 자신의 주장을 증명하기 위해 "기이함에 근거한 논변"을 제시하였다. 즉, 객관적 도덕가치가 존재한다고 주장하는 것은 기이한 일이라는 것이다. 그의 "기이함에 근거한 논변"은 필자가 이름 붙인 "도덕적 동기유발에 근거한 논쟁"에 의존하고 있다. 다시 말하면 객관적 도덕가치라는 것이 우리의 일상적 도덕 행위의 동기를 유발하는 데 전혀 영향을 미치지 못하므로, 객관적인 도덕가치란 존재하지 않는다는 것이다. 필자는 이 "도덕적 동기유발에 근거한 논쟁"과 오류이론 사이에 하나의 딜레마가 있을 수 있거나 맥키가 상정하는 도덕 주체에 일관성이 결여되어 있을 수 있다고 비판한다. 이에 연관해서 데이비드 브링크와 리차드 가너의 주장도 살펴보았다.

I

존 맥키(John Mackie)가 그의 저서 『윤리학』(Ethics)의 첫 번째 장에서[1] 주장하는 핵심은 다음과 같다. 소위 말하는 객관적 도덕가치(objectively prescriptive moral values)라는 것은 존재하지 않는 것이며, 이와 같은 가치를

* 접수완료 : 2006. 7. 31 / 심사 및 수정완료 : 2006. 11. 21

† 평택대학교 교양학부 전임강사

1) 이 논문에서 맥키의 *Ethics: Inventing Right and Wrong*을 간략하게 *Ethics*라고 하였다.

옹호하는 도덕적 객관주의(moral objectivism)가 틀렸다는 것이다. 객관적 도덕가치란 우리의 개인적 느낌이나 판단에 의해 결정되는 도덕가치도 아니고, 또는 한 사회의 합의에 의해 정해지는 도덕가치도 아니면서 이러한 도덕가치들의 근본이 될 수 있는 도덕가치인 것이다. 맥키는 주장하기를, 객관적 도덕가치란 것이 존재한다면 이것은 사람의 행위를 통제하거나 권고하는(prescriptive) 기능이 있어야 하는데, 실제로는 객관적 도덕가치가 사람의 도덕 행위를 실행하게 하지 않으니 이런 객관적 도덕가치는 존재하지 않는다는 것이다.

맥키에 따르면 보통 사람들이 객관적 도덕가치의 존재에 깊은 믿음을 가지고 있다고 한다. 객관적 도덕가치의 예를 들어 보자면 기독교도들이나 회교도들은 구약에서 제시된 십계명을 이러한 객관적 도덕가치라고 믿을 수 있겠으며, 플라톤 도덕이론의 신봉자들은 도덕 이데아(또는 Form)가 객관적 도덕가치라고 믿을 수 있다. 맥키는 주장하기를 이와 같은 객관적 도덕가치는 존재하지 않기 때문에, 이러한 가치에 대한 믿음 또한 잘못된 것이라는 것이다. 즉, 우리가 보통 믿는 객관적 도덕가치란 것이 인간생활의 편리를 위해 만들어진(invented) 사회적 규범이 객관화 된 것일 뿐이라는 것이다. 이렇게 객관적 도덕가치를 부정하고 그런 가치에 대한 믿음을 잘못이라고 보는 그의 이론을 오류이론(error theory)이라고 부르는데, 이것이 그의 도덕이론의 핵심에 자리잡고 있다. 맥키는 『윤리학』에서 오류이론과 더불어 왜 객관적 도덕가치에 대한 믿음이 잘못된 것인지, 어떻게 사람들이 그런 잘못된 믿음을 갖게 된 것인지, 또 그가 옳다고 생각하는 도덕적 가치 질서는 어떻게 설명할 수 있는지 등에 대해 심도있게 그의 이론을 펴 나가고 있다.

맥키의 도덕 이론은 발표된 이후 많은 논란을 불러 일으켰다.[2] 객관적 도덕가치나 실재적 도덕가치를 부정하는 많은 윤리학자들에게는 오류이론은

---

2) 맥키의 이론을 집중적으로 다룬 책으로는 Ted Honderich가 편집한 *Morality And Objectivity: A Tribute to J. L. Mackie*가 있다. 또 맥키가 말하는 도덕적 진리나 가치 평가의 기준을 개선하려는 논의는 Brad Hooker가 편집한 *Truth In Ethics* 등에서 찾아볼 수 있다.

하나의 이정표 같은 역할을 하게 되었다. 물론 맥키의 이론에 동조하는 학자들도 그의 이론을 전적으로 찬성하는 것은 아니고, 주로 그의 객관적 도덕가치가 없다는 데에는 동조하면서 그의 이론에서 나타나는 문제들을 수정하는 방향으로 나아가고 있다. 예를 들어, 도덕 반실재주의자를 자처하는 크리스핀 라이트(Crispin Wright)는, 객관적 도덕가치라는 것은 존재하지 않지만 다른 개념에 의거해 도덕적 진리를 논의할 수 있다고 말하고 있다.[3] 다른 예로, 도덕 반실재주의자이며 투사론자인 사이먼 블랙번(Simon Blackburn)은 맥키를 자신과 같은 투사론자로 이해하면서 맥키의 투사론이 가지는 문제점을 해결하려 하고 있다.[4] 또한 도덕 현상학자인 존 맥도웰(John McDowell)은 맥키의 이론이 근본적으로 그의 현상학과 같은 것이기는 하지만, 좀 더 이론적 보완이 필요하다고 이야기하고 있다.[5]

맥키는 오류이론을 증명하기 위해 두 가지의 주된 논변을 제시하고 있다. 하나는 "상대성에 근거한 논변"(Argument from Relativity)이고, 다른 하나는 "기이함에 근거한 논변"(Argument from Queerness)이다. 맥키의 오류이론이 널리 언급되고, 그에게 동조하는 학자들 사이에서는 그의 이론이 상식같이 통용되고 있지만, 맥키의 증명(즉 상기한 두개의 논변)이 제대로 되었는지에 대해서는 관심이 많지 않다. 그의 주된 논변이 "기이함에 근거한 논변"인 바, 이 논문에서 필자는 "기이함에 근거한 논변"을 집중적으로 분석해서 맥키가 말하는 "기이함"의 근원을 밝히고, 과연 그가 말하는 기이함이 타당한 개념인지를 비판하고자 한다.[6]

---

3) 크리스핀 라이트의 "Truth in Ethics"를 참조하시오.
4) 사이먼 블랙번의 "Errors and the Phenomenology of Value"를 참조하시오.
5) 존 맥도웰의 "Values and Secondary Qualities"를 참조하시오.
6) 맥키의 "상대성에 근거한 논변"은 이 논문에서 다루지 않기로 하겠다. 이 논변은 "객관적 도덕가치가 없다"는 메타윤리학적 상대주의를 문화적 상대주의에 근거하려는 시도로써, 이 같은 시도는 큰 설득력이 없다고 본다. 대표적으로 James Rachels가 그의 *The Elements of Moral Philosophy* 2장에서 이와 같은 시도를 잘 논박하고 있다.

II

　"기이함에 근거한 논변"에서 말하는 "기이함"의 내용인즉, (객관적 도덕가치를 주장하는 사람들이) 존재하지도 않는 객관적 도덕가치가 존재한다고 하니 이것이 기이한 일이라는 것이다. 만약 도덕가치가 객관적으로 존재한다면 우리가 사물을 보듯 알 수 있어야 하는데, 그렇지 못하니 객관적 도덕가치의 주장은 근거가 없다는 것이다. 좀 더 구체적으로 그의 주장을 살펴보자. 객관적 도덕가치가 실제로 존재한다면, 그런 도덕가치는 두 가지 조건을 만족해야 한다고 그는 주장한다. 첫째는 존재론적(ontological) 조건이고, 둘째는 인식론적(epistemological) 조건이다. 그의 논변에서 이 두 가지 조건은 서로 보완의 입장에 있다. 즉, 객관적 도덕가치가 존재하지 않으니 우리가 알 수가 없고, 또 우리가 알 수 있는 방법이 없으니 그런 가치가 존재하지 않는다는 것이다.

　맥키의 주장은 데이비드 흄(David Hume)의 경험론을 바탕으로 하고 있다. 그러나 잘 알려진 대로 흄의 주장에는 심각한 결함이 있다. 만약 흄이 말한 대로 경험적 인식만이 옳은 지식을 얻는 유일한 방법이라면 우리가 당연시하고 있는 많은 근본적 개념들이 무용하게 된다. 예를 들어 사물의 본질(essence), 수(number), 동일성(identity), 다양성(diversity), 견고성(solidity), 관성(inertia), 물질(substance)등에 대한 지식은 근거 없는 것이 된다. 왜냐하면 이런 개념들은 직접적 경험으로 우리가 알 수 있는 것들이 아니기 때문이다. 이 같은 반론은 리차드 프라이스(Richard Price)가 제시한 것인데, 맥키는 그의 『윤리학』에서 프라이스의 주장을 소개하면서 다음과 같이 반박하고 있다.

　　이 같은 [Price의] 주장은 "기이함에 근거한 논변"에 중요한 반론이 된다. 이런 주장에 유일한 적절한 대응은 이 같은 개념들이 경험적 인식에 의거해 구성될 수 있다는 것을 보여주는 것이다. 다른 지면에서 그런 작업을 시도한 바 있지만, 나는 여기서 그러한 개념의 경험적 구성을 본격적으로 시도하고 싶지는 않다. 내가 여기서 이야기할 수 있는 것은 이 문제에 대한 나의 신념, 즉 이런 개념들이 경험적 용어들로서 충분히 설명될 수 있다는 것이다. 만약 어떤 특정한 기본 개념이 경험적 용어들로 설명이 되지 않는다면, 그런 개념들은 객관적 도덕가치와 마찬가지로 그런 개념들이 존재한다는 주장 자체가 기이한 일이 될 것이다.[7]

맥키가 이런 기본 개념들이 어떻게 경험적 용어들로 설명되는지의 한 예를 『윤리학』이 아닌 『로크로부터의 문제점들』(Problems from Locke)에서 다루고 있다.[8] 예를 들어 맥키는 경험론자인 존 로크(John Locke)가 말하는 물질적 실체(material substance)라는 개념을 경험론에 의거해 설명하려고 한다. 관념론자인 버클리(Berkley)는 이러한 개념이 경험적 개념이 될 수 없다고 주장한다. 왜냐하면 이 개념이 직접 경험으로 인식되는 것이 아니기 때문이다. 하지만 맥키는 로크의 개념이 경험적으로 설명될 수 있음을 보여주려고 한다. 우선 실체(substance)라는 개념은 몇 개의 다른 의미를 가지고 있다. 우선 물질이란 "인식 가능한 속성들 또는 고유성들의 집합"[9] 이라는 의미를 가질 수 있다. 그러나 로크의 물질 개념은 이런 의미와는 다르다. 로크에 따르면 각각의 물질은 참 본질(real essence)을 가지고 있고 모든 특성들은 바로 참 본질(real essence)로부터 유래된다고 한다. 맥키는 말하기를 "금의 참 본질은 미세한 근본 입자들이 모여 금으로 구성되는 법칙성에 있을 것이다. 물은 또 다른 참 본질을 가지고 있을 것인즉, 그 본질은 금과는 다른 근본 입자들에 있든지 또는 같은 근본입자들이 다르게 결합되는데 있을 것이다."[10] 따라서 로크의 입장에 따르면 물질적 실체는 이런 참 본질에 있는 것이다.

---

7) Ibid., p. 39.
8) *Problems From Locke.* Oxford: Clarendon Press, 1987.
9) Ibid., p. 76.
10) Ibid., pp. 77-78

중요한 점은 로크의 "참 본질(real essence)"이라는 개념은 경험적으로 검증 가능한 개념이 아닌 것이다. 그러나 맥키는 이와 같은 개념이 과학적 관찰과 지식의 발전에 없어서는 안 되는 개념이므로 경험적으로 설명이 가능하다는 것이다. 아울러 이러한 참 본질이라는 개념은 플라톤의 이데아(또는 Form)와는 다른 종류의 개념인 것이라는 것이 맥키나 로크의 주장인 것이다. 맥키는 말하기를, "모든 물질에서 나타나는 속성들(properties)과 그런 속성들에 상응하는 논리적, 언어적 개념들에 깔려 있다고 여겨지는 어떤 '근본 바탕 (substratum)' 이라는 개념을 부정함으로써, 우리는 특별한 물질들의 객관적 실체를 확보할 수 있고 또 물질의 내부구조 및 자연적 종류(natural kinds)의 다양한 양태(mode)와 물질을 포함해서 참 본질이라는 납득할 만한 개념 상정을 달성할 수도 있다."11) 맥키에 의하면 로크가 생각하는 물질의 참 본질이라는 개념은 직접 경험으로 인식할 수는 없지만 그것이 물체의 실체가 아니고서는 물체의 특성들과 물체 자체에 대한 우리의 경험을 설명할 수 없다는 것이다.

도덕가치와 관련해서 위와 같은 맥키의 이론에 대해 한 가지 중요한 점을 지적하지 않을 수 없다. 그것은 맥키 자신이 객관적 도덕가치가 반드시 사실이라기보다는, 개념일 수도 있다고 인정하는 것이다. (물론 그는 개념으로서의 객관적 도덕가치도 존재하지 않는다고 보는 것이다.) 객관적 도덕가치가 사실에 해당한다면, 다른 많은 사실들과 마찬가지로 객관적 도덕가치가 검증되고 확인될 수 있어야만 할 것이다. (이것은 도덕가치를 포함하는 객관적 행위의 확인 검증과는 다르다.) 누군가가 도덕가치를 경험적 사실이라고 주장한다면, 상식적으로 받아들이기 어려운 일이라고 할 수 있다. 예를 들어보면, 어떤 종교의 도덕적 윤리적 가르침이 절대적이고 명확한 것이므로 그 존재를 의심 없이 경험적으로도 인식할 수 있다고 주장하는 것과 크게 다르지 않다. 이럴 경우는 맥키의 말과 같이 몹시 기이한 일이라고 할 수

---

11) Ibid., p. 105

있다.12) 그러나 객관적 도덕가치가 개념이라고 주장한다면, 이것은 앞서의 다른 개념들(본질, 수, 동일성 등)과 마찬가지로 크게 기이한 주장이 아닐 수 있다. 예를 들어, 개별적 도덕 행위를 우리가 이해할 수 있는 것은 우리에게 객관적 도덕가치가 개념으로서 존재하기 때문이라고 말할 수 있는 것이니, 이것은 기이한 주장이나 기이한 개념이 전혀 아닐 수 있다. 또 다른 예를 들자면, 노약자를 돕는다거나 어려운 처지에 있는 사람을 도와주는 도덕적 행위가 있다고 했을 때, 개별적인 도덕 행위에는 그 행위를 도덕적 행위로 만드는 그 무엇이 있을 것이며, 또 다른 도덕 행위와 비교해서 "이것은 같은 종류의 도덕 행위이다"라는 판단을 할 수 있게 하는 그 무엇도 있을 수도 있다. 그렇다면, "그 무엇"이란 객관적 도덕가치를 가리킨다고 볼 수도 있는 것이다. 즉 객관적 도덕가치를 개념이라고 본다면, 그 존재 여부는 이 개념이 경험적으로 설명될 수 있는지 없는지에 달려있게 된다. 그런데 도덕 행위나 도덕 판단을 우리가 인식하는 과정을 볼 때(즉 위의 예에서 보듯이), 객관적 도덕가치가 존재한다고 말하는 것은 전혀 기이할 것이 없다는 것이 필자의 생각이다. 우리가 사물의 본질, 수, 동일성, 견고성 등을 직접적 경험으로 알 수 있는 사실이라고 한다면, 이 주장 역시 기이하다고 할 수 있다. 그러나 이런 것들이 경험적 개념이라고 한다면 기이하지 않을 것이니, 객관적 도덕가치의 경우도 앞서의 개념들과 같을 수 있다는 것이다.

하지만 맥키는 주장하기를, 사물의 본질, 수, 동일성, 다양성, 견고성, 관성, 물질 등은 경험적으로, 또는 경험적인 용어들로 설명 가능하지만 객관적 도덕가치라는 개념은 가능하지 않다는 것이다. 따라서 객관적 도덕가치는 기이한 개념일 수밖에 없다는 것이다. 그러나 맥키의 주장은 공정하지

---

12) 맥키의 주장과 달리 어떤 도덕 객관주의자나 도덕 실재주의자도 도덕가치 자체를 확인 검증할 수 있는 하나의 사실로까지 주장하지는 않는다고 본다. 그들에게 있어서 객관적 도덕가치란 주로 이성에 의한 법칙 가치이거나 경험적 사실 행위 등에 포함된 속성일 뿐이다. 따라서 필자는 사실로서의 도덕가치를 부정하는 맥키의 주장은 "허수아비 공격하기(attacking a straw man)가 아닌가 싶다. 이런 이유로 리차드 프라이스가 도덕가치를 개념으로 봐야 한다는 반론을 제시하는 이유라고 생각한다.

못하다. 객관적 도덕가치가 왜 경험적인 용어들이나 개념으로 설명 불가능
한지에 대해서 그는 일언반구 말이 없고, 다소 독단적으로 객관적 도덕가치
가 경험적 용어들로 설명될 수 있는 가능성을 부인할 뿐이다.

맥키는 객관적 도덕가치를 부정하는 자신의 주장을 강화하기 위해 또 다
른 논점을 도입하고 있다. 그는 말하기를

> 플라톤의 이데아는 객관적 도덕가치가 어떤 것인가를 매우 극적으로 보여주고
> 있다. 선(Goodness)의 이데아는 우리가 그것이 무엇인지 깨닫게 됨으로써 우리
> 의 행동이 무엇을 지향해야 하고 또 거부할 수 없는 동기부여가 어떤 것인가를
> 알게 해 준다는 것이다. 즉, 선이라는 것은 어떤 사람이 진실한 선을 알게 된다면
> 그 사람이 선을 추구해야 한다는 생각이 생길 뿐만 아니라, 실제적으로 선을
> 추구하도록 만들 수도 있다는 것이다. 어떤 객관적 선이란 그것을 아는 사람으로
> 하여금 그 선을 추구할 수밖에 없다는 것인 바, 이것은 주변적인 사실 때문이
> 아니라 그 선 안에는 선 추구의 동기부여(to-be-pursuedness)가 포함되어 있
> 기 때문이다. 마찬가지로 만약 옳고 그름의 객관적 원칙이 있다면, 그 원칙 속에
> 는 잘못된 행동을 행하지 않게 하는 그 무엇이 포함되어 있을 것이다.[13]

맥키의 주장인즉, 플라톤의 선 이데아 같은 객관적 도덕가치들은 우리로 하
여금 도덕행동을 추구할 수밖에 없도록 만든다고 하는데, 실제로는 이 같은
행동, 즉 도덕가치에 대한 지식이 도덕적 행동을 실행하게 만드는 경우는
없다는 것이다. 일상적인 도덕행동의 동기는 욕망(wants and desires), 이
해관계(interests), 느낌(feeling), 감수성(sentiments) 등 주관적 요인으로
설명하는 것이 더 합당하다는 것이다.[14] 따라서 객관적 도덕가치가 있다는
주장은 근거 없는 것이라는 것이다. 이와 같이 도덕 행위의 동기를 따져봄으
로써 플라톤의 선 이데아뿐만 아니라 다른 객관적 도덕가치들도 부정될 수
있다는 것이 그의 기본 입장이다.

이것은 객관적 도덕가치를 부정하고 그의 "기이함"을 설명하는 세 번째

---

13) *Ethics*, p. 40.
14) 이 부분에 관해서는 *Ethics*의 1장 6절 "Hypothetical and categorical imperatives"
    에서 가장 많이 이야기되고 있다.

논리이자 논점의 또 다른 전환이다. 앞서 본대로 첫째는 객관적 도덕가치가 사실일 수 없기 때문에 기이하다고 했고, 둘째는 객관적 도덕가치가 기이한 개념이라고 했다가, 이제는 도덕가치의 기이함이 동기부여의 결여에 있다고 보는 것이다. 따라서 도덕 행위의 동기라는 관점에 비추어 "기이함에 근거한 논변"을 다시 한 번 정리해 보면 다음과 같이 말할 수 있다. "소위 객관적 도덕가치란 것이 우리가 도덕 행위를 할 수 있도록 동기부여를 하거나 우리의 도덕 행위에 영향을 미치는 일이 없으므로, 그러한 가치가 있다고 주장하는 것은 몹시 이상한 일이다."

III

이제까지 본 대로 맥키는 객관적 도덕가치가 존재하지 않는다는 그의 주장을 궁극적으로는 동기유발이라는 관점을 도입해서 증명하려 하고 있다. 이것을 맥키의 "도덕적 동기유발에 근거한 논쟁"이라 불러보자. 이 논쟁이 그의 "기이함에 근거한 논변"에 핵심을 이루는 부분이다. 그런 만큼 동기유발의 논쟁이 객관적 도덕가치의 부정에 결정적 근거가 되는지 안 되는지 그 타당성을 자세히 살펴보자.

첫째로 필자가 지적하고 싶은 것은 맥키가 상정하는 도덕적 인간 또는 도덕 행위의 주체의 설정이 상당히 혼란스럽다는 것이다. 그의 오류이론에서 묘사하는 도덕적 인간이란 객관적 도덕가치의 존재를 믿는, 따라서 그런 도덕가치를 따를 수 있는(물론 때때로 도덕가치의 가르침을 어기는) 존재로 설정되어 있다. 즉 도덕적 인간이 다분히 플라톤적(Platonian) 또는 칸트적(Kantian)으로 설명된다. 그러나 그의 동기유발 논쟁에 있어서는 도덕적 인간이 흄이 묘사하는 도덕적 인간으로 상정된다. 물론 맥키는 흄적(的)인(Humean) 도덕 인간을 옹호하는 바, "도덕적 동기유발에 근거한 논쟁"에 포함된 그의 논리는 다음과 같다.

(1) 만약(if) 객관적 가치가 행위자의 도덕 행위를 유발시킬 수 있다면, 객관적 도덕가치가 존재한다.
(2) 도덕 행위의 주체들은 도덕적 가치와 판단이 주관적이라고 믿는다.
(3) 객관적 도덕가치가 그들의 도덕 행위를 전혀 유발시키지 않는다. ((2)에 의해)
(4) 그러므로 객관적 도덕가치는 존재하지 않는다.

그러나 객관적 도덕가치를 믿는 사람들(moral objectivists)은 다른 시각과 행동 양식을 가질 것이다. 또한 그들은 맥키의 논리를 이용해서 객관적 도덕가치의 존재를 다음과 같이 증명할 수도 있다.

(1') 만약(if) 객관적 가치가 행위자의 도덕 행위를 유발시킬 수 있다면, 객관적 도덕가치가 존재한다.
(2') 도덕 행위의 주체들은 도덕적 가치와 판단이 객관적일 수 있다고 믿는다.
(3') 객관적 도덕가치가 그들의 도덕 행위를 유발시킬 수 있다.((2')에 의해)
(4') 그러므로 객관적 도덕가치는 존재한다.

필자의 생각으로는 (1')-(4')가 오류이론에서 나타난 도덕 주체(moral agents)의 행동을 설명한다고 본다. 만약 사람들이 객관적 도덕가치에(예를 들어, 칸트의 정언명법이나 십계명 등이 객관적 도덕가치라고 했을 때) 대한 믿음이 있다면, 그들의 도덕 행위가 그런 가치에 의해 유발될 수도 있다는 것을 부정하기는 어려울 것이다. 독실한 신자가 자신의 행위에 옳고 그름을 판단할 때, 감정이나 기분 또는 개인적 이익, 사회의 법률 등에 의존하기보다는 십계명에 의존할 수도 있다. 물론, 사람들이 언제나 객관적 도덕가치에 의존해서 행동하거나 판단하는 것은 아닐 것이다. 독실한 신자라고 해서 십계명을 항상 지킬 수는 없다. 그러나 그들이 계명을 지키지 못하는 경우에는 후회하는 심정을 가질 것이니, 객관적 도덕가치가 언제나 지켜지지 못한다는 사실이 객관적 도덕가치의 존재를 부정하는 근거는 되지 못한다.

두 말할 것도 없이 맥키는 흄적인 도덕 주체의 사고가 옳고, 객관적 도덕가치를 믿는 사람들의 사고가 틀렸다고 생각한다. 앞서 본 바와 같이 그는 일상적 경험을 증거로 들어서 사람들의 도덕적 행동이 객관적 도덕가치와는 무관하게, 주관적 느낌 등에 의해 이루어진다고 주장하는 것이다. 그러나 이러한 "도덕적 동기유발에 근거한 논쟁"을 그의 오류이론과 대비시켜 보았을 때, 맥키의 이론 전체는 치명적인 딜레마에 빠질 수 있다. 왜냐하면 그는 오류이론에서 대다수 사람들이 객관적 도덕가치를 믿고 이 가치에 의거한 도덕체계를 받아들이고 있다고 이야기하는 반면에, 도덕적 행위의 동기를 이야기하는 부분에서는 일반 사람들의 도덕적 행위가 객관적 도덕가치와 무관하게 이루어진다고 보기 때문이다. 그렇기 때문에 오류이론에서 맥키가 상정하는 도덕 주체들의 행위가 (1')-(4')로 정확히 설명된다면, (1)-(4)로 표현되는 그의 "도덕적 동기유발에 근거한 논쟁"은 설득력을 잃게 되고, 나아가 "기이함에 근거한 논변" 전체가 완전히 기반을 잃게 된다. 결과적으로 그의 도덕적 동기에 의거한 논쟁은 도덕적 객관주의가 옳다는 결과를 가져올 수 있게 된다. 왜냐하면 오류이론에서 상정하는 도덕 주체가 객관주의적 사고를 한다고 봐야 하기 때문이다. 반면에 그의 "도덕적 동기유발에 근거한 논쟁"이 맥키의 도덕 주체를 바르게 설명한다면 오류이론에서 묘사하는 도덕적 주체의 행위 자체가 잘못 설명된 것으로, 그가 말하는 "오류(error)"는 처음부터 발생하지 않는 것이다. 다시 말해서 (1)-(4)가 옳다면 사람들은 처음부터 객관적 도덕가치에 의한 믿음도 없었으므로 그의 오류이론 자체에 문제가 생기는 것이다.

이와 같은 딜레마를 야기하는 맥키의 혼란스런 개념 설정을 그의 다른 진술 속에서도 찾아볼 수 있다. 그는 그의 오류이론을 설명하면서 말하기를, "[도덕가치의] 객관성을 주장하는 것이 우리의 언어와 사고 속에 아무리 깊이 새겨져 있다 해도, 이 주장은 자명한(self-validating) 것이 아니다. 이 주장은 문제시 될 수 있고, 또 당연히 그렇게 되어야만 한다. 그러나 객관적 가치의 부정을 어떤 분석적 방법의 결과로서 보여주기보다는 오류이론이라는 방법으로 부정할 것이다. 즉, 대부분의 사람들이 도덕적 판단을 내릴 적에 무엇보다도 어떤 객관적으로 처방적인(objectively prescriptive) 그 무엇을 드러내지 않게 주장하고는 있지만, 이런 주장은 모두 잘못(false)이라는 것이 오류이론이다."15) 맥키의 말에 의하면 우리의 도덕적 사고나 언어 속에 객관적 가치가 불가피하게 포함되어 있지만, 이것은 모두 틀린 것이라는 것이다. 그렇다면 우리가 내리는 개별적인 도덕적 판단 중에 옳은 판단이 있을 수 있는가? 맥키의 말을 있는 그대로 본다면, 우리의 사고와 언어 속에 이미 잘못된 믿음과 가치관이 내재되어 있기 때문에 어떤 판단을 내려도 잘못된 것이고 모두 틀렸다고 말하는 것으로 볼 수 있다.16) 그러나 맥키는 반대되는 주장을 또한 하고 있다. 그에 따르면, "객관적인 가치가 없다는 논리를 전개해나가는 한 방법은 도덕적 판단에 옳고 그름이 없다고 말하는 것이다. 그러나 이와 같이 단정적으로 말하는 것은 잘못된 해석이라고 할 수 있다. 왜냐하면 내가 주장하는 것 같이 객관적 가치가 없다고 해도, 어떤 종류의 가치 판단은 의심할 나위 없이 진위를 이야기할 수 있기 때문이다. 합의된 또는 가정적으로 주어진 기준(standards)에 의거해서 다양한 종류의 가치평가가 이루어질 수 있다."17) 여기서 맥키가 하고자 하는 말인즉, 자신이 비록 객관적 가치를 부정하지만 한 편으로는 다양한 가치평가가 가능하다고 보는 인지론자(cognitivist)의 입장이라는 것이다. 그러나 맥키의 의도대로 그의 이론이 객관적 도덕가치를 부정하면서 인지론으로 무리 없이 귀결될 수 있을까? 필자는 그렇지 않을 수 있다고 본다. 왜냐하면 맥키가 인정하기를 우리의 도덕적 사고와 언어 속에 이미 객관적 가치에 대한 믿음이 뗄 수 없이 포함되어 있는데, 사회적 도덕 기준을 합의할 때에 우리의 언어와 사고

---

15) *Ethics*, p. 35.
16) 맥키의 이론을 이렇게만 해석하는 학자들도 상당수 있다. 예를 들어 Jonathan Harrison의 "Mackie's Moral 'Scepticism'"이나 Timo Airaksinen의 "Westermarck, Mackie, Stroup, and Harrison" 등을 참조 바람.
17) *Ethics*, pp. 25-26.

속에 녹아 있는 객관적 도덕가치를 완전히 배제하고 다른 도덕 기준을 만든다는 것이 불가능할 수 있는 것이다. 다시 말하면 맥키가 그의 오류이론을 이야기할 때는 객관적 도덕가치가 불가피하게 우리의 언어와 사고 속에 존재함을 주장하다가, 사회적 도덕 기준의 합의를 설명할 때에는 똑같은 언어로 객관적 도덕가치가 배제된 도덕 기준을 정할 수 있는 것처럼 이야기하는 것이다. 사람들이 객관적 도덕가치가 배제된 언어를 사용할 수 있다면, 오류이론의 타당성이 없어지는 것이고, 도덕적 언어로부터 그런 가치를 배제할 수 없다면, 합의된 도덕 기준도 객관적 도덕가치로부터 자유로울 수가 없는 것이다.

이와 같은 딜레마를 피하기 위해서 맥키는 다음과 같이 말할 수 있다. 앞서의 동기유발에 관한 논쟁에서 (2')은 옳지만 (3')-(4')가 발생하지 않고, 대신에 (3)-(4)가 도출된다고 주장하는 것이다. 즉 사람들이 객관적 도덕가치에 대한 믿음이 있지만, 도덕 행위의 동기는 그런 믿음과 무관하게 다른 주관적 요인에 의해 결정된다고 주장하는 것이다. 그러나 이것은 매우 "기이한" 주장이다. 어떤 믿음을 가지고 있는 사람의 실제 행위가 그런 믿음과 무관하거나 믿음을 저버리는 방향으로 나타난다면, 이런 행위는 일관성이 결여됐다고 할 수 밖에 없다. 예를 들어, 어떤 사람이 "객관적으로 보았을 때, 도둑질은 도덕적으로 나쁘다."라는 믿음이 있다고 하자. 그런데 이 믿음이 이 사람의 행위에 아무런 영향을 미치지 않는다고 말할 수 없다. 이런 믿음으로 인해 사람들이 자제하기도 하고 유혹에 넘어가기도 하고 또 후회하기도 하는 것이다. 따라서 맥키는 적어도 왜 객관적 가치에 대한 믿음을 가진 도덕 주체들의 동기유발이 이런 객관적 가치를 무시하는 방향으로 일어나는지 설명했어야만 한다고 본다.[18]

두 번째로는 객관적 도덕가치와 주관적 영역인 동기유발 사이에 어떤 필

---

18) 여기서 "객관적 도덕가치가 존재하지 않기 때문에 도덕 행위에 영향을 주지 못한다"고 이야기할 수는 없다. 맥키는 객관적 도덕가치가 존재하지 않는다는 것을 증명하려고 하는 것이므로, 증명하려는 명제를 증명 과정에서 쓸 수는 없는 것이다.

연적 연관성이 있느냐 하는 것이다. 그런 연관성이 없다면 맥키의 증명은
별 설득력이 없게 된다. 즉 도덕적 객관주의자들은 다음과 같은 반론을 제기
할 수 있다. "객관적 도덕가치란 말 그대로 우리의 주관적 판단이나 선호를
넘어선 가치이다. 따라서 객관적 도덕가치는 우리의 의지나 도덕 행위의 동
기유발과는 무관하게 존재하는 가치이다. 의지나 동기유발은 주관적 문제이
므로, 사람들의 도덕 행위가 객관적 가치에 의해서 유발되지 않는다는 것은
객관적 도덕가치의 존재와 하등 상관없는 일이다." 이와 유사한 반론이 데
이비드 브링크(David O. Brink)에 의해서 제기되었다. 그는 주장하기를 만
약 도덕가치가 진실로 객관적이라면, 객관적 가치와 우리의 주관적 판단에
의한 도덕 행위 사이에는 아무 연관이 없다는 것이다.

　　도덕적 사실을 안다는 것이 반드시 도덕 행위를 유발시키거나 도덕 행위를
　　하기 위한 이유를 제공하는 것은 아니다. 또한 도덕적 사실을 안다는 것 하
　　나로 도덕 행위가 유발되지도 않고 도덕 행위를 하기 위한 이유가 제공되는
　　것도 아니다. 단지 도덕적 사실을 안다는 것은 그 사실이 무엇이던지 간에
　　거의 확실히 도덕 행위를 필연적으로 유발하지도 못하고 도덕 행위를 하기
　　위한 충분한 이유를 제공하지도 못한다. 도덕적 사실의 인식이 도덕 행위를
　　유발시킬 수 있느냐 하는 것은 어떤 종류의 도덕적 사실을 말하고 있는가에
　　달려 있는 것이 확실하고, 대부분의 신뢰할 만한 이론에서 이야기하듯이 도
　　덕적 사실의 인식이 도덕 행위를 유발하느냐 하는 문제는 도덕 행위자의 심
　　리적인 문제라 할 수 있다. 즉, 도덕적 사실의 인식이 도덕 행위를 위한 이
　　유를 제공하느냐의 문제는 도덕 행위를 하는 주체가 도덕성이 요구하는 것
　　에 얼마나 순응하느냐에 달려있다. 그러나 물론 도덕성의 요구에 순응한다
　　는 문제는 어떠한 도덕적 사실을 이야기하느냐에 달려 있고, 이런 도덕적
　　사실의 인식이 도덕 행동을 하기 위한 이유를 제공하느냐의 문제는 다른 사
　　실, 즉 도덕 행위자의 욕망과 이해관계에 또한 달려 있다.[19]

브링크의 이야기인즉 도덕적 행위를 실행한다는 것은 개인의 욕망이나 이해
관계, 흥미 등 여러 가지 요인이 얽혀 있는 만큼, 이것과 객관적 도덕가치

---

19) David O. Brink. "Moral Realism and the Sceptical Arguments from Disagreements
　　and Queerness." Australian Journal of Philosophy Vol. 62, No.2 (1984), p. 114

혹은 도덕적 사실 사이에 필연적 관계는 없다는 것이다. 여기서 한 가지 설명하고 넘어가야 할 문제가 있다. 그것은 내재론(internalism)과 외재론(externalism)의 차이이다. 이 설명이 필요한 이유는 브링크의 논쟁이 이 구분의 바탕 위에 이루어지고 있기 때문이다.[20] 내재론이란 도덕가치가 주관적이므로 사람의 마음에 있을 뿐이라는 생각인 반면, 외재론은 도덕가치가 객관적이므로 사람의 마음에 있기보다는 외부적인 도덕적 사실에 있다는 생각이다. 내재론은 도덕 행위의 동기유발에 관한 문제를 확실히 설명할 수 있다. 그러나 브링크의 주장은 도덕 실재주의나 객관적 도덕가치가 내재론과 연결될 필요성이 전혀 없다는 것이다. 맥키의 도덕 행위 유발에 관한 논쟁은 도덕 실재주의나 객관적 도덕가치가 내재론과 연결이 필연적으로 되어야만 될 경우에 의미를 갖는 것이니 맥키의 논쟁은 근거가 없는 것이라는 것이다. 브링크는 말하기를, "도덕적 사실이 객관적이면서도 도덕 행위를 실행하게 하여야만(prescriptive) 한다는 이야기를 함에 있어서, 맥키는 도덕적 실재주의가 내재론의 진리를 포함해야 한다는 주장을 하고 있다."[21] 브링크의 주장을 간단히 말하면, 객관적 도덕가치는 말 그대로 객관적 문제이고 동기유발은 주관적 문제이니, 동기유발의 문제로 객관적 도덕가치를 부정하는 맥키의 논쟁은 옳지 않다는 것이다.

이와 같은 브링크의 주장에 대해 리차드 가너(Richard Garner)는 맥키의

---

20) 한 가지 더 주목할 점은, 브링크가 도덕 객관주의(moral objectivism)와 도덕 실재주의(Moral Realism)를 혼용하고 있다는 것이다. 브링크가 그러하듯이 이 두 이론은 왕왕 같은 것으로 여겨지고 있으나 엄밀한 의미에서는 같은 것이 아니다. 맥키가 말하는 도덕 객관주의는 도덕적 진리를 발견하는 것이 이성적 사고에 달려있다고 보는 플라톤이나 칸트의 도덕이론을 포함한다. 반면에 도덕 실재주의는 주관적 인식에 매이지 않는 외부적인 도덕가치나 외부적인 도덕적 속성이 경험적으로 실재한다는 것이니, 플라톤이나 칸트의 이론이 도덕 실재주의에 포함되기 어렵다. 무어(G. E. Moore)의 도덕 실재주의가 대표적 이론이다. "도덕적 진리는 객관적이다."라는 명제에는 두 이론이 모두 수긍하지만, 각 이론이 '객관적'이라는 뜻을 좀 달리 쓰고 있다. 한 가지 더 첨언하자면, 곧 이어 언급될 리차드 가너(Richard Garner)도 도덕 실재주의가 반드시 외재론을 포함하지는 않는 것으로 보고 있다. 즉, 도덕 객관주의와 도덕 실재주의의 차별을 두지 않고 있다.

21) "Moral Realism and Sceptical Arguments" p.113.

입장을 변호한다. 가너는 맥키의 이론에 문제가 있다는 것을 인정하지만 그것이 그의 이론 전체를 위협할 만한 치명적 결함은 아니라고 생각한다. 맥키가 말하는 객관적 도덕가치가 도덕 행위를 유발할(action-guiding) 수 있어야 한다는 조건이 반드시 도덕 행위의 직접적인 동기유발을 말하는 것이 아니라고 가너는 생각한다.

> 브링크가 맥키의 "기이함에 근거한 논변"을 비판하는 데에는 어느 정도 타당성이 있다. 도덕가치가 객관적이면서도 행동을 권고할 수 있다는 설명을 할 때 맥키는 플라톤의 이데아를 언급하며 말하기를, 도덕가치를 안다는 것은 "아는 사람으로 하여금 무엇을 해야 하는가를 깨닫게 해줄 뿐만 아니라, 도덕 행위를 행하는 데 있어 장애가 되는 감성적 성향조차 뛰어넘을 수 있다는 것을 확신시켜 주는 것이다"(Ethics, pp. 23-24) 라고 한다. 이와 같은 맥키의 언급은 말할 것도 없이 극단적인 동기유발 내재론(motivational internalism)인 바, 우리의 마음으로부터 독립적인 도덕적 사실이 있다면 그런 사실이 동기유발을 하지 못한다는 것이 기이한 것이라는 강한 주장인 것이다. 하지만 반대로 아마도 도덕적 사실이 동기유발과 아무런 연관이 없다면 그 또한 이상한 일일 것이다. 그렇다면 어떤 강제(compulsion)와 가벼운 제안(nudge)의 차이는 양적인 차이일 뿐이다. [양적인 차이는 질적인 차이가 아니기 때문에] 외재론을 (externalism) 주장하는 도덕 실재주의자(moral realist)들이 할 수 있는 일이라고는 도덕사실이나 특징들이 전혀 동기유발과 관계가 없다고 주장하는 것이다.[22]

가너는 객관적 도덕가치가 필연적으로 사람들의 도덕행동을 유발하지 않는다는 데에 동의한다. 즉, 도덕 실재주의가 동기유발 내재론과 꼭 연결될 필요는 없다는 것이다. 그의 생각에도 맥키가 너무 지나친 조건을 요구한다고 보는 것이다. 이러한 지나침 때문에 맥키의 "기이함에 근거한 논변"이 브링크의 비판에 취약점을 드러낸다는 것이다. 하지만 가너의 주장은 도덕 실재주의(또는 도덕 객관주의)가 동기유발의 문제로부터 완전히 자유로울 수는 없다는 것이다. 전통적으로 도덕 실재주의(또는 도덕 객관주의)는 도덕적 가치가 왜

---

22) Richard T. Garner. "On the Genuine Queerness of Moral Properties and Facts." *Australian Journal of Philosophy* Vol.68, No.2(1990), pp. 143-144.

사람들이 도덕행동을 이행하는가에 대한 설명과 설명의 합리화를 시도하여 왔다는 것이다. 이와 같이 도덕행동에 대한 설명과 타당성을 부여하는 것을 도덕사고 내재론(reasons internalism)이라고 부를 수 있다. 가너의 주장은 도덕 실재주의 또는 도덕 객관주의에서 나타나는 도덕사고 내재론이 "기이함에 근거한 논변"의 진정한 대상일 수 있다는 것이다. (실상 동기유발 내재론 (motivational internalism)과 도덕사고 내재론(reasons internalism)을 구분한 사람은 브링크이다.) 가너는 말하기를,

> 도덕 실재주의자들에게는 불행한 일이지만, 동기유발 내재론을 조건으로 하는 "기이함에 근거한 논변"은 이런 종류의 논변으로 유일한 것도 아니고 주된 것도 아니다. 기이함의 진정한 원천은 브링크가 구분한 두 종류의 내재론 중 다른 쪽에서 찾을 수 있다. 동기유발 내재론 외에 그는 도덕사고 내재론을 언급하고 있는 바, 이 두 번째 내재론이 뜻하는 바는 도덕적 사실의 인지가 그 인지자에게 왜 도덕 행위를 수행해야 하는가에 대한 필연적 논리를 선험적으로 제공한다는 것이다.[23]

"도덕적 진실을 안다면 도덕 행위를 반드시 이행해야 한다"고 요구하는 것은 지나친 것이다. 현실적으로 볼 때, 우리는 도덕적으로 무엇이 옳은가를 알아도 언제나 도덕 행위를 이행하지는 못한다. 도덕 실재주의자나 도덕 객관주의자들조차도 동기유발 내재론 같은 엄격한 조건을 주장하지 않는다. 따라서 맥키의 "도덕적 동기유발에 근거한 논쟁"은 지나친 주장이 되는 것이다. 하지만 도덕 실재주의나 객관주의가 도덕사고 내재론 조차 배제할 수는 없다는 것이 가너의 주장이고, 이 점이 바로 문제의 핵심이라는 것이 또한 그의 주장이다.

> [도덕 실재주의나 도덕 객관주의의 주장은] 만약 우리가 어떤 도덕적 사실을 알게 된다면, 우리는 이에 따른 의무나 권리를 갖게 된다는 것인데, 다시 말하면 우리의 행동에 적용될 수 있는 옳을 뿐만 아니라 정당화할 수 있는 도덕

---

23) Ibid., p. 142.

적 명령이 있다는 것이다. 이 주장에 의하면, 물론 우리는 이러한 도덕적 명령을 무시하거나 따르지 않을 수는 있으나, 완전히 자유로울 수는 없다는 것이다. [따라서 객관적 도덕가치란 존재한다고 볼 수밖에 없다는 것이다.][24]

"브링크나 가너 중 누구의 주장이 더 타당성이 있는가"라든지, "도덕 반실재주의자들의 비판으로부터 도덕 실재주의를 어떻게 옹호할 수 있는가" 등을 이 논문에서 본격적으로 따져 보는 것은 벅찬 일이다. 그러나 가너가 주장하는 기이함이라는 개념이 정말로 기이한 것인가는 간단히 따져볼 수 있다고 본다. 그의 주장을 하나하나 짚어간다면 결국 도덕 반실재주의 전체를 언급해야겠지만, 그가 객관적 도덕가치라는 개념이 기이하다고 생각하는 근원은 비교적 간단하다고 할 수 있다. 첫째, 앞의 인용에서 본대로 어떤 도덕가치에 관한 지식과 판단이 우리로 하여금 그것을 따르도록 권고할 수 있다는 것이 기이하다고 그는 말한다. 그러나 도덕적 판단과 지식에 어떤 영향력이 전혀 없다면 그것이 더 이상한 일이 아닐까? 사실 이 질문은 필자가 앞에서 맥키에게 던졌던 질문과 같은 것이다. 앞에서 본 것과 비슷한 예를 다시 생각해 보자. 내가 만약 "나보다 약해 보이는 다른 사람을 괴롭히는 것이 누가 보아도 나쁜 일이다."라는 도덕적 판단을 했을 때, 나의 행동이 이 판단과 전혀 무관하게 이루어질 수는 없다고 본다. 물론 때로는 나의 행동이 나의 도덕적 판단에 반해서 이루어질 수도 있다. 그렇기 때문에 우리는 자신들의 행동에 대해 후회하기도 하고 잘못을 고백하기도 하는 것이다. 그런 만큼 도덕적 가치에 대한 판단과 신념이 있으면, 그런 판단과 신념은 우리의 도덕적 행동에 어떤 형태로든지 영향을 미치지 않을 수 없을 것이고, 이런 영향력을 도덕적 명령으로 볼 수 있는 것이다. 결국 가너가 자신의 기이함을 방어하는 방법은 앞서의 동기유발에 관한 논쟁에서 (2')가 (3)-(4)와 결합된다고 보는 것과 같은 것이다. 즉 도덕적 지식 판단 또는 믿음이 실제의 행위에 영향력이 없다는 것이니, 맥키가 당면할 수 있는 문제와 똑같은 문제를 가너

---

24) Ibid., p. 143.

도 마주치게 되는 것이다. 필자가 앞에서 주장하기를 (1')-(2')가 (3)-(4)와 연결되는 것이 맥키의 딜레마를 피할 수 있는 방법이기는 하지만, 도덕주체의 행위에 일관성이 결여된다고 했었다. 마찬가지로 가너의 주장에서도 기이함이라는 개념을 어느 정도 변호할 수는 있을지 모르지만, 그의 변호는 똑같은 종류의 문제를 야기하게 되는 것이다.

IV

맥키의 "기이함에 근거한 논변"은 "도덕적 동기유발에 근거한 논쟁"의 바탕 위에 서 있음을 우리는 보았다. 이에 필자가 비판했던 바는 맥키의 "도덕적 동기유발에 근거한 논쟁"에서 그가 상정한 도덕 행위자는 그 자신이 오류이론에서 상정한 도덕 행위자와 상반된다는 것이다. 오류이론에서는 도덕 행위자가 플라톤적 또는 칸트적이고, "도덕적 동기유발에 근거한 논쟁"에서는 흄적이다. 이렇게 서로 다른 도덕 행위자를 상정함으로써 맥키는 딜레마에 빠질 수 있음을 필자는 주장했다. 즉, 오류이론을 포기하던지 아니면 "도덕적 동기유발에 근거한 논쟁"이 거꾸로 객관적 도덕가치의 존재를 옹호할 수 있다는 것이다. 또 필자는 맥키가 이런 딜레마를 피해간다 해도, 일관성을 상실한 도덕 행위자의 설정이라는 문제가 남는다는 것을 설명하였다.

또한 필자는 브링크와 가너의 논쟁을 상세히 소개하였는데, 그 주된 목적은 맥키의 "도덕적 동기유발에 근거한 논쟁"이 지나친 요구를 하고 있음을 보여주기 위한 것이다. 즉, 맥키의 논쟁은 극단적인 동기유발 내재론을 포함하고 있는 것이다. 결국 맥키를 옹호하고자 하는 가너도 이 논쟁을 그대로 받아들이지는 못한다. 그렇게 "도덕적 동기유발에 근거한 논쟁"은 상식적으로 납득하기 어려운 주장이므로 효과적으로 변호하기도 어려운 것이다. 따라서 이 같은 "도덕적 동기유발에 근거한 논쟁" 위에 서있는 "기이함에 근거한 논변"도 설득력이 없다고 필자는 생각한다. 그리고 가너는 맥키의 것보다 좀 완화된 개념의 "기이함"을 제시하였는데, 필자는 가너 역시 일관성을 상실한 도덕 행위자를 상정하였음을 지적하였다. 따라서 가너의 "기이함"도 크게 설득력을 갖는 것은 아니었다.

마지막으로 이야기하고 싶은 것은 이제까지 필자가 주장한 것이 맞다 하더라도, 필자가 객관적 도덕가치가 존재함을 증명한 것은 아니라는 점이다. 필자의 비판은 맥키의 이론 구성과 논리에 관한 것이므로 그의 실패가 반드시 도덕 객관주의의 승리는 아님을 고백하지 않을 수 없다. 필자 역시 객관적 도덕가치에 대한 믿음이 있고, 누군가가 그러한 가치가 존재함을 깨끗하게 증명해 내는 것을 보고 싶다. 그러나 철학의 오랜 역사가 보여주듯이 경쟁적 입장을 완전히 제압하는 것은 기대하기 어렵다고 본다. 맥키의 도덕 객관주의에 대한 열띤 비판과 실패가 역설적으로 이런 교훈을 잘 보여준다고도 할 수 있다.

참고문헌

Airaksinen, Timo. "Westermarck, Mackie, Stroup, and Harrison." In *Man, Law and Modern Forms of Life.* pp. 97-101, edited by Eugenio Bulygin. Dordrecht (Holland): Reidel Publishing Co., 1985.

Blackburn, Simon. "Errors and the Phenomenology of Value." In *Morality and Objectivity.* pp. 1-14, edited by Ted Honderich. London: Routledge & Kegan Paul, 1985.

Brink, David O. "Moral Realism and the Sceptical Arguments from Disagreement and Queerness." *Australian Journal of Philosophy.* Vol.62, No.2(1984): 111-125.

Garner, Richard T. "On the Genuine Queerness of Moral Properties and Facts." *Australian Journal of Philosophy.* Vol.68, No.2 (1990): 137-146.

Harrison, Jonathan. "Mackie's Moral Scepticism." *Philosophy.* Vol.57 (1982): 173-192.

Honderich, Ted "Morality And Objectivity": *A Tribute to J. L. Mackie.* London: Routledge & Kegan Paul, 1985.

Hooker, Brad. *Truth in Ethics.* Oxford: Blackwell, 1996.

Mackie, John. *Ethics: Inventing Right and Wrong.* England: Penguin Books, 1985.

_____ *Problems From Locke.* Oxford: Clarendon Press, 1987.

McDowell, John. "Values and Secondary Qualities." In *Mind, Value, & Reality*, pp. 131-50, edited by John McDowell. Harvard University Press, 1998.

Rachels, James. *The Elements of Moral Philosophy.* New York: McGraw- Hill College, 1999.

Wright, Crispin. "Truth in Ethics" in *Truth in Ethics.* pp. 1-18, edited by Brad Hooker. Oxford: Blackwell, 1996.

Abstract

A Critique of John Mackie's
"Argument from Queerness"

John Mackie argues against the objective moral values and, accordingly, moral objectivism. To demonstrate his argument, he proposes the argument from queerness. That is, it is a queer thing to say that there exist objective moral values. Mackie's argument from queerness is actually based on what the author calls "argument from moral motivation." This argument holds that since so-called objective moral values has no influence on people's motivation for moral actions, the values virtually cannot exist. The author's criticism goes as follows: Mackie's theory may be trapped by a dilemma caused by his error theory and his argument from moral motivaltion, or commit an inconsistency in explaining the moral agents' behavior. In relation to this, the author examines the theories of David Brink and Richard Garner.

도덕가치의 투사와 객관성 :
존 맥키와 사이먼 블랙번의 경우[*][†]

윤 화 영[‡]

【주제】 메타윤리학, 윤리학, 형이상학
【주요어】 투사론, 도덕가치의 객관성, 인지론, 존 맥키, 사이먼 블랙번
【요약문】 데이비드 흄의 도덕가치관 전통에 서있는 존 맥키와 사이먼 블랙번은 도덕가치의 본질을 감정이나 감수성의 표현과 투사로써 설명한다. 투사를 통해서 만들어지지만, 도덕가치는 객관적인 것처럼 다루어질 수 있고, 옳고 그름을 논할 수도 있다는 것이다. 이런 입장은 도덕가치가 이성적 사고의 산물이며 보편성이 있다는 칸트의 전통과 배치된다. 본 논문에서는 맥키와 블랙번이 보편성을 배제하고 어떻게 도덕가치의 객관성을 확보하려 하는가를 살펴보고 비판한다. 필자의 논점은 그들이 말하는 감수성의 투사만으로는 객관성을 보장하기 어렵고, 현실세계의 가치 객관성도 설명하지 못함을 주장한다. 그들의 실패가 보여주는 교훈을 다음과 같이 말할 수 있다. 즉, 보편성이라는 개념도 완전한 것은 아니지만, 그것에 의존하는 것이 현실적 도덕가치의 객관성을 설명할 수 있다는 것이다.

---

* 접수완료: 2008. 09. 17. / 심사 및 수정완료: 2008. 12. 12.
† 건설적 제안을 해 주신 두 분의 심사위원들에게 감사를 표한다. 지면과 시간의 제한 때문에 두 분의 제안을 충분히 반영하지 못함을 아쉽게 생각하는 바이다.
‡ 평택대학교 교양학부

1. 머리말

과학적 탐구의 대상이 되는 물질적 또는 자연적 세계와 그 세계의 탐구를 가능하게 하는 기본적 개념들만이 실재성(reality)을 가지고 있다는 주장을 과학적 실재주의라고 하는데, 이 주장은 우리의 상식적 세계관과도 거의 일치한다고 볼 수 있다. 특히 서구적 과학교육을 기반으로 세상을 이해하는 시각을 형성하는 현대의 지식인들에게 과학적 실재주의는 상식적이면서도 더 깊게는 인식의 기본 틀을 제공하는 기능을 한다. 그런데 이 과학적 실재주의가 전적으로 옳은 것이라고 한다면, 인간 사회를 구성하는 가치들, 예를 들어 인간 행위의 옳고 그름을 판단하는 법이나 도덕적 가치들조차 엄밀한 의미에서 실재성이 결여된 것이다.1) 그렇다면 이런 가치들이 객관적으로 통용된다는 사실, 즉 객관적으로 옳고 그름을 논할 수 있다는 사실은 어떻게 설명할 수 있을까? 가장 그럴듯한 방법은 인간들의 심적 정신적 가치를 물질세계에 투영시키고 객관화시킨 것으로 이해하는 것이다.2)

도덕적 가치를 인간에 의해 창조된 가치라고 보는 입장에도 대략 두 가지의 시각이 존재한다. 첫째는 도덕가치가 이성적 또는 논리적으로 구성되는 가치라고 보는 입장이다. 대표적으로 칸트가 정언명법을 구성하는 데서 볼 수 있다. 그에게 있어서 도덕 법칙이란 보편화(universalization)시킬 수 있는 이성적 판단인 것이다. 예를 들어, 칸트의 정언명법 구성 원칙(formula) 중

---

1) 이런 과학적 실재주의와 도덕적 실재주의는 많이 다르다. 도덕적 실재주의자들 중 어떤 자연주의자들은 도덕적 속성들도 자연적 속성으로 환원된다고 보거나(Peter Railton, Gilbert Harman 등) 환원은 되지 않더라도 자연적 속성들과 같은 것으로 다룰 수 있다고 말한다(Richard Boyd, Nicholas Sturgeon 등). 또 도덕 현상학자들은 도덕현상을 포함한 많은 현상들을 주관적 감수성과 객관적 속성으로 나누어 분석을 할 수 없다고 말한다.(David Wiggins 나 John McDowell)

2) 물론 도덕가치가 객관성을 갖는다고 모두가 긍정하는 것은 아니다. 전통적인 회의주의자들 그리고 A. J. Ayer 같은 초기의 non-cognitivist들도 도덕가치의 객관성을 부정했다. 그러나 현재의 메타윤리학자들 대부분은 도덕가치의 객관성을 긍정하는데, 그것은 실제로 사람들이 도덕적 주장을 객관적 가치에 의존해서 옳고 그름을 판정하는 사실에 기초하고 있다.

하나는 다음과 같다. "당신의 행동 준칙(maxim)이 당신의 의지에 의해 마치 자연계의 보편적 법칙(universal law of nature)이 될 수 있는 것처럼 행동하시오(Act as if the maxim of your action were to become by your will a universal law of nature)." 이 정언명법이 갖는 의미를 다시 살펴보자. 첫째, 도덕가치란 인간의 이성에 그 근거가 있으니 인간의 심적 기능을 벗어난 물질적 자연적 세계에 존재하는 것이 아니라는 것이다. 둘째, 보편화시킬 수 있는 도덕률만이 진정한 도덕 법칙이 되므로 도덕 법칙에는 객관성이 있을 수밖에 없는 것이다. 칸트는 이러한 도덕 법칙의 기본적 성격 위에 각 사회의 구체적 도덕률들이 만들어진다고 주장하게 된다. 이렇게 이성 또는 이성적 법칙에 의해 구체적 도덕률을 만들어가는 과정을 구성(construction), 객관화(objectification) 등으로 부르고 있다.[3]

두 번째는 도덕가치가 논리적인 구조를 가지고 있다고 해도 결국은 어떤 감성의 투사가 그 본질이라고 이해하는 입장이 있다. 잘 알려진 대로 데이비드 흄은 도덕가치의 본질은 동정심(sympathy)에 있고, 이성에 의해서 만들어지는 비정(非情)한 법칙은 도덕적 행위를 설명할 수 없다는 것이 그의 입장이다. 칸트와는 달리 흄에 의하면, 이성의 진정한 역할은 도구적 수준에 머무른다는 것이다. 또한 도덕가치의 객관성은 사회적 필요에 의한 합의 등에 의해 얼마든지 확보될 수 있다고 보는 것이다. 우리가 어떤 특정한 도덕가치가 객관적으로 옳다 그르다고 말할 수 있는 것은 사회적으로 합의에 의한 또는 전통적으로 주어진 도덕 기준이 있기 때문이라는 것이다.

양측의 입장 모두 인간 도덕 행위의 일정한 부분을 설명해 준다고 볼 수 있다. 칸트를 계승하는 입장에서는 사람들이 수긍할 수 있는 가치의 보편화를 통해 도덕 법칙이 만들어진다고 보기 때문에, 가치의 객관성을 입증하는 것은 이론상 큰 문제가 되지 않는다. 그러나 이 객관성 문제는 흄과 그의

---

3) 객관화란 말은 다음에 소개될 존 맥키가 사용하는 개념으로, 여기서는 좀 강한 형태의 보편성에 근거하는 객관화를 말한다. 맥키는 이런 객관화를 잘못된 방법이라고 본다.

전통 속에 있는 윤리학자들에게는 항상 큰 과제가 되고 있다. 도덕가치가 주관적 감성이나 감수성에 근거할 뿐만 아니라 그 가치의 옳고 그름이 객관적으로 다루어질 수 있다는 것을 보여주기 위해서는 정교하고 깔끔한 논리가 필요한 것이다. 특히 이들은 칸트식 보편화에 의존하지 않으면서 도덕가치의 객관성을 확보하려는 것이다. 오늘날 흄의 입장을 계승하는 윤리학자 중에 특히 존 맥키(John Mackie)와 사이먼 블랙번(Simon Blackburn)이 도덕가치의 객관성을 확보하는 문제에 대해 깊은 고민을 하고 있다. 본 논문에서는 이들의 입장을 살펴보고 그 한계를 지적해 보고자 한다.

2. 맥키의 도덕이론과 투사

윤리학자 맥키는 절대적 도덕가치의 존재를 부정하는 것이 그의 목적인데, 여기에는 일반적으로 친숙한 개념들, 즉 "도덕적으로 좋은(good)"이라든가 "도덕적 의무(ought)" 또는 "보편화(universalization)" 같은 개념들이 포함된다.4) 이런 종류의 도덕가치와 개념을 묶어 그는 "넓은 의미의 도덕(morality in the broad sense)"이라고 부른다.5) 절대적 도덕가치나 개념이 없다는 주장의 의미 중 중요한 것은 서로 다른 사회에 보편적으로 적용할 수 있는 가치가 없다는 것이다. 그런데 일반적으로 사람들에게는 보통 이런 보편적 가치에 대한 믿음이 있다고 여겨진다. 즉, 한 사회에서 통용되는 도덕가치가 어떤 절대적 가치와 연계되어 있다고 보거나, 통용되는 도덕가치를 판정할 수 있는 절대적 도덕가치나 원리가 있다고 믿는 것이 일상적이라는 것이다. 이것은 맥키도 인정하고 있는 바, 이런 신념이 오래 지속되다 보

---

4) 그의 책, *Ethics: Investing Right and Wrong*(England: Penguin Books, 1985) 2-4장에서 이 내용을 논하고 있다(이하 *Ethics*라고 칭함). 그의 논점은 이런 개념들에 많은 예외 상황이 있어 절대적 도덕개념의 구실을 할 수 없다는 것이다.
5) "넓은 의미의 도덕"에 관해서는 *Ethics* 5장에서 상세히 설명하고 있다.

니, 우리가 쓰는 도덕적 언어도 절대적 가치가 있는 것처럼 그런 개념들을
포함한다는 것이다. 맥키는 이런 개념들과 이런 것을 신뢰하는 사람들의 믿
음을 모두 다 잘못된 것이라고 주장하며, 그의 주장을 가리켜 오류이론
(error theory)이라고 부른다.[6] 그의 입장에서는 이런 믿음과 이 믿음을 반
영하는 도덕적 언어의 일상적 용법도 다 잘못된 것으로, 위에서 말한 "넓은
의미의 도덕"에 포함될 수 있다.

맥키는 위와 같은 넓은 의미의 도덕을 거부하고, 그 대신 "좁은 의미의
도덕(morality in the narrow sense)"을 제시하고 있는데, 이것은 단지 개
인들이 이기적인 목표를 지나치게 추구하는 것을 규제하기 위한 것이다.[7]
지나친 이기심은 다른 사람들과의 충돌을 야기해서 다양한 협력관계를 깨
버리므로 어떤 견제가 필요하다는 것인데, 도덕가치가 이런 견제역할을 담
당한다는 것이다. "넓은 의미의 도덕"과는 달리 "좁은 의미의 도덕"에서 보
면, 도덕이라는 것이 궁극적으로 무슨 거창한 이상의 구현을 목표로 하는
것이 아니고, 단지 행위자를 포함한 많은 사람들의 이익을 보호하는 것일
뿐이다.

두 개념의 도덕성에서 발견되는 또 다른 차이가 있다. "넓은 의미의 도덕"
에서는 사람들이 어떠한 상황에 처해서도 실천해야만 하는 도덕적 요구가
있다고 보는 반면에, "좁은 의미의 도덕"에 있어서는 이런 요구가 없다고 보
는 것이다. 보편적인 도덕적 법칙은 인간의 이성으로부터 나올 수 있는 데
반해서, 개개의 특수한 상황에서 나타나는 도덕 행위는 감수성이나 직관의
표출로 볼 수 있기 때문이다. 그래서 맥키가 "이성보다는 도덕적 감수성이
나 직관이 사람들의 근본적 도덕 판단을 묘사하는데, 더 합당하다."라고 말
하고 있다.[8] "좁은 의미의 도덕"의 관점에서는, 행위자가 다양한 특수 상황
하에서 주어진 조건과 정보를 고려하여 도덕적 행위를 할 수도 있고 안 할

---

6) Ibid., p. 35.
7) "좁은 의미의 도덕"에 관해서는 *Ethics* 5장 106-7쪽을 참조하시오.
8) Ibid., p. 38.

수도 있는데, 이때 그의 결정에 영향을 미치는 것은 상기의 도덕적 직관이나 감수성이 된다는 것이다.9) 이렇게 양 도덕 체계의 근본적 차이는 보편성에 있다고 볼 수 있다. 전자는 어떤 도덕적 원칙이나 가치가 때와 장소를 불문하고 통용될 수 있다고 보기 때문에 가치의 객관성을 보편성에 의존한다. 반면에 후자는 가치의 정당성이 때와 장소, 개인적 욕구 같은 특수성이 도덕 행위의 결정에 중요하기 때문에 어떤 문화전통에서 만들어지는 합의 이외에는 가치를 정당화하는 방법이 없다고 보는 것이다.

그렇다면 "좁은 의미의 도덕"에서 말하는 가치 체계, 즉 실제 생활의 도덕체계가 어떻게 만들어질 수 있다고 맥키는 보는가? 이 부분에 대해 그의 설명은 대단히 불충분하다. 그러나 그의 여러 가지 생각에 미루어 보았을 때, 도덕은 인공적으로 만들어진다(invented)는 것이 그의 입장이며, 이 과정을 "투사"라는 개념으로 설명하고 있다. 우선 그는 도덕가치란 주관적 감수성의 표현이라는 주관주의(subjectivism)의 입장을 고수하고 있다. 즉, 통용되는 도덕가치들은 주관적 욕망이나 욕구 같은 것들에 근거한다는 것이다. 주관적 욕망과 바람이 사회의 특정한 환경과 결합해서 전통이라든가 합의라는 형태로 객관적 도덕가치가 만들어진다고 보는 것이다. 또한 그렇게 만들어진 객관적 도덕가치들을 새로운 세대가 자기 것으로 만드는(internalization) 과정을 통해 전승되어 간다는 것이다.10) 맥키는 다음과 같이 말하고 있다.

주관주의를 믿는 입장에서 보자면, 소위 말하는 가치의 객관성이란 것은 실제로는 사람들이 그런 가치를 인식하고 반응하게 하는 마음가짐에 근거하고 있다는 것이다. 만약 우리가 흄이 말하는 마음이 "외부의 물체로 퍼져나가는 경향"에 대해 주목해 본다면, 가치의 객관성이란 것이 도덕적 마음가짐의 객관화 또는 투사로 이루어졌다는 것을 쉽게 이해할 수 있다.11)

---

9) 이 주장은 현재 particularism이라고 불리는 윤리학 조류의 기본 원리인 것이다.
10) 맥키의 *Ethics.*, pp. 42-3.
11) Ibid., p. 42.

맥키가 말하는 대로 사회적 요구와 도덕적 마음가짐의 투사로 객관적 도덕가치가 정해졌다고 하자. 이런 객관적 가치는 개별적 도덕 판단의 기준 역할을 할 수 있고, 따라서 개별적 판단의 진위를 이야기할 수도 있다. 그래서 맥키는 자신이 인지론자(cognitivist)임을 강조한다.[12] 그러면 이 객관적 도덕가치는 칸트나 다른 객관주의자가 말하는 객관적 도덕가치와 무엇이 다른가? 앞의 인용문 끝부분에서 그 차이가 아주 간단히 언급되고 있는데, 맥키는 이 차이를 제 일 단계(first-order)와 제 이 단계(second-order)라는 개념을 도입해서 그가 말하는 회의주의 그리고 각 단계에 상응하는 객관적 도덕가치나 도덕적 사고 개념 등을 상세히 설명하고 있다.[13]

제 일 단계에서의 객관적 도덕가치란 역사적 문화적 제약을 받는 한 사회에서 객관적으로 통용되는 도덕가치인 반면에, 제 이 단계 객관적 도덕가치는 이런 제약을 뛰어넘는 도덕가치인 것이다. 예를 들어, 우리나라에서도 거의 이십 세기가 되기 바로 전까지 노예제도가 있었다. 노예제도에서는 상전이 종들을 소유하고, 때로는 심한 사적 형벌이 있기도 하였다. 그러나 당시의 도덕 기준으로는 다른 인간의 소유가 하등 문제되지 않았다. 물론 그때에도 상전이 관습이나 규범보다 더 혹독하게 종들을 다루면 비난의 대상이 될 수도 있다. 이렇게 주어진 규범 안에서 도덕적 문제를 객관적으로 다룰 수 있는 가치기준이 제 일 단계 도덕가치에 해당한다. 그러나 이 시대에 살던 혹자는 당시의 노예제도나 신분제도 자체가 옳은 것인가 하는 질문을 제기할 수 있다. 이 질문은 한 사회에서 주어진 규범이나 가치만으로 대답하기 불가능하다고 할 수 있다. 이 두 번째 종류의 질문을 다룰 수 있는 가치가 있다면, 그것이 제 이 단계 도덕가치가 된다. 맥키의 주장은 제 일 단계 사고에서 객관적 도덕가치가 존재하지만, 제 이 단계 도덕가치는 없다는 것이다. 즉, 두 번째 질문에 대한 옳은 답은 존재하지 않는다는 것이다. 이것이 그가 자신의 이론

---

12) Ibid., chapter 1의 section 5 "Standard of Evaluation"을 참조하시오.
13) *Ethics*, chapter 1의 section 1 "Moral Scepticism"을 참조하시오.

을 회의주의라고 부르는 이유이다. 또한 맥키는 제 이 단계의 객관화(보편화)를 거부하면서 제 일 단계의 객관화는 투사라는 방법을 통해 달성할 수 있다는 주장을 하는 것이다. 맥키의 말대로라면, 우리 행위를 언제 어디서나 구속하는 "넓은 의미의 도덕"은 있을 수 없게 되며, 도덕가치란 사회의 필요에 의해 합의되는 것일 뿐이라는 "좁은 의미의 도덕"이 합리화되는 것이다.

3. 맥키의 투사론에 의한 가치의 객관성과 인지론

맥키는 실생활에서 통용되는 도덕가치의 객관성을 확보하면서도, 우리가 통상 갖는 절대적 도덕가치에 대한 부정을 이론적으로 주장할 수 있는 길을 열었다고 할 수도 있지만, 문제점들이 없는 것이 아니다. 그 중에서도 필자가 따져 보고 싶은 문제점은 좀 논리적인 것으로, 실생활에서 우리가 판단하는 도덕가치의 객관성이 제 일 단계의 도덕가치로만 설명되고 확보될 수 있는지에 대한 의문이다. 앞서 본 바와 같이 맥키는 투사와 합의에 의해서, 우리가 사용하는 도덕가치들의 객관적 진위를 따질 수 있음을 이야기한다. 그러나 어떤 객관적 가치가 있다고 할 때, 이것이 만약 투사와 합의에 의한 것이라면 그의 이론상 아무런 문제가 없지만, 그가 오류이론에서 지적하는 객관화(즉 보편화)에 의한 것이라면, 이것은 오류에 의한 잘못된 가치인 것이다. 즉 맥키의 이론에는 두 가지의 객관적 가치가 있다. 첫째는 오류에 의해 객관화된 도덕가치이고, 둘째는 맥키가 정당하다고 보는 투사와 합의에 의한 객관적 도덕가치이다. 필자의 의문은 "이 두 종류의 도덕가치가 실제 도덕생활에서 구별될 수 있는가?"하는 것이다. 만약 구별이 안 된다면, 맥키가 말하는 인지론(cognigivism)은 별 의미가 없게 된다.[14]

---

14) 어떤 이들은 맥키의 시각을 이렇게 해석하기도 한다. Jonathan Harrison의 "Mackie's Moral Scepticism"을 참조하시오. 그러나 맥키는 자신이 인지론자임을 확실히 밝히며 인지론을 오류이론과 연결시키지도 않는다.

대표적으로, 맥키가 버트란트 러셀의 투우에 대한 판단을 언급하는 중에 필자가 지적하는 문제를 찾아볼 수 있다. 먼저 러셀은 투우에 대해 다음과 같이 말하고 있다.

> 확실히 그 이상 무언가가 있는 것 같다. 예를 들어, 누군가가 이 나라 영국에 투우를 들여오는 것을 옹호한다고 상상해 보자. 그런 제안을 거부할 때에 나는 느끼기를, 내가 나의 욕구를 표현하고 있을 뿐만 아니라, 이 문제에 있어서 내 욕구가 무엇을 의미하던지 간에 그것은 올바른 것이라는 것이다. 윤리에 관해 위와 같은 해석을 견지하고 동시에 내가 선택한 윤리적 입장을 강하게 표현할 때에, 논쟁의 측면에서 내가 어떤 논리적 오류를 저지르지 않는다는 것을 보여줄 수 있다고 생각한다. 그러나 느낌으로는 나의 의견이 만족스럽지가 않다.[15]

러셀의 말은 투우에 관한 판단을 내리는 것은 말하는 이의 욕구의 표현일 뿐만 아니라, 그 판단이 옳은 것, 즉 객관적으로 옳은 판단을 한다고 생각하는 것이다. 물론 이 판단이 만족스럽게 정당화되지는 않을 수도 있다. 맥키는 이에 대해 다음과 같이 말하고 있다.

> 그러나 러셀은 충분히 합당하게 다음과 같은 말로써 결론을 내린다. '내가 오직 할 수 있는 말은, 윤리에 관한 내 견해가 스스로를 만족시키지는 못해도, 다른 사람들의 의견은 더욱 불만족스럽다.'
> 나는 다음과 같은 결론을 내린다. 즉 사람들의 통상적인 도덕 판단은 그 판단이 객관적이라는 주장을 포함하는데, 이것은 내가 거부하고자 하는 의미의 객관적 가치가 존재한다는 가정과도 같은 것이다.[16]

여기서 맥키는 러셀의 투우에 관한 판단을 오류이론의 좋은 예로 사용하고 있다. 즉, 개인의 판단을 객관화해서 주관적 판단이 마치 객관성을 갖는 것처럼 여긴다는 것이다. 그러나 맥키의 설명은 다소 혼란스럽다. 러셀의

---

15) *Ethics*, p. 34.
16) Ibid., p. 35.

투우에 대한 판단이 절대적 가치에 대한 믿음에 근거한 것이라면, 다시 말해서 "투우는 절대적으로 비인도적 행위"이라든지 "투우는 어느 사회에서나 도덕적으로 옳지 않은 것"이라는 믿음 하에 러셀이 객관적으로 판단하였다면, 그의 판단은 오류이론의 좋은 예가 된다. 그러나 러셀의 판단은 영국사회가 갖는 전통적 윤리관(즉 한 사회에서 합의된 윤리관)의 입장에 의존한 것일 수도 있다. 다시 말하면 러셀이 말하고자 하는 바는, "투우는 스페인에서는 용납할 수 있는 스포츠인지는 몰라도, 영국에서는 도덕적으로 옳지 않다."와 같은 의미일 수도 있는 것이다. 이런 종류의 판단은 맥키가 오히려 장려할 수 있는 판단으로서, 이런 객관적 판단을 할 수 있다고 보기 때문에 그가 인지론자로 자리매김할 수 있는 것이다.

이 예에서 중요한 점은, 어떤 객관성을 표방하는 판단이 있을 때에 그것을 단순히 잘못된 것(즉 오류이론에 의해서)으로만 봐야 하는지, 아니면 옳고 그름의 가치를 가진 인지론적 판단(합의된 사회적 기준에 의해서)으로 봐야 하는지 맥키의 이론에서 구분이 안 되는 것이다. 앞의 예를 정리해 보면,

(a) (어떤 절대적 도덕가치에 의해서) 투우는 도덕적으로 옳지 않은 행위이다.

(b) (한 사회의 합의된 도덕가치에 의해서) 투우는 도덕적으로 옳지 않은 행위이다.

말할 것도 없이 (a)는 오류이론에서 말하는 오류적 판단이고, (b)는 아니다. (b)는 오히려 맥키가 장려하는 인지론적 판단이다. 필자가 지적하는 문제는, "투우는 도덕적으로 옳지 않은 행위이다"라는 객관적 판단을 내릴 때, 이것이 (a)를 말하는 것인지 아니면 (b)를 말하는 것인지, 실제적으로 구별할 수 없는 것이다. 그것은 맥키의 이론 체계 안에서 오류이론과 인지론이 서로 충돌하고 어떤 딜레마에 빠질 수 있음을 보여주는 것이다. 한편으로는, 객관적으로 통용되는 도덕률들이 사회적 합의에 의한 것이라고 본다면, 그

가 오류이론을 주장할 근거가 없어지는 것이다. 반면에, 오류이론이 옳다면, 객관성을 표방하는 모든 도덕적 판단이 틀린 것이라는 바람직하지 못한 결과가 나오게 되고 인지론은 별 의미가 없어진다. 즉 모든 객관적 도덕판단도 결국 잘못된 것이라는 결과에 도달하게 된다.[17]

맥키는 필자의 지적과 같은 비판을 예상하고 있는 듯하다. 그래서 그는 제 일 단계 회의주의와 제 이 단계 회의주의는 완전히 다른 것이며, 제 일 단계에서의 도덕적 사고는 제 이 단계의 도덕적 사고와 분리된 것이라는 입장을 피력하고 있다.[18] 말인즉슨, 객관적이고 절대적인 도덕가치가 존재하지 않는다는 그의 제 이 단계 회의주의는 우리의 일상적인 도덕 체계에 영향을 미치지 않는다는 것이다. 일반적으로 회의주의라고 하면 실생활에서 옳고 그름을 판별하는 도덕 기준이 있다는 것을 부정하는 입장이다. 일반적인 회의주의는 우리가 내리는 도덕적 판단도 그 근거가 없다는 주장인데 반해서, 맥키의 제 이 단계 회의주의는 실생활에서의 (즉 제 일 단계에서의) 가치판단에 객관적 옳고 그름이 있음을 부정하지 않는다는 것이다. 앞의 예를 맥키의 입장에서 다음과 같이 다시 설명할 수 있다. (a)는 제 이 단계의 도덕적 판단이고 (b)는 제 일 단계의 도덕적 판단이다. 러셀은 제 이 단계의 도덕적 판단을 한 것이고, 그것은 오류(error)이다. 그러나 어떤 합의된 가치에 의해 판단하는 (b)는 옳고 그름을 이야기할 수 있는 것이다. (a)와 (b)는 서로 다른 단계의 사고이므로, 오류이론과 인지론은 서로 충돌하지도 않고, 제 일 단계 사고가 회의론적 혼란에 빠지는 일도 없을 것이다.

그러나 제 일 단계와 제 이 단계가 분리되었다는 맥키의 주장은 그의 이론 전체를 놓고 볼 때 확실히 보장되지 않는다고 필자는 생각한다. 무엇보다도 그의 오류이론이 의미하는 바는, 절대적 도덕가치(제 이 단계의 도

---

17) 맥키의 두 주장, 즉 오류이론과 객관적 도덕가치의 부정 사이에 어떤 충돌이 있을 수 있음을 필자는 "존 맥키의 '기이함에 근거한 논변' 비판"에서 논의한 바 있다. 특히 section III를 참조하시오.

18) *Ethics*, p. 16.

덕가치)가 없음에도 사람들이 그런 가치가 있는 것처럼 믿고 그에 따라 도덕적 판단이나 행위(제 일 단계 도덕가치)를 하는 것이다. 따라서 맥키가 묘사하는 일반 사람들에게는 제 일 단계 도덕가치와 제 이 단계 도덕가치가 서로 연관되어 있음을 인정하지 않을 수 없다. 따라서 맥키가 주장하는 두 단계의 분리는 그 자신의 회의주의 이론이 그럴 수도 있다는 것이지, 일반 사람들의 경우에 그 두 단계가 분리된 것으로 이해하고 행동한다는 것은 아니다. 그래서 사람들이 만약 맥키의 제 이 단계 회의주의를 받아들인다면, 그것은 그들의 제 일 단계 회의주의로 확산될 수도 있는 것이다. 즉, 일반 사람들이 절대적 가치에 대한 믿음을 상실하면, 그들의 실생활에서도 그 영향을 받을 수 있는 것이다.[19] 그렇게 되면, 제 일 단계, 즉 실생활의 단계에서도 도덕적 가치와 판단이 객관적으로 옳거나 틀렸다는 것을 말할 수 없게 된다.

더군다나 이런 문제를 악화시키는 것은 맥키의 이론 자체에 다른 취약점이 있다. 맥키는 한 편으로는 일반적인 도덕적 언어와 사람들의 도덕적 판단에 절대적 도덕가치에 대한 신념이 깊이 스며 있어, 사람들이 오류로부터 벗어나는 것이 불가능한 것처럼 묘사하다가, 자신의 인지론을 전개할 때에는 마치 이런 오류가 문제될 게 없는 것처럼 말한다. 만약 사람들에게 절대적 가치(즉 제 이 단계 가치)에 대한 신념이 뿌리 깊고, 우리의 도덕적 개념과 언어 자체가 이런 신념을 반영한다면, 합의된 어떤 사회적 가치(제 일 단계 가치)도 오류에서 벗어나기 어려울 것이다. 또 반대로 가치를 사회적으로 합의함으로써 오류에서 벗어날 수 있다면, 오류는 애초부터 그렇게 큰 문제가 아닐 수 있다. 즉 우리가 일상적으로 내리는 도덕적 판단들도 오류적 객관화가 아닌 합의된 가치에 의한 객관화일 수도 있다. 이렇게 맥키의 희망과는 달리 제 일 단계와 제 이 단계는 완전히 분리됐다고 볼 수 없으며, 분리되

---

19) Crispin Wright도 그의 "Truth in Ethics"에서 비슷한 지적을 하고 있다. 그는 말하기를, 모든 도덕가치가 궁극적으로 잘못된 것이라면 실제적 가치판단의 기준도 몹시 불안정할 수밖에 없다는 것이다.

지 않았기 때문에 맥키의 인지론과 나아가 일상적 도덕적 판단의 일상적 정당성까지도 위협받을 수 있다. 앞에서 필자가 설명한 (a)와 (b)의 대비는 정확히 이 문제를 지적하고 있다.

이상과 같이 맥키의 투사론이 갖고 있는 가장 큰 문제는 투사된 도덕적 가치들이 어떻게 객관성을 확보할 수 있는지에 대한 그의 이론이 불분명한 것이다. 그의 오류이론에서는 사람들이 제 이 단계에까지 잘못된 투사를 시도하고, 그 잘못된 투사에 의해 일상적 판단이 객관성을 확보하는 것처럼 이야기한다. 그러나 인지론에서는 판단의 객관성이 단지 제 일 단계의 합의에 의해 보장될 수 있는 것처럼 이야기한다. 사람들의 투사가 제 일 단계뿐만 아니라 제 이 단계까지 도달하고 또 그 단계 간에 완전한 분리가 없다면, 맥키가 확보하고자 하는 인지론과 가치의 객관성이 모두 무너지게 된다.

4. 블랙번의 수정

맥키의 가치이론에 전적으로 동의하면서도, 그의 투사론에 치명적일 수 있는 문제가 있음을 간파한 이가 또 다른 투사론자인 사이먼 블랙번(Simon Blackburn)이다. 그는 맥키의 러셀에 관한 설명이 잘못되었음을 지적하면서, 러셀이 말하고자 하는 것은 절대가치에 대한 믿음의 표현이 아니라 단지 개인적 태도(attitude)나 감성의 표현일 뿐이라고 말한다.[20)]

예를 들어, 맥키는 러셀의 감정에 대해 언급하고 있는데, 이것은 누군가가 어떤 특정한 윤리적 이슈[21)]에 대해 말할 때, 그는 단지 일어나지 않았으면 하는 일에 대한 욕망의 표현일 뿐만 아니라, 그 사안에 대한 자신의 판

---

20) Blackburn은 맥키가 시도하는 가치의 객관화는 일반적 의미의 가치객관화와 다를 것이 없다는 주장을 한다. 그의 "Errors and the Phenomenology of Value," pp. 149-152.
21) 즉 투우를 영국에 도입하는 것을 반대하는 것 — 필자 주

단이 옳다는 느낌을 또한 갖는다는 것이다. 맥키는 이것을 잘못된 객관성에 대한 주장이라고 생각한다. 대신에 준실재주의자(quasi-realist)는 이것을 우리가 갖는 많은 마음가짐들에 대해 적절하고 필요한 태도의 표현이라고 본다. 이것은 우리의 도덕적 심리에서 억지로 무엇을 끄집어내는 것이 아니다. 이것은 감성을 자극할 만한 가치가 있는 것들에 대해 무관심을 느끼는 도덕적 잘못을 피하기 위해, 우리가 알맞은 정도까지 그리고 알맞은 장소에서 계발해야 할 필요가 있는 것이다.[22]

여기서 블랙번의 주장은 "투우의 도입이 좋다" 또는 "나쁘다"라고 판단하는 것이 잘못된 것이 전혀 아니고, 오히려 우리가 계발해야 할 필요가 있는 바람직한 자기의 감성 표현이라는 것이다. 이것은 맥키와 근본적으로 다른 입장은 아니다. 맥키 역시 이와 같은 생각을 한편 갖고 있기 때문이다. 여기서 블랙번이 맥키와 다르게 이야기하는 것은, 사람들이 도덕적 판단을 내릴 때에 잘못된 객관화, 즉 오류이론에서 말하는 객관화를 하지 않는다는 것이다. 다시 말해서, 블랙번에게 있어서는 사람들의 도덕 판단이 제 이 단계의 도덕가치와 무관하며 그들의 도덕적 표현이나 판단이 제 일 단계에만 머무른다는 것이다. 블랙번이 제 이 단계 도덕가치와 제 이 단계의 도덕적 사고가 있음을 부정하는 것은 맥키의 오류이론을 부정하는 것과 똑같다. 왜냐하면 맥키의 오류이론은 사람들이 그릇되게 제 이 단계의 도덕가치가 있다고 믿거나 자신들의 도덕적 판단이 제 이 단계의 (보편적) 도덕가치와 연관이 있다고 믿는 것인 반면에, 블랙번은 이런 제 이 단계와 연관된 도덕 판단의 객관화가 실제로는 없다고 주장하기 때문이다.[23]

블랙번의 주장대로라면, 맥키의 인지론이 부딪치는 문제점을 피할 수 있다. 즉 우리는 우리의 도덕적 감정이나 사고를 판단할 때에 그 판단의 객관성이 어떤 절대적 가치와 무관하므로, 어떤 오류도 범하지 않을 수 있기 때문이다. 어떤 가치에 객관성이 있다면, 그것은 제 일 단계로만 가치들이 투사되어

---

22) "Errors and the Phenomenology of Value," pp. 152-153
23) 블랙번은 당연히 Kant의 보편화 이론도 비판한다. 이점에 관해서는 블랙번의 *Ruling Passions*, pp. 214-224를 참조하시오.

객관성을 획득하는 것이 된다. 블랙번은 말하기를,

이것24)은 실제로 준실재주의(quasi-realism)의 중심적 방법을 설명하고 있다. 도덕성의 특별한 제 이 단계 형이상학적 사고 같이 보이는 것이 반대로 제 일 단계의 태도와 필요성을 표현하는 사고로 여겨진다. 아마도 가장 좋은 예는, 반투사론자(anti-projectivist)의 입장에서 도덕적 사실들의 심리로부터의 독립성을 주장하는 것 같은 반사실적 진술(counter-factuals)로부터 온다. '우리가 동조하거나 즐기거나 해 보고 싶어 할지라도, 곰 놀리기(bear-baiting)는 나쁜 행위일 수가 있다'는 판단은 실재론자(realist)들이 투사론(projectivism)에 직접 반대하며 제시하는 제 이 단계의 서약(commitment)같아 보인다. 그러나 사실은 내가 제시한 간접적 문맥을 이해하게 되면, 이것은 완벽하게 알아챌 수 있는 제 일 단계의 서약(commitment)에 지나지 않음이 드러나는데, 그 결과적 의미는 놀리기가 좋은 것인지 나쁜 것인지를 알아볼 때에 우리가 그 행위에서 즐거움이나 또는 찬동을 기대하는 것은 아니라는 것이다. …25)

블랙번에 의하면, 우리가 어떤 도덕적 판단을 할 때에 우리의 판단은 제 이 단계의 도덕적 서약(commitment)이나 가치와 무관하다. 우리의 도덕적 판단은 판단이 포함하는 가치를 제 이 단계로 투사해서 절대적 가치로 만들려는 것도 아니고, 제 이 단계에 있을지 모르는 절대적 가치를 표현하는 것도 아니다. 그에 의하면, 사람들의 도덕적 판단이란 자신들의 심적 자세, 감성, 감수성 등을 투사하는 것이고, 여기에는 절대적 도덕가치란 개념이 전혀 무관하다는 것이다. 투사된 감성들은 당연히 서로 다르지만 결국 합의된 도덕가치에 의해 옳고 그름을 따질 수 있고, 그런 가치들은 실재성을 갖는 것처럼 여겨진다는 것이다. 따라서 도덕적 판단이나 가치의 객관성은 보장되고, 맥키의 이론에서 보이는 바와 같이 객관성이 회의주의에 의해 도전받는 일도 없다는 것이다. 이것이 맥키와 블랙번의 근본적 차이이며, 블랙번이 맥키의 문제를 해결하는 방식이다.

---

24) 즉 블랙번이 앞의 인용에서 말하는 "적절하고 필요한 태도의 표현"— 필자 주
25) "Errors and the Phenomenology of Value," pp. 153

5. 블랙번의 투사이론에 의한 가치의 객관성과 인지론

도덕가치에서 보편성을 전혀 인정하지 않는 블랙번이 도덕가치의 객관성을 어떻게 보여주는가? 이점이야말로 블랙번의 이론에서 핵심을 이루는 부분으로, 이 부분 없이는 그의 준실재주의(quasi-realism)는 성립되지 않는다. 도덕가치란 근본적으로 주관적 욕망이나 감수성의 표현이고 투사이지만, 한 사회의 역사와 전통 속에서 사회의 규범이 되고, 규범들과 그 규범에 의한 도덕가치들은 마치 실재성을 가진 것처럼 통용될 수 있다는 것이 준실재주의인 것이다. 도덕가치가 바로 준실재적이므로 도덕가치가 객관적으로 다루어질 수도 있고 인지론도 보장된다는 것이다.

도덕가치의 객관성을 보여주기 위해서는 블랙번은 우선 프레게(G. Frege)와 기취(P. T. Geach)가 반복해서 제시한 문제(Frege-Geach problem)를 고려하지 않을 수 없다.[26] 그들에 의하면, 도덕적 판단이나 진술이 단지 감정적 표현에 불과하다면 거기에는 옳고 그름이 없다는 주장이다. 프레게는 이 주장을 다음과 같이 논리적으로 제기하였다.

(1) 거짓말을 하는 것은 잘못이다.
(2) 만약 거짓말을 하는 것이 잘못이라면, 어린 아이가 거짓말을 하도록 하는 것은 잘못이다.
(3) 따라서 어린아이가 거짓말을 하도록 하는 것은 잘못이다.

위의 논법에서 결론 (3)이 무리 없이 도출되는 듯하다. 그렇다면 도덕적 진술도 객관적으로 다루어질 수 있음이 입증된다. 그러나 기취와 프레게의 논점은 (1)의 문장은 감정적 표현 또는 주관적 마음가짐(attitude)의 표현이지만, (2)에서 반복되는 같은 구절은 다른 종류의 표현이라는 것이다. 그것

---

26) 블랙번의 Spreading the Word, p. 189 이하를 참조하시오. 여기서 블랙번은 기취의 논문 "Assertion," (*Philosophical Reviews* (1964))에서 다루어진 문제를 언급하고 있다.

은 일반적 도덕률에 대한 믿음(belief)이나 묘사라고 보는 것이 더 타당하다는 것이다. 그렇다면 (1)은 감정적 또는 마음가짐의 표현이므로 옳고 그름이 없고, (2)는 일반적 견해나 믿음을 표현하는 것일지는 몰라도 여기서 진위를 따져볼 근거는 없는 것이다. 따라서 (1)과 (2)는 논리적으로 연결될 수 없으니 (3)은 논리적으로 도출되지도 않고, 진리 값도 가질 수 없다는 것이다. 즉 상기한 논쟁은 모호함의 오류(fallacy of equivocation)를 저지른다는 것이다.

블랙번은 이들 주장의 외형적 논리에는 수긍한다.[27] 그러나 그는 말하기를, 도덕적 진리라는 것은 프레게나 기취가 말하는 것과 같은 객관성을 다루는 것이 아니고, 준객관성 또는 준실재성을 따지는 것이라는 것이다. 논리적으로 엄격히 따지자면, (1)과 (2)가 다른 종류의 문장일 수 있지만 그것들은 모두 도덕적 서약(commitment)에 해당하는 것이고, 그것이 없이는 사회 구성원들 사이에 도덕적 의사소통이나 관계가 불가능한 것이다. 그래서 (1)과 (2)는 이런 관점에서 서로 연결될 수 있다는 것이다. 그리고 (3)의 결론도 정당하다는 것이다. 즉 도덕적 판단을 객관적으로 잘잘못을 이야기할 수 있다는 것이다.

> 그러나 이런 장애[28]를 누그러뜨리는 방법들이 있다. 그 중 하나는 우리가 "그리고(and)"라고 하는 연결어에 관해 우리가 생각하는 방법을 확장하는 것이다. 우리는 어쨌건 이 일을 해야만 하는데, 왜냐하면 순수하게 진리 값을 가질 수 없는 의견(belief)들을 말할 때라도 연결어는 그런 발언들을 연결해야 하기 때문이다. 우리는 다음과 같은 말을 대신 할 수도 있다. 연결어 "그리고(and)"는 각 문장이 용납될 때에 한해서 그 문장에 담긴 도덕적 서약(commitment)들을 연결해서 전체적인 서약으로 만들어 낼 수 있다. 이런 개념의 서약(commitment)은 일상적 믿음과 기타 심적 자세(attitude), 습관, 그리고 도덕적 명령들(prescriptions)을 충분히 포용할 수 있다.[29]

---

27) *Spreading the Word*, pp. 190–191.
28) 즉 프레게와 기취가 지적한 문제 — 필자 주
29) *Spreading the Word*, pp. 191–192.

즉, 기취나 프레게는 앞의 (1)과 (2)가 논리적으로 연결될 수 없다고 보는 반면, 블랙번은 그것들이 모두 도덕적 서약으로서 실제적으로 연결될 수 있고 되어야 한다는 것이다.[30]

블랙번의 주장대로 이 문장들이 도덕적 서약으로서 서로 연결된다고 하자. 그렇다고 해도 모든 문제가 해결되는 것은 아니라고 본다. 가치 객관성의 확보에서 가장 큰 문제는 사람들의 서로 다른 주관적 판단이나 마음가짐의 표현으로부터 어떻게 객관적인 기준을 만들어 내는가 하는 것이다. 다시말하면, 위의 예에서 결론 (3)이 객관적 기준이 되기 위해서는 (1)과 (2)가모두 객관성을 갖는 문장들이 이미 되어 있어야 한다. (1) 또는 (2)가 주관적감성의 표현에 불과하다면, (3)이 객관성을 갖는다고 보기 어렵다. 그러나블랙번 같은 투사론자들은 (1) 또는 (2)가 주관적 감수성의 표현임을 이야기하지만, 그런 표현들이 어떻게 객관성을 갖는 제안으로 발전하는지에 대해서는 설득력 있는 이론이 없다. 이에 대해 블랙번은 객관적 또는 외부적 기준(보편화 같은 기준)을 철저하게 거부하면서, 서로간의 감수성을 비교, 인정, 또는 거부함으로써 객관적 기준들을 만들어 갈 수 있다고 주장한다.[31]
색감수성을 예로 설명하자면, 객관적 물체에 색이 원래적으로 존재하지 않음에도 불구하고, 사람들은 색맹과 정상 색감의 비교에서 후자의 확실성에대해 의심하지 않는다. 비슷하게 어떤 도덕적 판단, 예컨대 "살인은 나쁘다."라든지 "살인은 허용될 수 있다." 같은 다른 감수성을 비교한다면, 더나은 감수성을 지목해서 그들 간의 순위를 정할 수 있다는 것이다. 이렇게감수성의 비교가 일관적인 가치기준을 만들어 낼 수 있기 위해서는 감수성에 예외성이 적어야 한다. 색맹이 정상 색감을 가진 사람보다 색의 판별이못하다고 하는 것은, 색맹이 예외적이기 때문이다. 그러나 블랙번도 인정하

---

30) 블랙번의 *Modus ponens*에 관한 더 많은 논쟁은 Alexander Miller의 *An Introduction to Contemporary MetaEthics* 4장 58쪽 이후부터 소개가 잘 되어 있다.

31) *Spreading the Word*, p. 192.

듯이 도덕적 감수성의 경우에는 색감과 같은 신뢰성이 존재하지 않는다.32) 또한 외부에 존재하는 도덕적 속성들도 자연적이 아니다.33) 그렇다면 감수성에 의존한 판단을 서로 비교하는 것이 어떻게 준실재적 기준들을 만들어 낼 수 있는가? 이 질문에 블랙번은 뚜렷한 대답이 없다.

결국 블랙번의 투사론에서 도덕가치 객관성의 근본적인 문제, 즉 어떻게 투사된 감수성 또는 감정이 객관적인 가치기준으로 만들어지는가는 설명이 되지 않는다. 그는 단지 많은 도덕적 판단들이 객관적으로 통용되고 있는 현실을 설명할 뿐이다. 즉 위의 예에서 (1)과 (2)가 이미 객관적 제안이 되어 있을 때에는 전체적 논리가 가치의 객관성을 보여주지만, 어떻게 (1)과 (2)가 주관적 감성의 표현에서 객관적 제안으로 발전했는가에 대한 설명이 없는 것이다.34) 이것은 또한 맥키의 이론이 똑같이 갖는 취약점이다.

6. 객관화의 범위

블랙번이나 맥키 같이 감수성의 투사를 주장하는 입장을 위해 가장 도움이 되는 것은 사람들이 제 이 단계의 객관화(보편화)를 시도하지 않거나 한다고 해도 실제적 도덕 기준에는 이 객관화가 영향을 미치지 않는 것이다. 다시 말하면, 도덕 감수성들이 객관화되어도 그것이 제 일 단계에서만 객관

---

32) 블랙번의 "Securing the Nots" p. 89를 참조하시오. Joshua Gert는 그의 "Cognitivism, Expressivism, and Agreement in Response"에서 주장하기를, 도덕적 판단같이 의견차가 많은 경우 감성의 표현이나 투사와는 별도로 독립적이고 외부적 속성을 분석하는 논리적 절차가 있어야만 인지론이 성립한다고 말한다.

33) 블랙번은 도덕적 성질이나 속성들이 자연적이 아니라고 분명히 이야기한다. 그의 *Ruling Passions* p. 120을 참조하시오.

34) 감성의 표현(expression)에 근거한 투사론을 비판하는 논쟁은 많이 있다. 최근 논문 중 필자의 논지와 연관성이 있는 것으로, Terrence Cuneo는 "Saying what we Mean: An Argument against Expressivism"에서 감수성을 표현하는 행위와 외부세계의 사실에 대한 제안(proposition)이 같을 수 없다고 주장한다.

화되는 것이다.35) 예를 들어, "낙태가 도덕적으로 옳지 않다."라는 판단이
한 사회의 도덕 기준이 되기 위해서는 이 판단은 당연히 객관화가 되어야
하지만, 이 기준이 이 특정한 사회를 넘어서 다른 사회나 다른 시대에까지
적용되는 보편화는 시도되지 않는 것이다. 이것이 맥키가 지지했던 제 일
단계 객관화이고, 도덕 상대주의(moral relativism)로 귀착되는 것이다.

맥키와 블랙번 모두 실제 도덕 행위나 판단을 분석하고 그 분석에 근거해
서 자신들의 이론을 전개하고 있다.36) 실제로 행해지는 도덕적 사고나 판단
들을 살펴보면, 모든 것들이 제 이 단계의 도덕적 사고라고 볼 수만은 없다.
앞서 예를 든 "투우는 스페인에서는 용납할 수 있는 스포츠인지는 몰라도,
영국에서는 도덕적으로 옳지 않다."라든가 "가톨릭교도들에게 낙태는 옳지
않은 행위이다."와 같은 판단은 주어진 사회나 합의된 기준 하에서 행해지
는 도덕 상대주의적 사고이다. 그러나 많은 경우에 도덕적 사고는 제 이 단
계까지 확장된다. 예를 들어보자. 몇 년 전 프랑스의 여배우 브리짓트 바르
도(Brigitte Bardot)는 아시아 문화권, 특히 한국에서 개를 식용으로 도축하
는 것에 반발해서 많은 논란을 일으켰다. 그녀는 자신이 옳다고 생각하는
규범이 마치 자기가 속한 사회를 벗어나 온 인류의 규범인 것처럼 여기고
주장하고 있는 것이다. 물론 이 여배우의 판단에 진정한 도덕적 가치를 갖고
있다고 이야기하는 것이 아니다. 또 그녀의 판단에 자신만이 느끼는 감정이
나 독선으로 여겨지는 심적 태도가 없는 것은 아니다. 그러나 이것은 맥키가
오류이론에서 지적한 대로, 도덕가치가 제 이 단계의 객관성을 갖는 것처럼
투사하는 것일 뿐만 아니라, 보편화 시도를 통해 실제 도덕 기준의 변화를
시도하는 것이다.

---

35) 맥키의 "상대성에 근거한 논변(The argument from relativity)"은 이런 방식의 객관
　　화가 도덕적 사실임을 주장하는 것이다. *Ethics*, pp. 36-37. 그러나 가치의 상대성이
　　절대가치의 존재나 보편화를 부정하는 증거가 되지는 못한다.
36) 이들은 모두 실제적 도덕 행위나 판단을 분석한다고 주장한다. 그러나 어떤 이들은 이런
　　분석이 주어진 가정 위에 전개되는 이론일 뿐이라고 생각한다. 애드리언 무어(Adrian
　　Moore)는 유클리드 기하학과 비(非)유클리드 기하학을 들어 블랙번의 입장을 반박한다.

또 다른 예로는 인권문제가 있다. 우리는 세계 제이차대전 전후 독일에서 있었던 유태인 학살, 소련이나 북한에서의 강제수용소, 또는 남아프리카공화국에서 과거에 자행됐던 흑백 인종분리(apartheid) 등이 인간의 기본 권리를 심각히 침해했다고 믿는데, 물론 이것은 한편으로 우리가 갖는 도덕적 감정의 표현이기도 하지만, 또 한편으로는 도덕적 판단의 보편화를 통해서 인권이라는 보편적 가치가 있다고 믿는 것이다. 역시 인권헌장에 적힌 세부내용이 하나하나 모두 보편적 또는 절대적 가치이어야만 한다고 사람들이 믿는 것은 아닐 것이다. 그러나 적어도 인권이라는 보편적 가치의 믿음은 확실하고, 이 믿음은 각 사회의 있다. 인류사회에 어떤 도덕적 진보가 있어 왔다면, 그것은 사람들이 끊임없이 특정한 도덕적 가치를 추구하고, 또 보편적 도덕가치라고 믿는 것을 사회의 경계를 넘어 적용하려는 노력이 있어 왔기 때문이다. 이런 노력이 맥키가 이야기하는 제 이 단계의 도덕적 투사이고, 제 이 단계 도덕적 사고나 투사가 일어나지 않는다는 블랙번의 주장은 설득력이 적다고 할 수밖에 없다.

7. 보편화의 명암

그렇다면 보편적 사고의 역할과 기능이 명확함에도 불구하고 맥키는 왜 그토록 그것을 거부하고자 했는가? 그의 충분한 설명은 없지만, 이유는 충분히 짐작해 볼 수 있다.[37] 앞서 보았듯이 맥키는 "좁은 의미의 도덕"을 주창하면서, 절대적 도덕가치의 존재가 경험적으로 확인되지 않고, 여러 사회나 경우에 적용할 수 있는 보편적 도덕가치도 존재하지 않는다고 주장한다. 그에 의하면, 보통 절대적 도덕가치라고 믿는 그런 가치들이 바로 제 이 단

---

37) 맥키는 자신의 이론을 negative한 이론일 뿐이라고 주장한다. *Ethics*, p. 17.

계의 객관화, 즉 보편화 과정을 통해서 만들어진다고 보는 것이다.[38] 그래서 절대적 도덕가치라는 개념도 잘못된 것이지만, 보편화도 잘못된 것으로 보는 것 같다. 맥키의 공헌은 이 같은 절대적 도덕가치가 논리적으로 근거없음을 잘 지적하는 것이다. 그러나 절대적 도덕가치와 도덕가치의 보편화는 서로 다른 것이다. 예를 들어, 신의 도덕적 명령 같은 절대적 도덕가치는 순수한 믿음 외에는 그 정당성을 우리가 확인할 수 없는 것이기 때문에 객관적 정당성을 획득하기가 어렵다. 반면에 도덕가치의 보편화는 다른 것이다. 그것은 인간의 사리판단 능력에 근거하고 있고, 제 일 단계 도덕가치에도 영향을 실제로 미치고 있다. 절대적 도덕가치가 보편화라는 과정을 통해서 생성될 수 있다고 해서, 보편화 또는 보편적 사고 자체를 부정할 필요는 없다. 독단론과 흡사한 절대적 도덕가치는 쉽게 부정될 수 있지만, 도덕가치의 보편화조차 거부하고서는 인지론을 주장하기가 불가능한 것으로 생각된다. 도덕규범을 만들기 위한 제 일 단계 객관화에는 제 이 단계의 객관화(보편화)가 필요함을 인정하는 한편, 보편화의 오용으로 만들어진 절대적 가치는 거부하는 것이 바른 해결책이 아닌가 생각된다.[39]

마지막으로 한 가지 덧붙이고 싶은 것은, 보편화가 가치의 객관성을 보장하는 필요충분조건은 아니라는 것이다. 많은 예에서 볼 수 있듯이, 개인의 도덕적 판단을 객관화시켰다고 해서, 누구나가 받아들일 만한 객관적 도덕가치가 되는 것은 아니다. 이점은 칸트의 정언명법 이론이 갖는 취약점으로 수없이 지적되어 왔다. 또 앞의 브리짓트 바르도의 예에서 본대로 가치판단의 보편화가 한 사람이나 한 사회의 편견을 강요하는 결과가 올 수도 있다. 이렇게 개인적 판단을 보편화하는 것만으로는 진정한 도덕가치가 구성되지 못한다. 우리가 진정한 도덕가치라고 믿는 것들이 있다면, 그것들은 보편화

---

38) Ibid., pp. 42-45를 참조하시오.
39) 이런 차이들은 형이상학에서 말하는 실재론(realism), 온건한 실재론(moderate realism), 명목론(nominalism)의 구별과 근본적으로는 같은 것이다.

외에 다른 요소를 포함한다고 봐야 하겠다. 그 다른 요소들에 대한 논의는 다른 기회로 미루어야만 하겠다. 적어도 이 시점에서 이야기할 수 있는 것은, 보편화라는 과정은 도덕가치의 객관성을 위한 필요조건이라는 것이다.

참고문헌

윤화영(2006),   "존 맥키의 '기이함에 근거한 논변' 비판"『철학적 분석』
14호, pp. 45-65

Blackburn,   *Spreading the word.* Oxford: Clarendon Press.
Simon(1984),

Park, (1993),   "Errors and Phenomenology of Value." in *Essays in Essays Quasi-Realism*, pp. 149-65, edited by Simon Blackburn: Oxford University Press.

Park, (1993)   "Securing the Nots." In *Moral Knowledge?*, pp. 82-100, edited by Walter Sinnot-Armstrong and Mark Timmons: Oxford University Press.

Park, .(1998),   *Ruling Passions*: A Theory of Practical Reasoning. Oxford: Clarendon Press.

Cuneo,   "Saying what we Mean: An Argument against Expressivism."
Terence(2006),   In *Oxford Studies in Metaethics Volume* 1, pp. 35-71, edited by Shafer-Landau: Oxford University Press.

Gert, Joshua(2007), "Cognitivism, Expressivism, and Agreements." In *Oxford Studies in Metaethics Volume* 2, pp. 77-110. edited by Shafer-Landau: Oxford University Press.

Harrison,   "Mackie's Moral Scepticism." *Philosophy.* Vol. 57: 173-192.
Jonathan(1982),

Mackie, John(1985), *Ethics: Inventing Right and Wrong.* England: Penguin Books.

Miller,   *An Introduction To Contemporary Metaethics.* Cambridge
Alexander(2003), (UK): Polity Press.

Moore,   "Quasi-realism and Relativism." *Philosophy and Phenomenological*
Adrian W(2003), *Research*, Vol. 65, No. 1: 150-156.

Wright,   "Truth in Ethics." in *Truth in Ethics.* pp. 1-18, edited by
Crispin(1996),   Brad Hooker. Oxford: Blackwell.

Projection and Objectivity of Moral Values
: The Cases of John Mackie and Simon Blackburn

Modern Humeans like John Mackie and Simon Blackburn explain the nature of moral values as sentiments or sensibilities projected from human mind. Although projected, they believe, moral values can be objectively treated and evaluated. This view is contrasted with Kant's position holding that moral values are produced by transcendental reasoning. This article examines and criticizes the theories of projectivism presented by Mackie and Blackburn. In particular, the author focuses on their theories of acquiring value objectivity, which reject the notion of universalization. The author argues that their idea of projection neither suffices to guarantee the objectivity of moral values, nor explains the value objectivity in the actual world. A lesson from their failure may be as follows: actual value objectivity can be best explained by the idea of universalization although it is far from immaculate in explaining objectivity of values.

오류이론, 허구론, 그리고 도덕체계의 객관성

윤 화 영

【주제분류】 메타윤리학

【주요어】 오류이론, 허구론, 객관성, 도덕체계, 두 단계의 도덕적 사고

【요약문】 이 논문은 존 맥키의 오류이론과 그 이론에 근거한 리차드 조이스의 허구론이 갖는 문제에 대해 논의한다. 맥키는 오류이론에서 모든 "객관적" 가치를 부정하고 있지만, 현실의 도덕생활에서는 객관성을 가진 도덕체계, 즉 도덕인지론이 가능한 체계가 존재할 수 있음을 주장한다. 리차드 조이스는 맥키의 오류이론을 발전시켜 허구론을 제시하는데, 이것에 의하면, 우리가 경험하는 모든 도덕규범과 도덕체계는 단지 허상일 뿐이다. 모든 도덕적 판단은 "잘못된" 것이고 도덕적 믿음도 가져서는 안 된다고 말한다. 그럼에도 현실생활의 도덕체계는 유용하므로 유지할 필요가 있다고 주장한다. 필자는 각 이론의 특징을 설명하고, 문제점을 지적한다. 허구론에 따르면, 도덕체계가 허상이므로 이 체계 자체에 사람들로 하여금 도덕적 행동을 하게 하는 권위나 설득력이 없다고 할 수 있다. 따라서 각 도덕 행위자들이 도덕규범을 저버리고 자신들의 이익을 추구할 때에, 도덕체계는 완전히 무기력하다고 할 수 있다. 또 사람들 간에 도덕적 이견이 생겼을 때, 이것을 도덕적 힘으로 중재하기도 어렵다. 그래서 허구론에서는 객관성 있는 도덕체계가 존속해 나갈 수 있음을 보여주기 어렵다는 것이 필자의 주장이다. 맥키의 경우에는 주관적인 도덕 감성을 인정하므로, 조이스의 경우보다 좀 나을 수도 있지만, 가치판단의 객관화를 부정하고 모든 "객관적" 가치를 배제하려는 오류이론 때문에 역시 조이스의 허구론과 비슷한 문제에 빠진다고 필자는 주장한다.

1. 머리말

존 맥키가 1970년대에 발표한 오류이론은 도덕가치와 규범에 관한 일반
상식을 뒤집어엎는 것으로, 사람들이 보통 믿고 있는 "객관적" 도덕가치는
존재하지 않는다는 것이다.[1] 사람들은 자신들이 믿는 도덕가치나 규범이 튼
튼한 근거를 갖고 있으며, 모든 도덕가치가 그러지 않을지 몰라도, 많은 도
덕가치들이 시간과 공간을 넘어 옳을 수 있는 것으로 믿고 있다고 맥키는
보고 있다. 그에 의하면, 그런 객관적 가치는 존재하지 않는다는 것이고, 사
람들의 일반적 믿음은 전혀 잘못된 것이라는 주장이다.

맥키의 진단은 도덕가치와 규범의 본질에 관한 것인 바, 그것이 맞는다
면, 도덕 현실은 어떻게 설명할 수 있을까? 모든 도덕가치와 규범이 소위
"객관적"일 수 없으니, 옳고 그름의 판단도 무의미하고, 사람들은 자기의 욕
망 충족을 위해 내키는 대로 행동을 해도 그것이 잘못이라고 말할 수 없지
않을까? 우리 삶에서 현실적으로 존재하고 사용하고 있는 도덕가치나 규범
의 위상은 대체 무엇이란 말인가? 맥키는 이런 질문들에 도덕적으로 옳고
그름이 있다는 답을 제시하고 있지만 의문의 여지는 많이 남아 있다. 그런
이유로 그의 오류이론은 메타윤리학에서 가장 논란이 많은 이론 중 하나로
자리매김하고 있다.

맥키의 오류이론을 충실하게 계승한 학자들이 제시한 이론이 "허구론
(fictionalism)"이다. 이들에 따르면, 만약 맥키의 오류이론이 맞는다면 일반
적 도덕 판단의 양상, 즉 판단의 옳고 그름, 그런 판단의 기준, 관습적 도덕
관념 등 모든 것이 허구일 뿐이다. 사람들은 허구적 삶 속에서 도덕적 진실

---

1) 물론 이런 주장은 맥키가 처음은 아니다. 그러나 그의 회의론(skepticism)에는 독특한
점이 있다. 즉 회의론을 주장하면서도 일상적 도덕체계에서는 인지론이 가능하다고 본
점이며, 이것을 도덕사고의 두 단계가 분리되었다는 이론을 통해 옹호하고 있다. 이런
방식으로 오랫동안 잠잠해져 있던 회의론 또는 도덕 반실재론을 부활시켰으며 그 영향
력이 아직도 계속되고 있다.

이라고 느끼는 것들을 믿고 살아가는 것일 뿐이다. 그렇다면 도덕적 판단과 규범 등 도덕체계에 진정한 객관성이란 존재할 수 없다. 도덕규범에 순응하는 행동 또는 옳고 그름이 있다는 판단을 할지라도, 이런 것들은 근거 없는 허상일 뿐이라는 것이다. 그럼에도 허구론자들은 도덕체계를 유지할 필요가 있다고 말한다. 그러나 이런 허구론의 주장은, 현실적 도덕생활과 많은 차이가 있다. 또한 맥키 자신이 묘사한 도덕적 삶의 현실과도 합치하지 않는다. 무슨 이유로 서로 다른 설명이 나오게 된 것일까? 허구론은 맥키의 오류이론을 바르게 해석한 결과일까? 본 논문은 이러한 의문점들에 대한 답을 하고, 맥키의 이론과 허구론에 어떤 문제가 있는지에 대한 논의를 한다. 필자의 주장은 다음과 같다. 허구론과 오류이론에서는 객관적 도덕체계 자체를 유지하기 어렵다는 것이다. 즉, 허구론이 주장하듯, 우리가 경험하는 도덕체계가 모두 허상이라면, 객관성이 있어야 할 도덕체계가 와해될 수밖에 없다는 것이다. 이런 논리적 결과는 허구론에서는 좀 더 명백히 드러나며, 오류이론도 결국 같은 결론에 도달할 수밖에 없다는 것이다.

다음 절에서는 맥키의 오류이론에서 가치의 객관성이 어떻게 다루어지고 있는지 살펴보겠고, 그 다음은 허구론자들의 주장은 무엇이며, 그들은 도덕현실을 어떻게 설명하는지에 대한 논의를 해 보도록 하겠다. 그리고 허구론의 문제점과 정도의 차이는 있을 수 있지만, 맥키의 오류이론도 그런 문제점을 공유할 수 있음을 논의하도록 하겠다.

2. 맥키의 오류이론과 세 가지 개념의 객관성

맥키는 그의 저서 『윤리학』에서 "객관적 도덕가치"에 대한 반론을 줄기차게 제시한다. 그러면서 도덕에서의 객관성(objectivity)이라는 개념 역시 부정한다. 그러나 그는 모든 개념의 가치 객관성을 부정한다고 볼 수는 없다. 그는 도덕인지론자(moral cognitivist)로서 일상적 도덕 판단과 주장을 옳고 그름으로써 판정할 수 있는 도덕체계의 존재를 인정하기 때문이다. 필자는 그의 논의에 포함된 "객관성" 또는 "객관성이 있는 가치"를 다음과 같이 정리하였다. 그가 거부하는 "객관적" 도덕가치에는 두 가지 종류가 있다고 할 수 있는데, 첫째는 사람들이 객관적으로 주어진(top-down) 도덕가치라고 믿는 가치라고 할 수 있다. 맥키는 대표적으로 플라톤의 이데아(Idea 또는 Form)을 들고 있다. 그에 따르면, 만약 플라톤이 말하는 도덕가치가 객관적으로 존재한다면, 사람들은 그 가치를 앎과 동시에 그 가치가 요구하는 대로 행동할 것이라고 말한다. 객관주의자들 주장대로, 이런 가치는 객관적으로 존재해서 사회 구성의 근간(fabric) 같은 가치라면, 사람들은 이 근간의 존재를 확인할 수 있을 것이라고 맥키는 주장한다. 그는 이런 가치를 부정하며 다음과 같이 말한다.

> 만약 세상의 근간이 될 수 있는 그 무엇이 존재하고, 그 근간에 의해 어떤 종류의 관심[예를 들어 도덕적 관심]을 확인해 줄 수 있다면, 세상이 어떻게 구성되어 있는가를 생각해 봄으로써 이런 근간을 어렵지 않게 알아낼 수 있다. 그러나 객관적이라고 주장하는 도덕가치가 무너진 사회가 있다면, 사람들이 도덕가치를 주관적 관심을 통해 새롭게 획득한다함은, 각자의 정서적(emotive) 측면을 발전시킨다는 것과 같은 의미이다. 이것은 18세기 철학자들이 열정(passion) 또는 감성(sentiment)으로 표현한 것과 같은 것이다.[2]

여기서 맥키는 헤어(R. M. Hare)의 주장을 반박하고 있는 바, 헤어에 의하면 인간 사회가 망해버릴지라도 살아남은 사람들이 새롭게 사회를 건설하기 위해서는 우리가 객관적이라고 여겨지는 가치들을 다시 복원함으로써 도덕 사회가 만들어질 수 있는 만큼, 객관적 도덕가치는 시대를 넘어 존재할 수 있다는 주장이다. 맥키에 따르면, 그런 가치들이 존재한다면, 단지 세상을 관찰함으로써 그런 가치들을 찾아낼 수도 있어야 하는데 그렇지 못하다는

---

2) 맥키 (1977), p. 22. 맥키 (1977)을 편의상 『윤리학』이라고 부르기도 하겠다.

것이다. 도덕사회의 건설이란 오히려 열정과 감성에 근거한 주관적 가치들을 발전시킴으로써만 가능하다는 것이다. 그래서 맥키는 초월적 이성적 또는 자연적으로 주어져서 이미 사회의 근간을 이루는 가치란 존재하지 않는다는 것이다.

맥키에 따르면, 이렇게 인간들에게 도덕가치가 하향식으로 주어졌다는 믿음을 조장하는 요인들이 또 있으니, 서양 중세 이후에 등장한 신성법(divine law) 같은 것들이 있다. 인간에게 내려진 법이 있다면, 그것을 만든 절대자가 있다는 의미가 될 수 있고 그 법은 객관적 절대적 도덕가치라는 믿음을 낳을 수 있다. 맥키에 의하면, 또 많은 철학자들도 이런 믿음을 조장해 왔다. 사람들은 이런 요인들로 인해 객관적 도덕가치의 존재를 믿고 있지만 다 잘못된 믿음이라는 것이 맥키의 주장이다.

맥키가 두 번째로 부정하는 객관적 도덕가치는 사람들이 객관화시켜 놓은 가치들이다. 사람들에게는 가치를 객관화시키는 경향이 있는 바, 과거 사회의 가치를 객관화시켜 그것이 마치 객관적 도덕가치인 것처럼 착각한다는 것이다. 예를 들어, 과거 로마나 그리스 시대의 법들이 마치 절대성이 있고 시대와 장소를 뛰어넘는 객관성이 있는 것처럼 사람들이 생각한다는 것이다. 이런 가치는 앞서의 하향식 가치라기보다는 상향식(bottom-up)으로 형성된, 즉 객관화시킨 도덕가치라고 할 수 있다. 물론 이런 객관화의 경향은 흄 등이 인정하듯 인간들이 고유하게 갖고 있는 특징이라 할 수 있다. 맥키는 객관화된 도덕가치들은 근본적으로 이성이 아닌 욕망(wants)과 필요성(demands)에 근거한 것이라고 말한다.[3]

그런데 이런 상향식으로 만들어졌다고 보는 가치들 중 특히 맥키가 주목하는 것이 정언명법이다. 칸트의 정언명법은 잘 알려진 대로 개인들의 욕망과 이해관계가 포함된 행동준칙(maxim)들을 제거해 나가면서 어떤 규범들이 진정한 도덕가치가 될 수 있는가를 모색한 결과이다. 다시 말하면, 정언

---

3) 맥키 (1977), p. 43.

명법은 개인들의 욕망과 이해관계 또는 행위의 목적이 배제된 순수한 도덕 가치라고 평가할 수 있다. 만약 정언명법이 인정된다면, 맥키의 논리에 큰 타격이 될 수 있다. 왜냐하면, 맥키의 주장과는 반대로 욕망과 필요성에 근 거하지 않은 도덕가치가 존재할 수 있고, 그런 가치는 이성적 논리에 의해 만들어짐으로 시대와 공간을 넘어서는 가치로 인정받을 수도 있기 때문이 다. 따라서 맥키는 정언명법을 논박해야 할 필요성이 있다. 그는 주장하기 를, 실은 정언명법이란 존재하지 않으며, 정언명법인 것처럼 제시되는 도덕 규범이나 가치들은 실제로는 모두 가언명법이라는 것이다. 예를 들어,

(a) 살인하면 안 된다.
(b) 살인하면 안 된다 (만약 당신이 범죄자의 삶을 살고 싶지 않다면)

(a)는 정언명법이라고 말할 수 있다. 그러나 맥키의 주장은 (a)가 실은 (b)와 같은 가언명법일 뿐이며, 어떤 조건절을 숨기고 있을 뿐이라는 것이다. 즉 (a)와 같이 정언명법의 형태를 띠고 있는 도덕규범들이 사람들의 욕망과 어 떤 필요성으로부터 자유롭지 않는다는 것이다. 맥키의 주장은 반론의 여지가 많이 있으나 여기서는 그의 주장을 소개만 하기로 하자.

이제까지 제시된 형태의 도덕가치들은 맥키가 거부하는 형태의 도덕가치 들이었지만, 맥키가 모든 객관성을 부정한다고 보기는 어렵다. 왜냐하면, 그는 도덕인지론자(moral cognitivist)로서 도덕적 판단과 주장에 옳고 그름 이 있다는 말을 확실히 하고 있기 때문이다. 즉 그의 이론 속에는 세 번째 개념의 객관성이 있다.

객관적 가치(objective value)가 존재하지 않음을 주장하는 한 방법은 가치 에 대한 진술에 옳고 그름이 없다고 말하는 것이다. 그러나 이렇게 공식화 (formulation) 하는 것은 잘못된 해석이다. 왜냐하면 그것은 비록 내가 주 장하는 대로 객관적 도덕가치가 없다고 한다 해도, 많은 가치 진술들이 명 백히 옳거나 그른 것으로 판정할 수 있다. 많은 종류의 판단들이 합의되거

나 가정된 기준들에 의해 보통 만들어진다.[4]

여기서 맥키는 명확히 도덕인지론을 옹호하고 있다.[5] 그런데 문제는 그는 앞서 모든 객관적 가치와 규범 또 판단들을 부정했는데, 어떻게 여기서 사회적 기준에 의한 도덕인지론을 주장할 수 있나? 사회적 기준에 의한 도덕적 판단이란 사회적 기준이란 가치들의 객관성을 전제한 것이 아닌가? 이 부분이 맥키의 이론 중 이해하기 어려운 부분이지만 또한 그의 이론의 가장 큰 특징이기도 하다. 즉, 그는 도덕적 사고와 범위를 두 단계로 나누는데, 제 일 단계와 제 이 단계이다. 제 이 단계는 도덕가치와 규범의 본질이나 위상에 관한 논의인데, 맥키는 객관적 절대적 또는 초월적 도덕가치와 규범이란 존재하지 않는다고 주장함을 이미 보았다. 그래서 그는 스스로 제 이 단계의 도덕회의론자(moral skeptic)로 칭한다. 다른 말로 하자면, 도덕 반객관주의자라고 할 수 있다.[6] 제 일 단계 논의는 현실 도덕적 삶에 관한 논의라고 할 수 있다. 맥키가 말 하는 사회적 기준에 의한 도덕적 판단과 도덕 행위 실행이 여기에 포함된다고 할 수 있다. 제 일 단계 가치 논의에서 객관성이 존재하지 않는다면, 인간사회는 상당히 심각한 문제에 직면할 것이다. 도덕인지론이 무의미한 것은 말할 것도 없고, 정부가 범죄자들을 처벌하는 것 또는 다른 사람들을 도덕적으로 비판하는 것 등 모두 잘못된 것이거나 근거 없는 것이 될 수 있다. 적어도 도덕 논의에서 완전한 회의주의만이 존재하게 될 것이다. 그러나 맥키는 주장하기를, 자신은 제 일 단계 회의주의자가 아니며, 제 일 단계와 제 이 단계는 완전히 분리되어 있다고 말한다.[7] 쉽게

---

4) 맥키 (1977), pp. 25-6.
5) 많은 학자들이 맥키가 도덕인지론자임을 인정하면서도 그가 "모든 도덕적 판단이 틀린 (false)"것이라는 말한 것에 집착하고 있다. 즉, 그가 인지론자이지만 부정적 인지론자라는 것이다. 위의 인용, 즉 맥키 (1977) pp. 25-6 서술은 맥키가 부정적인 인지론자가 아님을 보여준다.
6) 객관주의가 실재주의와 같은 것은 아니다. 후자는 가치가 현실적으로 실재함에 초점을 맞추는 것이라면, 전자는 가치의 이성론적 접근이라고 볼 수 있다.
7) 맥키 (1977), p. 16.

말하자면, 객관적 도덕가치가 비록 존재하지 않는다 하더라도, 현실적 도덕 생활과 판단에는 아무런 영향을 주지 않을 수 있다는 것이다. 우리가 객관적 도덕가치에 의한 믿음과 또 그런 가치에 의한 도덕적 판단이라고 믿어왔던 것은 사실은 사회적 기준에 의한 판단이었을 뿐이라고 맥키는 암시하고 있다고 볼 수 있다.

　이제까지의 논의를 정리해 보면, 맥키는 객관적 가치 또는 가치의 객관성에 대해 세 가지를 말하고 있는데, 첫째는 인간들이 생각하기에 인간 사회 밖에서 주어졌다고 믿는 가치들이 있었고, 둘째는 인간들이 객관화해서 주관성을 넘어서고 시대조차를 넘을 수 있는 초월적 도덕규범이나 가치라고 믿는 것들이 있었으며, 세 번째로는 사회적 도덕 기준들로 구성된 도덕체계로, 이로 인해 일상적인 도덕 객관성을 유지할 수 있다는 것이다. 여기서 맥키는 처음 두 종류의 객관적 가치 또는 가치의 객관성은 부정하며, 이런 가치들에 대한 논의를 제 이 단계의 도덕적 논의에 포함시키고 있다. 반면에 세 번째 객관성은 인정하면서 제 일 단계 논의에 포함시키고 있는 것이다. 물론 맥키의 주장대로 제 일 단계 논의와 제 이 단계 논의가 완전히 분리될 수 있는 것인지 의문의 여지가 남고 또 그의 이론에서 치명적 약점이 될 수도 있다. 즉, 두 단계 사고가 분리될 수 없을 때 그의 도덕인지론은 사라지고 총체적 회의주의만 남기 때문이다. 여기까지가 필자의 맥키에 대한 해석이며 의문점인데, 모든 학자들이 필자와 같은 해석을 하는 것은 아니다.[8] 그들 중에서 필자와 달리 맥키의 두 단계 사고분리를 고려하지 않는 허구론 (fictionalism)에 대해 살펴보자. 본 논문에서는 해석에 대한 논쟁을 하기보다는 그 해석이 불러올 수 있는 결과와 문제점에 대한 지적을 하고자 한다.

---

8) 앞서 언급한 바와 같이, 많은 학자들이, 맥키가 도덕인지론자이긴 하나 모든 판단이 "잘못된" 것으로 본다는 것이다. 예를 들어, 해리슨(J. Harrison) (1982), 에반스(Evans) & 샤(Shah) (2012), 수이카넨(J. Suikkanen) (2013) 등이 있다.

3. 허구론과 보존론

허구론을 신봉하는 학자들은 맥키의 주장 중 다음 두 가지에 집중한다. 첫째는 모든 객관적 가치는 존재하지 않으며, 둘째는 모든 도덕적 판단과 주장은 잘못된(false) 것이라고 한 점이다.[9] 필자는 이 두 가지 논점은 맥키가 객관주의를 논박하기 위한 것으로 보고 그의 주관주의를 전개하기 위한 전 단계로 보는 반면에 허구론자들은 이 두 가지 점이 모든 도덕적 주장과 판단 또는 규범에도 적용된다고 보는 것이다.[10] 허구론자들의 입장대로 모든 일상적인 도덕 논의나 주장이 그릇된 것이라면, 일단 두 가지 정도의 입장을 생각해 볼 수 있다. 첫째는 모든 도덕적 논의나 규범을 없애는 것이다. 왜냐하면 그것들은 그릇된 것 또는 잘해야 무의미한 것이기 때문이다. 이런 입장이 도덕폐지론(moral abolitionism)이다.[11] 두 번째는 허구론인 바, 이 입장을 고수하는 이들은 다음과 같은 주장을 한다. 비록 모든 도덕적 주장과 규범 또는 판단 등은 그릇된 것이기는 하지만, 도덕적 규범 주장 판단 등을 버릴 필요는 없다는 것이다. 왜냐하면 도덕적 논의와 판단 등은 어떤 이익을 주기 때문이라는 것이다. 물론 도덕 논의와 판단 등이 그릇된 것을 알고 있지만 그럼에도 불구하고 그런 논의와 판단에 객관성 또는 진실성이 있는 것처럼 그런 행위를 계속해 나가야 한다는 것이다. 예를 들어, 무대 위의 마술사가 톱으로 사람을 두 동강 냈다고 하자. 관객들이 놀라면서도 자기들이 본 행위가 진실이 아님을 알 수 있을 것이다. 그러나 관객들은 사람 몸이 둘로 갈라진 것을 사실인 것처럼 여러 가지 대화를 나눌 수 있다. 예컨대,

---

9) 이미 언급한대로 논란의 여지가 많지만, 이 말은 맥키가 직접 한 말이기도 하다. 맥키 (1977) p40 참조 바람.

10) 물론 맥키의 본심과 무관하게 허구론자들이 모든 도덕적 판단으로 확대한 것으로 볼 수 있다. 앞서 본대로, 맥키는 제 일 단계 도덕적 논의에서 회의주의를 거부한 반면, 허구론자들은 제 일 단계에서조차 맥키와 달리 회의주의를 수용한다고 볼 수 있다.

11) 역사적으로 이 폐지론은 여러 번 등장했다고 할 수 있다. 니이체를 도덕 폐지론자로 해석하기도 한다. 최근에는 리차드 가너(Richard Garner)가 대표적인 도덕 폐지론자로 알려져 있다. 가너 (2010) 참조할 것.

"저 사람은 살아날 수 있을까?" "얼마나 아플까?" 등이 될 수 있다. 이 허구론에는 조금씩 여러 입장이 있다. 본 논문에서는 허구론의 대표격인 리차드 조이스(Richard Joyce)의 허구론에 대해 논의하도록 하겠다. 또한 허구론의 일종이지만 조이스의 허구론을 반박하고 도덕적 믿음을 강조하는 도덕믿음 보존론(conservationalism)이 있다. 이번 절에서는 허구론과 보존론을 소개하고 다음 절에서 이들에 대한 필자의 비판을 제시하도록 하겠다.

허구론에 대한 설명에 앞서 기억해야할 점이 있다. 그것은 현재 허구론자들에 의하면, 일반적 사람들이 허구론이 제시하는 방식으로 도덕적 판단과 행위를 하고 있다고 주장하는 것은 아니다. 일반적 도덕 행위자들은 어느 정도 객관주의자 또는 실재주의자와 같이 행동하고 있다고 봐야 한다. 즉, 사람들은 도덕적 논의나 판단 또는 도덕규범이 근본적으로 그릇된(false) 것이라는 생각을 하고 있지 않으며 허구론자들도 그 사실을 잘 알고 있다. 그러나 허구론자들은 오류이론이 진실이라는 입장에서 이것을 확대 적용했을 경우, 그 결과는 허구론일 수밖에 없고, 이 입장에서 일반적 도덕 행위와 도덕체계의 개념이 어떻게 변해야 할까를 제시한다고 할 수 있다. 요약하자면, 허구론은 다른 메타윤리적 이론들과는 달리 도덕생활 현실에 기초를 두는 것이 아니라, 오류이론 또는 허구론이 진실이라는 전제하에 현실 도덕생활을 어떻게 바꾸어 나갈 것인가 또는 도덕 행위자들이 허구론자라는 전제 하에 그들의 현실 도덕생활을 어떻게 해석할 것인가에 주안점을 두고 있다고 말할 수 있다.12)

모든 도덕가치의 체계 또는 모든 도덕적 논의나 주장이 모두 잘못된 것임에도 그런 논의와 주장을 계속해야 한다면, 거기에는 어떤 이로운 점이 있기 때문이라고 할 수 있다. 일찍이 맥키 역시 도덕가치의 체계는 그 자체로서 존재의 의미가 있는 것이 아니라 단지 사람들의 제한된 동정심(limited sympathies)을 발휘하게 하고 상호이익을 보호해 주기 때문에 존재한다는

---

12) 조이스 (2001), p. 186 참조할 것

것이다. 맥키가 꼽은 이점은 일종의 편리성인데, 이것은 각 개인들이 자신들의 욕망을 추구하는 과정에서 생기는 충돌을 도덕가치가 완화시키고 상호이익을 증진시켜 줄 수 있다는 것이다.[13] 맥키에 의하면 이런 가치체계를 객관적 가치가 아닌 주관적 감성과 사회의 환경 등에 기초해서 만들 수 있고, 사람들이 도덕가치와 그에 대한 믿음을 가질 수 있다고 봤다. 그러나 허구론자인 조이스는 모든 가치의 논의나 규범 등 도덕가치 체계 자체가 허구라는 입장이니, 도덕적 믿음도 가져서는 안 된다고 한다. 그는 다음과 같이 말한다.

> 허구론자가 [도덕적] 논의에 대해 가질 수 있는 태도를 다음과 같이 규정해 보자. 그것은 도덕적 논의가 그릇된(오류로부터 자유로운 새로운 이론이 가능하지 않으므로) 이론을 필연적으로 도출하거나 구현한다는 것이다. 그러나 그 논의를 마치 잘못이 아닌 것처럼 계속해서 해 나가야 하는 것은, 많은 맥락에서 유용하기 때문이다. 이 논의는 우리에게 몹시 중요하다. 비록 진실이 아닌 [도덕적 가치]들을 논의하는 것보다 (......)이 논의를 제거해버리는 것이 훨씬 비용이 많이 먹힌다. 그래서 우리가 다음과 같은 질문, "도덕적 오류이론이 주어졌을 때, 우리는 무엇을 해야만 하는가?" 같이 이익과 비용을 재보고 무엇이 적절한가를 묻는 질문이 주어졌을 때, 허구론자가 내릴 수 있는 정확한 답은, "계속해서 [도덕적] 논의를 하라. 그러나 그것을 믿지는 마라."이다.[14]

여기서 두 가지 점에 대해 주목해야 할 필요가 있을 것 같다. 첫째는 조이스가 말하는 이익이란 무엇일까? 그는 맥키가 말하는 편리함이나 상호이익의 추구 같은 것들을 다 동의할 것이다. 즉, 도덕 논의와 도덕체계가 인간사회에 주는 이익이 확실히 있음을 인정하는 것이다. 도덕규범 같은 도덕체계가 다 없어진 인간사회는 혼란과 무질서 또 그에 따른 재난과 불행을 피할 수 없을 것이다. 거기다가 조이스는 특히 도덕체계가 각 개인의 자제심(self-control)을 증진시키는 이점이 있다는 것이다.[15] 예를 들어, 누군가가

---

13) 맥키 (1977), pp. 105-11 참조할 것.
14) 조이스 (2001), p. 185.
15) 조이스 (2005), p. 303 참조할 것

다른 사람의 지갑을 훔치고 싶은 욕구가 있을 때, 도덕적 규범과 교훈으로 스스로를 억제한다는 것이다. 만약 그렇지 못하다면 그는 도둑질을 계속하다가 경찰에 잡혀 사회로부터 격리되는 결과를 가져오게 되는 것이다. 그런데 이렇게 도덕적 체계와 가치에 대한 논의가 필요하다는 입장이면서도 그것은 모두가 허구이므로 도덕적 믿음을 가져서는 안 된다는 모순적 사고를 어떻게 조화시킬 수 있을까? 이것이 두 번째로 주목해야 할 조이스는 "가공적 판단(fictive judgment)"이라는 개념이다. 앞서 언급한 대로, 가공적 판단이란 모든 도덕적 논의나 판단이 (오류이론에 의해서) 잘못된 것이지만 도덕가치와 논의 또는 체계가 사람들에게 이익을 줄 수 있으므로 계속해서 이용할 수는 있다는 것이다. 그러나 그것들이 진실이라거나 나의 도덕적 행동이 옳은 것이라는 믿음에 빠져서는 안 된다는 것이다.

조이스는 자신의 허구주의를 비슷한 다른 종류의 허구주의와 비교함으로써 좀 더 명확히 하고 있다. 예를 들어, 그는 자신의 허구론을 한스 바이힝거(Hans Vaihingger)의 허구론과 비교한다. 바이힝거에 따르면 도덕가치가 존재하지 않는다는 오류이론은 틀림없는 사실이지만 일상적 생활에서는 도덕가치가 존재하지 않음을 사람들이 의식하지 않는다는 것이다. 즉 사람들이 도덕가치가 진실로 존재하지 않는다는 것을 믿고 있지만, 일상생활에서 도덕체계가 많은 이익을 줌으로 거기에 따라 살고 있으며 도덕가치가 존재하지 않는다는 의식을 하고 있지는 않다는 것이다. 비슷한 사례로, 하느님의 존재를 전혀 믿지 않는 사람이 기독교가 주는 많은 이익 때문에 종교생활을 하고 있으며, 평상시에는 하느님의 존재에 대해 전혀 의문을 품지 않는 것이다. 바이힝거는 말하기를, "어떤 진실과 사실로 제시된 것들에 대해 비록 그 반대가 옳다는 확신이 있음에도 그것들을 수용하는 것이 가공적 판단이다."[16] 조이스는 바이힝거의 허구론은 충분히 허구론적이지 않고 자신의 것과 다르다는 입장이다. 조이스에 의하면 허구론자들은 일상생활에서도 도

---

16) 조이스 (2001), p. 187

덕가치와 체계가 존재하지 않음을 의식하고 있어야 하며 그것들에 대한 믿음 또한 가져서는 안 된다고 말하고 있다. 다소 극단적으로 보이는 조이스의 허구론은 자신의 오류이론 해석에 충실히 기초한 것으로 볼 수 있다. 즉 그가 오류이론을 파악하는 핵심은, 모든 객관적 가치는 존재할 수 없으며 또한 모든 도덕적 판단이나 진술은 잘못된 것이라는 점이다.

또한 조이스의 허구론에서 중요한 특징은, 도덕적 판단이나 진술에서 어떤 주장적(assertoric) 의미를 배제해야 한다는 것이다.17) 도덕가치가 존재하지 않으니 도덕적 판단과 진술에서 어떤 진실을 기대하기 어렵다. 따라서 사람들이 도덕적 믿음을 갖지 않는다면 그런 판단이나 진술을 통해 무엇을 주장한다는 것도 이상하고, 그런 것들을 통해 다른 사람들의 행동에 어떤 방향성을 부여하려는 것이 무의미할 수 있다. 물론 이 특징은 맥키가 오류이론을 통해 전달하려는 메시지와는 거리가 있으나 조이스는 자신의 오류이론 해석을 충실히 적용해 나간다고 볼 수 있다

조이스의 허구론과 그 이론에 따른 가공적 판단에 가장 먼저 생기는 의문은 과연 사람들이 아무런 도덕적 믿음이 없이 도덕적 논의를 하고 도덕적 행동을 할 수 있을까? 이렇게 믿음 없이 논의와 행동을 계속 해 나가는 상황은 일상생활에서 그 예를 찾기 쉽지 않다. 조이스는 그런 상황을 다음과 같은 예로서 설명한다.

세 번째 홈즈[셜록 홈즈]의 팬이 홈즈의 소설들이 실재적인 것처럼 가장하는 것에 엄청난 흥미를 느끼고 있다. 그 팬은 소설 속 홈즈가 방문한 장소들을 방문해서 다음과 같이 말하는데, "만약 홈즈가 모리아티가 여기 있었음을 보았다가 저쪽에서 그를 놓쳤다면, 홈즈는 그를 이 길을 따라 쫓아갔어야만 했다." 즉, 이 팬은 홈즈가 마치 여기에 진짜로 있었던 것처럼 말하는 것이다. (......) 그 팬은 이 장소들을 방문하는 도중에, 소설의 창작자인 코난 도일

---

17) 도덕적 판단과 진술에서의 "주장적 의미"는 사람들의 행위에 방향성을 제시하거나 행위를 옳고 그름으로 판단하는 권고성(prescriptivity)을 말한다고 할 수 있는데, 조이스는 권고성이란 단어를 사용하지 않는다.

을 누군가 언급하는 것조차 약간 성가심을 느낄 수도 있다. 이 팬을 "위선적 (self-deceived)라고 부르는 것은 적절하지 않을 수 있는 바, 이 팬은 필요하다면 이것이 모두 허구임을 아는 관점에서 이 상황에 대한 비판적 시각을 제시할 수 있기 때문이다.[18]

이 예에서 코난 도일 소설의 팬은 홈즈에 관한 모든 이야기들이 허구임을 잘 알고 있지만 마치 그것들이 사실인 것처럼 말하고 반응할 수 있다는 것이다. 물론 그 팬은 이 모든 것이 허구임을 잘 알고 있으므로 홈즈의 이야기에 대한 사실적 믿음을 보이거나 그 소설을 마치 사실인 것처럼 신뢰를 보이지는 않는다는 것이다. 그럼에도 이 모든 것이 마치 사실인 것처럼 가장 (make-believe)하며 행동할 수 있다는 것이다. 이런 마음자세는 도덕적 논의와 도덕가치를 대하는 것에도 적용될 수 있다는 것이 조이스의 주장이다.

그러나 위의 예와 도덕생활은 많은 점에서 다르다. 우선 위의 예는 일시적 상황이므로 아무런 믿음이나 신뢰 없이 런던을 둘러볼 수 있지만, 도덕생활은 일시적일 수가 없고, 벗어날 수도 없다. 조이스의 말대로라면, 우리들은 계속해서 우리의 삶의 주요 부분인 도덕적 삶을 아무런 진실성 없이 가장된 의식으로 살아가야 한다. 특히 도덕적 믿음도 없이 도덕적인 체하며 주어진 도덕체계를 따라서 살아갈 수 있을까?

조나스 올슨(Jonas Olson)은 조이스의 주장에 대해 맹렬한 반대를 한다.[19] 올슨은 맥키의 오류이론과 또 도덕가치가 허구적이라는 허구론에 대해 근본적으로는 찬성을 하지만, 사람들이 도덕적 믿음조차 제거된 채 도덕생활을 할 수 있다는 것에는 동의하지 않는다. 일반적으로 도덕생활을 영위하고 도덕에 대한 논의를 한다는 것은 무슨 의미일까? 도덕적 소양을 갖고 도덕적 행위를 한다는 것은 단지 규범들을 받아들이고 그것에 대해 생각하는 것 외에, 그 규범들에 대한 신뢰와 규범들을 지키겠다는 결심(commitment) 등이

---

18) 조이스 (2001), pp. 195-196
19) 올슨 (2011), pp. 196-198

있어야 할 것이다. 그런데 이런 신뢰와 결심은 규범에 대한 믿음이 없이는 불가능하다는 것이다. 더욱이 사람들에게 도덕적 믿음이 없다면, 도덕적 규범을 통해 스스로 욕구를 절제하고 제어한다는 것이 가능하지 않을 수 있다.

올슨은 도덕적 믿음을 보존해야 한다는 보존론(conservationism)을 주장한다. 그런데 이 주장에도 생각보다 해결해야 할 문제들이 많다. 우선 오류이론과 허구론이 맞는다면, 도덕가치란 존재하지 않는 것이고, 그런 가치를 근간으로 하는 도덕체계 역시 실재성이 없는 허구적인 것인데, 혹시 주관적인 도덕적 믿음이 있다 해도 어떻게 그 믿음을 정당화하고 제 역할을 하게 할 수 있을까? 여기서 올슨은 두 단계 도덕사고의 분리를 다시 끌어낸다.[20] 도덕적 개념과 언어에 오류가 있다든가 모든 도덕가치와 체계가 허구라든가 하는 것들은 도덕가치의 본질을 논의하는 제 이 단계 도덕논의에 포함되고, 일상적 도덕규범과 체계에 따라 도덕 행위를 하는 것에 대한 논의는 제 일 단계 도덕논의에 포함되는데, 이 두 단계는 완전히 분리되었다는 것이 원래 맥키의 주장이었다. 이 두 단계 분리를 허구론에 적용한다면, 근본적으로 허구론은 맞지만 실생활에서의 도덕가치와 규범의 문제는 반드시 허구론으로 설명할 필요는 없어지는 것이다. 또한 도덕적 믿음 역시 제 일 단계의 문제로서 이 믿음을 제거할 필요가 없어지는 것이다. 그렇다면 이 도덕적 믿음 같은 특징을 바탕으로 (즉 객관적또는 실재적 도덕가치를 배제하고서) 현 도덕질서와 체계를 재구성할 수 있다는 것이다. 이것이 정확하게 맥키의 주관주의가 채택한 방법이며, 블랙번의 투사론과 준실재주의 또 앨런 기바드 등 소위 도덕비인지론자 등이 사용한 방법이다.[21] 올슨 역시 이런 방법으로 주관적 도덕 감성과 또 도덕적 믿음을 바탕으로 허구론을 수용하면서도 어떤 도덕규범들을 구성하거나 기존의 도덕규범들을 설명할 수 있다고

---

20) 올슨은 맥키의 두 단계 분리를 직접 언급하지 않고 그의 것과 내용적으로는 같은 밀(J. S. Mill)과 헤어(R. M. Hare)의 두 단계 분리를 언급하다. 올슨 (2011), pp. 199-202 참조할 것
21) 자세한 것은 윤화영 (2006) 참조 바람.

보는 듯하다. 이렇게 주관적 감성이나 믿음에 근거해서 도덕체계를 재구성해야 하는 문제는 올슨의 문제뿐만 아니라 주관주의를 기초로 하는 모든 메타윤리적 이론에 부과된 난제이기도 하다.

올슨의 도덕적 믿음을 보존해야 한다는 주장은 현실적 관점에서 보자면 지극히 설득력 있는 것이다. 도덕적 믿음이 없이 도덕적 논의를 하고 도덕규범들을 지키며 도덕체계 전체에 대한 신뢰심을 갖는 것은 거의 불가능해 보인다. 그러나 여기서 두 가지 점을 고려해야 한다. 첫째는 조이스의 가공적 판단(fictive judgment)이 개인적으로 완전히 불가능한 것은 아니라는 점이다. 예를 들어 어떤 기독교 신자가 있다고 하자. 그는 신의 존재와 성경의 가르침을 믿지 않지만 기독교도로 살아가는 데 많은 이익이 있음을 느꼈다고 하자. 그랬을 때, 그는 조이스가 말하는 가공적 판단을 하면서 기독교 신자로 살아갈 수 있다. 종교적 토론에도 참석할 수 있고, 교회의 율법을 지킬 수도 있으며, 또 율법들을 지키고 살아가겠다는 결단도 할 수도 있다. 그러나 그에게 종교적 믿음은 없는 것이다. 이런 종교적 삶이 불가능한 것은 아니다.22) 두 번째 조이스의 주장은 현실 상황을 바탕으로 도덕 행위자가 가공적 판단을 하며 살아간다는 것이 아니다. 그의 주장은 맥키의 오류이론이 옳고 허구론이 맞기 때문에, 도덕 행위자들이 가공적 판단을 해야 한다는 처방을 내리고 있는 것이다. 다시 말하면, 실생활에서의 도덕 행위자들이 가공적 판단을 하고 있다는 것이 아니라, 도덕적 판단을 그렇게 해야 한다는 것이다.23) 그래서 올슨의 비판은 현실적 도덕 행위자의 심리를 바탕으로 본다면 지극히 타당하지만, 조이스의 허구론의 특성상 정곡을 찌르는 비판은 될 수 없을 것 같다.

---

22) 이 종교인의 행동은 위선적이라고 할 수 있으나, 허구론적 도덕 행위자들은 조이스의 말대로 위선적이지 않을 수 있다. 그런 점에서 양쪽이 같은 사례가 아닐 수 있다.
23) 조이스 (2001), pp. 204-205 참조할 것.

4. 허구론의 문제들

그의 가공적 판단이 현실적으로 일어나기 어렵다는 비판이 적절하지 않다면, 조이스의 허구론은 어떤 문제를 갖고 있을까? 가공적 판단이 현실성으로 재단할 수 있는 문제가 아님을 감안한다 하더라도 허구론이 비현실성으로만 일관할 수는 없다. 허구론도 현실의 도덕생활에 대한 논의이기 때문이다. 필자의 소견으로는 이 허구론이 일반화 된다면, 어떤 도덕체계라도 유지되기 어려울 것이라고 생각된다. 다시 말해서 허구론을 대다수 사람들이 받아들인다면 객관적 도덕체계가 유지되기 어렵다는 것이다. 이것은 허구론이 포함하는 다음과 같은 특징들 때문이라 할 수 있다. 첫째, 개인적 이익 추구와 도덕체계는 반드시 조화되지 않음을 지적할 수 있다. 조이스는 도덕규범과 체계가 장기적으로 개인들에게 이익을 줄 수 있다는 생각을 강하게 고집한다. 다시 말하면, 사람들이 허구론을 믿으면서 도덕적 믿음도 없지만, 도덕적 생활을 유지하려는 이유는 단지 장기적 관점에서 그들에게 이익이 되기 때문이라는 것이다.[24] 특히 조이스는 개인들의 자제심(self-control)의 훈련이 도덕체계와 규범이 주는 이익이라는 주장을 한다. 자제심의 훈련을 통해 다른 사람들과의 마찰과 갈등을 줄이고, 그럼으로써 나의 이익 추구를 보다 원활하게 할 수 있을 것이다. 그런데 도덕적 삶 자체에 어떤 가치도 두지 않는 허구론자의 도덕적 삶이 비도덕적 삶보다 항상 더 많은 이익을 줄 수 있을까? 한 예를 들어보자. 어떤 허구론자가 기로에 서있다고 하자. 그가 어떤 비도덕적 행동을 한다면, 많은 이익이 거둘 수 있을 것이고 나중에 처벌 받을 가능성도 매우 낮다고 하자. 또 다른 선택은 그가 그 비도덕적 행동을 하지 않는다면 큰 직접적 이익을 얻을 수 없지만

---

24) 조이스는 영국군에 의한 태즈마니아(Tasmania) 섬의 부족 학살을 예로 들면서, 영국군의 비도덕적 행위는 스스로에게 손해였다는 주장을 한다. 조이스 (2001), p. 181 참조할 것. 그러나 어떻게 손해가 발생하고 어떤 이익이 발생하였는지에 대해서는 별 설명이 없다. 만약 이 학살 사건이 외부에 알려지지 않았더라도 영국군이 계속 손실을 입었다고 주장할 수 있는지 의심이 든다.

일상적 삶을 계속할 수 있는 상황이라고 하자. 이 도덕 행위자는 도덕가치나 규범에 아무런 가치도 두지 않고 도덕적 믿음도 없는 허구론자로서 그는 어떻게 행동할까? 여기서 그는 각 선택에 대한 계산을 하겠지만 당연히 자신의 이익을 극대화할 수 있는 첫 번째 선택, 즉 비도덕적 행위를 선택할 것이다. 그가 도덕적 행위를 용납하는 이유이자 목표는 이익의 추구이므로 가장 큰 이익을 줄 수 있는 행동을 선택할 것이다. 도덕체계와 도덕적 믿음으로 구성된 가공의 세계와 이익 추구라는 현실세계 사이에서 허구론자는 자신의 목적을 달성할 것으로 봐야 한다.25) 도덕적 삶과 이윤추구의 삶이 조화로울 때에는 허구론자들도 도덕적 믿음이 없이 얼마든지 허구적인 도덕체계를 받아들일 수 있지만, 어떤 충돌이 있을 때에는 현실적 이익을 추구하는 것이 당연한 선택이라고 생각된다. 허구론에 따르면, 도덕체계와 믿음은 가공의 세계이고 가상의 공간이다. 따라서 여기에는 어떤 권위가 있을 수도 없고, 각 개인들이 도덕규범에 대한 충실성(commitment)이 있을 수도 없다. 그래서 도덕규범은 포기될 수 있고 도덕체계는 불안정하다고 할 수 있다.

도덕체계가 불안정하고 유지되기 어려운 이유는 또 있다. 사회 구성원들 간에 도덕적 시각이 서로 달라지고 이로 인해서 심각한 반목이 일어난다면, 허구론의 입장에서 이 문제를 어떻게 해결할 것인가?26) 인간사회에 언제나 이런 도덕적 문제가 있지만, 보통은 도덕가치들을 재해석하거나 도덕적 설득에 의존해서 주로 이 문제를 해결하려 한다고 볼 수 있다. 물론 역사는 이 방법이 언제나 효과적이지는 않음을 보여준다. 그러나 허구론에는 이 방법을 전혀 쓸 수 없다. 왜냐하면 도덕체계와 규범은 허상이기 때문에 권위나 설득력을 갖기 어렵다. 단지 도덕체계가 장기적으로 이익을 줄 수 있으니 현명한 선택을 하자는 것 정도를 말할 수 있을 뿐이다. 더욱이 조이스가 말

---

25) 만약, 허구론자가 "도덕규범은 장기적으로 내게 이익을 줌으로 단기적 이익 추구보다 항상 도덕규범을 지켜야 한다."라고 생각한다면, 이 생각 자체가 하나의 절대적 가치가 될 수 있고, 허구론과 부합하지 않는다고 본다.
26) 올슨 역시 도덕적 불화(moral disagreement)에 대한 지적을 단편적으로 하고 있다. 올슨 (2011), p. 186 참조 바람.

하는 도덕적 논의는 도덕규범들의 사실적 특성만을 논의하는 것으로서, 규범성과 행위의 방향성에 방향에 대한 주장을 모두 제거한 논의가 될 수밖에 없다.[27] 그렇다면 허구론자들의 도덕적 논의는 "어떤 선택이 장기적으로 더 많은 이익을 줄 수 있을까?" 같은 실용적 논의들에 집중될 것이고 각자의 계산에 따라 도덕적 분열은 쉽게 치료되지 않을 것이다. 허구론자가 아니라면 여기에 도덕가치 자체에 대한 호소와 논의가 추가될 수 있을 것이며, 그런 만큼 도덕체계를 유지하는 데 장점이 있을 것이다. 조이스는 허구론이 일반화되었을 때에, 도덕체계를 어떻게 유지하고 개선할 수 있는지에 대해 별 말이 없다. 단지 다음과 같이 말하고 있을 뿐이다.

> 불행하게도 이 단계[상당수의 도덕 행위자들이 허구론을 받아들인 단계]에서 어떻게 말하는 행위(illocutionary act)를 지배하는 [도덕적] 전통들이 만들어지고 유지되는지 좀 더 정확한 언사로 논의하는 데에 나는 자신이 없다.[28]

조이스 같은 허구론자는 도덕규범과 도덕체계가 다 허상임에도 불구하고 이것들이 주는 장점이 있기 때문에 포기할 수 없는 것으로 보았다. 그러나 대다수의 도덕 행위자가 허구론을 받아들여서 도덕규범과 체계가 완전히 허상이고 허구라고 믿게 되면, 그것들을 유지해 나갈 근거가 희박해진다. 도덕규범과 체계는 허구이므로 쉽게 포기될 수도 있고 쉽게 깨질 수도 있을 것이다. 허구론에 의한 도덕체계의 일반적 붕괴 상황이 실생활에서 일어날 가능성이나 예를 말하기 어렵지만, 필자가 앞서 언급한 종교의 예를 다시 들어보자. 신의 존재나 경전의 가르침을 허구라고 믿는 사람이 종교가 주는 이익 때문에 신자인 척 생활할 수 있다. 그런데 이 허구론자가 다른 신자들에게 허구론을 전파하고 종교의 유용성이 단지 이익을 주는 것이라고 설파하고 설득했다고 하자. 대부분 신자들은 더 이상 종교적 믿음도 가지지 않고, 종

---

27) 앞서 본 대로 조이스는 도덕적 논의에서 모든 "주장적 의미"를 배제해야 한다고 말한다.
28) 조이스 (2001), p. 214

교단체조차 허구적인 것으로 여기게 되어 아무런 권위나 신뢰감이 없어졌다고 하자. 이 종교가 더 이상 존속할 수 있을까? 개인들의 다양한 이익 앞에 종교적 규범들은 빈번히 무시되거나 달리 해석될 것이다. 또 종교생활의 방향에 대해 신자들이 서로 엇갈린 의견을 갖게 되었을 때, 종교자체는 아무런 해결책을 제시할 수 없을 것이다. 왜냐하면 근본적으로 종교에 자체적 권위나 신뢰가 없기 때문이다. 이런 종교단체가 존재한다면, 급속히 해체의 길을 걷게 될 것이다. 도덕체계의 경우 종교 생활의 경우와 똑같지는 않을 수 있으나 허구론이 지배하게 된다면 도덕체계도 같은 운명을 맞이할 것으로 볼 수밖에 없다고 생각된다. 그래서 결과는 제 일 단계 도덕사고에서도 완전한 회의주의가 찾아오게 될 것이다. 그런 이유로 맥키는 오류이론을 주장함에도 불구하고 제 일 단계 도덕사고와 제 이 단계 도덕사고를 완전히 분리하고자 하였다. 그래서 제 일 단계의 도덕사고, 즉 일상적 도덕체계를 온전히 보존하며 그 객관성 유지를 이론적으로 주장할 수 있었다. 그러나 맥키나 올슨이 원하는 대로, 두 단계의 사고가 정말 분리될 수 있어서 제 일 단계에서의 도덕사고와 도덕체계가 손상되지 않고 보존될 수 있을까? 필자의 소견으로는 맥키의 주장과는 달리 두 단계의 분리 근거가 빈약하고, 따라서 조이스의 허구론과 마찬가지로 제 일 단계에서의 도덕체계가 무너질 가능성이 크다고 본다. 이에 대한 필자의 주장을 이제 살펴보기로 하자.

5. 두 단계 사고의 분리와 일상적 도덕체계

맥키는 두 단계의 도덕적 사고와 논의가 서로 분리된 것이라고 주장하지만 왜 분리가 되는지에 대한 구체적 이유에 대해서는 말이 없다. 추측해 보면 두 가지 정도의 이유를 생각해 볼 수 있다. 첫째, 소위 "객관적" 가치가 존재하지 않음은 오류이론가들이나 허구론자들은 다 알고 있지만, 그 사실을 일반 사람들에게 전파하고 알리지 않는 경우이다. 일반 도덕 행위자들은 "오류"에 물들은 채, 존재하지 않는 "객관적" 가치와 사고방식에 의존해서 도덕생활을 영위해 나간다. 이 경우 제 일 단계의 도덕적 사고는 "오류"에 젖어 있지만, 도덕체계의 객관성은 유지된다. 그러나 조이스가 말한 대로, 제 이 단계의 회의론 또는 허구론이 확산될 경우에 문제가 발생한다. 일반 도덕 행위자들도 오류이론과 허구론을 받아들일 경우 두 단계의 분리는 허물어진다. 그리고 맥키가 우려한 회의주의의 완전한 지배가 일어날 가능성이 높다. 필자가 허구론 비판에서 주장했듯이, 제 일 단계, 즉 일상생활에서의 도덕적 객관성은 사라질 가능성이 크다.

두 번째 경우는, 제 이 단계에서의 "객관적" 가치가 부정되지만 제 이 단계에서의 도덕가치들, 즉 일상적 도덕체계와 규범들이 전혀 "객관적" 가치와 무관할 수 있음을 보여주는 것이다. 일상적 도덕체계와 규범들이 소위 객관적 가치나 보편적 이성의 개념이 없이 주관적 감성에 근거할 수 있음을 보여줄 수 있다면, 두 단계의 도덕사고는 완벽히 분리될 수 있을 것이다. 또 그렇게 구성된 일상적 도덕체계와 규범이 객관성을 확보할 수 있다면 맥키의 목표는 훌륭히 달성되는 것이다. 실제로 맥키는 이 방법을 옹호하면서 그의 『윤리학』 제 2 장에서 이에 대한 많은 제안을 한다. 특히 그는 홉스, 흄, 프로타고라스, 와녹(G. J. Warnock) 등의 이론을 소개하면서 도덕적 감성 또는 제한적 동정심 등으로 현실적 도덕체계를 구성할 수 있음을 설파한다. 또한 그는 잘 알려진 "죄수의 딜레마(Prisoner's Dilemma)"를 언급하면서, 과도한 개인적 이기심을 통제할 수 있는 도덕체계 구성이 유용하고 필요함을 역설한다. 여기에서 그는 도구적 이성에 호소하지만, 주관적 감성과 도구적 이성만으로 객관성과 공정성이 있는 도덕체계를 만들어 낼 수 있음을 설득력 있게 보여주지는 못한다. 물론 맥키를 비롯한 많은 이론가들이 이 작업에 매달려 왔으니, 본 논문에서 이 시도의 성공이나 실패를 간단히 단정지을 수는 없다. 그러나 맥키의 경우에는 추가적인 어려움이 있다. 오류이론에 의하면, 모든 도덕언어나 개념 등이 오류에 물들어 있다는 것이다. 따라서 이 오류에 물든 언어와 개념을 사용하지 않고 주관적 감성에 기초한 도덕 체계를 만들기 쉽지 않아 보인다. 예를 들어 이미 언급되었던 객관주의자인 헤어(R. M. Hare)에 따르면, "무엇을 해야 한다(ought to)." 같은 말에는 보편화가능성(universalizability)의 의미가 포함되어 있다고 한다. 그래서

   (c) 도둑질을 해서는 안 된다.

같은 판단에는, 화자가 자신에게 "도둑질을 해서는 안 된다."라고 말할 뿐만 아니라, 다른 사람들에게도 같은 판단을 적용한다는 것이다.[29] 다시 말하면, (c)는 모든 사람들에게 도둑질하는 행위를 금지하는 판단이다. 맥키는 당연히 이런 보편화가능성을 부정한다.[30] 그러나 그도 주관적인 도덕적 감성을 인정하고 있으니, (c)와 같은 판단은 일단 말을 하는 화자에게만 적용된다고 보아야 한다. 문제는 여기에 있다고 본다. 도덕적 판단이 주관성에 근거하고 있다면, 사회의 다른 구성원들과 공유되기 어렵다고 할 수 있다. 또 도덕적 판단이 각 개인의 행동에만 적용된다면, 모든 구성원들의 행위를 재한하고 방향을 제시하는 규범이 만들어지기도 어려울 것이다. 따라서 전체 사회 구성원들의 행위를 제어하는 도덕체계도 존재하기 어렵다고 생각된다.

   물론 맥키는 흄과 마찬가지로 말과 판단이 퍼져가는(spreading) 경향성에 의존하고, 또 합의라는 수단을 통해 사회적 도덕체계가 만들어질 수 있음을 주장한다. 그러나 이제까지 이런 방식으로 도덕체계가 만들어진 예는 찾아

---

29) 헤어는 모든 도덕적 판단에 보편가능성(universalizability)과 권고성(prescriptivity)의 두 특징이 있다고 주장한다. 헤어 (1963) 2장과 4장 참조할 것.
30) 특히 맥키 (1977), pp. 83-101 참조할 것. 맥키는 기본적 또는 근본적 명제들을 포함해서 모든 도덕적 명제가 보편화될 수 없다고 본다. 맥키의 주장에도 일리가 있어서 모든 도덕적 명제들에게 보편가능성이 있는 것은 아닐 것이다. 특수한 문화나 조건을 함유한 도덕명제는 보편화가 어려울 것이다. 예를 들어, "도둑질한 자의 손을 절단해야 한다." 라든가 "부모상은 삼년을 치러야 한다." 등은 보편화가 어렵지만, "도둑질하지 말라." 또는 "무고한 살인을 하지 말라." 등 단순하고 근본적인 명제들은 보편화가 가능할 것이다. 이에 대한 논의의 예는 윤화영 (2016) 참조할 것.

볼 수 없다고 할 수 있다.[31] 또 도덕규범과 체계가 제시된다고 하더라도 각자의 행위를 스스로 제한하는 규범과 체계가 되기 쉽고, 다른 사람들과 도덕적 소통이 중단될 수 있는 것이다. 왜냐하면 각 도덕적 판단이 주관성을 넘어서 보편화가능성이 없어진다면, 어떤 판단도 객관적으로 공유될 수 있는 규범으로 발전할 수 있을지 알 수 없기 때문이다. 특히 맥키는 앞서 보았듯이 도덕적 판단의 객관화를 오류의 한 양상으로 부정하고 있다. 이런 객관화가 없이 주관적 판단들이 사회가 공유할 수 있는 도덕 기준으로 발전하게 될지 알 수가 없다. 물론 이런 방법으로도 한 사회가 공유할 있는 도덕체계가 구성될 수 있는 가능성을 완전히 부정할 수는 없지만, 그 가능성을 보여주는 것은 맥키 같은 주관주의자의 몫이 될 것이다. 그런데 이 상황은 조이스가 주장하는 바와 비슷하다. 조이스는 도덕적 판단에서 "주장적 의미"를 제거해야 한다고 말했었는데, 이것 역시 도덕적 판단이 다른 사람의 행동에 대해 간섭하거나 어떤 방향을 제시할 수 없다는 것이다. 조이스에게는 도덕적 믿음도 없는 것이니, 자신의 행위조차도 도덕적 판단으로 제한하거나 방향을 제시하기 어렵고 단지 어떤 이익에 맞추어 행동할 뿐이라는 점이 맥키보다도 더 난해한 상황이라고 할 수 있다. 그런 상황에서 우리가 받아들일 수 있는 객관성 있는 형태의 도덕체계와 규범이 나올 수 있을 것 같지는 않다.

맥키가 의도하는 일상적 도덕체계는, 도덕적 판단이 옳고 그름으로 판단될 수 있으며, 우리가 알고 있는 긍정적 특징들을 모두 포함하면서도 "객관적" 가치와 무관한 도덕체계라고 할 수 있다. 그런데 주관적 감성에 기초해서 구성된 체계에서 도덕적 소통이 불가능하다면, 이것은 도덕적 혼돈과 크게 다를 바 없다. 물론 공통된 도덕적 감수성을 갖는 사람들끼리는 어느 정도 공감할 수 있는 도덕적 판단들이 등장할 수도 있지만, 모든 구성원들에게 적용할 수 있는 규범이나 도덕적 기준은 만들어지기 어려울 것이다. 조이스

---

31) 적어도 오류이론에 의하면 그렇다. 이 이론에 의하면, 이제까지의 도덕체계는 "객관적" 가치에 의존해서 만들어졌기 때문이다.

의 허구론이 겪는 어려움과 같이, 맥키의 이론에서도 객관성이 있는 도덕체계가 만들어지거나 유지됨을 보여주기 어려워 보인다. 결과적으로 필자의 논리가 맞는다면, 맥키가 두 단계의 도덕사고를 분리해서 제 일 단계에서 안에서 객관성 있는 일상적 도덕체계를 만들려는 노력은 성공하기 어렵다고 생각된다.

6. 맺는말

맥키의 오류이론과 조이스의 허구론이 객관성 있는 일상적 도덕체계를 보여줄 수 있는지 검토해 왔다. 일상적 도덕체계에 객관성이 있다는 말은, 도덕적 판단과 진술을 객관적으로 진위 판정을 할 수 있는 규범이나 기준들이 존재한다는 말과 같다. 즉 도덕인지론이 가능한 체계이다. 맥키와 조이스 역시 이런 도덕체계를 상정한다. 물론 조이스의 경우 우리에게 익숙한 도덕체계는 아닐지라도, 객관성 있는 도덕체계의 외형조차를 부정하는 것은 아니다. 그러나 맥키와 조이스의 이론에서 그런 도덕체계가 가능할 것 같지 않다. 또한 그들 이론에서 어떤 형태이든지 객관성 있는 도덕체계를 만들어 낼 수 있는 특징적 수단이 있어 보이지도 않는다.

맥키와 조이스는 일상적 도덕관념에 혁명적 변화를 시도하면서도, 그들이 생각하는 제 일 단계 사고에서의 도덕체계 형태가 어떻게 가능한지에 대해서는 설득력 있는 설명이 없다. 대신에 그들이 빈번히 의존하는 것은, 현존하는 도덕적 전통이다. 이 도덕적 전통에 자신들이 생각하는 도덕개념들을 이식하거나 재해석하는 방법으로 자신들의 도덕체계 형태를 옹호하려 한다. 이런 시도에는 상당한 이점이 있어 보인다. 새롭게 도덕체계의 형태를 제시하는 것에는 많은 이론적 어려움이 있으나, 도덕적 전통을 재해석하는 것은 그렇게 어렵지는 않다. 또 현존하는 도덕적 전통에 의존함으로써, 자신들의 도덕체계가 적어도 외형상으로는 인지론이 가능한 체계라는 인식을 준다. 그러나 여기에는 큰 문제가 있으니, 적어도 오류이론에 의하면 도덕적 전통은 그들이 말하는 오류에 오염되어 있는 도덕체계이다. 따라서 필자의 생각으로는 현존하는 도덕적 전통과 자신들의 이론적 도덕체계 형태를 연결시킬 수 없다고 생각한다. 그렇다면 진실로 "객관적" 도덕가치와 도덕개념 그리고 도덕언어조차 모두 제거되고 주관적 감성에만 근거한 도덕체계는 어떤 형태일까? 이 대답은 필자가 할 수 있는 것이 아니고 맥키나 조이스가 해야 할 것이지만 아직까지는 설득력 있는 답을 듣지 못하고 있다.

맥키와 조이스 이론이 갖고 있는 근본적 문제는 그들이 오류이론을 너무 절대시하여 현실의 도덕인지론을 가능하게 할 수 있는 모든 "객관적" 가치를 부정하는 것에 있다고 본다. 필자가 앞부분에서 설명했듯이, 객관적 가치에는 하향식 개념의 가치뿐만 아니라, 상향식 개념의 가치도 있다. 도덕체계를 인간들이 만들어 내는 것이라는 사실을 인정한다고 해도 또 도덕적 감성이 도덕체계와 연관성이 어느 정도 있다고 해도, 이 체계가 공정하게 사회구성원들에게 적용되고 불편부당성을 가지려면, 보편성 또는 보편가능성이라는 개념을 도외시할 수 없다고 생각된다. 이런 개념들이 사회의 도덕체계를 어떻게 구성할 수 있는가 하는 점을 따져 보는 것은 대단히 중요한 논쟁이지만 지면의 제약 상 다음 기회로 미뤄야 할 것 같다

참고문헌

윤화영. 2006. 「Non-cognitivism의 바른 평가」.『철학연구』32집 (고려대학교 철학연구소): 199-224

_____, 2016.「도덕가치의 보편화와 도덕 상대주의」.『철학연구』제 115 집 (철학연구회): 420-443.

Blackburn, Simon.. 1993 *Essays in Quasi-Realism*. Oxford: Oxford University Press.

Evans, M. & N. Shah, 2012. "Moral Agency and Metaethics." In Shafer-Landau (2012); 80-109.

Garner, Richard. 2010. "Abolishing Morality." In *A World Without Values: Essays on John Makcie's Moral Error Theory* (2010): 217-233.

Gibbard, Allan. 1990. *Wise Choices, Apt Feelings*. Harvard: Harvard University Press.

Hare, R. M. 1963. *Freedom and Reason*. Oxford: Clarendon Press.

Harrison, Jonathan. 1982. "Mackie's Moral Skepticism." *Philosophy* 57: 173-192. Joyce, Richard. 2011. "The Accidental Error Theory." In Shafer-Landau (2011); 153-180.

_____. 2005. "Moral Fictionalism." In M. Kalderon (2005): 287-313.

_____. 2001. *The Myth of Morality*. Cambridge: Cambridge University Press.

Joyce, R. & Kirchin, S. 2010 *A World Without Values: Essays on John Makcie's Moral Error Theory*. London: Springer Publishing Co.

Kalderon, Mark. 2005. *Fictionalism in Metaphysics*. Oxford: Oxford University Press

Mackie, J. L. 1977. *Ethics: Inventing Right And Wrong*, England: Penguin Press.

Olson, Jonas. 2011. "Getting Real about Moral Fictionalism." In Shafer-Landau (2011); 181-204..

Shafer-Landau,   *Oxford Studies in Metaethics* (vol. 11). Oxford: Oxford
R. ed. 2013.   University Press.

_____,   *Oxford Studies in Metaethics* (vol. 7). Oxford: Oxford
ed. 2011.   University Press,

Suikkanen,   "Moral Error Theory and the Belief Problem." In *Shafer-Landau*
Jussi. 2013.   (2013); 168-194

Abstract

Error Theory, Fictionalism, and the Objectivity of Moral Institution

Hoayoung Youn

This article discusses problems with John Mackie's error theory and Richard Joyce's fictionalism which is grounded in the former theory. Although Mackie denies all the "objective" moral values, he admits that a human society can have a moral institution, by which moral cognitivism is actually possible. Richard Joyce proposes fictionalism, according to which, all moral values and institution in our moral experiences are not real; all moral judgments are "false," and moral belief should be abandoned. Nevertheless moral institution in actual life should be maintained, he argues, because it gives us some benefit. The author explains and criticizes each theory. According to the fictionalism, moral institution is an illusion.

It can mean that it has no authority or persuasiveness to exhort people to carry out moral conducts. So it would be completely incompetent when people prefer chasing their own interests to observing moral norms. Similarly, it cannot mediate moral disagreements. For these reasons, the fictionalism hardly shows, the author argues, that moral institution stands on a stable ground.

Mackie's theory would be a bit better in showing the institution's stability, thanks to the notion of subjective moral sentiment. But since the error theory rejects moral objectivity and all "objective" values, the author argues, Mackie's theory would be caught in the same problem.

Subject Areas: Metaethics
Keywords: error theory, fictionalism, moral objectivity, moral institution, two levels of moral thought.

투고일: 2017년10월15일   심사일: 2017년10월23일~11월20일
게재확정일: 2017년11월21일

반객관주의자인 존 맥키와
자연주의적 실재주의자들의 도덕가치

윤 화 영

【주요어】 존 맥키, 실재주의적 자연주의자, 도덕가치, 경험론
【논문개요】 이 논문은 반객관주의자 또는 주관주의자로 일컫는 존 맥키
의 도덕가치와 자연주의적 실재주의자들이 상정하는 도덕가치가 얼마나
유사하고 다른가에 대한 탐구를 바탕으로, 그들 이론의 정확한 좌표를
찾는 시도이다. 필자에 의하면, 이들의 공통점은 도덕가치를 도구적으로
보고 가치 상대성이 있다고 보면서도, 도덕적 진술과 주장의 옳고 그름
을 판단할 수 있는 인지론자들이라는 것이다. 또한 도덕 판단에 관한 수
반이나 투사도 서로 크게 차이가 나지 않는다고 말한다. 물론 이들 사이
에 차이점도 있다. 당연히 그들이 주장하는 형이상학적 입장이 다르다.
맥키가 실재주의자로 자처하지도 않고 그렇게 해석되기도 어려운 것이
다. 그런데 이런 형이상학적 차이를 가져오는 것은 그들의 도덕가치에
대한 개념이 크게 달라서가 아니라, 그들이 생각하는 "실재"라는 개념
차이에서 오는 것이라고 필자는 말한다. 맥키는 도덕가치 형성의 출발을
내부적 욕망과 바램 등에 두고 있으므로 도덕가치가 객관적 실재성이 없
다고 본다. 반면, 자연주의 실재주의자들이 욕망과 바램 이익을 위한 도
덕가치의 도구성을 인정하면서도 도덕가치가 객관적으로 통용되고 존재
함에 초점을 맞추어 실재주의를 제시한다는 것이다. 이들 모두가 사실은
흄의 경험론 전통을 수용하는 입장으로 서로 비슷할 수밖에 없고, 이들
과 대칭이 되는 이론은 맥키의 객관주의, 즉 플라톤이나 칸트의 이론인
것이라고 필자는 말한다.

1. 머리말

이 논문은 반객관주의자인 존 맥키와 현대의 자연주의 실재주의자들의 도덕가치 개념에서 어떤 공통점과 차이점을 찾고 그것을 바탕으로 그들의 이론적 좌표를 밝히려는 시도이다. 맥키의 이론을 반객관주의, 회의주의, 또는 주관주의라고 부르고 있음을 감안할 때 이와 같은 시도가 다소 엉뚱한 것으로 이해될 수도 있다. 맥키의 형이상학적 입장을 주관주의로 본다면, 자연주의 실재주의자들과 대칭적 입장에 있다고 할 수 있다. 양 진영 사이에 이런 차이가 있는 것도 사실이지만, 많은 부분 공통점이 있는 것도 사실이다. 특히 맥키와 실재주의자들 사이에 도덕가치 특성에 관한 견해가 거의 비슷하다는 사실은 놀라운 일이 아닐 수 없다. 이런 공통점에 주목한 제임스 드라이어(James Drier)는 맥키를 실재주의자로 해석할 수 있음을 진지하게 주장하였다.[1] 필자는 맥키가 실재주의자는 될 수 없다고 본다.[2] 하지만 맥키와 자연주의 실재주의자들이 도덕가치의 특성에 관해 공통적 시각을 갖고 있다는 것은, 그들 모두가 비슷한 경험론 전통을 기반으로 하고 있기 때문이라고 생각한다. 그들 사이의 차이는 일반적 인상보다는 크지 않은 것이다. 본 논문의 궁극적 목적은 단지 공통점들을 찾으려는 것이 아니라, 양쪽의 공통점과 차이점을 살펴봄으로써 존 맥키의 반객관주의와 실재주의 모두를 정확히 이해할 수 있도록 함에 있다고 할 수 있다.

맥키의 반객관주의는 객관적 도덕가치, 즉 사람들의 이익으로부터 독립해 있는 도덕가치가 없다는 것으로 요약할 수 있다. 플라톤이나 칸트에 의하면, 도덕가치란 사람들의 이익을 위한 도구적 가치가 아니다. 따라서 이해관계의 특수한 연결 형태인 각 사회들을 초월한 도덕가치가 있을 수 있다. 반면 맥키의 주장은 모든 도덕가치가 도구적이므로 초월적 도덕가치가 있을 수

---

1) James Drier, "Mackie's Realism: Queer Pigs and the Web of Belief". 71-86쪽.
2) 윤화영, "존 맥키는 도덕 실재주의자가 될 수 있는가?" 89-113 쪽.

없다. 이것이 맥키가 주장하는 반객관주의의 핵심적 시각이다. 그에 의하면, 도덕가치는 주관적 욕망과 바램, 동정심 등이 그 출발점이고 그것을 밖으로 투사하는 것이라고 한다. 그래서 그의 이론은 또한 주관주의라고 칭한다.

이와 대비해서, 실재주의는 도덕가치가 마음 밖에 존재하여 사람들이 발견할 수 있다는 입장이다.3) 실재주의자들은 자연주의적 실재주의자들과 현상학적 실재주의자들의 대략 두 종류가 있다. 본 논문에서는 자연주의적 실재주의자들의 입장을 맥키와 대비시키고자 한다. 자연주의적 실재주의자들 (또는 실재주의 자연주의자들)은 외부적으로 존재하는 도덕가치의 본질이 자연적이라는 것이다. 즉, 다른 가치들(예컨대, 욕망, 기쁨, 분노, 두려움 등)과 마찬가지라는 것이다. 자연주의적 실재주의자들 사이에도 코넬(Cornell) 학파 자연주의와 환원론적 자연주의로 구분된다. 전자는 도덕가치가 다른 가치로 환원될 수 없다고 보는 반면, 후자는 도덕가치가 다른 자연적 가치로 환원된다고 보는 차이가 있다.4)

자연주의 실재주의와 맥키의 주관주의(또는 회의주의) 사이에는 도덕가치에 관한 형이상학적 입장 차이는 분명히 존재한다. 적어도 그들이 스스로 자리매김하는 형이상학적 위치는 서로 다르다. 그러나 그들이 생각하는 도덕가치의 구체적 내용에는 상당한 유사점이 있는 바, 그 유사점들을 주목하면 그들 간에 어떤 이론적 차이가 있는지를 더 잘 알 수 있게 해 준다고 생각된다. 논문의 구성은 먼저 맥키와 실재주의자들이 도덕가치를 어떻게 보고 있는가에 대한 논의를 제 2절에서 논의하고, 3절에서는 그들 간의 차이에 대해 살펴볼 것이다. 그럼으로써 현재 알려진 메타윤리적 이론들의 입장들을 개략적이나마 이해하는 데에 도움을 줄 수 있을 것으로 기대한다.

---

3) 제프리 세이어-맥코드(Geoffrey Sayre-McCord) Preface ix. 마이클 스미스(Michael Smith)는 약간 다른 견해를 제시한다. 그는 정합론적 이성론도 실재주의에 포함시킬 수 있다고 말하지만, 대응론적 실재주의자들에게 받아들여지지는 않는다.

4) 윤화영, "무어의 "열린 질문 논증"과 코넬 학파의 도덕적 자연주의", 219-244 쪽; "조지 무어의 '열린 질문 논증'과 피터 레일톤의 환원론적 자연주의", 21-40 쪽.

2. 존 맥키와 자연주의 실재주의자들의 도덕가치 유사점들

잘 알려진 대로 존 맥키는 도덕가치를 도구적 가치로 본다. 다시 말하면, 도덕가치란 그 자체적으로 가치가 있는 것이 아니라, 다른 가치를 위한 도구적 기능을 수행한다는 것이다. 맥키는 주장하기를 모든 도덕적 명령이나 요구는 가언명령(hypothetical imperative)이라는 것이다.[5] 즉 어떤 도덕적 명령이나 규칙, 요구 등에는 어떤 조건이나 목적이 있거나, 이런 명령은 다른 욕구의 충족 수단이라는 것이다. "살인은 나쁘다" 또는 "살인하지 마라." 라는 도덕적 명령이 있을 때, 이런 명령들은 그 이면에 다른 조건이나 목적 등이 있다는 것이다. 예를 들어, "네가 인생에서 성공하고 싶다면, 살인하지 마라." 또는 "만약 살인이 사회 질서를 악화시킨다면, 살인은 나쁘다."와 같이 도덕적 명령은 다른 가치를 위한 것이라는 것이다. 도덕적 명령에서 단지 조건절 부분은 발설되지 않을 뿐이라는 것이다. 이런 시각은 당연히 칸트적 도덕가치 개념과 상반되는 것이다. 칸트는 도덕적 명령 자체가 절대적 가치를 갖는다고 말한다. 즉, 도덕적 명령이 다른 가치(욕망 등등)를 실현하기 위한 수단이 된다면, 그것은 이미 도덕적 명령이 아니다. 그래서 그는 도덕적 명령을 정언명법(categorical imperative)이라고 규정한 것이다.

칸트의 시각은 도덕규범에 관한 일반적 이해와도 크게 배치되는 것은 아니다. 만약 누군가의 도덕적 행위가 다른 목적(즉 명성을 얻는 것이거나 다른 이익을 추구 등)이 있었다면 그 행위를 순수하게 도덕적 행위라고 볼 수 없는 것이다. 예를 들어, 어떤 사업가가 많은 돈을 사회에 기부했을 때, 그의 목적이 자신의 이름을 세상에 알리기 위함에 있다거나, 자신의 사업에 도움이 되기 위해서 한 행동이라면, 그의 기부가 도덕적이라고 말하기 어려운 것이다. 칸트의 시각은 조지 무어(George E. Moore)에게도 계승된다. 그

---

5) 이 주장에 관해서는 John Mackie의 *Ethics: Inventing Right and Wrong* pp. 27-30 참조할 것. 이하 *Ethics* (『윤리학』) 이라 칭함.

는 말하기를, 도덕적 개념은 다른 어떤 자연적 개념으로도 환원되거나 정의될 수 없다고 하였다. 즉 도덕적 개념을 다른 개념으로 설명할 수 없으니, 도덕적 개념이 다른 개념이나 가치를 실현하기 위한 수단이 될 수도 없는 것이다. 도덕적 개념이 예를 들어 "사회의 이익"을 위한 것이라면, 도덕적 개념을 "사회의 이익"으로 설명할 수 있는 것이다. 그러나 양자 사이에 어떤 관계가 있을 수 없다면, 전자를 후자로 설명할 수가 없는 것이다. 따라서 무어의 시각에 의하면, 칸트와 같이 도덕적 명령이나 규범을 정언명법(categorical imperative)으로 파악될 수밖에 없을 것이다.

맥키의 반객관주의가 상기한 상식적 도덕관을 부정하는 것이지만, 그 또한 어떤 상식에 근거하고 있다. 즉, 그의 도구적 도덕관이 낯선 주장만은 아니며, 그만의 독특한 시각도 아니다. 멀리는 고대 그리스의 소피스트적 시각이라고 할 수 있고, 가깝게는 데이비드 흄(David Hume)의 이론과도 연결될 수 있다. 그러나 그와 형이상학적으로 대비적 입장이라고 할 수 있는 실재주의 이론들에서도 도구적 도덕관을 찾아볼 수 있다. 코넬 학파 자연주의자인 리차드 보이드(Richard Boyd)는 이런 도구적 시각을 명확히 한다. 그에 의하면, 도덕의 역할은 사회의 많은 다른 가치들을 증진시켜 주는 것이라고 말한다.6) 물론 그의 주장이 어느 정도 설득력이 있는 것도 사실이다. 어떤 개인이 도덕규범을 지키지 않는다면, 그의 삶은 다른 사람들 또는 공동체로부터 제재를 받을 수 있으므로 그가 원만하게 자신의 목적들을 추구할 수 없을 것이다. 범죄자의 삶이 대표적이라고 할 수 있다. 또한 많은 시민들이 도덕규범을 지키지 않는다면, 사회는 혼란에 빠지고 사회의 존속 자체가 어려울 수도 있다. 이런 사회가 존속되지 못함을 역사는 보여주고 있다. 도덕규범과 가치의 실용적 성격이 있는 것도 사실이지만, 칸트적 입장에서는 도덕가치와 규범을 도구적으로만 파악할 수 없다고 보는 것인 반면, 보이드에 의하면 도덕

---

6) Richard Boyd, "How To Be a Moral Realist" p. 122를 참조하시오. Mackie도 비슷한 말을 『윤리학』 5장에서 말하고 있다.

가치가 실재하지만 도구적 성격만을 갖고 있다는 것이다. 같은 코넬 학파 자연주의자인 데이비드 콥도 다소 주저함이 있지만, 도덕가치의 도구적 기능 외에 어떤 본원적 가치가 있는 것인가에 대해서 부정적 입장이다.[7] 같은 학파의 데이비드 브링크 역시 "객관적 공리주의(objective utilitarianism)"를 주장하면서 도덕가치의 궁극적 도구성에 대해 말하고 있다.[8]

다른 실재주의자인 피터 레일톤 등의 환원론적 자연주의자(reductive naturalist)들에게서는 도덕가치의 도구성이 더욱 강조된다. 레일톤은 도덕가치가 실재하는 것은 사실이지만, 궁극적으로 사회 전체의 "객관적 이익"으로 환원될 수 있다고 주장한다. 즉, 도덕가치의 본질은 사회 전체의 이익 증진을 위한 도구라는 것이다. 그에 따르면, 개인들의 이성(individual rationality)은 가치의 본질을 찾는 어떤 설명적 역할을 하는 것이 아니라, 주어진 상황 도덕적 행위를 이끌어내고 그런 행위를 합리화하는 도구적 성격만을 갖고 있다는 것이다.[9] 이런 시각은 환원론적 실재주의자이며 공리주의자인 리차드 브랜트(Richard. B. Brandt)도 동의하는 바, 그는 도덕적 규범의 정당성은 행위의 결과적 이익에 의해 판정된다고 말한다.

> 무엇이 도덕적으로 금지해야 할 것(즉 도덕적으로 나쁜 것)인가를 결정함에 있어서, 사람들이 일정한 방향으로 행동하는 것이 어떤 이익을 가져올 것인가를 고려해야 할 뿐만 아니라, 그런 행동을 하게 함에 드는 비용을 양심의 견지에서 생각해 보아야만 한다. 도덕적 체계는 법률적 체계와 마찬가지로 이익과 비용을 계산해서 만들어져야만 한다. (Brandt, *A Theory of the Good and the Right*, 198-9쪽)

이제까지 맥키와 실재주의자들 모두 도덕가치를 도구적으로 이해한다는 것을 말하였다. 이런 시각은 칸트적 입장과 대립되는 것임을 또 말하였다.

---

7) David Copp, *Morality in a Natural World* 13-26쪽을 참조.
8) David Brink의 *Moral Realism and the Foundations of Ethics* 236쪽부터.
9) Peter Railton, "Moral Realism", 149쪽.

이와 연관해서 이들이 공통으로 갖고 있는 또 다른 특징이 있다. 실재주의자들과 맥키는 도덕가치와 도덕률이 개인들의 이성적 사유에 근거하기보다는, 사회 전체의 이익이나 합의 또는 사회 전체의 입장에서만 가능하다는 주장을 한다. 이것 역시 칸트적 도덕가치론과 대비가 되는데, 칸트도 실용적 도덕률이 이런 성격을 갖고 있다는 것을 부정하지 않을 것이다. 다만 도덕가치의 사회적 합의나 요구가 이성적 존재인 각 개인의 도덕적 사유능력에 기초한다고 보는 반면, 맥키와 실재주의자들은 이 부분을 동의하지 않는 것이다. 즉, 도덕가치나 도덕률은 개인의 문제라기보다는 사회 전체의 문제일 뿐이라는 것이다. 그들에 의하면, 혼자 격리된 개인은 결코 도덕적 인간성을 가질 수 없다고 말할 수 있다. 이 차이를 맥키는 그의 책 『윤리학』 제 5장에서 "넓은 의미의 도덕"과 "좁은 의미의 도덕"으로 구분한다. "넓은 의미의 도덕"이란 보편적 이성에 근거해 도덕가치와 도덕률을 정당화하는 칸트적 방법이라면, "좁은 의미의 도덕"은 각 개인의 지나친 이기심을 규제하고 (또는 제한적 동정심을 통제하고) 구성원들의 공동목표 추구를 원활하게 해 주는 도덕인 것이다. 다시 말하면, 맥키에게 도덕이란 실생활에 어떤 편의성을 주는 것뿐이라고 말할 수 있다.

이런 입장은 실재주의자들도 인정하는 바, 앞서 말한 도덕가치의 도구성과 더불어 그들의 도덕 개념을 잘 말해 주고 있다. 여러 자연주의자들 중에서도 콥의 "사회 중심 도덕이론(society-centered moral theory)에 대해 살펴보자. 이 이론은 상기한 맥키의 "좁은 의미의 도덕"과 별반 다르지 않다. 그는 다음과 같이 말한다.

> 내가 생각하기에 [이 이론의] 기본적 아이디어는 직관적으로 호소력을 갖는다. 우리는 사회에서 살아갈 필요가 있고, 사회는 공유된 규범과 규칙으로 다스려져야 할 필요가 있는데, 그것은 사회의 구성원 간에 상호이익을 주는 협동 협업을 수월하게 해 주기 위한 것이다. 이런 관점에서 보자면, 다음과 같은 주장이 적당하다고 할 수 있는 바, 도덕은 우리의

생활에 규칙을 제공하고 그것이 현실적으로 작동될 때에 사회는 자체의
필요를 만족시킬 수 있게 함으로써 사회가 존속 가능하게 해 준다. 이것
이 사회 중심 도덕이론의 기반을 제공하는 직관이다. (Copp, *Morality
in a Natural World*, 13쪽)

이들에게 도덕은 개인의 문제가 아니라, 사회의 문제이며, 사회가 필요로
하는 가치이며, 사회적 특징이다. 도덕가치를 개인의 이성으로 귀결시키려
는 시도는 하지 않는다. 또 다른 자연주의자인 피터 레일톤은 이런 사회중심
의 도덕적 노력을 "사회적 이성"이라고 부른다. 그에 의하면, 도덕가치와 도
덕률은 사회의 "객관적 이익"을 추구하기 위한 방편이다. "객관적 이익"은
일시적이 이익이 아니고 꼭 필요한 이익이라고 할 수 있다.[10] 사회의 "객관
적 이익"을 성취하기 위해서는 도덕가치와 도덕규범이 꼭 필요하다고 본다.
말할 것도 없이 도덕가치와 규범이 없이는 사회 전체의 목표를 달성할 수
없고 구성원들의 이익도 얻기 어렵기 때문이다. 즉, 도덕가치와 규범을 이
해하는 것은 사회 전체의 관점에서 바라봐야 한다는 것이고, 사회 전체를
위한 도덕가치와 규범을 이해하기 위해서는 "사회적 이성"이 필요하다는 것
이다. "사회적 이성"이 있어야만, 시행착오를 극복하고 구성원들 간의 이견
을 통합해 사회의 "객관적 이익"을 성취할 수 있다는 것이다.[11] 물론 그가
개인적 이성(individual rationality)이 전혀 없다고 말하는 것은 아니다. 그
에 의하면, 개인적 이성은 도구적 이성으로서 개인들의 욕망 만족에만 작동
한다고 보는 것이다. 그래서 도덕가치나 규범에 대한 논의는 사회적 이성으
로서만 가능하다고 본다.

---

10) Peter Railton, "Moral Realism" 137-163쪽 중 142쪽부터 참조할 것.
11) 콥이나 레일톤이 말하는 도덕가치를 사회적으로 파악하는 것은 인식론적 문제가 있을
    수 있다. 왜냐하면 개인의 이성을 도덕가치의 논의에서 배제하면서 개별적 가치를 정
    당화하는 것에 문제가 있을 수 있다고 필자는 보기 때문이다. 그러나 이 문제는 본 논
    문에서는 다루지 않겠다. 이 문제에 관한 레일톤의 입장은 그의 "Normative Force
    and Normative Freedom (1999)"; "How to Engage Reason: The Problem of
    Regress(2006)" 참조할 것.

본질적으로 도덕적 옳음이 사회적 관점에서 이성적으로 판단된다고 함은 심하게 편향된 시각이 아니다. 왜냐하면 이성이 어떤 것인가의 해석에 따라 이 주장은 공리주의자들, 칸트계열 학자들, 또는 비인지론자들조차 수긍하는 것이다. 그럴 수밖에 없는 것이, 이 주장은 도덕규범의 독특함을 보여줄 뿐만 아니라, 가장 넓은 범위의 모든 도덕이론들과 합치하기 때문이다. (Railton, "Moral Realism", 150쪽)

셋째로, 맥키와 실재주의자들 모두 도덕가치를 사회 전체의 이익 추구를 위한 소위 사회적 입장에서만 파악할 수 있다고 보기 때문에, 각 사회의 도덕가치와 규범은 상대적일 뿐이다. 즉, 도덕가치는 사회마다 다르다는 것이다. 물론 도덕가치가 모든 사회에서 같다거나 같을 수 있다거나 같아야 한다고 주장하는 이론가는 없다고 생각된다. 정확히 말하자면, 도덕가치의 상대성은 절대적 도덕가치가 있을 수 없다는 주장이다. 절대적 도덕가치는 모든 사회에 통용될 수 있는 가치이며 이런 가치는 경험에 근거한 가치가 아니고 경험적 가치의 기반이 되며, 경험적 가치를 가능하게 하는 근본 가치라고 할 수 있다. 이것이 맥키가 반대하는 "객관적 가치"인 것이다. 먼저 맥키는 "상대성에 근거한 논변"에서 이 주장을 한다. 그에 따르면,

상대성에 근거한 논변은 그 전제로 두고 있는 것은, 우리에게 잘 알려진 현상, 즉 사회에 따라, 역사적 시기에 딸, 또 한 공동체 안에서도 집단과 계급에 따라 도덕률이 변한다는 사실이다. 그 같은 다양함 자체는 단지 가치의 묘사적 진실이자, 인류학적 사실인 바, 그 다양함이 제 일차적 또는 이차적 도덕가치에 대한 관점을 드러나게 해 주는 것은 아니다. 그러나 이 사실은 간접적으로 제 이차적 도덕 사고에서 주관주의(subjectivism)가 옳다는 결론을 간접적으로 뒷받침한다. (Mackie, *Ethics*, 36쪽)

도덕가치의 상대성 주장은 실재주의자들 사이에서도 전혀 거부감 없이 받아들여진다. 앞서 언급했던 보이드의 경우를 보자. 그는 인간사회를 어떤 평형상태(homeostasis)에 있다고 본다. 이 평형상태에서는 도덕적 선(good)과 비도덕적 선이 서로 조화를 이루는 상태인데, 여기서 도덕적 선은 비도덕적

선들을 실현 가능하게 해 주고 또한 증가시켜 줌으로서 그 역할과 기능을 한다는 것이다. 앞서 언급한대로 도덕적 선은 비도덕적 선을 위한 도구적 기능을 할 뿐이라고 보는 것이다. 그런데 보이드에 의하면 이 평형상태는 모든 사회가 같은 형태를 갖는 것이 아니라, 각 사회마다 또 사회의 역사적 시점에 따라 각기 다른 평형상태를 갖게 된다는 것이다.[12] 물론 각 사회의 구체적 도덕률들의 체계는 서로 다르다고 볼 수도 있지만, 보이드나 상기한 맥키의 도덕 상대성이 의미하는 바는, 모든 사회에 적용 가능한 어떤 도덕률도 존재할 수는 없다는 것이다. 도덕가치나 도덕률의 기능은 단지 도구적이므로 각 사회의 평형상태나 비도덕적 선의 추구 형태에 따라 도덕률은 얼마든지 바뀔 수 있다고 보는 것이다. 이와 같은 도덕가치의 상대성은 코넬 학파의 다른 자연주의자들에게서도 찾아볼 수 있다. 앞서 언급한 콥은 각 사회의 도덕가치가 그 기본적 기능으로 인해 서로 비슷할 수 있지만, 근본적으로 사회의 환경에 따라 정해지는 것이라고 말한다.

> 나는 다음과 같이 말한다. 즉 도덕적 속성들은 상호 관계적이며 또한 총체적 관계(relatum)로 한 사회가 이루어지게 된다. 주어진 어떤 상태에서 서로의 관계로 형성된 사회는 보통 바로 그런 맥락에 의해 결정된다. (Copp, *Morality in a Natural World*, 23쪽)

> 내가 여기서 제시하려는 설명은, 우리가 주어진 상황에서 도덕적으로 어떤 행위를 해야 할지 잘 모를 때, 우리의 의도와 맥락은 어떤 사회가 대상인지를 먼저 결정한다. 물론 우리가 도덕적 행동에 관해 정확한 결과에 도달했는지는 부분적으로 우리의 실질적 도덕 확신이, 우리의 기본적 필요를 충족하게 해 주는 그 사회의 실용적 도덕률에 얼마나 근접해 있는지에 달려 있다. (Copp, *Morality in a Natural World*, 24-5쪽)

콥에 의하면, 도덕률은 근본적으로 한 사회의 특징에 달린 것이니, 각 사회마다 나름의 도덕 기준과 도덕률을 갖게 된다는 것이다. 이것은 맥키의 도덕

---

12) Boyd, "How To Be a Moral Realist", 122-3쪽.

상대성 입장과 다른 것이 아니다. 또한 브링크 역시 다음과 같이 말한다.

> 어떤 도덕 실재주의자도 도덕적으로 옳고 그름이 상황에 따라 변하지 않
> 는다고 말할 수 없다. 도덕 실재주의자들도 도덕적 상황이 변함에 따라
> 도덕적 사실도 변한다고 주장할 수 있다. 도덕적 자연주의자들은 특정한
> 자연적 사실이 변하면, 도덕적 사실도 따라서 변한다는 것을 주장하며,
> (......) 도덕 실재주의자들은 단지 또는 적어도 다음과 같은 주장을 기본
> 적으로 하는 것이다. 즉, 사람들의 믿음과 마음 자세가 변한다고 도덕적
> 사실이 변하는 것은 아니라는 것이다. (Brink, *Moral Realism and the
> Foundations of Ethics*, 91쪽)

브링크는 여기서 자신의 도덕적 실재주의이자 자연주의가 단지 사람들의 믿
음과 마음 자세에 의존하는 비인지주의적 상대주의나 도덕적 절대주의와 어
떻게 다른가를 이야기한다. 그러나 그의 실재주의가 제시하는 도덕가치가
맥키의 것과 유사하다는 것이다. 필자는 여기서 맥키나 도덕자연주의자들의
입장이 옳다 그르다를 논하려는 것이 아니라 맥키와 자연주의자들의 입장이
별로 다르지 않다는 것을 말하려는 것이다. 반객관주의자인 맥키와 실재주
의자들 사이의 유사성은 도덕적 가치란 사회적 상황의 산물이며, 사회와 상
황에 따라 달라질 수 있다는 것이다. 앞서 언급한 레일톤의 경우에도 이 점
은 다르지 않다. 그는 다음과 같이 말한다.

> [객관적 선을 중심으로 한 이론화]는 필수적인 비도덕적 선(goodness)의
> 실현을 사회적 관점의 이성으로 파악하는 것과 같다고 할 수 있다. 이 방
> 식은 어렵지 않게 이해되고 또한 직관적으로 타당성 있는 (논란의 여지가
> 없다는 가정 하에) 사회적 정의의 기준이 될 수 있다. 도덕의 상대성은
> 이런 기준(사회적 이성에 의한 기준)에 어떻게 다가가는가에 대한 정도의
> 차이라고 할 수 있다. (Railton, "Moral Realism", 150쪽)

> 생물학적 진화 과정과 마찬가지로 여기서 묘사된 도덕 합의 과정은 (......)
> 어떤 최적성에로의 도달을 보장하지 못하고 균형 상태로 향해 일치된 목소
> 리로 진행된다고 할 수도 없다. 인간사회는 이런 의미의 균형 상태로 가까

이 가기를 시작하지도 못한 것으로 보인다. 그래서 가장 강하게 할 수 있
는 말은, (......) 어느 정도 사회에 영향을 미칠 수 있는 사회적 집단들의
이익을 포함시키는 방향으로 가는 불공평한 세속적 추세를 예상할 수 있을
뿐이다. (Railton, "Moral Realism", 152쪽)

레일톤의 말인즉, 자신의 사회적 이성 이론이 옳다고 봤을 때 각 사회의 도
덕규범은 일치되지도 않았고, 일치될 수도 없다. 왜냐하면 도덕규범이란 다
양한 사회 구성원들의 비도덕적 선(이익)을 극대화하는 방향으로 만들어질
수밖에 없는데, 이런 과정에서 모든 사람들의 이익이 포함되지도 않으며 어
떤 이익이 포함될 지도 사회마다 (또는 역사적 시점마다) 알 수도 없으므로
어떤 균형 상태나 최적성에 도달할 수 없고, 도덕규범은 서로 다를 수밖에
없다는 것이다. 이런 입장은 맥키의 것과 다를 바가 없다고 하겠다.

이렇게 사회적 요구와 필요성에 의해 도덕규범이 만들어졌다면, 그런 규
범은 기준이 되어서 개별적 도덕 판단에 옳고 그름을 구분할 수 있다는 것이
맥키와 실재주의자들의 생각이다. 어떤 이들은 맥키가 반객관주의자 또는
회의론자이므로 도덕적 판단이나 주장에 진위가 있을 수 없다고 보는 입장
이라고 오해한다. 그는 명백히 말하기를 사회의 기준에 의해 옳고 그름을
따질 수 있다고 말한다.

객관적 가치들이 존재하지 않는다는 논제를 다루는 한 가지 방법은 가치
에 대한 진술에 옳음 또는 그름이 없다는 방식으로 말하는 것이다. 이렇게
틀을 잡은 것 역시 잘못된 해석이다. 왜냐하면 나의 방식으로 객관적 가치
들이 존재하지 않는다고 하더라도, 어떤 종류의 가치 판단에는 의심할 여
지없이 옳고 그름이 있기 때문이다. 많은 종류의 판단은 합의가 되고 가정
된 기준들(standards)에 의해 보통 평가된다. (Mackie, *Ethics*, 25-6쪽)

또 그는 말하기를,

주관주의자[맥키와 같은 주관주의자 — 필자 주]는 다음과 같은 주장을 함

으로써 그의 요점을 확실히 하려고 할 것이다. 즉 가치 기준의 선택에는 어떤 객관성이 있을 수 없다. 그러나 만약 그가 어떤 분야에서 가장 기본적 기준조차 완전히 임의적으로 정해지는 것이라고 말한다면, 그는 확실히 잘못을 저지르는 것이다. (Mackie, *Ethics*, 27쪽)

맥키의 반객관주의 또는 주관주의가 의미하는 바는, 개인적 이성에 기초해서 어느 사회에도 적용할 수 있는 소위 객관적 가치가 존재하지는 않지만, 각 사회마다 또 각 분야마다 임의적이지 않은 사회적 기준들이 마련되고, 이런 기준에 의해 판단의 옳고 그름을 평가할 수 있다는 것이며, 도덕규범도 마찬가지라는 것이다. 이런 인지주의는 말할 것도 없이 자연주의 실재주의자들과 같은 생각인 것이다. 그들 역시 개인적 이성에 근거한 절대적 가치를 부정하지만, 그들 역시 도덕규범이나 도덕가치 또는 도덕률이 사회적 필요나 "사회적 이성"에 의해 만들어지는 바, 많은 도덕적 판단이 사회적 기준에 의해 옳고 그른 것으로 평가될 수 있다는 것이다. 이제까지 보았듯이 맥키와 자연주의 실재주의자들은 각 사회에 어떤 윤리적 기준이 있으며, 그 기준에 의해 개별적 도덕 판단이나 주장이 옳고 그른 것으로 판단 가능하다고 본다. 이것이 인지주의(cognitivism)인 바, 맥키와 자연주의 실재주의들 모두가 인지론자들인 것이다.

　맥키와 자연주의 실재주의자들 간에 공통점은 우선 도덕가치의 도구성과 상대성이 있었다. 또 도덕가치의 형성에 개인적 이성에 근거하지 않는다고 그들은 보고 있다. 개인적 이성이란 자신들의 이익을 극대화하는 도구이므로, 사회적 이성 또는 사회적 관점이라 부를 수 있는 기능에 의존한다는 것도 공통점이며, 그들 모두가 사회적 기준에 근거한 인지론자라는 점 역시 공통점이었다. 이런 공통점들은 자연주의 실재주의와 맥키의 반객관주의가 도덕가치의 특징에 관한 한, 근본적으로는 충돌하고 있지 않음을 보여준다. 즉 자연주의 실재주의자들도 플라톤이나 칸트가 제시하는 도덕가치의 개념에 수긍하지 않는 것이다. 예를 들어, 콥은 다음과 같이 말한다.

경험과 선험 간의 전통적 대비를 고려했을 때, 자연주의자들에 의하면 우리가 갖는 종합적(synthetic) 도덕 진리에 대한 지식이 모두 경험적이라는 것이며, 이것은 종합적 선험적 도덕 지식을 또한 부정하는 것이다. 자연주의자들은 종합적 도덕 진리에 대한 선험적 지식이 가능하지 않다는 것인 반면, 비자연주의자들은 이 가능성을 수용하는 것이다. 그러므로 비자연주의자들은 무어와 칸트와 연대하는 반면, 자연주의자들은 반대 진영과 보조를 같이 하는 것이다. (Copp, *Morality in a Natural World*, 41쪽)

3. 맥키와 자연주의 실재주의자들의 차이들

그렇다면 맥키와 자연주의 실재주의자들 사이에는 어떤 차이점이 있을까? 이미 언급했듯이, 맥키는 자신의 이론을 주관주의로 부르는 반면 실재주의자들은 당연히 실재주의를 주창한다. 즉, 도덕가치의 형이상학적 성격에 관한 주장에서 차이를 보인다. 맥키에 의하면 도덕가치는 주관적 감성이나 욕망 등으로부터 만들어지는 것인 반면, 실재주의자들에 의하면, 도덕가치는 자연적 가치이며 외부적 세계에 사실로서 존재한다는 것이다. 이런 차이는 수반(supervenience)과 투사(projection)로 설명할 수 있다. 자연주의 실재주의자들에 의하면, 외부적으로 존재하는 도덕가치를 인식함으로써 주관적인 반응(response)이 일어난다는 수반관계로 설명할 수 있지만, 맥키는 주관적 욕망과 바램이 외부세계로 투사되어 객관적 가치와 가치기준을 만든다고 보는 것이다. 다시 말하면, 자연주의 실재주의의 대표적 개념이 수반인 반면, 맥키의 주관주의는 투사로서 그 특징을 설명할 수 있는 것이다.

그렇다면 자연주의 실재주의자들은 객관적 가치들이 처음부터 있는 그대로 존재한다고 보는가? 자연주의자들에게는 도덕가치가 다른 자연적 가치들이나 존재와 마찬가지로 우리에게 주어질 뿐, 우리가 도덕가치 형성에 어떤 기여도 없는 것인가 하는 질문이다. 물론 대답은 "아니다"이다. 앞서 본바와 같이 자연주의 실재주의자들은 가치가 사회적 필요에 의해 만들어진다고 말한다. 도덕가치가 필요한 이유는 다양한 개인적 가치와 이익을 추구함에 있어 이런 개인적 가치들을 사회 전체의 입장에서 조율하거나 통제할 필요가 있기 때문이라는 것이다. 심지어 레일톤은 도덕가치가 다른 가치들로 환원조차 될 수 있음을 주장한다.13) 앞서 보았듯이, 도덕가치는 비도덕가치의 추구에 도구적 역할을 수행하며, 이런 가치들은 모두 인간 내부로부터 외부세계로 투사된다고 할 수 있는 것이다. 그렇다면 자연주의자들의 입장이 맥키의 입장과 크게 다르다고 말할 수는 없다. 맥키 역시 이점을 강조해 왔던 것이다.

맥키 역시 수반을 당연한 현상으로 받아들인다. 그가 객관주의를 논박하는 한 수단으로서 수반에 대해 다음과 같이 언급한다.

> 계산된 잔인함에 의한 어떤 행위(예컨대 단지 재미를 위해 고통을 주는 행위)와 그것이 잘못된 것이라는 도덕적 사실을 연결하는 것은 무엇인가? (......) 그 잘못이라는 판단은 결과적(consequential)이거나 수반적(supervenient)이다. (Mackie, Ethics, 41쪽)

여기서 맥키는, "잘못"이라는 판단이 어떤 객관적 가치로부터 나오는 것이 아니라, 외부적인 행위에 대한 수반으로 생긴다는 것이다. 그러니 객관적 가치가 존재하고 그 가치가 우리의 판단이나 행위에 어떤 영향을 준다는 것이 잘못된 것임을 말하려는 것이다. 이렇게 맥키 역시 수반이라는 현상을 당연한 것으로 받아들이고 있다. 이들 사이의 다른 점이라면, 자연주의 실재주의자들이 수반과 투사의 양상 중 어떤 부분을 더 강조하는가 또는 어떤 특징을 자신들 이론의 기반으로 삼는가 하는 점일 뿐이다. 맥키는 개인의 욕망과 투사라는 부분을 강조하고 그것을 바탕으로 주관주의를 구성하며, 수반을 포함하는 방향으로 나아갔지만, 자연주의는 도덕가치의 사실성에 착안하고 도덕가치들이 개인의 욕망과 바램 같은 자연적 가치(욕망과 감성 등)

---

13) 따라서 그의 이론을 환원론적 자연주의라고 부른다.

들의 조정과 통제라는 부분을 수용하는 것이다. 즉, 자연주의자들과 맥키 사이에 도덕가치에 관한 큰 그림은 차이가 없다고 할 수 있지만, 각 입장이 강조하는 부분과 이론의 근거가 다르므로 그것들이 형이상학적 차이를 가져 온다는 것이다.

이와 같은 형이상학적 차이는 그들이 사용하는 개념의 사용에도 차이가 있다. 예를 들어, 자연주의 실재주의자들은 "투사" 같은 어휘들은 언급하지 않는다. 그러나 개인들의 욕망과 이익이 사회에서 용인되고 조정되는 현상을 투사라는 개념을 빌어 설명하지 않을 뿐이다. 대신 개인들 욕망의 "상호작용에 의한 수정(feedback)" 같은 개념을 사용한다.[14] 즉, 설명 방식의 차이가 존재하는 것이다. 또한 맥키는 말하기를, 자연주의의 약점은 도덕가치의 가장 큰 특징이라고 할 수 있는 권고성(presciptivityy)을 설명하지 못한다는 것이다.[15] 즉, 일상적 도덕 판단이나 규범에는 "~해야 한다."는 의미가 있지만, 자연주의적 설명은 이런 특징을 보이지 못하고 "'~해야 한다'고 한다." 정도에 그친다는 것이다. 이런 종류의 비판은 오랫동안 자연주의 비판에 핵심이 되어 왔지만, 오늘날의 자연주의자들은 이 비판에 충분히 대비를 하고 있다. 즉 "~해야 한다" 역시 자연주의적 특성이라는 것이다. 만약 자연주의자들이 옳다면, 오늘날 자연주의자들의 입장은 맥키의 비판이 성립되기 어렵게 되었다고 할 수 있다. 또 오늘날 자연주의자들의 주장과 같이 자연주의가 권고성을 충분히 수용할 수 있다면, 그것은 맥키의 이론과 다른 점이 거의 없어진다는 것이다. 맥키가 지적한 차이점이 해소되었기 때문이다. 물론 자연주의자들의 변명이 충분한지 아닌지는 아직도 논란의 여지가 많지만, 자연주의 실재주의와 맥키의 이론이 그만큼 가깝다는 것을 말해준다.

필자가 생각하기에는 그들의 형이상학적 차이를 야기하는 가장 큰 요소는 "실재"라는 개념의 차이이다. 자연주의자들에게 도덕가치의 실재함에 가

---

14) Railton, "Moral Realism", 242쪽 참조.
15) Mackie, *Ethics*, 33쪽 참조. Mackie는 이것을 categoricity라고 하고 있다.

장 근거가 되는 것은, 가치들이 객관적 사실로 존재한다는 것이다. 물론 이런 가치들이 주관적 욕망이나 이익을 원활하게 추구하기 위한 도구적 가치이지만 말이다. 반면 맥키에게는 흄과 마찬가지로 인간의 주관적 감성, 예컨대 욕망이나 동정심 같은 것이 가치의 근거가 된다고 봄으로, 도덕가치는 외부적으로 실재할 수 있는 것이 아니다. 또 객관주의자들은 일상적 도덕가치가 절대적 가치들에 근거한다고 보기 때문에 실재성은 절대적 가치에 있는 것이다. 따라서 필자가 보기에는 맥키의 도덕가치와 자연주의자들의 도덕가치 사이의 차이는, 그들이 갖는 "실재"라는 개념이 어떤 것인가에 달려 있고, 이것이 도덕가치의 형이상학적 차이를 가져오지만, 도덕가치의 형성과 특성 등에 관한 견해에서는 거의 차이가 없다는 것이다.

4. 결론

이제까지 맥키와 자연주의 실재주의자들 사이에 어떤 공통점과 차이가 있는지 살펴보았다. 필자의 주장은 그들 사이 공통점은 크지만 차이는 생각보다 몹시 적다는 것이다. 그런데 그들의 공통점을 모아보면, 흥미롭게도 그들의 이론 모두가 데이비드 흄의 도덕이론과 비슷하다는 것을 알게 된다. 맥키의 주관주의나 회의주의는 흄의 주관주의 및 회의주의와 다를 것이 없으며, 맥키의 반객관주의 역시 흄의 입장이다. 맥키는 "두 단계의 도덕사고"와 오류이론 등을 도입해서 자신의 반객관주의를 좀 더 설득력 있게 구성한 것이다. 한편 자연주의 역시 흄의 자연주의와 맥락이 같다. 현대 자연주의자들의 공헌은 도덕가치의 사실성에 입각해 실재주의 이론을 구성한 것이지만, 흄의 이론 역시 이와 비슷한 자연주의적 실재주의로 해석될 수 있는 것이다. 즉, 맥키의 반객관주의와 자연주의자들의 실재주의는 모두 흄의 경험론 전통에 입각한 것으로, 그 외형은 다르다 할 수 있지만 유전적 구조가 거의 같은 것이라고 말할 수 있는 것이다.

이런 결론은 다른 메타윤리학 이론들의 실체를 파악하는 도구가 될 수 있다. 또 다른 실재주의 이론인 도덕현상학도 흄의 경험론과 칸트의 이성론 사이에서 경험론 쪽으로 치우친 위치에 자리 잡고 있다고 할 수 있다. 이들의 이론을 이해함에 이런 좌표는 몹시 중요하다고 생각된다. 또 우리가 흔히 말하는 비인지론의 이론들에서도 흄 등의 경험론 전통에 서 있는 이론들이 있다. 사이먼 블랙번의 투사론/준실재주의가 대표적이다. 반면 헤어(R. M. Hare)나 앨런 기바드(Allen Gibbard) 등은 칸트의 이성론에 가깝다고 할 수 있다. 필자의 생각으로는, 많은 학자들이 메타윤리학 이론들을 단지 인지론과 비인지론 또는 실재주의와 반실재주의 등으로만 구분하지만, 전통적인 경험론과 이성론의 구분이 이론들의 실체를 이해함에 더 큰 도움이 될 수 있다고 본다.

참고문헌

윤화영,   "조지 무어의 '열린 질문 논증'과 피터 레일톤의 환원론적 자연주의", 『윤리학』 2권 1호, 한국윤리학회, 2013.

―――――― "무어의 '열린 질문 논증'과 코넬 학파의 도덕적 자연주의", 『철학연구』 제 103집, 철학연구회, 2013.

―――――― "존 맥키는 도덕적 실재주의자가 될 수 있는가?", 『철학』 제 119집, 한국철학회, 2014.

Boyd, Richard, "How To Be a Moral Realist", *Moral Discourse & Practice*, Oxford University Press. 1997.

Brandt, R. B., *A Theory of the Good and the Right*, Prometheus Books, 1979.

Brink, David O., *Moral Realism and the Foundations of Ethics*, Cambridge University Press, 1989.

Copp, David, *Morality in a Natural World*, Cambridge University Press, 2007.

Drier, James, "Mackie's Realism: Queer Pigs and the Web of Belief", *A World without Values*, New York: Springer Dordrecht, 2010.

Hare, R. M., *The Language of Morals*, Oxford University Press, 1964.

Kant, Immanuel, *Groundwork of the Metaphysics of Morals*, New York: Harper Torchbooks, 1964.

Mackie, John, *Ethics: Inventing Right and Wrong*, Penguin Press, 1977.

Moore, G. E., *Principia Ethica*, New York: Prometheus Books, 1988.

Railton, Peter, "Moral Realism", *Moral Discourse & Practice*, Oxford University Press, 1997.

―――――― "Normative Force and Normative Freedom: Hume and Kant, not Hume versus Kant", *Ratio* 12 (vol. 4), 1999.

_____ *Facts, Values, and Norms*, Cambridge University Press. 2003.

_____ "How to Engage Reason: The Problem of Regress", *Reason and Value*, Oxford University Press, 2004.

Sayre-McCord, G., *Essays on Moral Realism*, Edited by Geoffrey Sayre-McCord, Cornell University Press, 1988

Smith, Michael, *Ethics and the A Priori*, Cambridge University Press, 2004.

Abstract

Moral Values of John Mackie,
the Anti-objectivist, and Realistic Naturalists

This paper tries to figure out the anti-objectivist John Mackie's and realistic naturalists' theoretical position by contrasting their concepts of moral value. According to the author, all of them believe that moral values are instrumental, relativistic, and have truth values — that is, they are all cognitivists. Also both camps can accommodate, the author says, supervenience and projection with regard to making moral judgments. Of course, there are differences between them. In particular, their metaphysical positions are different. Mackie does not pretend to be a realist, or he cannot be regarded as such. This metaphysical difference comes from, according to the author, their difference of the concept "reality." Mackie believes that moral values cannot have reality since they originate from internal desire or wish. On the other hand, although the realists admit this aspect — i.e., the instrumentality of moral values, they argue for the reality of moral values by focusing on the fact that the values are being used and existent in society. According to the author, Mackie and the realists are in the same Humean tradition, so that it is not strange that they look similar to each other. And their opposite camp is rationalists or what Mackie calls objectivists like Plato and Kant.

Key words: John Mackie, realistic naturalists, moral value, empiricism

존 맥키는 도덕 실재주의자가 될 수 있는가?

윤화영 (평택대 교양학부)[*]

【주제분류】 메타윤리학, 윤리학

【주요어】 제임스 드라이어, 존 맥키, 실재주의, 경험론

【요약문】 제임스 드라이어는 잘 알려진 오류이론가이자 주관주의자인 존 맥키를 실재주의자로 해석할 수 있다고 주장한다. 그는 맥키가 있는 그대로 실재주의자라고 하지는 않지만, 맥키의 이론에서 실재주의적 특징들을 끌어낸다. 실재주의는 외부적인 도덕적 사실과 속성이 있으며 그것들이 도덕적 판단의 기준이 된다는 것이 기본 주장이다. 드라이어는 맥키가 수반에 관한 설명을 하면서, 객관적 사실과 속성을 인정한다고 주장한다. 또 객관적 가치를 부정하는 맥키의 "기이함에 근거한 논변"을 드라이어는 약간 변형시켜 맥키를 실재주의자로 해석하는 시도의 걸림돌을 제거한다. 필자는 드라이어의 해석이 맥키의 형이상학적 입장을 왜곡할 수도 있고, 지나치게 많은 이론이 실재주의로 해석될 수 있는 소지를 남긴다고 비판한다. 그러나 드라이어의 시도가 아주 틀린 것은 아닌 바, 실재주의자들과 맥키가 모두 경험론자들로 도덕에 관한 기본적 시각을 공유하는 부분이 많다는 것을 설명한다.

1. 서론

메타윤리학자 존 맥키의 이론을 조금이라도 아는 사람이라면, "그가 도덕 실재주의자로 해석될 수 있다."라는 주장에 경악할 수밖에 없을 것이다. 잘 알려진 대로, 맥키는 도덕적 객관주의(moral objectivism)를 맹렬히 반대했다. 도덕적 객관주의가 오늘날의 도덕 실재주의(moral realism)와 같은 것

* 투고일: 2014년4월14일, 심사일: 2014년4월20일~5월14일, 게재확정일: 2014년5월14일.

으로 간주됨을 고려한다면, 맥키는 반실재주의자로 봐야 마땅할 것이다. 그런데 맥키가 실재주의자라는 주장은 어떤 근거로 주장될 수 있는가? 제임스 드라이어(James Drier)는 진지하게 맥키의 이론이 실재주의가 될 수 있음을 주장한다. 일반적으로 또 드라이어에게 실재주의란 도덕적 판단이나 주장 등에 옳고 그름이 있고, 그 진위의 기준이 마음 바깥의 사실이나 속성(property)에 근거한다는 것이다. 실재주의가 정합론적 사고를 완전히 배제하는 것은 아니지만, 기본적으로 진실의 근원이 외부적 사실과 속성에 근거한다는 대응론(correspondence theory)에 기초하고 있다. 현대의 실재주의로 꼽을 수 있는 이론으로는 도덕 현상학(phenomenology)과 도덕 자연주의가 있다. 드라이어에 의하면, 맥키의 이론이 이런 특징을 갖는 것으로 해석할 수 있다는 것이다.

드라이어가 맥키를 실재주의자로 해석하기 위해서는 맥키의 이론에서 실재주의적 특징을 찾아내야 함은 당연한 일이라 하겠다. 2절에서는 드라이어가 어떻게 맥키를 실재주의자로 해석하는지를 살펴보고, 3절과 4절에서는 드라이어의 해석에 문제가 있음을 설명하려고 한다. 필자의 비판은 드라이어의 해석이 맥키의 형이상학적 입장을 무시하거나 간과할 수 있다는 것이며, 실재주의의 범위가 지나치게 넓어질 수 있다는 것이다. 5절에서는, 그런 문제들에도 불구하고 맥키의 이론과 실재주의가 도덕가치를 파악하는 기본적 시각에서 공통점이 있음을 말하고자 한다. 맥키를 실재주의자로 파악하는 것에는 문제가 있지만, 그가 실재주의자들과 도덕가치의 근본적 시각에서 의미 있는 공통점을 갖고 있다는 것이 필자의 생각이다. 아마도 이런 공통점들이 있기에 드라이어가 맥키의 이론을 실재주의로 해석하는 도전을 하지 않았을까 여겨진다. 드라이어도 자신의 해석이 전적으로 옳다는 자신이 없으면서도 해볼 만한 시도라고 생각했기 때문이다.[1] 또 이런 공통점들이

---

1) 드라이어는, "나의 시도가 비록 실패한다 해도 나의 주제는 적절하고 논의할 가치가 충분하다."라고 말한다. D0rier (2010), p. 71 참조.

존재하는 것은 맥키와 실재주의자들이 모두 경험론자들이기 때문이라고 필자는 생각한다. 본 논문은 단지 드라이어의 해석의 옳고 그름을 논하려는 것이 아니라, 그의 해석을 분석함으로써 맥키 도덕이론의 정확한 실체에 접근해 가고자 함이 그 목적이다.

2. 드라이어의 해석

맥키가 객관적 도덕가치의 존재를 맹렬히 반대했음을 잘 알고 있는 드라이어가 어떤 근거로써 맥키를 실재주의자로 해석하고 있을까? 우선 드라이어가 구분하는 실재주의와 반실재주의를 주목할 필요가 있다. 그는 반실재주의자들의 대표 격으로 표현론(expressivism)을 상정하고 있는데, 표현론자들의 궁극적 관심사는 도덕적 판단의 분석을 통해 도덕 개념들이 실생활에서 실용성(practicality)을 갖고 있음을 보여주는 것이라고 드라이어는 말한다.[2] 즉, 반실재주의는 주관적인 도덕 개념들의 분석과 그 개념들의 적합성에 치중한다고 할 수 있다. 표현론자들은 도덕적 판단이 내적인 어떤 감성과 연계가 되어 있음을 주장하는 바, 우리가 사용하는 도덕 개념들의 본질은 이런 내적 판단에 근거하고 있으며 우리가 실제로 도덕 개념을 사용하는 경우들도 표현론의 방법으로 가장 잘 설명된다는 것이다. 예를 들어, "도둑질은 나쁘다."라는 판단을 내릴 때, 반실재주의자들은 이 판단을 외부적 속성이나 사실과 연계시키지 않고, 좋고 나쁨이라는 판단이 어떻게 주관적으로 형성될 수 있는가를 설명하는 것이다. 반면에, 도덕 실재주의자들은 외부적인 도덕적 사실이라든가 속성 등의 존재에 초점을 맞추어 개별적 도덕 판단의 옳고 그름을 설명할 수 있다고 보는 것이다. 드라이어의 구분이 완전히 만족스럽지는 않지만, 양쪽이 갖고 있는 중요한 특징을 지적하고 있음은 사실이다.

---

2) Drier (2010), p. 75.

그렇다면 맥키 이론의 어떤 점이 그를 실재주의자로 볼 수 있게 하는가? 드라이어는 먼저 맥키의 수반(supervenience)에 관한 설명에 주목한다. 맥키는 "기이함에 근거한 논변(Argument from Queerness)"에서 이 수반을 객관주의(objectivism)를 논박하는 한 설명으로 사용한다.[3] 수반이라 함은 사람들이 주어진 외부적 사실과 속성에 대해 주관적 반응(즉 도덕적 반응)을 한다는 것이다. 맥키의 논점은, 사람들의 도덕적 반응이 소위 말하는 객관적 도덕가치의 명령에 의한 것이 아님을 수반의 예를 들어 보여주려는 것이다. 맥키가 수반에 관한 자신만의 독특한 이론을 갖고 있는 것은 아니지만, 도덕적 판단이 외부적 도덕 사실이나 속성에 수반하는 것이라는 점에 동의한다. 그런데 수반 관계가 전제하는 것은 외부적 사실과 속성이 존재한다는 것이니 이것이야말로 맥키가 실재주의자임을 보여준다는 것이 드라이어의 주장이다. 특히 드라이어에 의하면, 축소진리론(Deflation theory of truth)의 관점에서 봤을 때 맥키의 인지론은 도덕적 판단의 즉시성에 근거한 실재주의자로 볼 수 있다는 것이다.[4] 또 우리의 도덕 언어가 객관적 도덕가치를 상정하고 있다는 무어와 리차드 헤어(R. M. Hare)의 언어 분석을 맥키가 거부하지 않고 있다는 점도 맥키를 실재주의자로 해석할 수 있는 한 요인이라고 드라이어는 보고 있다.

물론 이런 해석에는 여러 문제가 있으며, 드라이어도 이런 문제를 잘 알고 있다. 그중에서도 그가 심각하게 생각하는 것은 맥키의 오류이론(error theory)이다. 잘 알려진 대로, 맥키는 일반 사람들의 도덕적 판단과 믿음에는 어떤 잘못이 있는데, 그것은 객관적인 도덕가치가 존재한다고 믿는다는

---

3) Mackie (1977), p. 41 참조. 이 책의 원명은 *Ethics: Inventing Right and Wrong*인데 이 논문의 본문 중에는 『윤리학(*Ethics*)』로 표기하였다.

4) 축소진리론은, "It is *P*"라는 발언을 했을 때, 이것이 "It is true that *p*"와 같다는 것이다. 예를 들어, "도둑질은 나쁘다"라는 말을 했을 때, 이것은 "'도둑질은 나쁘다'는 참이다"와 같다는 것이다. 즉, 참과 거짓은 발언자의 발언에 있을 뿐 다른 본질이 있을 수 없다는 것이다. 수반에 의한 판단의 경우, 외부적 속성에 의한 어떤 판단과 발언을 했을 때, 그 발언이 참을 나타낸다는 것이다.

것이다. 이런 믿음이 잘못이라는 것이 오류이론의 핵심이다. 그런데 맥키가 오류이론가이므로, 객관적 도덕가치가 없다는 것이 그의 주장이고 따라서 객관적 도덕 속성이나 사실도 없다고 봐야 한다는 것이니 앞뒤가 맞지 않는 주장이 될 수 있다는 것이다. 즉 드라이어의 해석처럼 맥키가 외부적 속성을 인정한다면, 오류이론으로 또 그것을 부정하는 것이 모순적이기 때문이다. 그래서 드라이어는 맥키의 주장을 수정해야 할 필요를 느낀다. 드라이어에 의하면, 사람들이 저지르는 오류는 객관적 도덕가치에 존재한다는 생각이 아니라, 객관적 도덕가치를 외부적 속성이 아닌 주관적 믿음에 근거한 절대적 가치로 보는 것, 이것이 잘못이라는 것이다. 드라이어는 말하기를,

> Q1 도덕적 선(goodness)은 G라고 부를 수 있는 속성일 수가 있는 바, 어떤 것을 G라고 판단함은 G를 추구해야 할 최우선적(overriding) 동기를 갖게 된다.
> Q2 그러나 어떤 속성 P도, 어떤 것을 P라고 판단한다고 해서 그것을 추구하려는 동기를 갖게 하지는 않는다.

> 그러므로

> Q3 도덕적 선으로서의 속성은 존재하지 않는다.[5]

이것은 맥키의 "기이함에 근거한 논변"의 일반적 이해를 드라이어가 재구성한 것이다. 그러나 이 재구성은 도덕적 속성이 존재하지 않는다는 결론이 도출됨으로써 맥키가 외부적 속성을 인정하는 실재주의자가 될 수가 없다. 따라서 드라이어는 일상적으로 해석되는 맥키의 논변(즉 Q1-Q3)은 잘못일 수 있고, 실제 맥키가 시도했어야 하는 것은 다음과 같다고 주장한다.

> E1 어떤 것을 도덕적으로 선하다고 판단하는 것은 그것을 추구하기 위한 최우선적 동기를 갖게 한다.

---

5) Drier (2010), p. 82.

E2 그러나 그런 동기를 갖도록 하는 믿음은 존재하지 않는다.

그러므로

E3 어떤 것을 도덕적으로 선하다고 판단하는 것은 믿음이 아니다.[6]

Q1-Q3에서 "기이한" 것은 객관적 가치나 속성이 존재한다는 주장이다. 반면에 E1-E3에서는 객관적 속성의 존재가 기이한 것이 아니라, 도덕적 판단의 기준이 주관적 믿음에 기초한다는 것이 "기이한" 것이다. 즉, Q1-Q3는 객관주의(실재주의)가 잘못이라는 결론이지만, E1-E3는 반객관주의가 잘못이라는 결론이 나오게 된다. 그래서 E1-E3가 맞다면, 맥키를 실재주의자로 해석하는데 불필요한 걸림돌을 제거해 줄 수도 있다고 그는 생각한다. 그러나 드라이어는 E1-E3가 맥키의 논변과는 거리가 있을 수 있으며, 드라이어 역시 자신의 해석이 모든 것을 명확하게 해 주지는 못한다고 고백한다.[7] 다시 말하면, E1-E3는 맥키가 실재주의자라면 추구했어야 할 논쟁의 방향이라고 드라이어는 보고 있으며, 그렇지 못한 것을 "맥키의 실책(Mackie's mistake)"이라고 그는 부른다. 이렇게, 맥키를 실재주의자로 해석하는 근거를 수반(superveneince)과 축소진리론 외에 "기이함에 근거한 논변"의 재해석이다. 그렇다면 드라이어의 해석은 타당한가? 이 물음에 대해 생각해 보기로 하자.

3. 드라이어 해석의 문제점

먼저 생각해야 할 것은 왜 수반이 실재주의의 대표적 특징으로 간주되는가 하는 점이다. 수반(supervenience)이 일어난다는 것은 외부적 속성이나

---

6) Drier (2010), p. 82.
7) Drier (2010), p. 82 참조할 것.

사실이 있음을 전제함으로 이것이 실재주의의 가장 큰 특징이 된다고 드라이어는 보고 있지만, 비인지론자들이나 반실재주의자들도 수반을 거부하지 않는다. 반실재주의자(anti-realist)로 자처하는 사이먼 블랙번(Simon Blackburn)의 경우를 생각해 보자. 블랙번은 주장하기를, 외부적 속성이나 사실이 존재한다고 해도 이것은 비도덕적 사물의 경우와 같이 자연적으로 존재하는 것이 아니라, 인간의 마음이 투사해서 만들어진다는 것이다. 이것이 그의 투사론(projectivism)인 바, 수반을 인정한다 해도 외부적 속성과 사실 자체가 도덕적 속성과 사실이 아닐 수 있으므로 수반이 실재주의를 지지하지 않는다는 것이다. 단지 외부적 속성이나 사실이 주관적 감성의 투사에 의해서 도덕적 속성과 사실처럼 간주될 수 있다는 것이니 이것이 블랙번의 준실재주의(quasi-realism)이다.

더욱이 블랙번은 주장하기를, 자신의 반실재주의인 투사론와 준실재주의가 수반을 실재주의보다 더 잘 설명할 수 있다고 한다. 그는 말하기를,

> 도덕 반실재주의 입장에서 보면 일[수반을 설명하는 일 - 필자 주]이 좀 쉬워진다. 우리가 A-상태를 [즉, 도덕적 상태 - 필자 주] 받아들이겠다고 선언할 때, 우리는 어떤 주어진 A-속성 [즉, 도덕적 속성 - 필자 주]의 분포에 반응하는 것도 아니고 그런 속성의 분포를 추측해서 이야기하는 것도 아니다. 그래서 수반한다는 것은 적절한 의미의 투사라는 관점에서 잘 설명되어질 수 있다. 우리가 가치 판단을 투사하는 목적은 가치의 수반됨을 존중함에 있을 수도 있다.[8]

블랙번에 의하면, 도덕적 속성이 이른 바 자연적 속성들처럼 완전히 객관적이고 안정적 분포를 하는 것이 아니다. 쉽게 말하면, 자연세계에 관한 인간의 인식은 사람들 간에 차이가 거의 없다고 할 수 있다. 그러나 어떤 행위에 대해 사람에 따라 다른 도덕적 해석을 내릴 수 있고, 서로 간 차이가 큰 도덕적 의견을 보일 수 있다. 그러나 공유된 도덕적 감성이 있다면, 그것이 투사

---

8) Blackburn (1984), p. 186.

라는 방법을 통해 (본질적으로 도덕성을 내포하지 않은) 외부적 속성과 연결될 때에 도덕적 판단이 안정성을 보일 수 있다는 것이다. 즉, 수반에 함축된 도덕가치의 안정적 분포를 자신의 투사론/준실재주의로 더 잘 설명된다고 주장하는 것이다. 물론 자신의 이론이 수반을 더 잘 설명할 수 있다는 것은, 블랙번의 주장일 뿐이라고 말할 수 있지만, 여기서 중요한 것은 외부적 속성의 존재에 의한 수반을 설명하는 것이 실재주의의 전유물이 아니라는 점이다. 드라이어가 언급한대로 맥키 역시 수반 현상을 인정하지만, 외부적 속성과 사실에 대한 맥키의 생각은 블랙번과 비슷하다. 즉, 맥키 역시 주관적 감성(sentiment)의 투사에 의해 객관성이 확보된다는 생각을 하고 있다.[9] 이것은 소위 실재주의적 사고와는 거리가 멀다. 또한 수반이라는 개념을 처음 도입한 소위 비인지론자 리차드 헤어(R. M. Hare) 역시 수반을 도덕적 사실의 이해에 중요한 수단으로 생각하고 있다. 그러나 그는 외부적 속성이 전혀 도덕적 속성이 아니며, 판단의 도덕적 특징은 주관적 반응에 의존하고 있음을 주장한다.[10]

필자의 주장은 수반을 실재주의의 대표적 특징으로 간주해서 맥키를 실재주의자로 보는 것에는 무리가 있다는 것이다. 그런데 드라이어는 아마도 이와 같은 지적에 대응하고 자신의 주장을 보강하기 위해, 앞서 언급한 축소진리론의 관점에서 맥키의 수반과 도덕적 판단을 파악하려 하는 듯하다. 맥키가 인지론자(cognitivist)이므로 외부적 속성에 의한 반응이나 판단은 당연히 '맞다' 또는 '틀리다'로 판단할 수 있다.[11] 축소진리론은 이런 즉각적 판단의 관점에서 진리의 존재를 파악하는 것이니, 맥키의 경우 도덕적 진리는 존재하고 따라서 실재주의자로 분류할 수 있다는 것이 드라이어의 생각이다.

드라이어의 전략은 나름 영리한 점이 있으나, 사실은 더 큰 문제를 야기

---

9) Mackie (1977), pp. 42-3을 참조할 것.
10) Hare (1964), pp. 78-93.
11) 맥키는 제 일 단계 도덕 논의에서 판단의 진위가 있다는 인지론자이다. Mackie (1977), pp. 25-7을 참조할 것.

한다고 필자는 생각한다. 축소진리론적 관점에서 수반에 의한 인지론적 판단이 가능한 이론을 실재주의로 보게 된다면, 실재주의의 범위가 대단히 넓어지게 된다. 현재 형이상학적 입장이 다른 다양한 메타윤리적 이론들이 존재하지만, 도덕적 판단에 진위가 없다는 이론은 거의 찾아볼 수 없다.[12] 또한 이들 중 수반 자체를 부정하는 이론은 필자가 아는 한 거의 없다고 생각된다. 블랙번의 경우처럼 수반을 둘러싼 도덕가치의 형이상학적 지위를 달리 해석함으로써 이론이 구분되는 것이므로, 반실재주의자들이 수반 현상을 거부할 필요가 없는 것이다. 그러나 축소진리론에 근거한 드라이어의 해석은 모든 인지론적 주장들을 실재주의의 범위에 포함시킬 수 있다. 당연히 반실재주의적 인지론으로 간주되는 이론들, 블랙번의 준실재론, 앨런 기바드의 규범 표현론(norm expressivism) 등이 모두 실재주의로 간주될 수 있다. 왜냐하면 이들의 이론들도 도덕적 진위 판단이 가능함을 말하고 있으므로, 그 진위 판단의 순간을 근거로 이 이론들도 실재주의로 재해석될 수 있기 때문이다.

드라이어의 실재주의가 애매모호해지는 것과 마찬가지로 그가 구분한 반실재주의도 명확하지 않게 될 수 있다. 그 이유는 형이상학적 구분인 실재주의와 반실재주의를 외면적 특징으로 구분하려 할 때 문제가 생기기 때문이다. 드라이어는 반실재주의의 대표적 특징으로 내적인 개념의 표출(expression)과 도덕가치가 삶에서의 역할 등에 치중한다고 지적하고 있다. 반실재주의의 특징에 대해 그는 다음과 같이 말하고 있다.

> 이와 대조적으로, 반실재주의자들(나의 구분 방식으로는 표현론자들)은 어떻게 도덕적 개념들이 작동하는지에 대해서 이야기하고 이런 개념들이 객관적 사물이나 사실들에 적용이 되어야 하는지에 대해서도 이야기할 것인 바, 이런 객관적 사물이나 사실들은 근본적인 점들에서는 모두 같은 것이라는 생각이다.[13]

---

12) 예외적으로는 초기의 비인지론자들, 즉 A. J. Ayer나 Stevenson 등을 들 수 있겠다.
13) Drier (2010), p. 75.

반실재주의자들은 도덕가치의 출발점을 내적인 마음 상태에 두는 것이 오랜 전통이다. 그런 점에서 드라이어의 지적은 일리가 있다. 그러나 이 특징이 실재주의와 반실재주의를 구분하는 엄밀한 기준이 될 수 있을까? 필자의 생각은 "되기 어렵다."이다. 왜냐하면, 실재주의에서도 이런 특징은 수용되고 있다. 예를 들어, 자연주의적 실재주의자인 데이비드 콥(David Copp)은 실재주의를 "믿음의 표현론"으로 설명하고 있다. 그의 말을 좀 들어보기로 하자.

> 실재주의자의 중심적 시각은 다음과 같다. 자신의 도덕적 사고를 갖고 있거나 표출하는 사람은 그로써 인지적 마음의 상태를 표현하는 것이다. 이 사람은 특정한 도덕 사건의 상황(state of affairs)이 맞거나 틀리다는 믿음을 표현하는 것이다. 반실재주의적 표현론은 가치판단적(conative) 마음 상태를 표현하는 것으로 간주하며, 어떤 사람이나 행위를 향한 특정한 심적 자세나 동기부여적 입장을 표현하는 것이 그 본질이라는 것이다.[14]

콥의 구분과 드라이어의 구분은 좀 다르다. 드라이어의 경우 실재주의와 반실재주의를 마음 외적 사실과 속성과 마음 내적인 마음 상태의 표현이지만, 콥은 실재주의와 반실재주의 모두 다 마음 상태의 표현이라고 보는 것이다. 즉, 콥의 실재주의는 내적인 믿음의 표현을 반실재주의적 특징으로 보지 않는 것이다.

더욱이 또 다른 실재주의자인 도덕 현상학자들, 예를 들어 존 맥도웰이나 데이비드 위긴스의 경우에는 감성 또는 감수성의 표현을 자신들의 실재주의에 수용한다. 그들은 드라이어나 콥의 구분을 무색하게 만든다. 왜냐하면 도덕 현상학자들에게 있어서는 실재주의는 감수성과 속성의 조합으로써만 가치의 실재성이 확실해지기 때문이다. 즉, 가치가 사실 또는 속성으로 존재한다함은 <감수성, 속성>의 동시적 경험으로만 확인된다는 것이다. 수반은 속성과 감수성(또는 반응) 간 어떤 종속적 관계를 상정하지만, 도덕현

---

14) Copp (2007), p. 155.

상학은 이들 간 대등하고 분리될 수 없는 관계를 규정한다. 즉, 앞서 수반의 경우와는 달리 외부적 사실이나 속성의 존재에 대한 인식과 그것을 느끼는 감수성 표출이 분리될 수 없다는 것이다. 전통적으로 주관주의자들이나 반실재주의자들이 감성이나 감수성을 도덕가치 인식의 기초로 삼았던 바, 드라이어의 실재주의와 반실재주의의 구분을 도덕현상학에는 적용할 수 없다고 생각한다.

더군다나 맥키는 스스로를 주관주의자(subjectivist)라고 칭하며, 모든 도덕 판단의 기반으로 도덕 행위자들의 감성, 욕망, 성향 등 주관적 요소를 꼽고 있다.[15) 상기한 수반의 경우에서도 맥키는 외부적 속성과 사실 자체가 도덕적이라는 시각보다는, 주관적 감성 등이 그런 속성과 사실을 도덕적으로 판단하게 한다는 표현론적 또는 블랙번의 투사론적 입장에 더 가깝다.[16) 그렇다면 엄격히 보았을 때, 맥키를 실재주의자 진영으로 분류하기에는 무리가 따른다.

여기서 필자는 누구의 구분 기준이 더 옳은가를 논하려는 것이 아니라, 드라이어가 구분하는 실재주의와 반실재주의는 그 기준이 애매모호해져서 맥키를 실재주의자로 해석하는 것이 큰 의미가 없을 수도 있음을 지적하려는 것이다. 드라이어는 전통적인 실재주의와 반실재주의가 형이상학적 구분임을 잘 알고 있으며, 그 구분에 의해서는 맥키가 실재주의자로 해석되기 어려움도 잘 알고 있는 듯하다. 그래서 드라이어가 축소진리론 등을 내세워 새롭게 실재주의와 반실재주의를 구분하지만, 그가 말하는 실재주의와 반실재주의라는 개념들조차 결국 애매모호해질 수도 있다는 것이 필자의 주장이다. 그렇게 된다면 맥키의 이론을 실재주의로 해석하는 것 자체가 무의미해질 수 있다고 본다.

---

15) Mackie (1977), pp. 27-30을 참조할 것.
16) Mackie (1977), p. 42 참조할 것.

2. 맥키의 회의주의 그리고 그것과 연관된 이론들

4. 맥키는 "맥키의 실책"을 저지르는가?

존 맥키가 객관적 도덕가치를 부정하는 가장 중심적 논쟁이 "기이함에 근거한 논변(Argument from Queerness)"이고, 이것이 드라이어가 맥키를 실재주의자로 해석하는 데에 가장 큰 걸림돌이 될 수 있음을 앞서 말하였다. 드라이어는 맥키가 객관적 가치 대신에 주관적 믿음을 논박했어야 했고, 그렇지 못한 것이 맥키의 "실책"이라는 것이다. 그런데 맥키가 부정하려 했던 도덕 객관주의가 도덕 실재주의와 같은 것일까? 만약 이 두 이론적 입장이 서로 같다면, 드라이어의 시도, 즉 "맥키의 실책"을 논하는 것은 지극히 타당하다. 맥키가 실책을 저질렀지만(즉, 그가 객관적 사실과 속성의 존재를 부정했지만) 그 실책을 교정한다면, 그가 실재주의자임을 보여줄 수 있는 길이 열릴 수도 있기 때문이다. 그런데 그 둘이 서로 다르다면, 맥키는 "실책"을 저지르지 않았다고 봐야 한다. 왜냐하면 맥키는 도덕 객관주의를 비판할 뿐이지 도덕 실재주의를 비판의 대상으로 삼는 것은 아닐 수 있기 때문이다. 이 두 가지 입장이 다르다고 언급하는 주장을 찾기가 어렵지만, 필자는 서로 다를 수 있다고 생각한다. 특히 맥키 자신이 자신의 저서 『윤리학(Ethics)』에서 "도덕 실재주의"라는 용어는 전혀 사용하지 않았기 때문에 이 부분은 심각히 생각해 볼 필요가 있다. 필자는 다음과 같은 두 가지 이유로 맥키가 반대하는 객관주의는 드라이어가 지칭하는 실재주의와 다르다고 본다.

첫째, 맥키는 그의 반객관주의 논쟁을 제 이 단계(second-order)의 도덕적 사고로 규정하고 있다. 제 이 단계 사고란 도덕가치의 위상(status)에 관한 논쟁으로, 도덕가치의 현상, 역할, 진위 판단의 기준 등을 다루는 제 일 단계 사고와 구별된다. 또 이 두 단계는 서로 완전히 분리되어 있다는 것이 맥키의 주장이다.[17] 즉, 그는 절대적인 도덕가치가 존재함을 부정하는 것이

---

17) Mackie (1977), p. 16을 참조할 것.

지, 도덕가치의 현실적 존재를 부인하거나 도덕적 판단에 진위가 전혀 없다는 것을 주장하는 것은 아니다. 그는 명백히 말하기를, 어떤 사회적 기준을 정하고 그것에 의해 도덕적 판단을 가부로 내릴 수 있음은 인정한다.[18] 그래서 맥키가 제 이 단계 도덕적 사고에서는 반객관주의자 또는 객관적 가치에 대한 회의주의자라고 하더라도, 제 일 단계적 (현실적) 도덕 현상에서는 그가 회의주의자가 아니라는 것이다. 우리가 일상적인 모든 도덕 현상을 존재하는 것으로 인정하고 도덕 판단의 진위를 또한 인정할 수 있지만, 그것이 영구불변하고 절대적인(소위 객관적인) 도덕가치에 근거한다는 것은 인정할 수 없다는 것이다. 맥키의 입장에서는, 불행하게도 대부분의 사람들이 이런 객관적 가치의 존재를 믿고 있다. 그는 객관적 도덕가치의 존재를 부인할 뿐만 아니라, 그런 존재에 대한 일반 사람들의 믿음도 잘못된 것으로 보고 있다. 이것이 그의 오류이론(error theory)이다. 다시 말하면, 그의 반객관주의는 도덕가치의 형이상학, 즉 가치의 본질과 위상에 관한 제 이 단계 논의에 관한 것이다. 반면에 실재주의는 물론 가치의 위상과 본질에 관한 논의이면서도 그 근거는 현실적 또는 제 일 단계적 가치의 존재에 근거하고 있다. 즉 "현실적으로 가치가 존재함을 부정할 수 없다."라는 시각이다. 특히 도덕 현상학자들은 현실적 가치의 분석이나 그 가치의 본질이 무엇인가를 논할 수 없다는 입장이다.[19] 또 자연주의자들도 "현실의 가치를 자연적이라고 할 때, 현실적 도덕 현상을 가장 잘 설명할 수 있다."라는 입장이다. 이와 같은 사실을 고려할 때, 드라이어는 맥키의 제 일 단계 논의에 집중해서 그를 실재주의자로 해석하려고 했다고 할 수 있다. 그러나 그렇다고 해서 맥키의 제 이 단계 논의, 즉 반객관주의가 무시될 수는 없다. 따라서 객관주의와 실재주의가 같고, 맥키의 본질이 (드라이어가 주장하듯) 실재주의자라면, 그의 이론 전체는 확연히 모순적이고 일관성 없는 이론으로 추락하고 만다.

---

18) Mackie (1977), pp. 25-7을 참조할 것.
19) 즉 가치의 분석불가능(unanalyzability)와 정의불가능성(indefinability)을 주장한다.

즉, 맥키 자신이 실재주의자이면서도 실재주의를 부인하는 것으로 밖에 볼 수 없다. 이것은 단지 "맥키의 실수"로 치부해 교정할 수 있는 문제가 아니라, 그의 이론 근본 구조가 잘못된 것이라는 결론을 내릴 수밖에 없다.

필자의 주장을, 맥키가 상정하는 도덕가치의 성격에 초점을 맞추어 다시 설명해 보기로 하자. 맥키가 "기이함에 근거한 논변"에서 가장 대표적인 객관적 가치로 들고 있는 것은 플라톤의 이데아(Idea)이다.[20] 이런 가치가 존재한다고 했을 때, 이 가치가 객관적이며 동시에 우리의 행위를 지시하는 기능이 있어야만 한다는 것이다. 또 객관적 도덕가치의 예로서 칸트의 정언명법(categorical imperative)을 들 수 있다.[21] 그런데 이런 가치들은 정합론적 가치들이다. 즉, 이성적 사고와 숙고를 통해서 얻을 수 있다고 보는 가치들인 것이다. 물론 이 객관적 가치에 대응론적 가치도 포함될 수 있다. 그러나 맥키가 대응론적 가치를 객관적 가치의 확실한 예를 보여주는 것은 없다. 반면에 실재주의는 어떤 가치가 사실과 속성으로 존재한다고 보는가? 실재주의가 옹호하는 가치는 대응론적 가치들이다. 대표적 실재주의인 자연주의는 도덕적 속성과 사실이 자연적임을 주장하고 있으며, 또 다른 실재주의인 현상학(phenomenology)도 도덕적 속성이 대응론적 가치임을 강조한다. 그렇다면 플라톤이나 칸트의 이론들이 실재주의로 말할 수 있지 않을까? 이것은 이론 분류의 문제이므로 그렇게 말할 수도 있다. 그러나 상기한 도덕 현상학이나 자연주의에서는 실재적 가치를 이성에 근거한 정합론적 도덕가치라고 보지 않는다. 그들은 기본적으로 경험론의 입장을 취하고 있으며, 플라톤이나 칸트와는 달리 이성적 성찰에 의한 가치의 존재 확인을 거부하는 것이다.[22] 맥키 또한 객관주의를 비판하는 주된 이유는 객관주의가 경

---

20) Mackie (1977), p. 40.
21) Mackie (1977), pp. 27–30.
22) 여기서 무어(G. E. Moore)는 좀 달리 파악될 수도 있다. 무어가 이성적 직관으로 도덕가치의 존재를 알 수 있다고 했지만, 그의 가치론은 종종 대응론적으로 이해되기도 한다. 즉, 가치가 외부적으로 실재한다고 보는 것이 그의 입장이라는 것이다.

험적 근거가 없다는 것이다.23) 따라서 맥키가 생각하는 객관주의가 드라이어가 상정하는 실재주의 같다고 볼 수는 없다는 것이 필자의 생각이다. 혹시 맥키의 객관주의가 실재주의를 포함하는 개념이라면, "맥키의 실책"이라는 방법으로 맥키의 논쟁을 수정할 수도 있다. 그러나 이런 드라이어의 해석은 맥키의 이론 자체에 근본적 모순이 있다고 보는 것이다. 맥키가 수반의 논의에서는 외부적 사실과 속성을 인정하지만, "기이함에 근거한 논변"을 통해 그런 사실과 속성의 존재를 정면으로 부정했다는 받아들이기 어려운 논리를 수용해야 한다. 또 맥키가 그의 『윤리학(Ethics)』 시작부터 객관주의를 반복해서 부정하는데, 단지 "맥키의 실책"이라는 방법만으로 그를 실재주의자로 만들 수 있다고 보기는 어렵다고 생각한다. 그런 점들을 고려할 때, 맥키는 처음부터 객관주의를 공격하였고, 오늘날 실재주의는 그의 관심 밖이었다고 생각된다. 즉, 맥키가 말하는 객관주의는 실재주의와 다르다는 것이다.

둘째, 그는 오늘날 실재주의의 하나인 자연주의에 대해 잠깐 언급하는데, 자연주의를 객관주의에 포함시켜 반박하지 않는다.24) 단지 그의 이론인 주관주의(subjectivism)가 자연주의보다 나은 점에 대해 설명하고 있다. 그의 말을 들어보자.

우리가 믿는 바로는, 윤리가 비인지론(non-cognitivism)적 연구가 상정하는 것보다는 윤리적 상황에 대한 지식이 더 문제시되며, 결심의 역할은 중요성이 덜하다는 것이다. 물론 자연주의는 이 일반적 믿음에 더 잘 부합한다. 어떤 행위가 잔인하거나 부당하거나 사려 깊지 못하다든지 또는 그 행위가 행복보다는 불행을 더 야기한다든지 등은 단지 선택이나 결심의 문제가 아닐 것이다. 그러나 자연주의가 이 조건을 충족하는 반면에 어떤 결점을 드러낸다. 자연주의자들의 분석에서는 도덕적 판단들이 실제적으로만 파

---

23) 맥키는 그의 Argument from Queerness 서두에 이런 주장을 한다. Mackie (1977), p. 38 참조할 것.
24) 맥키의 『윤리학』 저술 당시 도덕 현상학이 본격적으로 실재주의의 한 축으로 등장하지 않은 것이 그가 도덕현상학을 논의하지 않았고, 실재주의란 용어도 언급하지 않은 것으로 추정해 본다.

악된다. 그 실제성은 행위를 취할 사람 또는 사람들의 욕망과 만족에 전적으로 달려있다. 그러나 도덕적 판단들은 이것 이상을 요구하는 것으로 여겨진다. 자연주의의 시각은 도덕적 요구의 무조건적 특징(categorical quality)을 고려하지 못한다.[25]

여기서 맥키가 설명하는 자연주의는 오늘날 자연주의자들이 제시하는 자연주의보다는 좀 오래된 내용이다. 그는 자연주의가 도덕 판단이나 행위에서의 특징, 즉 오늘날 말하는 처방성 또는 지향성을 설명하지 못한다고 말한다.[26] 이것은 자연주의가 도덕적 판단과 진술의 핵심적 특징을 설명하지 못한다는 것이다. 그러나 자연주의가 중요시하는 도덕적 지식, 그리고 실제성 또는 실용성에 대해서는 장점으로 지적한다. 이것은 객관주의를 비판할 때와는 다른 방식의 비판이다. 객관주의는 그 자체가 오류이며 "기이한" 이론이라고 보지만, 자연주의는 그렇게 논박하지 않으며 객관주의에 포함시켜 논박하지도 않는 것이다. 자연주의는 일반적 윤리 현상을 설명함에 있어 장점과 단점이 공존하는 실용적 이론이란 것이다.

이런 점들을 고려했을 때, 맥키는 자연주의를 객관주의의 하나로 보지는 않고 있다고 할 수 있고, 그래서 그가 비판하는 객관주의가 드라이어가 언급하는 실재주의와 같다고 보는 견해에는 무리가 있다고 할 수 있다. 이렇게 객관주의가 실재주의와 다르다면, 맥키의 객관주의에 대한 비판, 즉 "기이함에 근거한 논쟁"은 실재주의를 논박하는 것이 아니며, 따라서 드라이어가 제안한 "맥키의 실책"도 불필요한 것이 된다. 다시 말하면, "기이함에 근거한 논변"이 맥키를 실재주의자로 해석하는 데에 어떤 걸림돌도 되지 않는다는 것이다. 이것은 반객관주의자인 맥키를 당연히 실재주의자로 해석할 수 있다는 말이 아니라, "기이함에 근거한 논변" 때문에 맥키가 실재주의자가

---

25) Mackie (1977), p. 33.
26) 이것을 맥키는 categorical quality of moral requirement라고 말한다. 오늘날의 자연주의자들은 물론 이런 특징을 자연주의에 끌어들이고는 있지만 그들의 시도가 성공적인지는 확실하지 않다.

될 수 없는 것은 아니라는 것이다. 오히려 현대의 실재주의자들이 맥키의 "기이함에 근거한 논변"을 거부할 이유가 없다고 필자는 생각한다. 왜냐하면 맥키와 실재주의자들이 모두 이성에 근거한 가치를 수용하기보다는 각 사회의 문화와 전통 속에서 필요성과 편리함 등에 의해 도덕가치가 형성되었다는 경험적 시각을 공유하기 때문이다.

이제까지 필자는 맥키의 이론을 실재주의로 해석하려는 드라이어의 시도에서 생기는 문제들을 지적하였다. 맥키를 실재주의자로 해석하는 데에는 근본적인 그의 형이상학적 입장(반객관주의와 주관주의)을 무시하거나 왜곡하는 결과를 낳을 수 있고. "맥키의 실책"은 그의 이론을 모순적으로 만들 수 있다고 보았다. 그럼에도 맥키의 실용적 도덕관이 실재주의와 별로 다르지 않을 수 있다고 필자는 생각한다. 오히려 실제적인 윤리 틀과 기준을 구성하는 과정을 보면, 맥키의 이론과 실재주의가 유사한 점들이 많이 있다. 아마도 드라이어는 이런 유사점에 근거해 맥키를 실재주의자로 해석하려고 했을 수 있다. 그러나 맥키의 이론을 실재주의로 만들려 하기보다는 실재주의가 중요한 점에서 맥키의 이론과 비슷하다고 말하는 편이 정확한 평가라는 것이 필자의 생각이다.

5. 맥키와 실재주의자들의 실용적 윤리관[27]

필자는 드라이어가 맥키를 실재주의자로 해석하는 것에 대해 부정적 견해를 밝혔다. 그럼에도 실재주의는 맥키의 도덕 이론과 여러 유사점을 공유하고 있다고 생각되는데, 그 유사점들에 대해 살펴보기로 하자.

첫째, 드라이어가 인정하듯 맥키와 실재주의자들은 모두 인지론, 즉 도덕

---

27) 이 주제를 충분히 다루자면 상당한 지면이 할애되어야 한다고 생각한다. 그러나 간략하게나마 이 주제에 대해 언급하지 않고서는 맥키와 실재주의자들 간의 관계에 대한 설명이 불충분해 보인다.

적 판단과 주장에 대해 진위를 판별할 수 있다는 주장을 한다. 그런데 그들은 인지론의 근거로 사회의 문화 또는 관습을 말하고 있다. 물론 그들 사이에 약간의 다른 점도 있을 수 있다. 맥키는 사회적 관습과 기준 자체에 더 무게를 둘 것이고, 실재주의자들은 그런 관습과 문화에 의해 외부적 사실과 속성이 규정되는 것이라고 말할 것이다. 이것은 이성론자들이 이성적 구성(construction)·직관·계약에 의존하는 것과 대비된다. 맥키는 "상대성에 근거한 논변"에서 다음과 같이 말한다.

> 간단히 말하자면, "상대성에 근거한 논변"이 어떤 설득력을 갖는 것은, 단순히 실제 각 사회마다 도덕률(moral code)의 다름이 (......) 도덕률이 생활방식을 반영한다는 가정에 의해 더 잘 설명되기 때문이다.[28]

여러 사회는 사회가 처한 환경 등에 의해 생활방식이 결정되고 도덕률은 이런 생활방식을 근거로 정해진다는 것이다. 다른 실재주의자들이 도덕 현상학자들도 이점에 있어서는 이견이 없다. 맥도웰이나 위긴스 모두 도덕가치가 문화와 밀접한 연관이 있음을 말한다.

> [우리]는 다음과 같은 사실에 주목해야 할 바, 실질적 도덕 판단에 관한 의견일치(consensus)가 있다는 것은 문화적 고려에 호소하는 설명 외에 다른 어떤 설명도 필요하지 않다.[29]

물론 이런 의견의 일치는 모든 사안에서 즉각적으로 이루어지는 것은 아니고, 수렴(convergence)이라는 과정을 거친다고 위긴스는 말한다. 처음에는 다양한 다른 판단과 의견이 있지만, 이런 다양함이 하나의 의견으로 통합되는 과정이 수렴(convergence)인 것이다. 또 아리스토텔레스가 말하는 도덕교육과 습관의 중요성을 강조하는 존 맥도웰은 한 사회의 도덕률과 가치의

---

28) Mackie (1977), p. 37.
29) Wiggins (1987), pp. 154-5.

내재화에 큰 중요성을 부여한다. 그는 실천이성을 끌어들여 도덕성 형성에 실천이성이 중요한 역할을 한다고 설명하지만, 실천이성이 가치 형성 자체에 역할을 한다고 보지는 않는다. 그 역시 도덕가치와 기준은 관습과 전통에 있다고 보는 것이다.[30] 자연주의자들도 이런 입장에 전혀 반대하지 않는다. 예를 들어, 자연주의자인 데이비드 콥은 다음과 같이 말한다.

> 우리는 사회 속에서 살 필요성을 느끼며, 사회는 공유된 규범과 기준들에 의해 통치되어야 하는 바, 구성원들 간 서로 이익이 되는 협동과 협력을 용이하게 하기 위해서다. (......) 더욱이 사회 간에 도덕률이 서로 다른 것은, 각 사회에서 도덕률이 얼마나 잘 이 목적[사회적 필요들을 충족하는 목적-필자 주]을 수행하는가에 달려있다.[31]

그래서 각 개인들의 도덕적 판단은 사회에서 주어진 어떤 도덕률과 얼마나 잘 조화되는가에 따라 그 진위가 정해지는 것이지만, 도덕률이 개인들의 판단에 근거하지는 않는다. 이것을 콥은 사회중심 이론(society-centered theory)이라고 부른다. 실재주의자들 사이에 도덕가치의 본질이 자연적이냐 아니냐를 두고 다른 입장을 보일 수 있지만, 가치 기준의 형성에는 이견이 없다고 할 수 있다.

둘째, 현대의 실재주의자들(즉 도덕 현상학자들과 자연주의자들)은 대개 맥키와 마찬가지로 도구적 이성관이나 도구적 도덕관을 갖고 있다. 즉, 도덕가치 자체가 추구의 대상이라기보다는 다른 가치들의 추구에 도움이 되기 때문에 필요하다는 것이며, 이성적 사고가 가치의 발견이나 획득에 큰 역할을 하지 않는다는 것이다. 이 점은 칸트 같은 이성론자들과는 배치되는 생각인 것이다. 맥키는 이성에 근거해 객관적 도덕가치를 찾으려는 칸트 등의 시도를 논박한 뒤, 이것을 명확히 하고 있다. 그에 의하면, 모든 도덕적 명령은 단지 가언명법(hypothetical imperative)이라고 한다. 즉 도덕가치 자

---

30) McDowell (1998), pp. 173-188.
31) Copp (2007), p. 13.

체를 추구하기 위한 도덕적 명령을 부정하는 것이다. 도덕적 명령은 어떤 기능을 갖고 있으며, 궁극적으로 그것은 개개인의 이기적 목적을 제한하며 사회 전체의 공동이익 추구를 원활하게 해 주기 위함이라는 주장이다. 또 그는 『윤리학(Ethics)』 5장에서 다음과 같이 말한다.

> 인간사의 자연적 흐름에서 상황을 나쁘게 만들어가는 요인들 중에는 다양한 한계들이 존재한다. 즉, 제한된 자원, 제한된 정보, 제한된 지적 능력, 제한된 이성 능력들이 있지만, 그중에서도 제한된 동정심(sympathy)이 가장 큰 요인이다. 사람들은 때때로 서로에게 적극적으로 나쁜 행위를 하지만, 그것보다도 사람들은 서로 돕기보다는 이기적 목적의 추구에 더 관심이 있다. 도덕의 기능은 주로 이런 제한된 동정심을 견제하는 것이다.[32]

도덕성이나 도덕 행위가 도덕가치 자체의 추구를 목적으로 하는 것이 아니라, 인간 삶에서의 갈등이나 불화를 조정하는 도구적 기능만을 갖고 있다는 것이다.

이런 시각은 도덕 실재주의자들에게서도 잘 드러난다. 우선 도덕 자연주의자인 리차드 보이드의 경우 모든 선(good)들이 서로 조화롭고 균형있는 관계를 맺고 있는 상태인 평형적 결과론(homeostatic consequentialism)을 제시하면서 이 평형 상태에서 도덕적 선(good)은 다른 선들(비도덕적 선들)을 증진시켜 주는 방향으로 움직일 때에 그 기능을 제대로 수행한다는 것이다. 쉽게 말하면, 도덕적 선의 역할은 다른 선들을 원활하게 추구할 수 있도록 도구적 종속적 역할만을 하고 있다는 것이다.[33] 도덕가치의 기능에 대한 보이드의 시각은 맥키와 다를 것이 전혀 없다. 뿐만 아니라, 또 다른 도덕 자연주의자인 피터 레일톤 역시 비슷한 시각을 제시한다. 그에 의하면, 도덕적 가치나 기준들은 사회 전체의 이익, 즉 그가 말하는 "객관적 이익"을 추구하는 과정에서 생기는 문제들을 조정하거나 해결하는 기능이 있으므로 도덕

---

32) Mackie (1977), p. 108.
33) Boyd (1997), p. 122를 참조하시오. 그의 이론에 대한 보다 상세한 비판은 윤화영 (2013b)를 참조할 것.

가치와 기준이 도덕 외적 가치(예를 들면, 행복이나 이익 같은 자연적 가치)로 환원된다는 환원론을 주장한다. 즉, 도덕가치나 기준 나아가 도덕성은 도덕 외적 가치의 원만한 추구를 위한 방편이고, 도덕 외적 가치의 추구에서 오는 갈등을 완화시키는 기능 자체가 그 본질이라는 것이다. 또 그는 말하기를, 도덕문제들을 제대로 이해하기 위해서는 "사회적 이성"의 관점에서 도덕 문제를 파악해야 한다는 것이다.[34] 이 "사회적 이성"은 사회문제를 사회 전체의 입장에서 바라볼 수 있게 하는 이성적 기능이라고 말할 수 있겠다. 그런데 이 이성은 그 범위가 사회문제의 이해와 해결이라는 범위에 한정되어 있다. 이성적 사유로 사회문제와 "객관적 이익"을 분석할 수 있는 기능이 아니라, 주어진 문제들(즉 갈등으로 인한 혼란 등)을 이성적으로 파악하는 기능일 뿐이다. 따라서 이 "사회적 이성"은 전형적인 도구적 이성이 된다.

도덕 현상학자들의 경우, 도덕가치를 도구적으로만 본다고 말할 수만은 없다. 즉, 도덕가치가 다른 가치로 환원되거나 다른 가치들의 실현을 위해 존재한다고 보지는 않는 것이다. 그들에게 도덕가치는 더 이상 분석할 수도 없고 정의할 수도 없다. 그러나 그들도 이성의 역할에 대해서는 자연주의자들과 비슷한 입장에 있다고 할 수 있다. 이성에 의존해 가치가 결정된다고 보지 않는 것이다. 가치의 인식이란 감수성의 문제임을 강조하는 그들은 감수성이론가들이다. 또한 데이비드 위긴스는 여러 번에 걸쳐 칸트가 말하는 도덕가치의 보편성이나 가치 자체로서의 목적성을 반박하고 있으며, 존 맥도웰도 칸트 도덕이론의 즉자(in itself)개념을 거부하고 있다. 즉 이성에 의해 파악되는 순수한 도덕가치란 없다는 것이다.[35]

---

34) Railton (1997), pp. 136-7과 p. 150을 참조하시오. 이 이론에 대한 보다 상세한 비판은 윤화영 (2013a)를 참조할 것.

35) Wiggins (1987), pp. 68-70, p. 154부터 참고하시오. 또 McDowell (1998), pp. 182-5. 이들 이론에 대한 필자의 상세한 논의는 윤화영 (2009)에서 찾아볼 수 있다.

6. 결론

상기한 두 가지 공통점은 모두 경험론적 특징이라 할 수 있다. 즉, 맥키와 실재주의자들은 근본적으로 경험론자들인 것이다.[36) 도덕가치의 본질이 무엇인가라는 점에서는 서로 다를 수 있지만, 가치의 본질을 분석하기 위한 출발점은 별로 차이가 없다는 것이다. 맥키는 경험론을 바탕으로 주관주의 또는 제 이 단계 회의론으로 나아갔지만, 실재주의자들은 경험론적 전통 위에서 가치의 현실적 객관성 및 실재성에 근거해서 실재주의를 주장하기에 이른 것이다. 특히 이들은 자신들이 의도하건 아니건 간에, 흄의 이론과 어떤 연결성을 가지고 있다고 할 수 있다. 맥키는 흄의 회의론적 시각과 가치의 현실적 실재성에 착안하여 가치 논의를 두 단계로 나누었다면, 자연주의는 흄의 자연주의적 가치론를 수용했다고도 할 수 있다.[37) 반면 도덕 현상학자들은 가치의 현실적 실재의 경험을 강조하며, 흄의 회의론을 배제한 것이다. 따라서 이들 모두는 맥키가 말하는 객관주의와는 대립하는 입장인 것이다. 그래서 드라이어가 맥키를 실재주의자들과 함께 묶을 수 있다는 생각을 한 것은 어느 정도 일리가 있다. 그러기 위해서 맥키와 실재주의자들 사이의 가치 형이상학적 차이를 축소진리론 등으로 해소하고, 수반을 중심으로 맥키가 실재적 가치를 인정한다고 드라이어는 재해석한 것이다. 그러나 그의 시도는 맥키와 실재주의자들이 구축해 놓은 이론적 차이를 너무 간과하고, 맥키의 형이상학적 입장을 왜곡하는 결과를 가져왔으며, 다른 반객관주의 또는 반실재주의적 인지론들조차 실재주의 이론으로 해석될 수 있는 문제를 야기한다고 할 수 있다.

---

36) 존 맥도웰은 자신이 칸트식 이성론자라고 주장할 수 있다. 그러나 그가 칸트를 수용하는 방식은 경험론을 기반으로 칸트의 실천이성을 수용하는 것이고, 순수하게 칸트의 입장을 받아들이는 것이 아니라고 본다.

37) 맥키나 자연주의자들이 노골적으로 자신들의 이론을 흄의 전통에 연관시키는 것은 아니지만 내용상 비슷한 맥락을 갖고 있다.

참고문헌

윤화영. 2009. 「감수성이론에서의 도덕적 진리」.『철학적 분석』19호: 65-88.

윤화영. 2013a. 「조지무어의 "열린 질문 논증"과 피터 레일톤의 환원론적 자연주의」.『윤리학』제2권 1호: 21-40.

윤화영. 2013b. 「무어의 "열린 질문 논증"과 코넬 학파의 도덕적 자연주의」.『철학연구』103집: 219-244.

Ayer, A. J. 1952. *Language, Truth, and Logic.* New York: Dover Publications.

Blackburn, S. 1984. *Spreading the Word.* Oxford: Clarendon Press.

Boyd, Richard. 1997. "How to Be a Moral Realist" in *Moral Discourse & Practice.* Stephen Darwall, et. al. ed. Oxford: Oxford University Press.

Copp, David. 2007. *Morality in a Natural World.* Cambridge: Campbridge University Press.

Drier, James. 2010. "Mackie's Realism: Queer Pigs and the Web of Belief" in *A World without Values.* pp. 71-86. Richard Joyce and Simon Kirchin. ed. New York: Springer Dordrecht.

Hare, R. M. 1964. *The Language of Morals.* Oxford: Oxford University Press.

Mackie, J. L. 1977. *Ethics: Inventing Right and Wrong.* England: Penguin Press.

McDowell, John. 1998. "Two Sorts of Naturalism" in *Mind, Value, and Reality.* John McDowell. ed. Cambridge: Harvard University Press.

Moore, G. E. 1988. *Principia Ethica.* New York: Prometheus Books.

Railton, Peter. 1997. "Moral Realism" in *Moral Discourse & Practice.* Stephen Darwall, et. al. ed. Oxford: Oxford University Press.

Stevenson, C. L. 1937. "Emotive Meaning of Ethical Terms." *Mind.* 46: 14-31.

Wiggins, David. 1987. *Needs, Values, Truth.* Oxford: Clarendon Press.

Abstract

Can John Mackie be a moral realist?

Hoayoung Youn

    James Drier argues that John Mackie, the well-known error theorist
and subjectivist, can be regarded as a realist. Although Drier does not
say that Mackie's view is realism at its face value, he believes that
realism's features can be drawn from Mackie's theory. Realism holds
that external moral facts and properties exist, that must be standards
of moral judgments. Drier argues that when Mackie explained
supervenience between moral facts and responses, he endorsed by
implication the existence of moral facts and properties. Moreover,
Drier tries to modify Mackie's Argument from Queerness to clear away
an obstacle standing in his new interpretation of Mackie. The author
argues that Drier's attempt not only distorts Mackie's metaphysical
stance, but also allows too many theories to be included in realism.
But there is something right in Drier's perspective, according to the
author. That is, Mackie and current realists are basically empiricists,
so that they share with each other some important perspectives on
morals.

Subject Areas: Metaethics, Ethics
Keywords: James Drier, John Mackie, Realism, Empiricism

존 맥키의 "기이함"과
월터 시노트-암스트롱의 "기이함"

윤 화 영

【주제분류】 메타윤리학, 윤리학

【주요어】 존 맥키, 월터 시노트-암스트롱, 기이함, 행위촉발성, 내재론

【요약문】 월터 시노트-암스트롱은 맥키가 주장하는 "기이함"이 행동으로 일어날 수 있는 어떤 심적 상황을 찾으려고 한다. 그는 다양한 내재론들을 검토해서 "기이함" 기반이 될 수 있는 두 가지의 내재론을 지목한다. 여기에 그는 "기이한" 행동이 확실히 성립할 수 있는 두 가지 조건들도 첨부한다. 필자가 주목하는 것은, 그의 주장이 옳은가 또는 그른가가 아니라, 그의 이론 전개 과정에서 그가 이해하고 사용하는 맥키의 개념들이다. 즉, "기이함," "오류," 등이 맥키의 그것들과 같은가 하는 점에 주목한다. 필자는 이 개념들이 맥키가 제시하는 원래의 개념들과 다르다고 주장한다. 그런 차이의 근원은 시노트-암스트롱이 맥키의 "두 단계의 도덕사고의 분리"를 충분히 수용하지 못하기 때문이라고 필자는 주장한다. 한 증거로서, "기이함"을 확인하는 행위가 두 이론가 사이에 서로 상반됨을 지적한다. 맥키의 "기이함"은, 객관적 가치들이 도덕 행위자의 행의를 촉발하지 못할 때에 확인됨에 반해서, 시노트-암스트롱의 "기이함"은 어떤 행위가 이루어져야만 확인된다는 것이다. 맥키는 제 이 단계 도덕사고에 근거한 "기이함"을 논하는 반면, 시노트-암스트롱은 제 일 단계적 "기이함"을 다루려고 함으로, 이런 서로 상반된 주장이 나오게 된다고 필자는 주장한다. 시노트-암스트롱이 "제 이 단계"의 사고와 "제 일 단계"의 사고가 상통할 수 있다고 보는 반면, 맥키은 이 두 단계의 사고가 분리되어 있다고 본다는 것이며, 이것은 맥키의 이론을 이해함에 중요한 점이라고 필자는 강조한다.

1. 서론

존 맥키의 『윤리학(Ethics: Inventing Right and Wrong)』이[1] 1970년
대에 발간됨으로써 메타윤리학적 논의가 다시 활발하게 되었다. 이 책에서
그는 당시 메타윤리학에서 우위를 점하고 있던 도덕 객관주의(moral
objectivism)에 대해 비판의 목소리를 높인다.[2] 20세기에 조지 무어(G. E.
Moore)로부터 리처드 헤어(R. M. Hare)에 이르기까지 이들 객관주의자들은
도덕적 가치가 다른 자연적 가치로 환원될 수 없다거나 또는 도덕적 가치란
이성의 산물이라는 주장을 하였다.[3] 더욱이 객관주의자들은 도덕적 언어의
분석을 통해서 자신들의 주장을 입증할 수 있다고 믿었다. 놀랍게도 반객관
주의자인 맥키 역시 일상적 도덕언어와 사람들의 도덕적 믿음은 도덕 객관주
의를 지지한다고 동의한다. 그럼에도 그는 도덕 객관주의를 맹렬히 반대하였
다. 그는 오류이론(error theory)에서 주장하기를 도덕적 언어와 믿음이 어떤
"잘못(error)"으로 오염되어 있다고 말한다. 다시 말하면, 사람들은 존재하지
않는 것을 믿고 있으며, 이런 잘못된 믿음이 언어에까지 침투되어 있다는
것이다. 또한 존재하지도 않는데, 그런 것처럼 믿어지는 객관적 가치들은 "기
이한(queer)" 것들이라는 것이다. 그는 주관주의(subjectivism) 또는 제 이
단계 회의주의(skepticism)를 제시하는 바, 도덕적 가치들은 이성에 의한 것
이 아니라, 욕망과 바람에 근거를 두고 만들어질 수 있다는 것이다.

---

1) 이하 『윤리학』 또는 *Ethics*라고 칭하자.
2) 도덕 객관주의는 맥키가 독특하게 사용하는 개념으로, 현대의 도덕 실재주의(Moral
   Realism)와는 다르다. 간단히 말하자면 도덕 객관주의는 기본적으로 이성론(rationalism)
   인 반면에 도덕 실재주의는 반드시 이성론이 아니다. 예를 들어, 현대의 도덕 자연주의자들
   은 자신들을 실재론자로 자처하지만, 이성론자로 생각하지는 않는다. 윤화영(2006)
   (2013a) (2013b) 참조할 것.
3) 리차드 헤어(Richard Hare)가 도덕 객관주의자인지에 대해서는 논란의 여지가 있을 수
   있다. 많은 학자들이, 헤어는 단지 비인지론자(non-cognitivist)이거나 감정론자(emotivist)
   일 뿐이라고 생각한다. 그렇지만 맥키는 그의 책 『윤리학』에서 그의 이론을 도덕 객관주의로
   다룬다. 필자의 의견으로는 맥키가 전적으로 옳다고 본다. 헤어는 스스로 칸트이론가로
   자칭하며, 그가 주장하는 핵심은 도덕적 당위성은 외부적 사실을 분석함으로써 설명될
   수 없다는 것이다.

맥키의 오류이론은 소개된 지 오래되었지만, 아직도 그의 이론에 대해서, 특히 그의 "기이함" 또는 "기이함에 근거한 논변"에 대해서 많은 논쟁이 진행되고 있다. 우선 이 개념은 주관주의나 반객관주의에 매력적일 수밖에 없는 것이, 만약 이 "기이함"이 증명된다면 객관주의자들에게는 치명타가 될 수밖에 없다. 반면에 객관주의 지지자들은 이 개념을 반드시 논박해야만 하는 것이다. 나아가 이 "기이함"을 (객관주의와 주관주의의 구분 없이) 모든 도덕적 가치와 판단은 잘못된 것일 수밖에 없다는, 도덕 현상의 본질적 특징으로 간주하기도 한다.[4] 본 논문에서 필자는 월터 시노트-암스트롱(Walter Sinnott-Armstrong)의 "기이함"에 대한 분석을 다루고자 한다. 그는 모든 도덕가치와 판단이 잘못된 것으로 맥키의 "기이함"을 해석하며, 또 이것이 어떤 내재론적 조건에서 가능한 것인가를 분석한다. 시노트-암스트롱의 목적은 맥키의 "기이함"을 직접적으로 옹호하거나 부정하기보다는, 맥키의 "기이함"이 가장 잘 성립될 수 있는 내재론적 조건을 찾는 것이라고 할 수 있다. 그러나 시노트-암스트롱의 허무주의적(nihilistic) 입장은 그가 맥키의 이론을 해석함에 어떤 영향을 미치고 있는 것으로 생각된다. 필자는 시노트-암스트롱이 다루는 "기이함"이나 "오류"가 맥키가 원래 제시했던 것들과 얼마나 부합하는지를 살펴볼 것이다. 그러기 위해서 맥키의 이론의 핵심에 대해 간략히 설명할 것이고, 시노트-암스트롱의 이론 분석에 더 많은 지면을 할애할 것이다.

필자의 분석에 의하면, 시노트-암스트롱이 사용하는 가치판단, 오류, 기이함 등은 맥키의 그것들과 차이가 있고, 그 원인은 맥키 이론의 중요한 개념인 "두 단계의 도덕사고가 분리되었음"을 충분히 고려하지 않은 데서 기인하는 것이다. 그런데 이런 잘못된 해석은 시노트-암스트롱의 문제만이 아

---

4) 이런 입장의 예로써 존 버지스(John Burgess, 2010)과 찰스 픽든(Charles Pigden, 2010)을 들 수 있다. 예를 들어 Burgess는 "내 생각에는 도덕적 판단들은 진리 값을 가질 수 없다(p. 8)."라고 말한다. 이 논문에서 다루고 있는 시노트 암스트롱(Walter Sinnott-Armstrong, 2010)도 이런 입장에 동조한다고 할 수 있다.

니라 빈번히 일어날 수 있다는 것이다. 결과적으로 이런 방식의 해석은 맥키를 모든 도덕적 진실을 부정하는, 말 그대로의 총체적 회의론자로 만들고 만다. 이것은 맥키의 입장이 전혀 아니다. 그러므로 이 논문의 목적은 단지 시노트-암스트롱의 이론을 비판하기보다는, 그런 비판을 통해 맥키의 이론을 좀 더 잘 이해하는 데에 있다고 할 수 있다.

2. 존 맥키의 오류이론과 논변

맥키의 이론은 널리 알려져 있으면서도 그가 정확히 어떤 주장을 했는가에 대해서는 빈번히 오해가 발생한다고 생각된다.[5] 여기서는 그의 이론을 간략히 소개하고, 중요한 개념 몇 개를 명확히 할 것이다. 우선 맥키의 오류이론(error theory)은 다음과 같다.

(ET) 비록 객관적 가치에 대한 믿음(즉 객관주의)이 도덕적 사고와 언어의 근간이지만, 이 믿음은 잘못된 것이다.[6]

오류이론이 옳음을 보여주기 위해 맥키는 두 가지의 논변을 제시하는 바, "상대성에 근거한 논변(Argument from Relativity)"과 "기이함에 근거한 논변(Argument from Queerness)"이 그것들이다. "상대성에 근거한 논변"은 중요도가 떨어지고, 본 논문의 목적과 거리가 있으므로, 생략하기로 하자. "기이함에 근거한 논변"을 간단히 말하자면, 존재하지도 않는데 사람들이 신뢰하는 객관적 가치 자체가 기이한 것이다. 나아가 이런 가치에 대해

---

5) 맥키는 자신을 주관주의자(subjectivist) 또는 제 일 단계 회의주의자로 칭하고 있음에도, 사이먼 블랙번(Simon Blackburn(1993))은 맥키를 투사론자(projectivist)로, 존 맥도웰(John McDowell(1998))은 그를 로크(John Locke) 전통의 경험론자로, 심지어 제임스 드라이어(James Dreier(2010))는 맥키를 도덕 실재주의자로 해석하기도 한다. 그만큼 맥키의 이론 해석에 어려움이 있음을 알 수 있다.
6) 맥키(1977) 48,9쪽을 집중해서 참조 바람.

믿음을 갖고 있으면서도 이 가치로부터 어떤 영향을 받지 않는 것도 기이함의 논의에 포함된다고 할 수 있다. 즉, 일반 사람들이 이 가치들에 대한 믿음이 있으며, 그 가치들을 근간으로 한 언어도 사용하고 있지만, 실제로는 이 가치가 지시하는 바 대로 동기유발이 되지 않는다는 것이다.[7] 여기서 "기이함(queerness)"을 정리하자면 다음과 같다.

> (Q) 존재하지도 않지만, 사람들이 신뢰하는 소위 객관적 가치의 존재가 기이한 것이다. 그런데 이 가치가 객관적으로 존재하지 않으므로, 그 가치를 믿는 마음상태도 기이한 것이다. 이 "기이함"은 소위 객관적 가치들이 도덕 행위자들에게 아무런 동기부여를 하지 못함을 보여주는 것으로 완성된다.[8]

이 "기이함"의 개념은 원래 형이상학적인 것이다. 그러나 이 기이한 가치나 속성을 신뢰하는 사람들의 마음을 논할 적에는 그것이 인식론적 또는 심리적 의미도 갖게 된다. 예를 들어, 맥키가 이 기이함을 흄의 "면식(acquaintance)에 의한 판단"과 비교할 때에, 이 기이함은 인식론적 (물론 잘못된 인식이지만) 특징을 갖게 되는 것이다. 이 "기이함"이 설득력을 가질 때에, 앞서의 오류이론이 증명된다. "기이함"이 옳다면, 객관적 가치는 없는 것이고 또 그런 가치 전반에 관한 믿음, 도덕적 사고, 도덕언어 등이 모두 잘못된 것이다. 오류이론이나 "기이함"에서 반복적으로 등장하는 또 다른 개념이 객관적 가치(objective values)인데, 이것은 다음과 같이 정리될 수 있다.

> (OV) 이성적 통찰을 통해 알 수 있다고 평가되는 도덕적 가치들로서, 플라톤이나 칸트 또는 시드윅(Sidgwick) 등이 옹호한 도덕가치 개념. 칸트의 정언명법이 대표적이다.[9]

---

7) 맥키의 "기이함에 근거한 논변"에서 그 기이함의 이유로 3가지를 들고 있다. 그렇지만 가치에 의해 동기유발이 되지 않는 것이 기이함의 주된 근거이다.
8) 맥키(1977) 38-40 쪽을 참조 바람. 이 "기이함"은 시노트-암스트롱의 것과 같지 않다. 시노트-암스트롱(2010) 55쪽 참조할 것.
9) 맥키(1977) 30쪽을 참조 바람.

이런 개념들과 더불어, 맥키의 이론에서 또 중요한 요소는, 두 단계의 도덕사고에 대한 구분이다. 맥키에 의하면, 제 일 단계 도덕적 사고는 현실적이고 실용적 도덕문제를 다루게 된다는 것이다. 예를 들어, 사회에서 정해진 도덕 기준에 따라, 개별적 도덕 판단이나 도덕적 주장의 옳고 그름을 판단할 수 있다. 또 어떤 행위에 대한 적절한 도덕 기준은 무엇인가에 대한 논의도 할 수 있다. 반면에 제 이 단계 도덕적 사고는 기준이 되는 도덕가치들에 대한 본질적 상태(status)를 논하거나 도덕가치 체계의 전반을 평가하는 사고가 된다는 것이다. 흥미로운 것은, 제 일 단계 사고와 제 이 단계 사고가 완전히 분리되어 있다는 것이 맥키의 주장이다. 그에 따르면, 제 이 단계의 사고 관점에서 보자면, 현 도덕체계를 구성하는 도덕 언어와 도덕가치들은 모두 잘못된 것이고(ET), 따라서 그는 보편적 가치의 존재에 대한 회의주의(skepticism)을 주장한다. 마찬가지로 객관주의에 대한 논의도 제 이 단계적 사고에 포함될 수밖에 없다. 왜냐하면 이것 역시 도덕가치의 본질에 관한 논의이기 때문이다. 그런데 맥키는 주장하기를, 자신의 회의주의가 제일 단계 사고에 영향을 미치지 않는다는 것이다. 제 일 단계 사고에서는 제이 단계 회의주의와 무관하게, 가치들과 가치판단의 기준들이 존재함에 의거해 도덕적 판단의 옳고 그름을 얼마든지 논의할 수 있다는 것이다. 즉, 그는 인지론(cognitivism)을 주장하는 것이다. 물론 이 두 단계 도덕적 사고의 분리에 대한 그의 주장은 비판이 가능하지만, 맥키의 입장이 그렇다는 것이다. 이 두 단계 도덕사고 역시 다음과 같이 정리될 수 있다.

> (TO) 도덕적 사고와 논의는 두 단계로 분리되어 있고, 각각의 단계가 다루는 주제들은 서로 다르다. 또한 각 단계의 사고들은 배타적으로 구분되며 서로 영향을 미치지 않는다.[10)]

두 단계의 구분은 잘 알려진 것이면서도, 종종 혼란을 불러일으킨다. 어떤

---

10) 맥키(1977), 15-17 쪽을 참조할 것.

이들은 맥키의 오류이론이, 모든 도덕적 판단이나 가치가 "잘못된" 것이라고 주장하기 때문에 진리 값(옳고 그름)을 가질 수 없다고 본다.11) 이것은 맥키의 입장이 아니다. 그는 말하기를, "객관적 가치가 존재하지 않는다는 명제를 기술하는 한 방법은, 가치에 관한 기술이 참도 거짓도 될 수 없다고 말하는 것이다. 그러나 이것은 잘못된 해석일 뿐이다. 객관적 가치가 없다고 해도 참과 거짓으로 판정될 수 있는 문장들이 존재 한다"12). 물론 참과 거짓의 판정은 어떤 기준들(standards)에 의해 수행할 수 있으며, 이런 판정이 임의적이 아니라는 것이 그의 주장이다. 이것은 도덕적 판단뿐만 아니라 다른 판단들에서도 마찬가지라고 그는 본다. 이렇게 두 단계의 사고가 분리되어 있으므로, 제 이 단계의 가치들이 잘못이라고 해도 제 일 단계의 논의는 얼마든지 가능하다는 것이다.

이제까지의 오류이론, 기이함, 두 단계 도덕사고와 인지론을 서로 엮어서 보면, 흥미로운 결론이 나올 수 있다. 비록 그가 객관주의 또는 객관적 도덕가치를 거부하지만, 모든 객관성(objectivity)을 부정하는 것은 아니다.13) 맥키가 스스로를 제 이 단계 회의론자로 부르는 것은 제 이 단계의 가치 객관성이 없다는 것이다. 즉 보편적이거나 영속성을 가진 도덕가치가 존재할 수도 없으니, 그런 가치를 옹호하는 객관주의가 틀렸다는 것이다. 그러나 제 일 단계의 도덕사고에서조차 객관성이 부정된다면, 인지론이 불가능한 것이다. 제 일 단계의 도덕 기준들에 객관성이 없다면, 판단의 옳고 그름을 말하는 것이 무의미한 것이다. 즉, 도덕적 판단과 주장을 판별하는 기준들

---

11) 이 논문에서 다루고 있는 시노트-암스트롱도 이런 주장에 동조를 하고 있고, 찰스 픽든(2010)도 이런 입장이다. 만약 "모든 도덕적 판단은 거짓이다."라고 할 때, "모든 도덕적 판단이 거짓이라는 주장은 참이다."가 성립되어야 한다. 그러나 맥키가 모든 도덕적 판단이 거짓이라고 말한다면, 두 번째 문장도 거짓이 되어야 한다. 픽든의 관심은, 어떻게 참인 도덕적 판단을 보여줄 수 있을까 하는 것이며, 복합 문장에서 이것이 가능하다고 말한다.

12) 맥키(1977) 25쪽.

13) 맥키(1977) 26쪽 참고할 것. 그는, "가치판단에 관해 주관주의자들은 기준과 연관해서 객관적 판정이 있을 수 있음을 부정하지 않는다."라고 말한다.

(standards)이 어떤 위상을 갖던 간에 제 일 단계의 객관성이 있어야 하는 것이다. 많은 사람들이 『윤리학』 5장 이후 맥키가 주관주의 관점에서 가치 기준들을 만들려는 노력(즉 가치 기준의 객관화)을 하는 것을 의아해한다.14) 왜냐하면 맥키가 가치의 객관성을 열렬히 부정해 놓고, 새삼스레 객관성이 있는 가치기준을 설명하려는 시도는 이율배반적일 수 있는 것이다. 그러나 이런 의아함은, 두 단계 사고가 분리되었다는 맥키의 주장을 충분히 받아들이지 못했기 때문이라고 생각된다.

이렇게 회의주의, 오류이론, "기이함" 등을 통해 맥키는 도덕 객관주의에 대해 급진적으로 비판하지만, 대비적으로 그의 인지론은 어떤 객관성을 옹호한다고 봐야 한다. 서로 상반된 성격의 이론 구성요소를 가졌기 때문에, 맥키의 이론은 종종 오해를 불러일으킨다. 상기한 개념 정리는 맥키의 시각을 이해하고, 시노트-암스트롱의 이론을 평가하는 데에 기억해야 할 최소한의 개념들이라고 할 수 있다.

3. 월터 시노트-암스트롱의 "기이함"

시노트-암스트롱은 맥키의 기이함을 다음과 같이 정리한다.

1. 도덕적 판단에는 어떤 특별한 영향력이 포함되어 있다.
2. 다른 판단들에는 그런 특별한 영향력이 포함되지 않는다.
3. 그러므로 도덕적 판단은 다른 판단들과 같지 않다.
4. 만약 도덕적 판단들이 다른 판단들과 이런 방식으로 같지 않다면, 도덕적 판단들은 결코 참(true)이 될 수 없다. (다른 판단들과 같은 방식으로)
5. 그러므로 도덕적 판단들은 결코 참이 될 수 없다. (다른 판단들과 같은 방식으로)15)

---

14) 리차드 조이스(Richard Joyce, 2010) 35쪽 참고할 것.
15) 시토트-암스트롱(Sinnott-Armstrong, 2010), 55쪽.

이 정리가 맥키의 "기이함"을 잘 보여주고 있는가는 논란의 여지가 많다. 필자가 정리한 "기이함"과 많이 다르다. 특히 "도덕적 판단은 결코 참이 될 수 없다"와 "객관적 가치가 존재한다함은 기이한 것이다" 사이에는 많은 차이가 있다. (이 차이를 논하는 것보다는 왜 이런 차이가 나타나는가에 대해 다음 절에서 다루고자 한다.) 그러나 시노트-암스트롱의 의도에 대해 먼저 논의해 보자. 이상과 같은 정리를 바탕으로 시노트-암스트롱은 맥키가 주장하는 "기이함"이 어떤 내재론(internalism) 위에 섰을 때에 가장 잘 성립할 수 있는가를 찾으려는 시도를 한다. 즉, 결론에 도달하기 위해서는 가장 먼저, 전제 1이 성립됨을 보여주어야 하기 때문이다. 시노트-암스트롱의 논의는 생각보다 대단히 제한적이다. 그는 1-5 전체를 다루려는 것이 아니라, 단지 전제 1을 충족시킬 수 있는 조건을 찾겠다는 것이다. 즉, 객관주의적 "기이함"의 원인은 마음의 문제이므로, 그 "기이함"을 유발하는 심적 상태를 명시할 수 있는 내재론으로 찾겠다는 것이다. 여기서 시노트-암스트롱은 다양한 형태의 도덕적 행위나 판단에 대한 시각들을 동기부여(motivation) 또는 행위촉발성(to-be-pursuedness)이라는 관점에서 재구성한다.16) 이런 제한성 때문에, 그의 논의에서 도덕적 판단의 대상일 될 수 있는 객관적 가치란 어떤 것인가 등이 매우 불투명하다. 그는 말하기를,

> 이 논문에서 나의 목표는 몇 가지 견해(version)의 내재론을 구분하고 이것들이 맥키의 논쟁에 맞출 수 있는가라는 의문을 던져볼 것이다. 나는 어떤 내재론이 객관성과 충돌관계에 있는지 아니면 객관성이 도덕적 판단과 뗄 수 없는 관계에 있는지 등에 대해서는 논의하지 않겠다. 대신 나는 맥키의

---

16) 혹자는 행동촉발성(to-be-pursueness)을 권고성(prescriptivity)과 같은 것으로 본다. 그렇게 본다면, 시노트-암스트롱의 시도는 도덕적 가치 자체의 권고성에 대한 의문이 되고, 그가 해석하는 맥키의 "기이함"은 도덕가치가 권고성을 갖는 것이 기이한 일이 된다. 그러나 이것은 사실이 아니다. 앞서 본대로, 시노트-암스트롱에 의하면 사태를 옳다고 판단했을 때에는 행동촉발성이 있으나, 잘못이라고 판단했을 때에는 행동촉발성이 없다고 말한다. 전자의 경우를 의문스런 경우로 보지 않으니, 그가 도덕가치의 권고성 자체에 대해 의문을 던지지 않는다고 볼 수 있다.

전제, 즉 특별한 영향력이 도덕적 판단에 포함되어 있다는 것에만 집중할 것이다. 맥키의 논의[즉 위에 정리된 기이함]에서 다른 부분들은 다음 기회에 다룰 것이다.[17]

이런 제한적 상황에서, 시노트-암스트롱은 다양한 종류의 내재론 (internalism)들을 "영향력"의 핵심, 즉 행위촉발성과 연관성이 있는지 없는지를 판단하고 연관성이 없는 것들을 제거한다. 그럼으로써, "기이함"과 연결된 내재론을 찾겠다는 것이다. 그는 첫째로 이유 내재론(reason internalism)을 제거한다. 이 내재론은 맥키의 "기이함"과 무관한 것 또는 도움이 안 되는 것으로 보는 것이다. 시노트-암스트롱이 말하는 이유 내재론(reason internalism)은 특별한 의미가 있다. 여기서 말하는 "이유"는 "자기정당화적 이유(justificatory reason)"라는 것인데, "행위나 상황에 관한 사실을 언급(예를 들어, 해악을 가져오는 행동을 막았다든지 또는 약속을 이행한 사실의 언급 등)을 함으로써"[18] 사람들이 자신들의 행동을 정당화하는 것을 말한다. 다음과 같은 상황을 생각해 보자. 어떤 이가 마을에서 존경받는 지도자를 살해했다고 하자. 살인자는 법정에서 왜 그가 살인을 저질렀는지 다음과 같이 말할 수 있다. "내가 죽인 사람은 겉으로는 선량하고 존경받는 인물이었지만, 실제로는 많은 범죄를 저지른 사람이었다. 나는 그의 사악함과 이중성을 용서할 수 없었으므로 그를 처벌한 것이다." 이 논리는 그의 진정한 살인동기가 아닐 수 있다. 단지 법정에서 그의 입장을 변호하는 수단일 수 있는 것이다. 시노트-암스트롱은 이 "이유 내재론"을 "기이함"과 연결시킬 수 없다고 하는데, 그것은 이 내재론에 행위촉발성(to-be-pursuedness)이 결여되어 있기 때문이라는 것이다. 쉽게 말하자면, 이 이성적 논리는 자기합리화용일 뿐, 진정성이 없으므로 행위를 하도록 동기부여가 되지 못한다는 것이다.

비슷한 이유로, 그는 "믿음 내재론(belief internalism)"도 배제하는 바,

---

17) 시노트-암스트롱(2010), 56쪽.
18) Ibid., 57쪽.

그 내용은 "규범적 믿음은 [기이한" 행위를 촉발하는] 특별한 영향력을 갖지
못한다."[19]는 것이다. 믿음이 어떤 행위를 촉발한다고 보는 것은 이상한 일
이 아닐 수 있다. 그러나 이 내재론이 시노트-암스트롱이 생각하는 "기이
함"과는 연관성이 없다고 보는 것이다. 그런 관점에서 시노트-암스트롱은
다양한 내재론을 차례로 제외하는데, 그것들은 "사실 내재론(fact
internalism)", "사고 내재론(thought internalism)" 등등이다.

그렇다면 어떤 내재론이 "기이함"을 가장 잘 설명할 수 있는가? 즉, 어떤
내재론이 잘못된 가치나 판단이 주어졌을 때, 그것으로부터 행위 유발을 끌
어낼 수 있는가? 그에 의하면, 다음의 두 가지 내재론이 "기이한" 행위를
설명할 수 있다는 것이다.

> 외관적 내재론(seeming internalism)
> [진실이 아닌] 도덕적 외관들 또는 허울들이 행위를 촉발하는 특별한 영
> 향력을 가질 때의 심적 상태.

> 외관적 판단 내재론(seeming-judgment internalism)
> 옳다고 여겨지는 도덕적 판단들이 행위를 촉발하는 특별한 영향력을 가
> 질 때의 심적 상태.[20]

시노트-암스트롱에 의하면, 만약 도덕 행위자가 잘못된 판단에 의해 어떤
행위를 해야만 한다는 것을 강하게 느끼고 이를 행할 때에, 이 경우는 "외관
적 내재론" 아니면 "외관적 판단 내재론"에 의한 행위라는 것이다. 이 내재
론의 특징으로 봤을 때, 행위자의 행동은 "잘못된" 것일 것이다. 그럼으로써
"기이한" 행동, 즉 "참이 될 수 없는 행동"이 성립하는 것이다. 또한 이 행위
는 "무조건적(non-conditional)"이고 즉각적으로 행위가 이루어져야만 한
다. 시노트-암스트롱은 이런 행위를 뮐러-라이어 착시에 비교해서 설명한

---

19) Ibid., 62쪽.
20) Ibid., 63쪽. 원문의 원활한 내용 전달을 위해 최대한 의역을 하였음.

다. 이 착시에서는 두 개의 길이가 같은 직선이 서로 다른 길이로 착각을 하게 되는 것이다. 마찬가지로 그는 말하기를, "잘못된 것으로 여겨지는 도덕적 생각은 어떤 특별한 힘[행위촉발성]이 없고, 사실 같아 보이는 모든 도덕적 생각들은 그 특별한 힘을 가지고 있다."21) 그래서 잘못된 판단을 하고 이 판단을 실행에 옮기면, 이것이 "기이한" 행동이 된다는 것이다.

구체적으로 "외관적 내재론" 또는 "외관적 판단 내재론"에 의한 행위의 예를 들어보자. 행인이 길을 가다가 어떤 집의 담을 넘는 사람을 발견했다고 하자. 행인은 이 사람을 도둑이라 생각하고 경찰에 신고하였다고 하자. 그러나 사실은 이 사람이 도둑이 아니라 집주인이었고 문 열쇠를 잃어버려 담을 넘은 것이었다. 이 경우 행인은 "담을 넘는 사람은 무조건 도둑이다."라는 잘못된 판단을 하고 있었고, 이 잘못된 판단에 의거해서 무조건적이고 즉각적인 행위를 하였다고 할 수 있다. 그의 심적 상태는 앞서 말한 외관적 내재론이나 외관적 판단 내재론에 영향을 받고 있었다고 할 수 있는 것이다. 그러나 이 행인이 반드시 이렇게 행동해야만 했을까? 행인은 상황을 좀 더 차근히 지켜보고 성급한 판단과 행동을 하지 않을 수도 있는 것이다. 다시 말하면, 상기한 예의 행인은 "기이한" 행동을 피할 수도 있는 것이다. "기이한" 행동이 일어날 수 있는 필요충분적 조건을 찾고 있는 시노트-암스트롱은 이런 의문에 대해 대비해 놓고 있다. "기이한" 행동이 이루어지기 위해서는 "[두 가지의 내재론에 의한] 도덕적 판단이 일인칭적 현재형의 상태에서 벗어나지 않아야"22) 한다는 것이다. 쉽게 말하면, 행인은 당시 자신이 내린 판단을 반추하거나 다른 사람이 겪은 비슷한 상황을 자신의 상황과 비교해 보는 제 3자적 생각을 해서는 안 된다는 것이다. 사려 깊은 사람이라면, 당연히 자신이 보고 판단한 것이 올바른 것인가에 대한 숙고가 있을 수 있다. 또 다른 사람의 경험에 비추어 자신이 바른 판단을 하고 있는지 의심해 볼

---

21) Loc. cit.
22) Ibid., 70쪽.

수도 있다. 이런 경우조차도 "기이한" 행동이 일어나지 않을 수도 있으므로 시노트-암스트롱은 추가조건을 붙이는 것이다. 그런데 이런 일인칭적이고 오로지 현 순간에 근거한 판단을 했다고 하더라도 도덕 행위자는 이 판단을 반드시 실행하는 것은 아니다. 주저함이나 두려움 또는 앞으로 다가올 상황에 대한 귀찮음 등이 있어서 판단을 실행에 옮기지 않을 수 있다. 위급한 상황에 빠진 사람을 돕기보다는 못 본체 외면하는 사례가 많이 있는 것과 같다. 판단을 실행에 옮기지 않는다면, "기이한" 행동은 역시 일어나지 않는다. 행동을 행하기 위한 강력한 동기부여가 또한 필요한 것이다. 그래서 시노트-암스트롱은 한 가지 조건을 더 첨부하게 된다. 즉, "기이한" 행동이 일어나기 위해서는 "[맥키와 같은] 내재론자는 이런 판단과 행동의 동기를 강하게 이어주는 어떤 개념이 존재함을 주장할 필요가 있다"고 말한다.[23] 행동을 실행함에 주저함이 없음을 보여줄 수 있는 논리가 필요하다는 것이다. 그럼으로써 "기이한" 행동이 일어나는 조건을 완성할 수 있다는 것이다.

정리하자면, 시노트-암스트롱이 생각하는 "기이한" 행동을 위한 조건들은 다음과 같다. 도덕 행위자가 잘못된 판단(그러나 도덕적으로 보이는)을 해야 하며, 도덕적 행위를 필요로 하는 순간에는 깊은 생각보다는 자신의 판단을 즉시 실행에 옮겨야 한다는 것이다. 그런데 시노트-암스트롱이 묘사하는 이 "기이함"은 맥키가 제시하고자 했던 "기이함"과 같은 것인가? 비록 시노트-암스트롱의 작업이 맥키의 "기이함"이 일어날 수 있는 조건들을 구체화하는 것이라고는 하지만, 맥키의 "기이함"과는 다른 개념을 제시하는 것으로 필자는 생각한다. 이제부터, 맥키의 "기이함"과 시노트-암스트롱의 "기이함"은 어떻게 다른지, 그리고 그런 차이는 어떻게 발생했는지에 대해 논의해 보기로 하겠다.

---

23) Loc. cit.

4. 맥키와 시노트-암스트롱 사이의 차이점들과 그 원인

필자는 시토트-암스트롱의 "기이함"이 맥키의 "기이함"과 상당히 다르다고
말했다. 맥키는 객관적 가치의 존재가 기이한 일이고, 그런 가치에 대한 사람들의
인식도 기이한 것으로 보았다. 또 그는 사람들이 믿는 객관적 가치가 사람들의
행동을 촉발하지 못함을 보임으로써 그 기이함이 확인된다고 본다.[24] 즉,
맥키의 "기이함"은 어떤 행위가 실행되지 않아야 그 개념이 확인되는 반면에,
이제까지 본 시노트-암스트롱의 "기이함"은 어떤 행위가 실행되어야만 확인된
다. 앞의 예에서 맥키의 "기이함"이 드러나려면, 이 행인이 갖고 있는 도덕가치나
판단이 이 행인의 행동에 아무런 영향을 미치지 못해야만 한다. 가치의 무기력함
이 드러나야만, 이런 가치를 실재한다고 믿는 인식 자체가 기이한 것으로
판명된다. 여기서는 시노트-암스트롱의 "기이함"은 맥키의 "기이함"과 큰
차이가 나는 부분임을 지적만 하고, 다시 돌아와 이 문제를 설명하도록 하겠다.

또 다른 차이가 있다. 시노트-암스트롱의 "기이함"은 일어날 수도 있고,
일어나지 않을 수도 있다. 잘못된 가치나 규범을 갖고도, 그가 나열한 조건
들이 충족되지 않아 행동이 없는 경우는 "기이함"이 일어나지 않는다. 상기
한 예에서 행인이 사려 깊다던가, 두려움이 많다던가, 아니면 남의 일에 관
여하기 싫어한다면 그는 경찰을 부르지 않았을 것이고, "기이한" 행동도 없
었을 것이다. 이런 조건들을 통해 "기이함"이 일어난다는 것일 뿐, 이 조건
들이 항상 충족되는 것이라고 시노트-암스트롱은 말하지 않는다. 이에 반
해서, 맥키에게 "기이함"은 항상 존재하는 것이다. 왜냐하면 그가 주장하는
"오류"가 사람들의 믿음, 언어, 사고체계 속에 언제나 존재하는 것이므로,
"기이함" 역시 항상 있어야만 한다.[25] 만약 객관적 가치가 사람들의 행동을

---

24) 상기한 (Q)를 참조 바람.

25) 맥키의 옹호론자인 리처드 가너(Richard Garner)조차도 이 점을 인정하고 있다. 즉,
맥키의 "기이함에 근거한 논변"이 설득력을 가지려면, 객관적 가치나 그 가치에 의거한
판단이 절대로 사람들의 행동을 유발해서는 안 되는 것이다. 리처드 가너(1990) 143~144쪽
참고할 것.

유발함이 밝혀진 경우가 있다면, 이 경우 "기이함"은 사라지는 것이고, 따라서 오류도 성립하지 않을 수도 있는 것이다.26) 예를 들어, 어떤 사람이 칸트의 정언명법을 받아들이고, 그 명령에 따라서 행동을 한다면, 이 경우에는 "기이함"이 없는 것이다. 왜냐하면, 맥키가 설정한 "기이함"의 조건, 즉 "객관적 가치는 행동을 유발하지 못한다"는 단서가 깨졌기 때문이다. 따라서 오류(error)의 증명 수단인 기이함이 입증되지 못했으므로, 오류가 존재한다는 것은 맥키의 주장일 뿐, 근거가 미약한 개념이 되는 것이다.

이번에는 "기이함"에서 행동을 유발하는 가치, 판단, 또는 사고에 대해 생각해 보자. 시노트-암스트롱은 "착각에 의한 판단" "그럴 듯하지만 틀린 판단" "익숙하지만 실은 잘못된 판단" 등을 "기이함"의 원인으로 보고 있다. 그런데 이런 판단의 이면에 있는, 객관적 가치에 대한 언급이 전혀 없다. 물론 앞서 보았듯이, 그가 그런 문제를 다루지 않겠다고 선언하기는 하였지만,27) 이것은 맥키의 "기이함"에서는 뺄 수 없는 개념이다. 맥키는 객관적 가치를 이성적 가치라고 말한다(OV). 이 이성적 가치가 경험적 측면에서 모두 잘못된 것이라는 말이다. 반면, 시노트-암스트롱은 "기이함"의 원인을 잘못된 판단에 있다고만 봄으로써, 이 판단의 대상은 어떤 가치도 될 수 있다고 생각된다. 실제로 그는 다른 곳에서 말하기를, "이 설명[맥키의 논변]이 어떤 객관적 도덕 사실을 필요로 하지 않는 까닭에, 맥키에 의하면 도덕적 사실이 전혀 존재하지 않는다고 보아야 한다."라고 한다.28) 다시 말하면, 잘못된 것으로 간주되는 것들은 단지 객관적 가치가 아니라 모든 도덕가치로 확대될 수 있다는 것이다.

이렇게 다른 개념의 가치와 판단은 적용범위도 다르다. 시노트-암스트롱의 부적절한 생각이나 판단에 의한 "기이함"은 객관주의자나 주관주의자 모

---

26) ET와 Q 참조.
27) 시노트-암스트롱(2010) 56쪽.
28) 시노트-암스트롱(2006) 38쪽. 이 점은 앞서 그의 "기이함" 해석에서도 확인된 것이다.

두에게 적용될 수 있는 반면에, 맥키의 "잘못된" 가치에 의한 "기이함"은 객관주의자들에게만 적용될 수 있다. 이 점을 앞서 본 행인의 예로서 설명해 보자. 경찰에 신고한 행인은 자연스럽게 객관주의자로 상정된다. 객관주의자들의 믿음이 기이하다는 것을 논의하고 있기 때문이다. 그러나 이 행인의 행태를 보면 그가 주관주의자로 보아도 하등 이상한 일이 아니다.29) 즉, 이 행인이 주관주의자라고 하더라도 시노트-암스트롱의 "기이함"은 충분히 적용된다. 주관주의자인 그 행인이 부적절한 판단을 내려 경찰에 성급히 신고한 것이다. 주관주의자나 객관주의자 모두 이런 종류의 부적절한 판단은 내릴 수 있는 것이다. 객관주의와 주관주의의 차이를 근본적으로 말하자면, 도덕가치의 내용에 대한 것이 아니라 그 위상에 관한 것이다. 객관주의는 도덕가치의 근원을 이성에 두고 있는 반면, 주관주의는 욕망과 바람에 있다고 볼 뿐이다. 그래서 도덕가치의 내용이 얼마든지 같을 수 있다. 여기서는 "담을 넘는 사람은 무조건 도둑이다."라는 잘못된 판단을 객관주의자와 주관주의자가 공유할 수 있는 것이다. 이 행인이 주관주의자라 해도 잘못된 도덕가치나 기준을 갖고, 시노트-암스트롱이 말하는 내재론적 조건을 모두 갖춘다면, "기이한" 행동을 얼마든지 할 수 있는 것이다. 그러나 맥키의 "기이함"을 구성하는 객관적 가치는 주관주의와 공유할 수 있는 것이 아니다. 맥키가 말하는 객관적 가치란 제 이 단계적 가치이고, 마찬가지로 객관주의 역시 제 이 단계적 도덕사고에 포함되는 것이다.30) 왜냐하면, 객관주의(또는 주관주의)는 도덕가치체계 본질과 전반적 위상에 관한 문제이기 때문이

---

29) 혹자는 말하기를, 맥키의 이론에서 도덕 행위자를 주관주의자로 상정할 수 없다고 말한다. 왜냐하면 맥키는 주관주의자에 대한 언급이 없기 때문이라는 것이다. 그러나 이것은 사실이 아니다. 맥키 자신이 주관주의자일 뿐만 아니라, 저 멀리 프로타고라스로부터 홉스와 흄으로 이어지는 주관주의의 전통이 있음을 그는 강조하고 있다. 맥키(1977) 107-110쪽 참조. 따라서 주관주의자의 행동 패턴을 충분히 고려해 볼 수 있는 것이다. 또한 리차드 조이스(Richard Joyce, 2010)는 말하기를, "기이함에 의한 논변"에서 상정하는 도덕 행위자를 주관주의자로 보았을 때, 이 논변이 가장 잘 설명된다고 한다. 맥키 자신이 주관주의자이므로, 주관주의적 사고방식과 행동양식을 항상 논쟁에 포함시키고 있다.

30) OV와 TO 참조할 것.

다. 따라서 맥키의 "기이함"은 제 이 단계적 도덕사고에 포함된다고 본다. 맥키의 회의주의와 같은 위상인 것이다. 반면에, 시노트-암스트롱이 다루는 "기이함"은 근본적으로 잘못된 개별적 도덕 판단의 내용이 근본적 문제이고, 이것은 제 일 단계의 도덕적 사고에도 해당하는 것이다. 이것은 맥키의 의도와 전혀 맞지 않는 것이다.

"기이함"과 가치에 대한 혼동은 당연히 맥키의 "오류" 개념에까지 연결될 수 있다.[31] 시노트-암스트롱이 말하는 맥키의 오류는 다음과 같다.

> 만약 도덕적 문장들과 믿음들에 진실을 추구하는 성향(truth-apt)이 있다면, 어떻게 그것들 모두가 사실이 아닐 수가 있을까? (......) 어떤 문장이나 믿음이 존재하지 않는 사실(fact)을 주장한다면, 그래서 그 문장이나 사실이 특정한 사실을 주장한다면, 그것은 모두 잘못된(false) 것이다.[32]

앞서 맥키의 "기이함"의 정리와 비슷하게, 시노트-암스트롱이 이해한 맥키는 모든 도덕적 판단과 가치에 오류가 포함되어 있다고 해석한다. 즉, 도덕적 판단과 주장에는 원래 진리치가 있을 수 없는 것 또는 모두 잘못된(false) 것인데, 사람들이 여기에 옳고 그름의 판정을 한다는 것이다. 반면에 맥키에게 있어서는 오류란, 객관주의에 근거한 잘못된 믿음이 현재의 도덕 체계를 총체적으로 지배하는 현상(ET)이다. 객관주의를 버리거나 수정하게 되면, 오류도 같이 없어질 수 있는 것이다. 그러나 시노트 암스트롱에게는 이런 오류가 근본적으로 도덕적 판단이나 가치로부터 분리될 수 없으므로, 오류를 수정할 방법이 없다. 시노트-암스트롱이 결국 도덕적 허무주의(moral nihilism)을 옹호하게 되는 것도, 그의 오류 해석과 무관해 보이지 않는

---

31) 시노트-암스트롱이 말하는 맥키의 오류 개념은 시노트-암스트롱(2006) 32-37쪽 참고할 것. 반복하자면, 여기서 그는 오류를 객관주의 문제가 아니라 모든 도덕적 가치와 판단의 문제로 보고 있다. 즉, 어떤 종류의 도덕적 판단과 가치에도 참이 없을 수 있다는 것이다. 적어도 이것이 맥키의 입장이라고 그는 생각한다.
32) 시노트-암스트롱(2006) 32쪽.

다.33) 문제는 시노트-암스트롱이 해석하는 "오류"나 "기이함"으로서는, 맥키의 제 이 단계 회의주의나 비교적 낙관적인 제 일 단계 인지론를 전혀 설명할 수 없다는 것이다. 맥키가 시노트 암스토롱과 같이 허무주의적 또는 회의주의적 입장만을 취하지 않기 때문이다.

이상에서 본 바와 같이 시노트-암스트롱의 개념들이 맥키의 개념들과 차이를 보이는 이유는, 시노트-암스트롱이 맥키가 주장하는 두 단계 도덕사고가 분리되었음(OT)을 충분히 고려하지 않은 이유가 크다고 생각된다.34) 물론 맥키의 두 단계 도덕사고에 관한 주장에는 의문과 비판의 여지가 많다. 그러나 맥키가 자신의 개념과 이론들을 이 두 단계 사고 구분 위에 구축했기 때문에 그것을 수용하지 않고는 맥키의 개념들과 이론 전체가 충분히 이해되지 못하는 것이다.

이제까지의 분석을 바탕으로, 왜 시노트-암스트롱이 행위촉발성(to-be-pursuedness)에 의존해서 기이함을 확인하려 했는가를 설명해 보자. 이 설명이 필요한 이유는, 행위가 "일어나지 않음(inactitivy)"을 통해 "기이함"이 드러난다는 맥키의 시각과 시노트-암스트롱의 시각이 정반대이기 때문이다. 물론 이것을 시노트-암스트롱의 맥키 이론에 대한 오해 때문이라고 치부해 버릴 수도 있지만, 이 차이는 해석상의 문제가 아니라, 주장 자체가 상반되므로, 어떤 해명이 필요해 보인다. 결론적으로 말하자면, 이것 역시 시노트-암스트롱이 맥키의 두 단계 도덕사고가 분리되었음을 간과한 것이 큰 이유라고 생각된다. 그는 기이함의 구체적 사례들을 현실적 그리고 개별적 판단과 행동에서, 즉 제 일 단계적 상황에서 찾으려 하였으므로, 행위촉발성(to-be-pursuedness)을 통해 기이함의 가시적 논증이 필요했던 것으로

---

33) 이것이 도덕문제에 관한 그의 기본 입장이다. 시노트-암스트롱(2006) 37-59쪽 참조 바람.
34) 시노트-암스트롱의 저작에서 그가 진지하게 두 단계 사고의 분리에 대해 논의한 것을 찾아볼 수 없다.

보인다.35) 기이함이 존재한다면, 어떤 행위를 통해 그것이 드러나야 할 필요가 있는 것이다. 즉, "진실 같아 보이는 그러나 진실이 아닌 판단"이 있을 때, 아무 행동이 일어나지 않는다면, 이것은 기이한 일이 아니라, 정상적인 사건이다. 그러나 "진실 같아 보이는 그러나 진실이 아닌 사고나 가치"로 인해 행동이 촉발된다면, 이것은 기이한 일이라고 할 수 있다. 반면에, 맥키의 "기이함"은, 제 이 단계적 사고에 포함된다. 개별적 판단이나 행동에 관한 것이 아니라, 가치체계 전반에 대한 평가이다. "진실인 것으로 믿어지는 가치체계(객관주의)"가 어떤 행동을 유발한다면, 그것은 객관주의가 옳은 것이고 기이한 일이 아닌 것이다. 그러나 행동을 유발하지 못한다면, 그 믿음은 기이한 것이고 가치체계는 부정될 수 있는 것이다. 비슷한 예를 들자면, 개인의 준법정신과 법체계의 훌륭함을 다루는 방법이 서로 다를 것이다. 개인의 준법정신을 논할 때에는 사람들이 얼마나 법을 잘 지키는가에 대한 여러 사례들을 제시함으로써 그들의 훌륭함을 보여줄 수 있다. 그러나 한 사회의 법체계가 훌륭함을 논할 때에는, 시민들의 불만이 없음을 보여주는 것(즉 행동이 없는 것)이 좋은 방법일 것이다. 맥키의 입장에서는 이 두 가지의 훌륭함을 논하는 것이 서로 무관하다고 보는 것이다. 또 다른 예로, 아름다운 건물을 이야기해 보자. 이 건물 곳곳의 구조와 장식이 아름다울 수 있다. 그러나 이 건물의 토대와 내구성의 우수성(아름다움)을 말할 때에는, "이 건물에 이상이 없다."라는 말로 설명할 수 있다. 역시 맥키의 입장에서는 이 두 개념의 아름다움의 논의가 서로 분리되어 있다고 보는 반면, 시노트–암스트롱은 분리를 하지 못하는 것이다. 이렇게 논증 주제에 따라서 논증방식이 바뀔 수 있는 것이다. 물론 이런 논증 방식 선택에 필연성이 있는 것은 아니다. 그러나 논증대상에 따라 선택할 수 있는 방식도 어느 정도는 정해진다.

---

35) 이것은 시노트–암스트롱이 제 이 단계적 "기이함"을 무시했다는 것이 아니라, 두 단계가 분리되어 제 일 단계적 "기이한" 행동으로 제 이 단계적 "기이함"을 설명할 수 없다는 것이다.

맥키가 "기이함"이나 "오류"를 다루는 목적이 도덕체계 전반을 논하는 제
이 단계적 도덕사고임을 시노트-암스트롱이 간과하였으므로, 행동촉발성
(to-be-pursueness)이라는 논증방식을 채택하고, 개별적 판단과 행동의 분
석을 통해 제 일 단계적 기이함을 입증하려 한 것으로 생각된다.

맥키의 두 단계 사고가 서로 분리되어 있음을 시노트-암스트롱이 충분히
고려하지 않았다는 사실은, 앞서 본 "기이함" 논쟁의 재구성에서도 드러난다.

1. 도덕적 판단에는 어떤 특별한 영향력이 포함되어 있다.
2. 다른 판단들에는 그런 특별한 영향력이 포함되지 않는다.
3. 그러므로 도덕적 판단은 다른 판단들과 같지 않다.
4. 만약 도덕적 판단들이 다른 판단들과 이런 방식으로 같지 않다면, 도덕적
   판단들은 결코 참(true)이 될 수 없다. (다른 판단들과 같은 방식으로)
5. 그러므로 도덕적 판단들은 결코 참이 될 수 없다. (다른 판단들과 같은
   방식으로)

이 재구성에서 시노트-암스트롱은, 다른 판단들이 참 또는 사실로 판정될
수 있지만, 도덕적 판단이 다른 판단(예를 들어, 사실적 판단)과 다르므로,
참 또는 사실이 될 수 없다고 한다. 이 관점이 바로 그가 맥키의 "오류"를
객관주의의 문제가 아닌, 모든 도덕적 판단과 가치의 문제 전반으로 확대하
는 이유일 것이다. 그러나 이런 방식은 맥키의 인지론을 전혀 설명할 수 없
으며, 주관주의에 입각해서 제 일 단계적 가치기준을 만들려고 맥키가 노력
하는 사실도 설명할 길이 없게 된다. 따라서 시노트-암스트롱의 결론 5는
맥키의 주장이 될 수 없는 제 일 단계의 회의주의(또는 총체적 회의주의)를
옹호할 뿐이다.

그렇다면, 상기한 논증에서 어디가 잘못될 것일까? 어디서부터 맥키의
생각과 달라진 것일까? 필자의 생각으로는 4에 잘못이 있다고 본다. 고쳐서
서술해 보면,

4'. 만약 도덕적 판단들이 다른 판단들과 이런 방식으로 같지 않다면, 도덕적 판단들은 결코 객관적 판단이 될 수 없다. (다른 판단들과 같은 방식으로)

5'. 그러므로 도덕적 판단들은 결코 객관적 판단이 될 수 없다. (다른 판단들과 같은 방식으로)

이렇게 함으로써 맥키의 오류이론도 설명되고, 그가 비인지론자로 잘못 해석되는 것도 피할 수 있으며, 그가 주관주의에 근거한 인지론을 구성할 수 있는 가능성도 열어준다.[36]

시노트-암스트롱은 4'에 대해 다음과 같은 반론을 펼칠 수 있다. 도덕적 판단이 본질적으로 객관적 판단이 아니므로 역시 참이 될 수 없다는 것이다. 그러나 적어도 이것은 맥키의 생각이 아니다. 맥키의 제 일 단계 인지론과 더불어 도덕적 판단도 진리 값을 가질 수 있음을 의미하는 또 다른 단서가 있다. 맥키에 의하면, 도덕적 속성들은 로크가 말하는 제 이차적 (secondary) 속성들인 색감(color)과 같은 종류라는 것이다.[37] 비록 색감이나 도덕가치가 제 일차적(primary) 속성에 해당될 수는 없지만, 그래서 그것들이 외부세계의 근본을 구성하는 구조적 가치(fabric value)를 가질 수는 없지만, 그렇다고 해서 그것들이 모두 참과 거짓을 말할 수 없는 가치라고 보지 않는 것이다. 색깔이 객관적으로 존재하는 것이 아니라, 우리의 감성이 투사된 것이라고 해도, 색감이 옳고 그름을 객관적으로 말할 수 있는 것이다. 이것은 맥키가 제 이 단계 사고에서는 회의주의자이지만, 제 일 단계에서는 인지론자가 될 수 있다는 사실을 뒷받침하는 것이다. 시노트-암스트롱의 주장은 제 일차적 속성만이 진리 값을 갖는 사실에 해당하고 제 이차적 속성은 사실도 아니고 진리 값도 가질 수 없다는 입장과 같다. 이것은

---

36) 이런 해석의 예는, 데이비드 필립스(David Phillips, 2010)를 참조할 것.

37) 맥키(1977) 19쪽 참조 바람. 로크의 속성분류에 비교해서 맥키의 시도를 설명하자면, 제 일차적 속성으로 잘못 알려진(오류이론) 도덕가치를 원래 특징에 맞게 제 이차적 속성으로 다루자는 것이다. 그럼으로써 바른 인지론도 정립할 수 있다는 것이다.

맥키의 입장이 아니다. 따라서 그를 도덕에 관한 한, 총체적 회의주의나 허무주의를 지지한다고 전혀 볼 수 없는 것이다.

5. 결론

시노트-암스트롱의 입장에서는 자신의 개념들과 논쟁이 맥키가 제시한 원래 의미를 벗어난 것이라고는 생각하지 않을 수 있다. 소위 (객관적) 가치 판단에 잘못이 있다는 것, 오류와 기이함은 맥키의 주장의 핵심이다. 또한 행위촉발성(to-be-pursuedness)이 이런 문제와 밀접한 관계가 있다는 것도 바로 맥키는 주장이다. 그러나 시노트-암스트롱이 놓친 것은 바로 맥키의 두 단계 도덕사고의 분리라고 여겨진다. 그래서 그는 맥키가 제시한 문제들을 현실적 또는 개별적(즉 제 일 단계적) 논의로 해석하게 되고, 그럼으로써 맥키의 제 이 단계적 사고에 근거한 개념들이 조금씩 왜곡되게 된다. 그런 왜곡의 결과가 가장 극명하게 드러난 부분이, 행위를 촉발하는 조건들을 통해 "기이함"을 보여줄 수 있다는 입장으로, 이것은 맥키의 주장과는 정반대가 되어버린 것이다.

참고문헌

윤화영. 2006.　　「존 맥키의 "기이함에 근거한 논변" 비판」.『철학적 분석』
　　　　　　　　 14호: 45-65.

＿＿＿＿, 2013a.　「조지무어의 "열린 질문 논증"과 피터 레일톤의 환원론적
　　　　　　　　 자연주의」.『윤리학』제2권 1호: 21-40.

＿＿＿＿, 2013b.　「무어의 "열린 질문 논증"과 코넬 학파의 도덕적 자연주의」.
　　　　　　　　 『철학연구』103집: 219-244.

Blackburn, Simon.　"Errors and Phenomenology of Value." In Blackburn (1993),
1993.　　　　　　 pp. 149-65.

Blackburn, Simon.　*Essays in Quasi-Realism*. Oxford University Press.
1993.

Burgess, John P.　"Against Ethics." In Joyce & Kirchin (2010). pp. 1-15.
2010.

Dreirer, James. 2010.　"Mackie's Realism: Queer Pigs and the Web of Belief." In
　　　　　　　　 Joyce & Kirchin (2010). pp. 71-86.

Garner, Richard T.　"On the Genuine Queerness of Moral Properties and Facts."
1990.　　　　　　 *Australasian Journal of Philosophy* (No. 2): 137-146.

Joyce, Richard. 2010.　"Patterns of Objectification." In Joyce & Kirchin (2010), pp.
　　　　　　　　 35-53.

Joyce, Richard &　*A World Without Values*. New York: Springer.
Simon Kirchin. 2010.

Hare, R. M. 1952.　*The Language of Morals*. Oxford University Press.

Mackie, J. L. 1977.　*Ethics: Inventing Right and Wrong*. England: Penguin Press.

McDowell, John.　"Values and Secondary Qualities." In McDowell (1998).
1998.　　　　　　 pp. 131-150.

McDowell, John.　*Mind, Value, and Reality*. Cambridge: Harvard University Press.
1998.

Moore, G. E. 1988. *Principia Ethica*. New York: Prometheus Books.

Pigden, Charles R. 2010. "Nihilism, Nietzsche, and the Doppleganger Problem." In Joyce & Kirchin (2010). pp. 17-34.

Phillips, David. 2010. "Mackie on Practical Reason." In Joyce & Kirchin (2010). pp. 87-99.

Sinnott-Armstrong, Walter. 2006. *Moral Skepticisms*. Oxford University Press.

_____, 2010. "Mackie's Internalisms." In Joyce & Kirchin (2010). pp. 55-70.

Abstract

John Mackie's "Queerness" and Walter Sinnott-Armstrong's "Queerness"

Walter Sinnott-Armstrong tries to find out the mental circumstance in which John Mackie's queerness can be realized. He examines various internalisms, and singles out two as the basis of Mackie's queerness. And he added two additional conditions that may make sure the occurrence of the queerness. The author focuses not on whether Sinnott-Armstrong's argument is successful, but on whether he correctly interpretss and uses Mackie's conceptions like queerness or error. The author argues that Sinnott-Armstrong misinterprets those conceptions because he does not fully take into account Mackie's separation of "two-order moral thought." As an evidence, the author points out the opposite ways of confirming queerness between the two theorists. The Sinnott-Armstrong's queerness is confirmed when an activity is carried out while the Mackie's is approved when there occurs no activity. According to the author, it is because Mackie talks about the queerness based on the second-order moral thought, while Sinnott-Armstrong deals with a conception of queerness in the first-order. So, their cases of approving queerness become opposite to each other. The author's point is that Sinnott-Armstrong may think the two orders' moral thoghts are commensurable with each other while Mackie denies the commensurability. This is very crucial point in reading Mackie, according to the author.

Subject Areas: Metaethics, Ethics
Key words: John Mackie, Walter Sinnott-Armstrong, Queerness, To-be-pursuedness, Internalism

3

감수성이론과
도덕적 자연주의

3장 소개말

3장에서는 현대 메타윤리학 이론들 중 많이 알려진 감수성이론과 도덕적 자연주의에 대한 필자의 논문을 수록하였다. 먼저 「감수성이론에서의 도덕적 진리」를 언급해 보자. 도덕가치가 감수성에 근거한다는 주장은 아주 많다. 앞서 소개한 맥키나 블랙번 등 모두가 그런 주장을 하고 있으나 '감수성이론'은 다른 점이 있다. 이 이론을 주장하는 사람은 존 맥도웰(John McDowell)과 데이비드 위긴스(David Wiggins) 등이 있다. 이 이론의 특징은 어떤 도덕적 진리를 포착하는 순간 진리를 포함한 외부적 속성과 내부적 감성이 〈속성, 반응〉의 결합을 이룬다는 것이다. 여기에는 많은 의미들이 포함되어 있는데, 첫째는 이 결합은 주어진 현상(phenomenon)으로써 더 이상 분석이 불가능하다고 주장한다. 그래서 도덕가치의 형이상학 같은 것은 이성적 논의가 불가능하다는 것인 바, 이것을 침묵론(queitism)이라고 부른다. 두 번째, 〈속성, 반응〉의 결합에서는 속성과 반응의 선후가 없다는 것이며, 따라서 이것을 무선후이론(no-priority view)이라고 그들은 부른다. 셋째, 이 결합을 다른 개념으로 정의할 수도 없다는 것이다. 도덕적 경험의 가장 근본이라는 것이다. 필자의 비판은 "잘못된 인식과 제대로 된 인식의 차이를 어떻게 설명할 수 있는가?"라는 질문으로 시작한다. 만약 어떤 〈속성, 반응〉이 잘못된 인식이라면, 예를 들어, 누군가가 남을 돕는 행위가 남을 괴롭히는 행위로 인식되었다면, 이것을 바로 잡는다는 것은 〈속성, 반응〉을 분석하지 않고는 불가능하다는 것이다. 그렇다면 이 〈속성, 반응〉의 결합은 일반적 도덕 행위를 인식하는 형태라고 주장할 수는 있지만, 이 결합으로 도덕적 진리가 인식된다는 주장은 설득력이 충분하지는 않다고 하겠다. 위긴스는 이런 비판을 예상했는지 수렴이론(convergence theory)라는 것을 제시하고 있다. 즉, 처음에는 많은 사람들이 도덕적 진리라고 생각했던 것들이 잘못임이 드러나고 시간이 지남에 따라 진실한 〈속성, 반응〉으로 다가간다는 것이다. 역사적으로도 그런 움직임을 보이기도 한다고 말할 수 있다. 그런데 이 주장은 어떤 이유로 이 결합이 진실로 접근해 가는지 설명이 충분하지 않다. 이것은 헤겔의 변증법 같은 시도라고 볼 수도 있지만 그 변증법의 문제점 또한 갖게 된다. 필자는 이런 수렴 역시 속성과 반응을 분리시켜 분석해야만 진실로의 접근이 가능하다는 것을 주장한다.

「존 맥도웰의 도덕적 제 이의 천성: 무엇이 문제인가?」에서 필자는 맥도웰이 말하는 도덕성 성취 과정을 비판하고 있다. 맥도웰은 아리스토텔레스가 말하는 교육과 습관의 필요성을 받아들여 교육과 습관이 도덕성 형성에 중요하다는 입장이지만, 아리스토텔레스의 목적론적 설명을 거부하고 있다. 즉, 충분한 도덕성의 발현이 인간 삶의 목적이라는 것을 거부하는 것이다. 또 맥도웰은 칸트의 실천적 이성을 빌려오면서도 여기서 어떤 조망점(vantage point)이 있다는 생각을 부정한다. 그의 설명이 난해하고 불분명하지만 아마도 보편성 또는 보편화가능성이라는 생각이 도덕사고의 중요한 요소라는 것을 부정하는 듯하다. 그렇다면 맥도웰의 실천적 이성은 도대체 무엇인가? 이것은 본능의 충동을 뛰어넘으려는 사고 기능이라는 것이다. 맥도웰의 설명이 전혀 틀렸다라고 말하기는 어렵지만, 필자의 생각으로는 그 정도의 실천적 이성은 타산적 이성이라고 할 수 있으며 또한 그런 정도의 이성적 능력으로는 인간사회에서 이제까지 만들어져 온 도덕체계를 제대로 설명할 수 없다는 것이다.

20세기 초 메타윤리학적 논쟁의 시발점은 조지 무어(George Moore)의 '열린 질문 논증'이며, 이것은 도덕적 자연주의를 논박하기 위한 것이었다. 헤어(R. M. Hare)의 '권고성(presciptivity)' 또한 같은 역할을 한다고 할 수 있다. 이에 대한 응답으로 자연주의자들은 개미나 꿀벌 같은 자연세계에서도 도덕성을 찾아볼 수 있고, 이 권고성 또한 자연적 특징임을 주장하여 왔다. 그러면서 그들은 도덕성 또한 자연적 개념과 언어로 충분히 설명할 수 있다고 주장한다. 필자는 자연주의의 대표적 두 조류, 즉 환원론적 자연주의와 비환원론적 자연주의를 비판한다. 「조지 무어의 "열린 질문 논증"과 피터 레일톤의 환원론적 자연주의」와 「무어의 "열린 질문 논증"과 코넬 학파의 도덕적 자연주의」에서 필자는 자연주의를 검토하고 있다.

Overview of Chapter 3

Chapter 3 contains my articles on Sensivitiy Theory and Moral Naturalism. Let us talk about 「Moral Truth in the Sensibility Theory」 first. Many theories hold that moral values are based on sense or sensitivity. Mackie and Blackburn share this view too. However, the sensitivity theory has more features than that. Sensitivity Theory has been proposed and advocated by John McDowell and David Wiggins. This theory holds that the moment of ascertaining moral truth is represented by the combination of ⟨property, response⟩. This form of combination has several meanings. First, the combination is a phenomenon that cannot be analyzed. According to them, it is impossible and meaningless to discuss rationally metaphysics of moral values or properties. This feature of the sensibility theory is named "queitism." Second, there is no priority between "property" and "response" when a moral property is ascertained. This is the "no-priority view." Third, the combination cannot be defined by other concepts. It is phenomenon which is the basic of our moral experience. The author questions: "How can falsity combinations be distinguished from truth ones?" If a combination of ⟨property, response⟩ turns out to be a mistaken experience — such as mistaking an innocent person for a criminal — the combination must be analyzed in order to correct the first wrong impression. If so, the unanalyzable combination can represent a moment of having moral experience, but not that of moral truth. Wiggins seems to be prepared for such a question. He proposed the convergence theory, according to which initial misunderstandings can be corrected and converged into true combination of 〈property, response〉 over time. Although we can see such trends in history, this allegation is a bit suspicious because there is no persuasive reasoning to explain whether the convergence on truth really can happen. This is similar to Hegelian project for truth, so the convergence theory the same drawbacks with Hegelian project. Moreover, the convergence may require the break and analysis of the combination, I think.

「John McDowell's Second-nature Theory: What is its Problem?」 is a criticism of McDowell's description on the process of achieving moral mind. He agrees with Aristotle in saying that education and habit are important to achieve moral mind. But he rejects Aristotle's teleology. That is, he does not approve that human life has an ultimate goal—being a man of virtue. Also He borrows the concept of practical reason from Kant. But he refuses that there is a vantage point in attaining moral mind as second nature. Although his theory is a bit ambiguous and abstruse, his point would be that universality or universalizability is not a crucial factor in achieving moral thinking. Then what is McDowell's practical reason? It is a thinking which can constrain the impulse of instincts. McDowell's account is partly plausible, but his concept of practical reason cannot fully explain human beings' mature moral aptitude on which the current moral institutions can be built. I think his concept of practical reason would be close to prudence.

At the beginning of twentieth century, it was Moore who kindle the metaethical argument against ethical naturalism. I talked about his

Open Question Argument, and Hare's concept of prescriptivity, all of which are tools of refuting naturalism. In reply, naturalists argue that the prescriptivity and moral concepts are also natural features, so they could be explained by natural or factual concepts. I criticizes reductive naturalism and irreductive naturalism in 「George Moore's "Open Question Argument" and Peter Railton's Reductive Naturalism」 and 「G. E. Moore's Open Question Argument and Cornell Realists' Ethical Naturalism」 respectively.

감수성이론에서의 도덕적 진리[*][†]

윤 화 영[†]

【주제】메타윤리학, 윤리학, 인식론

【요어】무선후이론, 인지론, 수렴, 분석불가능성, 데이비드 위긴스, 존 맥도웰

【요약본】데이비드 위긴스와 존 맥도웰이 제시한 감수성이론의 두드러진 특징은 도덕적 진리의 인식이 <속성, 반응>의 결합에서 온다는 주장이다. 이것을 무선후이론(no-priority view)이론이라고 하는데, 속성과 반응이 동시에 인식된다는 것이다. 이 무선후이론의 중요한 조건은 분석불가능성인데, 상기한 결합이 분석되지 못함을 규정함으로써 무선후이론이 지탱되는 것이다. 이 현상학적 진리가치론은 많은 예외적 상황에 부딪치게 되고, 감수성이론가들은 수렴이라든가(위긴스) 이성의(맥도웰) 개념들을 끌어들여 도덕적 진리를 설명하려고 한다. 이 논문에서 필자가 주장하는 바는, 수렴이나 이성의 개념으로 도덕적 진리를 설명하려는 시도는 무선후이론에서 말하는 분석불가능성과 서로 충돌하게 된다는 것이다. 이렇게 주요 부분들이 서로 충돌하게 되면, 감수성이론이 갖는 이론적 독특성과 그 이론이 제시한 인지론이 모두 그 정당성을 잃게 된다고 필자는 또한 주장한다.

---

* 접수완료: 2009. 04. 27 / 심사 및 수정완료: 2009. 06. 01

† 논문 심사위원들의 날카로운 비평과 지적은 논문의 완성도를 높이는 데 크게 기여하였다. 지면의 제한으로 심사위원들의 좋은 의견들을 모두 수용할 수 없음을 아쉽게 생각한다.

† 평택대학교

1. 서론

철학에서 실재론(realism)의 근본적 주장은 인간 마음의 작용에 의해 그 존재가 결정되지 않는 사물들이 마음 바깥에 객관적으로 존재한다는 것이다. 물론 실재론이 인간의 인식기능을 완전히 배제하면서 사물의 실재를 주장하는 것은 아니다. 이 실재론은 윤리학에서도 논의되는데, 도덕가치의 본질을 객관적으로 보는 시각이 도덕적 또는 윤리학적 실재론이라고 할 수 있다. 그 안에도 서로 다른 입장을 가진 이론들이 있는데, 그 중 하나는 자연주의(naturalism)이다. 자연주의는 외부적 행위의 도덕성을 결정하는 속성을 자연적 속성이라고 규정함으로써 도덕적 속성이 다른 자연적 속성들과 같이 객관적임을 주장한다. 개략적으로 말해서, 도덕가치라는 특성과 여타 자연적 속성이 본질적으로 다를 것이 없다는 주장이다.[1]

자연주의와 연관을 짓지 않으면서 윤리학적 실재론을 주장하는 학자들도 있는데, 가장 대표적인 사람은 무어(G. E. Moore)이다. 무어는 유명한 open-question 논쟁을 통해 도덕적 개념과 어휘들이 자연적 개념과 어휘로 환원될 수 없음을 주장하였다. 이렇게 자연주의에 의존하지 않으려는 윤리학적 실재론 중 하나가 감수성이론(sensibility theory)이다. 이 이론은 데이비드 위긴스(David Wiggins)와 존 맥도웰(John McDowell)의 이론으로, 그들의 입장이 완전히 일치하지는 않아도, 근본 입장은 서로 같을 뿐만 아니라 이론적으로 서로 보완하는 관계에 있는 것으로 보인다. 그들 이론의 근본 주장은, 도덕적 속성이 객관적 속성이면서도 그 존재가 관찰자의 인식과 분리될 수도 없고 분리되어 논의될 수도 없다는 독특한 주장으로 그 핵심은 무선후이론(no-priority view)이다. 필자는 본 논문에서 그들의 감수성이론을 분석하고 이론의 구조적 특징과 취약점을 지적해 보고자 한다. 특히 무선

---

1) 피터 레일톤(Peter Railton)과 코넬 리얼리스트(Cornell Relists)들인 리차드 보이드(Richard Boyd)와 니콜라스 스터전(Nicholas Sturgeon) 등이 이런 주장을 하고 있다.

후이론(no-priority view)과 감수성이론 내부의 다른 이론들을 대조해 봤을 때 어떤 문제점이 생기는가를 탐구해 보고자 한다. 그중에서도 감수성이론에서 도덕적 진리가 어떻게 설명되고 있는지에 초점을 맞추어 논문을 전개하고자 한다. 무선후이론에서 제시하는 도덕적 진리의 설명이 다른 이론들, 예를 들어 수렴(convergence)이론 등에서도 일관성 있게 유지되는가를 들여다보고자 하는 것이다. 본 논문의 목적은 감수성이론을 다른 경쟁이론들과 대비시킴으로써 어떤 단점이 있는가를 찾아보려는 것이 아니라, 감수성이론의 구조를 분석해서 그 내부의 이론들이 도덕적 진리를 일관성 있게 설명하고 있는가를 짚어보려는 것이다.

2. 인지론과 도덕적 진리

윤리학적 실재론은 인지론과 불가분의 관계에 있다. 즉 윤리학적 실재론은 도덕적 주장을 옳고 그름으로 판정할 수 있다는 시각 위에 성립한다. 그러나 인지론을 수용하는 모든 이론들이 실재론으로 간주되는 것은 아니다. 현대 윤리학적 실재론자들의 주장은 실재하는 것이 도덕적 가치를 나타내는 경험적 외부적 속성이 존재하는 것이지 선험적 도덕 법칙 같은 것들이 존재하는 것은 아니라는 입장이기 때문이다. 따라서 칸트의 이론은 인지론일 수는 있지만, 반드시 실재론으로 해석되는 것은 아니다.[2] 윤리적 실재론자들은 칸트의 정언명법이 선험적으로 도덕법칙은 자체적으로 존재하지 않는다고 보는 것이다. 더욱이 윤리적 실재론자들은 자신들의 입장만이 진정한 인지론으로 간주하는 경향이 강하다. 그래서 칸트의 선험적 도덕가치관을 계

---

2) 이런 시각을 설명해 주는 논문으로 Stephen Darwall 등의 "Toward fin de siècle Ethics: Some Trends"와 Nadeem J. Z. Hussain 등의 "Misunderstanding MetaEthics: Korsgaard's Rejection of Realism" 등이 있다. 앞 논문의 pp. 9-12, 뒷 논문의 introduction 부분에서 필자가 언급하는 시각을 설명하고 있다.

승하는 학자들은 소위 비인지론(non-cognitivism) 계열로 치부되는 경향이 강하다.[3] 오히려 윤리적 실재론자들의 상당수는 데이비드 흄을 계승하는 경험론자들로서 칸트의 후계자들이 아닌 것이다. 이것은 이 논문에서 다룰 위긴스의 경우에도 해당된다.

인지론을 넓게 말하면, 도덕적 판단이나 주장에 옳고 그름을 판별할 수 있다는 주장이다. 이런 광의의 인지론은 실재론자들뿐만 아니라, 반실재론자들,[4] 맥키와 같은 오류이론가들, 객관주의자들, 심지어는 로버트 헤어(R. M. Hare) 등 넓은 범위의 이론가들이 동의하고 있다. 그러나 인지론을 옳고 그름의 근거가 객관적 가치 속성 또는 사실이어야 한다는 좁은 의미의 인지론으로 좁힌다면, 인지론자들 역시 실재론자들로 그 범위가 좁혀진다. 감수성이론가들은 광의와 협의를 아우르는 인지론자로 인정할 수 있다. 그렇다면 감수성이론은 다른 이론들과 어떻게 다르며, 어떤 장점을 갖고 있는가? 데이비드 위긴스는 감수성이론이 도덕적 진리의 인식을 다른 이론들보다 더 잘 설명할 수 있다고 생각한다. 우선 그가 말하는 도덕적 진리의 인식이 갖는 특징들을 살펴보자.

　　이제까지의 논의가 옳다면, 내 생각으로는 우리가 다음과 같은 진리의 개념이 갖는 특징들을 기대해야만 할 것이다.

　　첫째, 만약 x가 진실이라면, x가 진리의 한 종류로서 당연히 충족해야만 하는 평가의 차원에서 x는 기준을 통과하여야 하는 바, 즉 이 차원은 x평가의 근본적 차원이며,
　　둘째, 만약 x가 진실이라면, 적절한 조건 속에서 수렴(convergence)될 것이며 이 수렴이 존재함을 가장 잘 설명하는 것은 x의 참된 진리성을 요구하거나 x의 부정과 불일치할 것이며,

---

3) 대표적으로 리차드 헤어(R. M. Hare)를 들 수 있다. 칸트적 공리주의자로 자처하는 헤어는 도덕적 판단에 진위가 있다고 말하지만, 그 근거가 선험적 언어구조에 있다고 주장하므로 왕왕 순전한 비인지론자로 잘못 이해되고 있다. 필자의 "Non-cognitivism의 바른 평가"를 참조하시오.
4) 대표적으로 Simon Blackburn이 반실재론자로 자처하지만 인지론에는 동의하고 있다.

셋째, 어느 x에게 있어서나 만약 x가 진실이라면 x는 내용을 가질 것이고, 만약 x가 내용을 갖는다면, x의 진실은 단지 믿음이거나 또는 믿음이나 의지의 대상인 상태에 있어서는 안 되며,

넷째, 모든 각각의 올바른 믿음(즉, 각각의 진리)은 어떤 기준에 의해 진실이며, 다섯째, 만약 x1이 진실이고 또한 x2도 진실이라면, 그들의 결합도 진실이다.5)

다소 난해해 보일 수도 있는 문장들이지만, 그 내용은 어느 정도 상식적인 것이라고 여겨진다. 첫째의 특징은 어떤 진리라도 진리라는 개념에 의해 당연히 요구되는 기준에 의해 정당화되어야 하고, 둘째는 판단의 초기에 어떤 이견들이 있다고 해도 진실로 향해 이견들이 수렴된다는 것이다. 셋째 특징은 진실은 단지 믿음이나 의지에 의거한 주관적 내용으로 구성될 수 없다는 것이고, 나머지는 별도의 설명이 필요 없는 진리의 특징들이다.

위긴스에 의하면 상기한 진리의 특징들을 도덕적 진리에 적용할 수 있으며, 따라서 도덕 인식론이 성립할 수 있다고 한다. 그러면 특징들이 적용될 수 있는 도덕적 진리는 어떻게 인식되는가? 그는 이 질문에 대한 대답을 다음과 같이 말하고 있다.

만약 어떤 사람이 p를 단지 그것이 p라는 이유로 그것을 진실로서 믿게 된다면, 그는 p를 인식하게 되는 것이다. 그리고 그것이 단지 p이기 때문에 p를 믿게 된다고 한다면, 그가 p임을 믿게 됨을 충분히 그리고 최선의 방법으로 설명하는 것이란 그 설명을 하는 사람이 그의 설명 속에서 p라는 바로 그 사실을 제시할 것을 요구한다. 이것 다음에 오는 것은 그의 설명이 다음과 같은 도식에 부합되어야 할 것이다. 이렇게 저렇게 또는 다르게 주어지는 어떤 믿음의 이유(여기서 설명을 하는 사람이 구체적으로 제시할 것이다)에서도 p가 진실임을 생각하는 것 외에는 다른 어떤 믿음도 생각하지 않는 것이다. 그래서 p임이 사실인 것이다. 그래서 주어진 상황, 한정된 당사자의 인식능력과 기회, 그리고 그가 확고한 믿음을 갖는 과정을 고려한다면, 그가 p임을 믿는 것은 이상할 것이 전혀 없게 되는 것이다.6)

---

5) David Wiggins, "Truth, and Truth as Predicated of Moral Judgments," pp. 147-148

6) David Wiggins, "Moral Cognitivism, Relativism and Beliefs," p. 66

간단히 말하면, 어떤 사람이 도덕적 진리나 진실을 알게 되거나 믿는 것은 그 진실 외에는 다른 어느 것도 생각하지 않게 되는 것이다. 즉, 그가 알게 된 또는 믿게 된 진실을 있는 그대로 받아들이는 것이다. 예를 들어, 누군가가 "연쇄살인범들의 살인행각은 나쁜 것이다."라는 생각을 할 때에 그의 마음속에 이 생각 외에 다른 아무 생각도 일어나지 않는다면, 즉 이 생각에 대한 비판이나 의심이 일어나지 않는다면, 이 믿음은 진실이라는 것이다. 또 다른 예로는 색에 대한 인식이다. 우리가 각종 색을 확실히(즉 오류 없이) 인식할 때에, 그 색깔에 대한 감각만 있을 뿐 그 색감에 대한 의심이나 나의 인식에 대한 비판 같은 다른 생각은 없는 것이다. 즉, 어떤 색깔을 느끼면서 그 느낌에 대한 의심이나 비판이 없는 상태가 바로 그것이다.

더 나아가 위긴스는 이렇게 형성된 인식을 옹호할 수 있어야 한다고 말한다. 즉, 자신의 인식을 옹호하는 설명을 할 수 있어야 인지론이 성립된다는 것인 바, 위긴스는 이 설명을 "옹호적 설명(vindicatory explanation)"이라고 부른다.[7] 그가 든 예로는, "7+5=12"인데, 우리는 이 등식이 옳다는 것을 확연히 느낄 수 있고, 또 그 감수성을 여러 가지 방법으로 확인할 수 있어야 한다는 것이다. 만약 옹호적 설명이 가능하지 않다면, 한 사안에 대해 다양한 감수성들이 존재할 경우, 의견 차이를 해소할 수가 없다는 것이고, 그렇게 되면, 인지론이 성립되기 어렵다는 것이다.

---

7) Ibid. pp. 66~67.

3. 감수성이론과 무선후이론

위긴스와 맥도웰에 의하면, 도덕가치를 포함한 모든 가치의 인식이 감수성(sensibility; 또는 감성(sentiment))을 통하여 일어난다고 한다. 즉, 미적 가치의 인식, 희극적 가치의 인식, 두려움이나 놀라움 등의 인식, 또 앞서 보았던 색감의 인식 등 모두 감수성의 작용이라는 것이다.[8] 이런 가치들의 인식이 감수성의 문제라는 것을 앞서 주장한 학자는 데이비드 흄이다.[9] 흄 역시 도덕가치나 판단이 객관적으로 평가될 수 있음을 이야기하지만, 다른 한편에서는 감수성에 의한 인식과 지식은 주관적일 수밖에 없다고 말함으로써 그의 인지론 주장이 정당한지 의문이 생긴다.[10] 위긴스는 흄의 이론을 약간 개선함으로써 감수성에 근거한 인지론을 정당화할 수 있다고 말한다. 우리가 "x는 좋은 것(good) 또는 아름다운 것이다"라고 한다면, 이것에 대한 흄의 설명 방식(formula)은, "x가 어떤 특정한 찬동 (approbation)의 감성을 일으키는 종류의 것이다."라는 것이다.[11] 위긴스는 흄의 방식(formula)이 만족스럽지 못하다고 말한다. 왜냐하면 x가 일반적으로 좋은 것인지 아니면 말하는 사람에게만 좋은 것인지 알 수 없기 때문이다. 위긴스는 좀 더 개선된 방식을 제시하는데, 그것은 "만약(if) x가 적절한(appropriate) 찬동의 감성을 일으키는 종류의 것이라면, x는 좋거나 옳거나 아름답거나 한 것이다."라는 것이다.[12]

물론 위긴스의 방식이 흄의 것보다 낫다고 볼 수 있다. "적절한 찬동의 감성"은 단지 "찬동의 감성"보다 더 훌륭하고 객관적일 수 있기 때문이다.

---

8) Wiggins의 감수성이론은 그의 "A Sensible Subjectivism?", McDowell의 이론은 "Projection and Truth in Ethics"에 가장 잘 설명되어 있다.
9) 즉, 가치란 외부적 사실에 내적인 감성으로 한 겹 입히거나 염색해서(gilding or staining) 만든 환상(phantasm) 같은 것이라는 흄의 유명한 주장은 그의 *An Enquiry Concerning the Principles of Morals*, Appendix I, pp. 82~88에서 강조되고 있다.
10) 이 의문은 Wiggins가 "Sensible Subjectivism?" p. 187에서 지적하고 있다.
11) Loc. cit.
12) Loc. cit

그러나 위긴스도 스스로 인정하듯이 그의 방식에는 문제가 있으니, 그것은 "좋은 것" "옳은 것" "아름다운 것" 등과 "적절한 찬동" 사이에는 논리적인 순환관계가 있기 때문이다.[13] "좋은 것" "옳은 것" 등이 무엇인가를 "적절한 찬동"이라는 심적 작용에 의존해서 설명하고, "적절한 찬동"이 무엇인가를 "좋은 것" "옳은 것"을 느끼는 감수성에 의존해서 설명할 수밖에 없기 때문이다. 예를 들어 보자면, 어떤 사람이 앤디 워홀(Andy Warhol)의 미술작품 『캠벨회사의 수프』(Campbell's Soup)를 보고 아름다운 작품이라고 말했다고 하자.[14] 옆에 있던 사람이 묻기를, "이것이 왜 아름다운 미술품입니까?" 라고 물었을 때, 그의 대답이 "이 작품을 보면 '바로 이 작품이야말로 미의 현대적 표현이다.'라는 감동이 생깁니다"라고 하자. 다시 그에게 "어떨 때에 그런 감동을 갖게 됩니까?"라고 물으면, 그가 "아름다운 미술품이나 훌륭한 것, 좋은 것 등을 대할 때마다 그렇습니다."라고 대답하는 것이 지금 말하는 순환논리의 예가 된다.

위긴스는 이 순환논리가 불가피하지만(inevitable) 오히려 이것은 문제될 일이 아니라 당연한 것이라는 입장이다. 그는 말하기를, "x가 좋다거나(또는 옳다거나 아름답거나) 하는 생각이나 감성 그리고 주어진 어떤 특정한 특징이나 흐름 속에서 그런 생각이 근거하는 다양한 고려요소들과 연결하는 것 외에는, 찬동의 감성을 구체적으로 집어서 설명할 수 없음이 확실하다."[15] 즉, 어떤 관점에서는 가치와 그것을 느끼는 감수성 사이에 순환논리가 있으므로 위긴스의 설명방식(formula)에 문제가 있다고 볼 수도 있지만, 그는 가치 속성의 두 가지의 특징을 주장하면서 이 문제를 해결하고 그의 감수성이론을 옹호한다. 그것들은 가치의 분석불가능성(unanalyzability)과 정의불가

---

13) Loc. cit.
14) Campbell's Soup은 Campbell이라는 상표의 수프를 사실적으로 그려놓은 그림으로 이것이 예술적 가치가 있는 것인가는 많은 논란의 여지가 있다. Andy Warhol의 작품들은 대개 이런 논란을 불러일으킨다.
15) 위긴스, "Sensible Subjectivism?" p. 187.

능성(indefinability)이다.16) 우리에게 어떤 가치를 주는 것 또는 속성의 분석이나 정의가 불가능하다면 우리는 그것을 설명할 수 있을 뿐이니, 순환논리로 여겨지는 방식이 문제가 될 수 없는 것이다. 붉은 색감의 예를 들어보자. 우리가 그것을 정의하려고 시도할 때, 우리가 느끼는 붉음에 호소하지 않고 그것을 어떻게 다른 언어로 정의할 수 있는가? 정의를 할 때에, 붉은 색의 느낌 외에 근거할 수 있는 것이 없다면 붉은 색의 정의는 불가능하다고 할 수 있다. 붉은 색을 느끼는 감수성으로 붉은 색의 개념을 정의해야 하니까 이것은 앞서의 순환적 설명에 지나지 않게 된다. 또 붉은 색을 분석한다고 하자. 우리 눈에 보이는 붉은 색의 색감에 미치는 일광조건과 색소에 대해 분석할 수도 있지만, 색소 자체에 색깔이 포함되지 않는 만큼 결과적으로 우리가 갖는 붉은 색감에 대한 설명에 지나지 않게 될 것이다. 이에 대한 위긴스의 말을 직접 들어보자.

> 이런 모든 사안들에 대해서 색깔의 분석은 시사하는 바가 많다. '만약(if) x가 정상이라고 할 수 있는 어떤 조건들 하에서 우리에게 특정한 시각적 인상을 줄 수 있다면, 그것은 붉은 색이다.'라는 정의는 자연스럽게 질문을 야기하는 바, 그것은 "어떤 시각적 인상을 말하는가?"이다. 그리고 그 질문이 유도하는 대답은 '무언가 붉은 것을 본 것 같은 인상'이 될 것인데, 이것은 대답 속에 붉음을 다시 언급하게 만든다. 그러나 이런 순환성의 발견은 우리가 색깔이 무엇인지 권위 있게 결정하기 위해서는 시각적 인상 이상의 그 무엇에 호소할 수 있다는 것을 보여주는 것은 아니다. 단지 이것은 붉음이라는 것이 이런 식으로 분석할 수 있는 것이 아님을 보여주는 것이다.17)

필자의 생각으로도 색감을 정의하거나 분석하는 것은 가능해 보이지 않는다. 그런데 위긴스와 맥도웰은 도덕가치의 속성, 두려움을 유발하는 속성, 희극적 속성, 미적 가치의 속성 등 모두에 이런 분석불가능성과 정의불가능

---

16) Ibid., p. 189.
17) Loc. cit.

성이 적용된다고 보는 것이다.[18] 감수성이론에서 분석불가능성과 정의불가
능성은 말 그대로 우리가 인식하는 가치가 분석될 수도 없고 정의될 수도
없다는 것인데, 그 진정한 의미는 가치들이 다른 개념으로 환원될 수 없다는
것이다. 이것은 일찍이 무어(G. E. Moore)가 주장한 내용과 같은 것이다.[19]
무어가 제시한 예로 설명하자면, 도덕가치가 쾌락이나 행복 같은 다른 가치
로 환원될 수 없다는 것이다.

위긴스와 맥도웰이 정의불가능성과 분석불가능성에 의존해 도덕가치의
비환원성을 주장하는 것 외에 그들이 말하는 분석불가능성은 또 다른 중요
한 기능을 가지고 있다. 즉, 분석불가능성이라는 개념은 그들이 제시하는
무선후이론의 정당성을 제공한다. 가치의 속성을 분석할 수도 정의할 수도
없다 해도, 감수성이론이나 흄의 감성론이 가치 인지론의 기준에 도달했다
고 볼 수는 없다. 아직도 감수성에 근거한 가치인식이 객관성을 가질 수 있
다는 주장을 보여주지 못한 것이다. 그래서 위긴스가 제시하는 것이 무선후
이론(no-priority view)이다.[20] 그 내용은, 감수성에서의 반응에 의한 인식
과 그런 인식을 불러일으키는 객관적 속성 사이에 어떤 선후관계가 없이 동
시에 경험된다는 것이다. 우리가 개념상 인식과 속성을 구분할 수는 있을지
는 몰라도, 실제 경험에서는 구분이 안 된다는 것이며, 또한 이 두 가지 요
소들 중 어느 것이 다른 것의 원인으로 여겨질 수도 없다는 것이다. 이렇게
구분할 수 없는 것이 분석불가능성의 또 다른 의미가 되고 있다.

색감수성의 예를 다시 들어보자. 일반적으로 사람들이 어떤 색감을 가질
때 그 색감에 대응하는 외부적 물체가 있다. 상식적으로 말하면, 외부의 물
체가 우리로 하여금 어떤 색감을 갖도록 했다고 할 수 있다. 외부의 물체
표면에 있는 색깔이 먼저 존재하고 그것이 우리의 눈과 뇌를 통해 감수성에

---

18) 이 점에 관해서는 Wiggins의 "Sensible Subjectivism?" p. 190.
19) G. E. Moore, *Principia Ethica*(Prometheus Books, 1988) p. 5 ff.
20) 이에 관해서는 Wiggins의 "Sensible Subjectivism?" p. 194 ff. 또 McDowell은
"Projection and Truth in Ethics," pp. 159-160에서 무선후이론을 제시한다.

투영된다는 것이다. 이런 상식적 설명은 무선후이론이 아니고 선후이론 (priority view)이다. 또 색깔을 우리의 느낌이 물체에 투사된 것이라고 설명한다면, 이것 역시 선후이론이 된다. 위긴스나 맥도웰은 말하기를, 물체나 행위가 갖는 가치 속성은 우리의 가치 감수성에서의 반응에 의존하고, 감수성에서 보이는 반응은 가치 속성에 의존한다는 것이니, 양자를 분리해서 어느 것이 먼저라고 말할 수 없다는 것이다. 따라서 가치를 인식하는 것은 ⟨속성(property), 반응(response)⟩이 결합되어 일어나는 경험이고, 가치 속성이 감수성에서의 반응과 결합된 경험은 가장 근본적인 경험이자 더 분석해들어갈 수 없는, 즉 분석불가능한 경험인 "현상(phenomenon)"이라는 것이다. 이 때문에 이들의 감수성이론을 도덕 현상학(moral phenomenology)이라고도 부르는 것이다. 이렇게 감수성이론이 외부적 가치 속성이 존재함을 인정하므로 도덕적 실재론의 한 축으로 인정되고 있는 것이다.

4. 선후이론 대 무선후이론

위긴스와 맥도웰은 감수성이론이 다른 이론들에 비해 장점이 있고 사람들의 도덕적 판단을 더 잘 설명할 수 있다고 주장한다. 특히 그들의 무선후이론은 선후이론에 근거한 많은 메타윤리학적 이론들과 대비된다. 선후이론은 가치를 인간의 감성이나 마음으로부터 투사된 것이라고 보는 존 맥키(John Mackie)와 사이먼 블랙번(Simon Blackburn)의 투사론(projectivism)이나 반대로 가치인식의 근원을 외부적 요인에 두는 강한 형태의 실재론, 예를 들면 무어(G. E. Moore)의 이론이나 자연주의자들의 실재론이 될 것이다. 이런 실재론들과 투사론의 형이상학적 입장은 존 로크(John Locke)의 이론을 차용하고 있으므로, 로크의 이론이 주된 비판의 대상이 된다.

우선 감수성이론가들은 로크의 일차적 성질(primary quality)과 이차적 성질(secondary quality)의 구분을 비판한다. 로크의 구분법에 의하면 가치의 속성은 당연히 이차적 성질에 해당될 것이다. 그러나 위긴스에 의하면, 가치 속성들이 실재하는 어떤 일차적 성질을 나타내지도 않는다는 것이다.21) 더 나아가 맥도웰은, 사물의 일차적 성질과 이차적 성질의 구분은 우리의 일상적 경험에 의해 뒷받침되지 않는다고 말한다.22) 로크가 이 두 가지의 성질을 나누고 일차적 성질을 객관적인 것으로 그리고 이차적 성질을 주관적인 것으로 나누었지만, 사람들이 일반적으로 갖는 객관성과 주관성은 로크의 구분법과 다르다는 것이다. 일반적 개념의 객관성은 "우리의 경험을 있을 수 있게 하는"의 의미이고, 로크가 이차적 성질, 즉 주관적 성질로 분류하는 색감의 경우 정확히 일반적 개념의 객관성에 부합한다는 것이다. 즉, 사람들이 갖는 색깔의 경험은 주관적 또는 임의적이 아니라 객관적이라는 것이다.23) 따라서 로크의 성질 구분에 의한 객관성과 주관성의 구분은 경험적으로 뒷받침되지 않는다는 것이다.

로크의 입장을 가치 경험에 적용할 경우, 맥키의 오류이론 같은 것이 등장한다는 것이 맥도웰의 생각이다. 잘 알려진 대로 맥키는 통용되는 도덕가치를 객관적 가치라고 보는 일반적 시각이 잘못된 것이라 주장한다.24) 그러면서도 그는 도덕적 판단과 기준을 객관적인 것으로 간주하는 인지론을 지지하고 있다. 색깔의 예를 다시 들어 맥키의 입장을 설명해 보자. 색은 이차적 성질이기 때문에 주관적이고 따라서 객관적으로 존재하지 않는다. 그러나 색감의 객관성은 인정된다. 결론적으로, 색감은 객관적이지만 색 또는 색의 속성이 있다고 믿거나 주장하는 것은 오류이다. 이 오류이론은 객관성

---

21) David Wiggins, "Truth, Invention and the Meaning of Life," p. 121.
22) John McDowell, "Values and Secondary Qualities," p. 136.
23) Ibid., p. 134.
24) John Mackie, *Ethics: Inventing Right and Wrong*, chap. p. 7.

을 지닌 가치의 본질을 오류라고 하는 다소 이상한 결론에 도달한다.25) 맥
도웰의 비판은 맥키의 인지론이 갖는 문제점을 나름대로 잘 지적하고 있다
고 할 수 있다. 같은 맥락에서 사이먼 블랙번의 투사론도 비판의 대상이 된
다. 블랙번은 가치의 본질을 단지 주관적 감성의 투사로만 여기면서도, 그
의 준실재론(qualsi-realism)을 통해서 가치가 객관적으로 간주될 수 있음
을 주장한다.26) 그러나 그 역시 맥키와 마찬가지로 어떻게 주관적 감성의
투사가 객관성을 갖게 되는지에 대해서는 설득력 있는 이론이 없다. 이렇듯
가치의 본질을 주관적 감성으로 보는 시각들이 가치의 객관성을 유도해 내
기가 여간 까다로운 것이 아니다. 맥도웰에 의하면, 이 문제가 바로 잘못된
로크의 형이상학적 모델에서 출발한다는 것이다.

투사론자들이 가치를 주관적 감성에서 출발한다고 보는 반면, 많은 실재
론자들은 가치 속성을 애초부터 객관적인 것으로 보고 우리의 가치 경험이
나 인식이 그 속성에서 기인한다고 본다. 무선후이론은 이런 인과관계를 부
정하는 만큼 무어(G. E. Moore)나 자연주의자들의 실재론도 선후이론으로
서 비판될 수 있다. 가치 속성이 먼저 존재하고 우리의 감수성이나 마음이
수동적으로 그것을 받아들이는 것이라면, 이런 설명은 우리 마음이 갖는 외
부 사실의 해석능력을 최소화하거나 무시하게 된다. 예를 들어, 한편의 코
미디(comedy)를 보는 경우를 생각해 보자. 코미디의 내용은 대개 어떤 문화
적 연대감이나 이해를 전제로 하는 것이기 때문에, 이런 것들을 공유하지
못하는 사람들, 예컨대 외국인들에게는 그 내용을 이해하기 어려운 경우가
많다. 또 같은 내용의 코미디가 심적 상태에 따라 어떤 때는 우스울 수도
있지만, 어떤 때는 그렇지 않을 수도 있다. 객관적 속성이 주관적 반응을 일

---

25) 맥키의 인지론과 오류이론 및 그의 "기이함(queerness)"에 근거한 객관주의 비판에 관
해서, 필자는 "존 맥키의 '기이한에 근거한 논변' 비판"(2006)에서 상세히 설명하고 비
판한다.
26) Simon Blackburn, "Truth, Realism, and the Regulation of Theory"와 "How to
Be an Ethical Anti-Realist"에 그의 준실재주의가 잘 설명되어 있다.

방적으로 야기한다면, 이런 경우들을 설명하기 어렵다. 감수성이론가들은 이런 점에 근거해서 외부 속성의 우선론에 의존하는 실재론을 비판한다.[27]

5. 위긴스가 말하는 도덕적 진리와 그 문제점

가치인식의 현상학적 설명, 즉 무선후이론은 가치인식의 모든 경우를 흔들림 없이 설명해 주는가? 즉, 가치에 관한 우리의 일반적 경험은 무선후이론을 강력히 지지하는가? 앞서의 예들에서 보듯이 가치의 인식에 확신이 있을 경우, 즉 인식된 가치를 의심하거나 반추하지 않을 경우에는 무선후이론이 설득력을 갖는다. 그런데 가치를 확신을 가지고 인식했었지만 그 인식을 바꾸는 경우도 많다. 이런 경우는 여러 가지가 있을 수 있는데, 대표적으로 다음과 같은 경우들이 있다. 첫째로 가치인식에 대한 반성을 통해 가치를 바꾸는 경우이다. 종종 사람들은 과거의 행위와 결정에 대해 기억을 되살리면서 잘못되었다고 생각되는 행위들을 후회하고 반성한다. 그런 후회와 반성은 자신이 갖고 있는 도덕체계를 재점검하기도 하고 또는 수정 발전시키려고 노력하기도 한다. 물론 도덕적 반성과 향상을 시도하는 것은 개인에 따라 많은 차이가 있다. 어떤 이들은 이런 반성이나 반추를 거의 시도하지 않지만, 많은 이들은 자신의 잘못에 대해 후회하고 더 나은 도덕성을 갖추려고 노력한다. 둘째로, 서로 다른 다양한 가치인식 또는 가치에 대한 견해가 있을 경우이다. 이럴 때에 사람들은 가치의 상호 비교나 합의 등의 방법으로 상이함을 조정하는 것이다. 이런 조정을 통해 가치판단의 기준을 정할 수 없다면, 인지론은 달성하기 어려운 것이다.

위긴스는 수렴(convergence)이라는 개념을 도입해서 이런 변화를 설명

---

27) Wiggins의 "Truth, and Truth as Predicated of Moral Judgments"와 McDowell의 "Two Sorts of Naturalism"에서 실재론을 비판한다.

한다.28) 시간에 따른 도덕가치의 변화와 더불어, 어떤 특정한 시점에서 사람마다 느끼는 가치가 같지 않다. 서로 다른 가치 인식 또는 서로 다른 감수성을 해결하지 않으면 인지론이 성립되기 어렵다. 위긴스는 가치들이 어떤 강한 형태의 인지론을 가능하게 하는 수렴은 일어나지 않는다고 주장한다. 자연과학에서는 이런 강한 인지론이 가능하지만 가치를 판단하는 문제는 그렇지 못하다는 것이다. 대신 불충분결정(underdetermination)을 가능하게 하는 수렴이 일어난다고 그는 말한다.29) 다시 말하면, 각 도덕적 사안마다 단일한 진리치로 수렴되는 것이 아니고, 복수의 가치로 수렴될 수 있다는 것이다. 그런데 이것은 가치 인지론에 있어 약한 형태의 인지론(weak cognitivism)만을 인정하는 것이다.30)

그렇다고 해도, 왜 수렴이 일어나야만 하는가? 전통적 윤리이론가들, 예를 들어, 존 스튜어트 밀은 정신적 가치의 우월함과 공리주의 원칙을 들어 가치의 수렴을 이야기할 수 있을 것이고, 칸트는 보편화 같은 기준으로 가치들의 수렴을 이야기할 수 있을 것이다. 또 다른 도덕철학자들은 사회 전체를 향상시키기 위한 도덕 모델을 제시함으로써 가치의 수렴을 이야기할 수 있다. 이런 모델은 당사자가 명시하건 아니건 간에 대개 이상국가론으로 이해할 수 있는데, 우리가 잘 아는 고대의 플라톤, 아리스토텔레스, 공자 등과 후대의 토마스 홉스, 존 로크 등을 거쳐서 최근의 마르크스나 존 롤스 등도 다 이상적 사회의 모델을 제시하고 개인들의 다양한 도덕가치를 수렴하게 하는 것으로 볼 수 있다. 그런데 위긴스의 이론에서는 왜 수렴이 일어나고 일어나야 하는지 그 이유를 발견하기 어렵다. 그가 의존하는 것은 수렴이 역사적으로 존재한다는 사실뿐인 것 같다. 그는 가치 판단의 수렴이 합의에

---

28) 앞의 제 이절에서 보았듯이 Wiggins는 수렴이 진리의 한 조건이 된다고 본다. 수렴에 관한 그의 설명은 "Truth, and Truth as Predicated of Moral Judgments," p. 149 ff.를 참조하시오.

29) Wiggins, Ibid., p. 141ff.와 "Moral Cognitivism, Relativism, and Belief," p. 77.

30) 강한 형태의 수렴과 인지론에 대해서 Wiggins는 Kant의 이론을 예로 들며 반대한다. "Truth, and Truth as Predicated of Moral Judgments," p. 154 ff.

의해 일어나는 것은 아니라고 말한다.[31] 그러면서 그가 제시하고자 하는 기준은 적절성(appropriateness)인데, 이것은 애매한 기준이다. 그는 외부적 속성에 의해 가치 판단의 적절성 유무를 말하기도 하고,[32] 수렴의 적절성이 문화적 환경과 연관됨을 주장한다.[33] 그렇다면 위긴스의 적절성에 의한 수렴은 도덕의 진리가치가 문화상대성에 근거한다는 입장이 되어서, 도덕상대주의를 옹호하는 이론으로 귀착된다고 할 수 있다.

위긴스는 수렴이론으로써 무선후이론이 갖는 취약점을 보완하려고 한다. 그런데 필자는 수렴이론의 도입이 무선후이론의 정당성과 위상을 크게 위협한다고 본다. 이 문제는 다음과 같은 질문으로 따져볼 수 있는데, 그것은 "위긴스의 감수성이론에서 가치의 옳고 그름 또는 진리 가치의 결정이 궁극적으로 어디에서 일어난다고 보는가?" 하는 것이다. 즉, 무선후이론과 수렴이론이라는 두 가지 이론 중 어느 곳에서 가치 인지론이 정당화되는가를 묻는 것이다. 또한 이 질문은, 감수성에 의한 가치판단이 수렴에 의한 전통적 가치와 충돌할 때에 감수성이론은 어떤 처방을 내놓을 수 있는가를 묻는 것이기도 하다.

〈속성, 반응〉의 결합이 어떤 수렴을 필요로 한다는 것은, 처음의 〈속성, 반응〉 결합이 잘못될 수 있음을 전제로 한다. 잘못되지 않은 결합을 수렴에 의해 진리 가치를 찾아낼 필요가 전혀 없기 때문이다. 그런데 어떤 〈속성, 반응〉의 결합이 잘못되었음을 안다는 것은 속성이나 반응 중에 잘못이 있음을 안다는 것이다. 밤중에 길을 가다가 큰 나뭇가지를 다른 물체로 오인해서 놀라는 것은 잘못된 판단의 예가 될 것이다. 잘못된 판단은 〈속성, 반응〉의 결합에서 어떤 잘못이 존재한다는 것이다. 이 결합이 잘못된 것이라는 것을 안다는 것은 이것의 선후를 따질 수 있는 것이다. 큰 나뭇가지를 보고 괜히

---

31) Wiggins, "A Sensible Subjectivism?" p. 205.
32) Ibid., pp. 204-205.
33) Wiggins, "Truth, and Truth as Predicated of Moral Judgments," pp. 154-155

놀란 것은 나뭇가지가 갖는 어떤 속성을 나의 감수성이 잘못 파악하고 잘못된 반응을 보이는 것이다. 나의 잘못된 반응은 나뭇가지에 관한 사실을 잘못 이해한 것이니, 나뭇가지라는 물체와 그 속성들은 나의 반응과 독립적으로 존재하고 그 독립적 존재는 나의 반응에 앞서는 것이다. 반대로 외부 물체에 나의 느낌이나 감성을 투사하는 것으로 설명할 수밖에 없는 경우도 있다. 누군가가 애완견의 의미 없어 보이는 행동에 웃음이 터진다고 하자. 옆의 사람이 왜 그렇게 웃는가를 물었을 때, 애완견의 행동이 전에 크게 우스웠던 행위의 기억을 떠올리게 해서 웃는다고 대답한다고 하자. 이런 경우, 〈속성, 반응〉의 동시적 또는 무선후적 결합이라기보다는 그 사람의 감성을 동물의 행위에 투사한 것으로 보는 것이 더 타당하다고 할 수 있다. 왜냐하면, 그 동물의 행위 자체에 웃음을 주는 요소가 없음을 알기 때문이다. 이런 설명에서 알 수 있는 것은 〈속성, 반응〉의 결합이 분석될 수 있다는 것이다. 분석될 수 없다면, 왜 잘못된 반응을 보이는 것인지 왜 어떤 특정한 반응을 보이는 것인지 설명이 불가능해진다. 분석이 된다는 것은 무선후이론이 언제나 옳은 것은 아니라는 것이다. 그것은 감성적인 판단이나 인식에서 실재론적 설명 또는 투사론적 설명을 완전히 틀렸다고 할 수가 없다는 것이다.

수렴이론의 의미를 분석가능성을 열어주는 것으로 해석했을 때, 위긴스의 무선후이론은 전혀 잘못된 이론일까? 필자의 생각으로는 무선후이론은 진리를 인식하는 일반적 이론이 될 수는 없지만, 감성의 판단이나 인식에서 어떤 부분을 설명해 줄 수는 있다고 본다. 그러나 그 이론은 잘 해야 사람들이 어떤 사실을 주관적으로 느끼는 순간을 설명해 주는 평범한 설명 이론에 불과해진다. 즉, 어떤 사실을 인식하는 순간에는 나의 감수성과 외부적 속성은 일대일로 대응하고 서로 나누어서 생각하지 않는다는 일반적 행태에 대한 설명이 되어 버리는 것이다. 예를 들면, 강아지가 꼬리를 물기 위해 맴도는 것을 보는 순간 그것이 우스울 뿐인 것이다. 또 그 사건을 인식하는 순간은 옳고 그름을 따지기보다는 감수성에 주어지는 인식을 느끼는 순간일 뿐인 것이다. 이 순간 강아지의 우스운 행동을 즐길 뿐, 그 웃음을 주는 속성이 외부적인가 아닌가 또는 나의 웃음이 옳은 것인가를 전혀 따지지 않는다. 물론 자신의 감수성에서 생기는 반응을 잘못된 것이라고 생각하지도 않을 것이다. 웃음을 느끼는 감수성과 그 웃음을 유발하는 강아지의 행동에 포함된 속성이 일대일로 대응하고 결합하고 있을 뿐이며 반응과 속성의 선후를 따지지도 않는다고 설명할 수 있다. 각 사람들은 자신들의 인식이 진실일까를 의심하거나 그런 인식을 분석하는 철학적 사고를 하지도 않는다고 봤을 때, 무선후이론은 사람들이 어떤 사건이나 사실을 인식하는 순간을 아주 잘 설명해 준다고 할 수 있다. 이렇게 되면, 무선후이론은 감수성이론가들의 주장처럼 진실이나 진리를 파악하는 독특한 인식론적 이론이 아니라, 각 개인들의 순간적 감수성을 설명하는 이론이 되는 것이다. 물론 이런 감수성은 반성적 사고에 의해 분석되어질 수 있고, 그럼으로써 수렴이라는 과정을 통해 진리치로 접근할 수 있지만, 감수성을 느끼는 순간에는 대개 이런 분석과 수렴의 사고를 하지 않는다는 사실로써 무선후이론은 제한적인 의의를 가질 수 있을 뿐이다.

무선후이론이 흔들리지 않는 경우는 〈속성, 반응〉의 결합에 예외가 거의 없는 경우이다. 대표적 경우가 색감수성이다. 색감수성은 무선후이론이 가장 잘 적용되며, 예외적 경우들, 즉 색맹, 색약, 착시 등에 대한 설명이 적절한(appropriate) 감수성이라는 기준에 의해 신속하게 해결된다. 또 다른 경우는 동일한 문화전통을 공유한 사회에서 구성원 간 균질적인 감수성을 가질 경우 〈속성, 반응〉의 예외가 적을 것이다. 보통 미적 감각이나 희극적 감각 등은 비교적 균질의 감수성 분포를 보인다고 할 수 있다. 왜냐하면 이런 감각에 대한 논란이 비교적 적기 때문이다. 반면에 도덕적 감수성은 구성원 간에 차이가 상대적으로 크다고 할 수 있다. 도덕적 논란은 어느 사회에서도 활발한 논쟁 중 하나이다. 따라서 무선후이론이 적용되기 어려운 분야가 될 수 있다.

다양한 감수성의 수렴이 이루어지려면, 직관적 감수성의 분석을 피할 수 없음을 필자는 주장하였다. 분석불가능성이라는 것은 사람들이 자신들의 감수성에서 일어나는 반응을 일반적으로 분석하지 않는다는 것이지, 이론적으로 분석할 수 없다는 의미가 아닌 것이다. 그런데 분석불가능성이 무너지면, 위긴스가 구축하려 했던 감수성이론의 토대가 무너지게 된다. 감수성에서의 반응과 속성이 서로 순환관계를 이루면서 흄의 이론에서와 같이 주관성의 덫에 다시 갇히게 되는 것이다. 이 문제가 해결되지 못한 상태라면, 감수성이론은 투사론과 실재론을 어설프게 통합하는 이론이 되어 투사론은 실재론으로 공격하고 실재론은 투사론으로 맞받아치면서 실재론과 투사론 사이를 방황하는 이론이 되고 만다.

6. 맥도웰의 감수성이론이 말하는 도덕적 진리와 문제점[34]

맥도웰은 도덕적 진리를 위긴스와는 좀 다른 각도에서 설명한다. 그는 우선 실재론의 대표격인 자연주의를 비판하면서 도덕적 진리는 자연적 진리와 다른 것임을 주장한다. 맥도웰은 자연적 진리가 통용되는 공간을 "법칙의 영역(realm of law)"이라고 이름 붙이면서, 도덕적 진리가 통용되는 공간은 이와는 다른 "이성의 공간(space of reason)"이라고 부른다. 전자는 어떤 법칙성을 찾고 검증하는 자연과학의 대상인 공간이고, 후자는 우리가 어떤 의미를 부여함으로써 구성해 나가는 공간이라는 것이다. 그렇게 봤을 때, 도덕적 진리는 당연히 후자에 포함될 수밖에 없다는 것이다. 맥도웰은 한 걸음 더 나아가 이렇게 구성되는 도덕적 진리를 "제 이의 천성(second nature)"에 의한 것으로 묘사한다. 즉, 이성의 작용에 의해서 우리의 행동을 규정하는

---

34) 여기서는 McDowell의 방대한 이론 중 필자의 논점과 연관성 있는 부분만을 간략히 언급하기로 하겠다.

도덕적 진리들이 마치 자연적 진리인 것처럼 우리에게 다가온다는 것이다.[35]

상기한 맥도웰의 주장들을 비판적으로 검토해 보자. 우선 그의 두 가지 진리의 공간을 보면, 이 구분은 원래 아리스토텔레스의 주장과 크게 다를 바 없다. 즉, 맥도웰의 도덕적 이성은 실제로 아리스토텔레스의 실천적 지혜(practical wisdom)와 큰 차이가 없다. 아리스토텔레스의 이론에서도 두 가지 공간의 존재를 충분히 인정할 수 있다.[36] 차이는 단지 아리스토텔레스가 두 공간 모두를 자연적이라고 규정했을 뿐이고, 맥도웰은 "법칙의 영역" 만을 자연적이라고 보았을 뿐이다. 따라서 맥도웰이 도덕가치가 비자연적이라고 하는 주장은 설득력이 적으며, 그런 만큼 상당한 논란을 불러왔다.[37]

필자의 생각으로는, 이성의 역할로 도덕적 진리를 정당화시키려는 맥도웰의 시도 역시 무선후이론과는 서로 충돌한다. 무선후이론에서 맥도웰은 위긴스와 마찬가지로 감수성에서의 반응을 통해 진리 인식이 일어난다고 주장했다. 즉, 〈속성, 반응〉의 동시적 결합에서 진리가 인식된다고 보았던 것이다. 그리고 이렇게 인식된 진리는 분석이 불가능하다고도 하였다. 그러나 실천적 이성을 통하여 진리가 인식된다고 한다면 감수성에서의 〈속성, 반응〉 동시적 결합은 무슨 기능을 하는 것인가? 맥도웰이 실천적 이성이라는 개념을 끌어들이면서 〈속성, 반응〉의 결합에서 진리인식이 일어난다는 처음의 주장과 분석불가능성은 무의미해지는 것이다. 이 충돌을 달리 설명할 수 있는데, 그것은 맥도웰의 이론에서 진리의 인식이 감수성에서 일어나는지 또는 이성의 작용에서 일어나는지 불명확하기 때문이라고 말할 수 있다. 무

---

35) McDowell의 realm of law와 space of reason의 구분은 "Action, Meaning, and the Self," pp. 87-88에서, second nature에 관한 주장은 "Two Sorts of Naturalism"에서 하고 있다.

36) 아리스토텔레스 Nicomachean Ethics에서 이론적 지혜(theoritical wisdom)과 실천적 지혜(practical wisdom)를 구별하면서도 후자를 전자와 마찬가지로 자연적이라고 보았다. Book 6, 1143a-1145a를 참조하시오.

37) Alexander Miller의 An Introduction To Contemporary MetaEthics, pp. 257-261 을 참조하시오.

선후이론에서는 감성에 의해 진리를 인식한다고 했다가 나중에는 실천적 이성을 통하여 진리가 인식된다고 하니, 두 인식론이 서로 합치할 수가 없는 것이다.

감수성과 이성의 이런 충돌을 좀 다른 각도에서 설명할 수도 있다. 맥도웰의 이론전개를 보면 두 가지 종류의 진리관이 있다. 하나는 즉각적, 직관적, 또는 현상학적 진리로 〈속성, 반응〉의 결합에서 생기는 진리이다. 이 진리는 분석불가능성이라는 특성을 포함하고 있음을 누차 말하였다. 그런데 두 번째 종류의 진리는 분석적 진리라고 밖에 할 수 없다. 왜냐하면 이 진리는 이성의 작용에 의해서 실재적 도덕개념을 충분히 고려하는 "내부적" 사고를 통한 진리이다. 이렇게 함으로써 다양한 도덕적 판단들 속에서 진정한 가치를 지닌 판단을 선택해 낼 수 있다는 것이다. 문제는 맥도웰의 두 가지 진리관이 서로 화합되지 못한다는 것이다. 다시 말해서, 맥도웰은 한편으로는 무선후이론에서 진리의 인식이 즉각적이며 분석 불가능한 것처럼 이야기하다가, 다른 한편에서는 진리의 인식이 이성적으로 분석가능하고 즉각적 인식들을 반추함으로써 생기는 것처럼 이야기를 한다는 것이다. 이 두 가지의 진리관이 상호보완적이라고 볼 수는 없다. 왜냐하면, 앞서 필자가 질문을 던진 바와 같이, 두 진리관에서 나온 가치가 서로 다를 수가 있고, 그렇게 다른 가치들은 화합하지 못할 수 있기 때문이다.

맥도웰은 선후이론의 하나인 투사론, 특히 사이먼 블랙번의 투사론을 비판하면서 자신의 도덕적 진리에 대한 견해를 다른 방법으로 설명한다.[38] 감수성이론의 경우에는 외부적 속성을 통합하므로 도덕적 진리를 탐구하는 데 다양한 도덕적 개념들을 동원할 수 있다는 것이다. 이에 반해서, 투사론은 주관적 감성의 투사를 도덕가치의 근본으로 보기 때문에 사실적 개념들을 도덕적 진리의 탐구에 사용할 수 없다는 것이다. 즉, 투사론에 있어서는 주

---

38) McDowell의 "Projection and Truth in Ethics"에서 블랙번의 비판과 더불어 그 자신의 견해가 제시된다.

관적 감성이 도덕가치의 기본이 되므로 객관적 가치를 정하고자 할 때에, 투사론자가 의존할 수 있는 사실적 또는 객관적 도덕 기준이 없다는 것이다. 따라서 투사론이 도덕적 진리의 근거를 말할 때에 "형이상학적 시각 (metaphysical view)" 밖에는 의존할 곳이 없다는 것이다.[39] 반면 맥도웰은 그의 도덕가치 이론을 "내부로부터의 작업(working from within)"이라고 부르는데, 이 진리 탐구방법은 도덕적 주장들의 비교 판단을 하면서 실제적 도덕개념들을 충분히 활용해서 더 나은 주장이나 판단을 골라낼 수 있는 장점을 지니고 있다고 있다는 것이다.[40] 맥도웰은 감수성이론이 도덕적 진리의 탐구에 있어 도덕 외적 기준에 의존하지 않는 반면, 블랙번의 투사론은 외적 기준을 끌어들일 수밖에 없다는 것이다.

맥도웰의 투사론 비판이 공정하지 않을 수도 있다. 중요한 점은 그의 비판은 도덕적 가치가 분석적 진리라는 것을 잘 설명하고 있으며, 다른 한편으로는 감수성이론이 포함하는 실재론적 입장을 충분히 활용한다. 블랙번의 투사론은 실재적 개념들을 충분히 이용할 수 없으나 자신의 이론은 그렇지 않다는 것이다. 그런데 앞에서 보았듯이 맥도웰이 실재론, 특히 자연주의를 비판할 경우에는 어느 정도 투사론적인 입장에 선다. 즉, 도덕적 진리의 체계란 자연적으로 주어지지 않고 인간의 실천적 이성으로 만들어진다는 것이다.[41] 이렇게 양쪽 입장, 즉 실재론과 투사론을 이용해서 블랙번의 투사론과 자연주의를 번갈아 공격할 수 있는 것을 맥도웰 스스로는 감수성이론의 장점이라고 본 것이다. 〈속성, 반응〉의 결합은 주관적인 투사와 객관적인 속성의 동시적 결합이므로, 무선후이론은 실재론과 투사론을 결합시킬 수

---

39) 형이상학적 시각이나 이해(understanding)는 블랙번도 피하려는 것이지만, 그것이 의존할 수밖에 없다고 맥도웰은 주장한다. "Projection and Truth in Ethics" pp. 163-164.
40) "내부로부터의 작업"에 관해서는 "Projection and Truth in Ethics" pp. 157-162.
41) 물론 이런 입장은 Blackburn이나 Mackie의 투사론과는 다르지만, 가치는 인간의 의식으로부터 만들어진다고 보는 점에서 투사론과 상통한다.

있는 이론이며, 개별적인 투사론과 실재론의 우위에 있다고 맥도웰은 생각할 수 있다. 그러나 이런 우위를 주장하기 위해서는 〈속성, 반응〉의 결합이 깨지지 않거나 또는 분석될 수 없는 상태일 때만 가능하다. 즉, 〈속성, 반응〉의 결합으로부터 직관적 또는 현상학적 도덕진리를 찾아낼 수 있을 때만 이 그런 우위가 지켜질 수 있을 것이다. 그러나 맥도웰의 이성의 도입을 통한 자연주의 비판이나 블랙번의 투사론 비판은 이런 현상적인 도덕 진리의 인식보다는 분석적인 도덕진리를 다루고 있다. 분석불가능한 〈속성, 반응〉의 결합으로부터의 직관적 도덕 진리가 아니고 분석을 통한 이성으로 구성되는 분석적 도덕 진리인 것이다. 이것은 맥도웰 스스로가 가치론적 또는 도덕적 진리가 현상학적으로만 감지되지 못한다는 것을 반증하는 것이기도 하고, 무선후이론에서 주장한 감수성의 분석불가능성을 스스로 허무는 것이기도 하다.

7. 결론

제 이절에서 보았듯이 인지론이 성립하기 위해서는 옹호적 설명이 가능해야 한다고 위긴스는 말한다. 누군가가 7+5=12에 대해 의문을 표시한다면, 이 등식이 맞는다는 것을 설명할 수 있어야 하는데, 그 설명이란 다름 아닌 등식을 분석해서 연산법칙과 수의 개념 등을 설명하는 것이 될 것이다. 그런데 위긴스와 맥도웰이 제시하는 무선후이론의 분석불가능성은 옹호적 설명을 거부하는 것과 같은 결과를 가져온다. 7+5=12로 비유를 하자면, 감수성에서 느낀 대로 이 등식을 받아들이며 이 등식의 분석을 불가능한 것으로 보는 것이다.

무선후이론은 나름대로의 장점이 있을 수 있다. 그러나 분석불가능이라는 조건은 7+5=12가 옳은지 아닌지를 검증할 수가 없게 한다. 또 이 등식이

틀렸다고 주장하는 사람들을 설득하기도 어렵다.42) 따라서 감수성이론가들
은 진리 가치, 특히 도덕적 진리치가 무엇인지를 설명하지 않을 수가 없는
데, 이런 설명이 이번에는 분석불가능성이라는 조건을 스스로 철회하고 무
선후이론을 무력화하는 것이라고 필자는 주장하였다. 이렇게 감수성이론에
서 무선후이론과 분석적 가치론은 서로 충돌하게 되는데, 이 충돌은 또한
현상학적 진리가치론과 분석적 진리가치론의 충돌로도 설명할 수 있음을 필
자는 말하였다. 즉, 〈속성, 반응〉의 즉각적 결합에서 진리인식이 일어난다
는 무선후이론의 주장과, 수렴이나 이성적 사고에 의해 진리 가치를 분석적
찾아낼 수 있다는 주장이 서로 충돌하는 것이다. 이런 충돌은 감수성이론이
어떻게 인지론을 정당화할 수 있는지, 나아가 다른 경쟁이론들과 확연히 다
른 고유한 특징이 있는지 등 그 이론의 핵심 주장들을 모두 불확실하게 만들
어버리는 결과를 가져온다.

---

42) 이와 비슷하게 Blackburn은 무선후이론에 기초한 감수성이론의 무력함에 대해 비판하
면서, 자신의 투사론이 더 나은 대안이 될 수 있음을 주장한다. "Errors and the
Phenomenology of Value" pp. 161-163을 참조하시오.

참고문헌

윤화영 (2006),   "존 맥키의 '기이함에 근거한 논변' 비판." 『철학적 분석』 14호, pp. 45-65.

_____ (2006),   "Non-cognitivism의 바른 평가." 『철학연구』 고려대학교 철학연구소 발간. pp. 199-224.

Aristoteles (1962),   *Nocomachean Ethics*. Indianapolis, Bobbs-Merrill Educational Publishing, translated by Martin Ostwald.

Blackburn, Simon (1998),   *Ruling Passions: A Theory of Practical Reasoning*. Oxford, Clarendon Press.

_____ (1993),   "Truth, Realism, and the Regulation of Theory." In *Essays in Quasi-Realism*, pp. 15-34, edited by Simon Blackburn: Oxford University Press.

_____ (1993),   "Errors and the Phenomenology of Value." In *Essays in Quasi-Realism*, pp. 149-65, edited by Simon Blackburn: Oxford University Press.

_____ (1993),   "How to Be an Ethical Anti-Realist." In *Essays in Quasi-Realism*, pp. 166-81, edited by Simon Blackburn: Oxford University Press.

_____ (1984),   Spreading the Word. Oxford, Clarendon Press. Darwall, Stephen, et. al (1997) "Toward fin de siècle Ethics: Some Trends," Moral Discourse and Practice: Some Philosophical Approaches. Oxford University Press. pp. 3-47.

Hume, David (1988),   *An Enquiry Concerning the Principles of Morals*, edited by J. B. Schneewind. Indianapolis, Hackett Publishing Company.

Hussain, Nadeem et. al. (2006),   "Misunderstanding Metaethics: Korsgaard's Rejection of Realism." *Oxford Studies in Metaethics Volume* 1. Oxford, Claredon Press.

Mackie, J. L. (1985), *Ethics: Inventing Right and Wrong.* England, Penguin Books.

McDowell, John (1998), "Values and Secondary Qualities." In *Mind, Value, and Reality*, pp. 131-50, edited by John McDowell: Harvard University Press.

_____ (1998), "Projection and Truth in Ethics." In *Mind, Value, and Reality*, pp. 151-166, edited by John McDowell: Harvard University Press.

_____ (1998), "Two Sorts of Naturalism." In *Mind, Value, and Reality*, pp. 167-197, edited by John McDowell: Harvard University Press.

_____ (1994), "Action, Meaning, and the Self." In *Mind and World*: Harvard University Press. pp. 87-107.

Miller, Alexander (2003), *An Introduction To Contemporary Metaethics.* Cambridge, Polity Press.

Moore, G. E. (1988), *Principia Ethica.* New York, Prometheus Books.

Wiggins, Davis (1998), "Truth, Invention and the Meaning of Life." In Needs, *Values, Truth*, pp. 87-138, edited by David Wiggins: Oxford, Clarendon Press.

_____ (1998), "Truth, and Truth as Predicated of Moral Judgments." In *Needs, Values, Truth*, pp. 139-184, edited by David Wiggins: Oxford, Clarendon Press.

_____ (1998), "A Sensible Subjectivism?" In *Needs, Values, Truth*, pp. 185-214, edited by David Wiggins: Oxford, Clarendon Press.

_____ (1991), "Moral Cognitivism, Moral Relativism and Motivating Moral Belifs." *Proceedings of the Aristotelian Society* Vol. 91(1991), pp. 61-85

Abstract

Moral Truth in Sensibility Theory

A unique feature of the sensibility theory proposed by David Wiggins and John McDowell is their claim that moral truth is ascertained in the combination of ⟨property, response⟩. This is called the no-priority view which means that moral property of external objects and response in sensibility come simultaneously. One of the key conditions for the combination is unanalyzability, without which the no-priority view cannot be sustained. This phenomenological view of moral truth encounters many exceptions, so that the sensibility theorists try to defend their view by incorporating additional theoretical tools like convergence (Wiggins) or practical reason (McDowell) into their theory. The author argues that these additional tools come to collide with the notion of unanalyzability. The author further argues that the sensibility theory's uniqueness and cognitivism would lose its ground, due to the collision.

존 맥도웰의 도덕적 제 이의 천성: 무엇이 문제인가?

윤 화 영(평택대 교양학부)*

【주제 분류】메타윤리학, 인식론, 윤리학
【주제어】제 이의 천성, 실천적 이성, 존 맥도웰, 칸트, 아리스토텔레스
【요약문】존 맥도웰은 도덕성을 "제 이의 천성"이라는 독특한 개념으로 파악한다. 제 이의 천성은 비자연적이고, 실천적 이성의 발휘를 통해 그 품성을 형성할 수 있다고 설명한다. 이 이론은 아리스토텔레스적인 도덕적 양육과 칸트적인 지적 성찰을 수용하여 도덕성의 형성을 설명하지만, 아리스토텔레스와 칸트의 입장을 대폭 수정한다. 궁극적으로 맥도웰은 도덕성의 본질에 대해서는 주어진 현상 외에 어떤 초월적 조망점(vantage point)이 없다는 뉴라쓰(Neurath)적인 입장을 취하고 있다. 따라서 주어진 도덕적 현상 이상의 것에 대해서는 침묵해야 한다는 침묵론을 제시한다. 또 맥도웰은 외부세계의 인식과 도덕적 현상의 인식을 같은 인식틀, 즉 현상학으로 설명한다. 필자는 맥도웰이 제시하는 이성의 개념으로 상식적 도덕성이나 도덕적 현실을 충분히 설명할 수 없다고 본다. 이것은 근본적으로 맥도웰의 침묵론과 일원적 인식론에 문제가 있다고 필자는 주장한다. 맥도웰이 이 두 가지 입장을 고수하는 한, 그의 이론이 자연주의와 크게 구별되지 않는다고 본다. 만약 맥도웰이 그의 제 이의 천성 이론을 자연주의와 확실히 구분하려 한다면, 전통적 이성론자들, 예를 들면 칸트 개념의 실천 이성을 좀 더 수용해야 한다고 필자는 주장한다.

---

* 격려와 조언을 아끼지 않은 세 분 심사위원들에게 감사를 표한다. 제한된 지면 때문에 모든 권고를 수용할 수 없음을 애석하게 생각한다.

1. 머리말

존 맥도웰은 데카르트 이래 관념론의 기본적 전제인 주관과 객체가 서로 연결을 갖지 않을 수 있는 분리된 영역이라는 논제를 거부한다. 즉, 주관적 인식이나 사고가 외부세계와 격리된 채 순수하게 개인적 영역으로 존재할 수 있음을 거부하는 것이다. 맥도웰에 의하면 이런 입장은 극복할 수 없는 회의론으로 빠져든다는 것이다. 맥도웰의 입장은 직접적 실재주의(direct realism)라고 부를 수 있을 정도로 외부세계가 우리의 주관에 표상된다고 보지만, 우리의 경험적 인식은 외부세계에 의해서만 결정되는 것이 아니라 주관성의 어떤 특별한 개념 또는 기능이 존재함으로써 그것에 의해 경험이 가능하게 된다는 것이다. 맥도웰은 어떻게 외부적 세계의 수동적 인식에서 주관성이 어떤 적극적 역할을 하는지 설명하려고 한다. 물론 이런 시도는 칸트의 시도와 근본적으로는 같다고 할 수도 있지만, 칸트의 시도가 불가사의한 즉자(in itself)라는 개념에 의존함을 이유로 맥도웰은 칸트의 이론을 받아들이지 않는다. 대신에 칸트의 즉흥성(spontaneity) 개념을 도입해서, 외부세계에 대한 정보가 내부적 인식 기능과 서로 결합한다고 주장한다. 그런데 이런 인식 기능은 태생적 또는 자연적으로 주어지는 것이 아니라, 전통이나 문화에 의해 형성되는 제 이의 천성(second nature)에 의해 담당된다는 것이고, 문화 전통의 배후나 그것을 넘어서는 본질을 캐려는 시도는 철학적 혼란만 가져올 뿐, 아무런 해답을 줄 수 없다는 것이 맥도웰의 기본적 주장이다. 따라서 주어진 현상을 있는 그대로 받아들일 뿐 그 근거에 대해서는 침묵해야 한다는 침묵론(quietism)은 그가 비트겐슈타인으로부터 계승한 입장인 것이다.[1]

이런 맥도웰의 시각은 도덕가치를 설명하는 데에도 고스란히 적용된다. 우선 감수성이론(sensibility theory)과 무선후이론(no-priovity view)이 도

---

[1] *MInd and World*(1994)에서 그의 인식론과 존재론을 더 잘 들여다 볼 수 있다.

덕적 가치가 즉흥적으로 인식됨을 설명하는 이론이라면, "제 이의 천성 (second nature)" 이론은 인간의 도덕적 품성 또는 도덕성이 어떻게 형성되는가를 설명하는 역할을 한다.[2] 궁극적으로 도덕성이 있어야만, 도덕가치도 제대로 인식할 수 있고, 도덕 판단도 자발적으로 내릴 수 있는 것이다. 그런데 그에 의하면, 개개인의 도덕성은 자연적으로 주어지는 천성이라기보다는, 사회 속에서 형성되어 있는 도덕가치를 교육과 양육에 의해 습관화시키고, 때가 되면 이런 가치들에 대한 스스로의 이성적 성찰을 통해 개개인의 도덕성을 완성한다는 것이다. 이렇게 아리스토텔레스적인 시각과 칸트적 시각이 합쳐진 것이 맥도웰 도덕성 이론의 근간이다. 맥도웰이 도덕성이나 도덕가치들을 자연적이라고 보지 않는 이유는 이런 것들이 우리가 자연적으로 주어졌다고 믿어지는 가치들과 근본적으로 다르기 때문이라는 것이다.

필자는 본 논문에서 맥도웰의 "제 이의 천성" 도덕 이론에 대한 정확한 해석을 통해 그의 이론이 갖고 있는 문제점들을 지적해 보고자 한다. 필자가 일차적 문제점으로 지적하고자 하는 부분은 맥도웰이 제시하는 개념의 실천 이성으로는 이성적 인간들의 다양한 도덕성을 잘 설명하고 있는가 하는 점이다. 이 문제를 중심으로 맥도웰의 제 이 천성 이론 자체가 어떤 한계를 갖고 있는가를 지적하려는 것이다.

2. "제 이의 천성"이라는 개념

앞서 언급했듯이 맥도웰은 (그의 동료 데이비드 위긴스와 더불어서) 도덕적 품성(virtue)을 순전히 자연적인 것으로 보지 않는다. 그렇다면 도덕적

---

2) 존 맥도웰의 감수성이론은 "Aesthetic Value, Objectivity, and the Fabric of the World," "Values and Secondary Qualities," "Projection and Truth in Ethics" 등에서 제시되고 있으며, 제 이의 천성 이론은 "Two Sorts of Naturalism"에서 주로 설명되고 있다.

품성은 어떻게 다르며 그 핵심 내용은 무엇인가? 맥도웰은 이 품성이 제 이의 천성임을 다음과 같이 주장한다.

> 칸트의 통찰을 보존하기 위한 방도를 모색하던 것이 어떤 개념의 이성에 도달하게 됨을 주장하게 되었던 바, 그 이성 개념은 어떤 의미에서는 자연적(naturalistic)이라고 말할 수도 있다. 즉, 실천적 이성(practical reason)을 형성함이 한 개인의 제 이의 천성(second nature)인 것이며, 외부로부터 그의 천성을 지배하는 그 무엇은 아닌 것이다. 그러나 그 개념은 다음과 같은 점에서는 자연적이 아닌 바, 즉 그 개념에 의해 실천적 이성을 지적으로 확실하게 하는 것이 자연과학이 발견하는 그런 종류의 사실에 근거하려는 시도가 아니라는 것이다.[3]

맥도웰이 말하는 제 이의 천성은 제 일의 천성 또는 자연적 천성(first nature)과는 달리, 도덕에 관한 어떤 실천적 이성을 형성(Bildung)하는 것이다. 따라서 제 이의 천성을 소유한 사람만이 이성적 또는 지적 성찰에 의해 자발적으로 도덕적 사고와 행위를 행할 수 있는 것이다. 또 제 이의 천성은 실천 이성에 의해 스스로 형성해야 하는, 즉 그 형성이 외부적으로 강제될 수 없는 품성인 것이다. 반면에 제 일의 천성은 상기한 지적 행위가 결여된 자연적으로 주어진 모든 성질이나 본성(제 일의 천성)을 지칭하는 것이며, 제 일의 천성만을 갖고 있는 사람이 도덕적 행위를 한다 해도 그것은 교육에 의한 습관적 행위일 뿐이다. 이 차이는 그의 또 다른 개념 구분, 즉 법칙의 영역(realm of law)과 이성의 공간(space of reason)과도 밀접한 연관이 있다.[4] 전자는 자연과학적 법칙의 지배를 받으며, 따라서 자연과학으로 설명할 수 있다고 여겨지는 영역이다. 반면에 후자는 인간의 이성적 사고에 의해 좌우되는 공간으로 자연적 법칙으로 설명되지 않는 많은 현상들이 여기에 해당될 것이다. 법칙의 영역과 이성의 공간이 개념적으로 서로 다르

---

3) 존 맥도웰(John McDowell), "Two Sorts of Naturalism," p. 192.
4) 법칙의 영역과 이성의 공간의 구분에 대한 설명은 그의 *Mind and World* 중 "Lecture IV. Reason and Nature"(pp. 66-86)를 참조하시오.

기는 하지만, 우리의 경험세계를 구성함에 있어 없어서는 안 될 요소들이며, 그 둘이 서로 분리되어 우리 경험에 나타나는 것이 아니라는 것이다. 따라서 도덕적 실천이성이 그 본질상 자연적 천성과는 다른 제 이의 천성이기는 하지만 일상적 경험에서는 서로 분리되어 있지 않기 때문에, 그런 점에서는 한편 자연적이라고 말할 수도 있다는 것이다.[5]

맥도웰은 늑대의 예를 가지고 도덕적 실천이성의 형성을 설명하고 있다. 늑대들이 이성(logos)을 습득했다고 가정해 보자. 이들이 습득한 이성은 이 늑대들로 하여금 "서로 의사소통할 수 있는 힘, 또 개념적 능력에 대해 논리적으로 표현할 수 있는 힘" 등을 가능하게 한다. 이런 가상적 상황에서 늑대는 다음과 같은 질문들을 던질 수 있다는 것이다. "내가 왜 다른 늑대들과의 협동을 해야 하는가?" "내가 왜 이 무리 속에서 나의 역할을 충실히 수행해야 하는가?"[6] 이런 질문들을 던짐으로써 늑대는 자신을 지배하던 천성(first nature)을 넘어서서 자신을 통제하던 본능적 행위(즉 개인의 욕망추구)에 대해 생각해 보는 계기를 가질 수 있다는 것이다. 그런데 이런 생각이 바로 도덕적 품성을 형성하게 하는 실천적 이성이라는 것이며, 본능 또는 천성이 아니라 후천성에 의해서 도덕적 실천이성이 형성된다는 것이 맥도웰의 시각인 것이다. 아리스토텔레스가 말하는 도덕적 양육과 교육은 이 형성 과정의 시작 단계로써 양육과 교육이 없이는 도덕성 형성이 불가능한 것이다.

---

5) 맥도웰 자신이 이를 인정하고 있다. "Two Sorts of Naturalism," 192쪽을 참조하시오. 그래서 그의 이론을 "제 이 천성" 자연주의(second-nature naturalism)라고 부르기도 한다. 예를 들어, 알렉산더 밀러(Alexander Miller)의 *An Introduction to Contemporary MetaEthics*의 259쪽을 참조하시오.
6) McDowell의 "Two Sorts of Naturalism" 3절을 참조하시오.

3. 도덕성 형성의 출발: 아리스토텔레스의 교육과 습관

맥도웰의 도덕에 관한 시각은 기존의 도덕이론들에 비해서 내용적으로 완전히 새로운 것은 아니지만, 그에 의하면 이전의 도덕 이론들이 갖고 있는 문제점들을 극복한 새로운 이론이라고 주장한다. 우선 맥도웰의 시각은 아리스토텔레스의 시각과 내용적으로 공통점이 많다. 맥도웰은 도덕적 품성의 습득이 양육이나 도덕 교육에도 달려있다고 말함으로써 아리스토텔레스의 입장을 상당 부분 수용하고 있다. 그는 말하기를,

> 도덕 교육으로부터 얻어진 제 이의 천성은 실천적 이성(logos)을 특별하게 형성하는 것이라는 생각을 굳건히 가질 때, 이성적 늑대들의 우화를 통해서 내가 제시했던(§ 3) 핵심을 우리가 정확히 알 수 있다. 도덕 교육은 단지 한 인간이 자연적으로 갖는 동기적 충동의 흐름을 재조정하는 것은 아닌 바, 도덕성의 획득은 그런 충동의 작용을 스스로 인식하고 제어하는 차이가 있다. 이성을 부여함에 있어서 도덕 교육은 사람들로 하여금 어떤 동기적 충동에서 물러서서 그것에 대한 이성적 논증(credentials)에 스스로를 복종시키거나 그런 논증을 찾는 것이다. 그래서 그 결과는 우리가 천성(first nature)이라고 부르는 실제적 경향으로부터 거리를 두는 것이다.[7]

여기서 우리가 알 수 있는 것은, 도덕성의 형성(Bildung)을 이성에만 의존하는 것이 아니라는 점을 맥도웰은 말한다. 도덕 교육이 선도적 역할을 하며, 도덕성의 형성이 실천적 이성의 특별한 구체화로 나타날 수 있다는 것이다. 도덕적 습관의 형성 자체는 도덕 교육이 담당한다고 보는 것이며, 완성된 도덕적 품성은 어떤 특별한 형태의 실천적 이성이 발휘되는 형태로 나타난다는 것이다. 도덕성 형성의 완성이 교육과 습관만으로 완성되지는 않고, 실천적 이성이 발휘됨으로써 가능한 것이다.

그렇다면 어떤 개념의 실천적 이성을 맥도웰은 말하는가? 아리스토텔레스도 실천적 이성을 강조했지만 그것에는 어떤 문제가 있다는 것이 맥도웰

---

7) "Two Sorts of Naturalism" 188쪽

의 생각이다. 맥도웰이 아리스토텔레스의 이론에서 치명적 문제로 보는 것은 왜 실천적 이성을 발휘해야 하는가에 대한 아리스토텔레스의 이유이다. 잘 알려진 대로, 아리스토텔레스는 인간이 도덕적 품성을 갖추는 것을 자연적이고 목적론(teleology)적으로 설명한다. 인간이 행복이나 우수함(excellence)의 추구라는 목적을 가지고 자신의 잠재성을 충분히 개발한다면 자연스럽게 도덕적 품성의 습득을 추구하게 된다는 것이다. 도덕적 품성 역시 우수한 자질(즉, 덕)이기 때문이다. 이를 가리켜 "인간의 선은 덕성에 따른 행위로 이루어지는 삶이다(The good for human beings is a life of activity in accordance with virtues)라고 그는 말한다. 맥도웰은 이 목적론적 설명을 도덕성에 관한 외부적 관망 위치를 인정하는 것으로 보고, 그래서 거부하는 것이다. 맥도웰은 이렇게 전체를 조망할 수 있는 지점(vantage point)이 있을 수 없음을 이야기하면서 그는 다음과 같이 말한다.

그러나 아리스토텔레스의 견해를 근본적으로 버리지 않으면서 우리는 도덕성에 관한 질문, 즉 이성의 공간(space of reason)은 실천적 이성(practical logos)이 개별적으로 형성된다는 관점과는 별도로 존재한다는 것 같아 보이듯이, 과연 진실로 바깥에 놓여 있는지 아닌지 묻는 질문이 제기될 수 있도록 하는 것이다. 우리가 고집해야만 하는 것은 실천적 이성에 관한 이런 질문을 다룸에 있어서, 명백해 보이는 얼개(layout)를 미결정 상태로 두거나 그 정확한 구조를 윤리적 양육에서 습득된 사고방식 밖의 어떤 유리한 관망 위치(vantage point)로부터 재구성하는 방식으로 이 질문을 다루어서는 안 된다는 것이다. 이런 입장은 철저한 윤리적 성찰을 가능하게 하는데, 이것을 아리스토텔레스는 미처 생각하지 못한 듯하다.[8]

아리스토텔레스의 목적론적 설명을 거부하는 것은 맥도웰 뿐만이 아니다. 아리스토텔레스의 목적론이 공감되지 않는 시대에서는 그가 말하는 덕성(virtue)들도 설득력이 없다는 맥킨타이어의 주장뿐만 아니라,[9] 아리스토텔

---

8) Ibid., 189쪽
9) Alasdair MacIntyre의 *After Virtue*를 참조하시오.

레스의 자연주의와 그에 의거한 도덕적 가치의 설명이 더 이상 호소력이 없다는 버나드 윌리암스의 주장도 있다.[10] 맥도웰은 이런 비판들에 공감하면서 아리스토텔레스의 목적론이 배재된다면 그의 도덕 이론은 왜 도덕적 인간이 실천적 이성의 개념에 왜 의지해야 하는지를 설명할 수 없다고 평가한다.[11]

4. 도덕성 형성의 완성: 칸트의 실천적 이성

맥도웰은 또한 흄의 시각을 어느 정도 수용하면서도 비판하는 바, 흄의 시각이 갖고 있는 문제는 인간의 바람과 욕망(wants and desires)을 도덕성의 근거로 삼으려는 점이라고 한다.[12] 따라서 인간의 이성은 중요한 역할을 하지 않는 바, 이것이 바로 흄의 이론이 갖는 또 다른 문제라는 것이다. 그러나 흄의 시각은 현대 과학적 관점에서 좀 달리 해석할 수도 있는데, 그것은 도덕성이 순전한 자연세계(disenchated nature)를 근거로 해서 도출될 수도 있다는 것이다. 즉, 가치나 정서가 투영되지 않은 순전한 자연세계(이것을 맥도웰은 disenchanted nature라고 부른다)로부터 이성적 판단을 사용해서 도덕성을 끌어낼 수 있다는 것이다. 예를 들면, 개미의 사회를 잘 들여다 보면, 각 개미들의 역할 분담이 철저하고 분담된 역할의 수행은 인간의 도덕성과 큰 차이가 없다고 할 수 있다. 즉, 인간의 도덕성은 근본적으로 개미들의 역할 분담과 사회를 위한 희생이라고 같은 것이라고 할 수도 있는 것이다.[13] 이런 시각을 맥도웰은 "새롭게 해석한 흄의 입장(neo-Humean position)"

---

10) Bernard Williams의 *Ethics and the Limits of Philosophy*를 참조하시오.
11) Bernard Williams는 맥도웰이 직접 언급하고 있다. "Two Sorts of Naturalism" 186쪽 참조하시오.
12) "Two Sorts of Naturalim," 176쪽.
13) 개미 사회는 맥도웰의 예가 아님. 이런 설명은 특히 다윈의 진화를 도덕성에 끌어들이는 자연주의자들에 의해 행해진다. Larry Arnhart의 *Darwinian Natural Right*가 이런 입장의 예로 들 수 있다.

이라고 부른다.[14] 물론 흄의 이론에서 이런 설명이 있는 것도 사실이다. 잘 알려진 것 같이, 흄은 도덕성을 동정심 같은 자연적 품성에 연결시켜 설명하려는 시도를 한다. 맥도웰이 "새롭게 해석한 흄의 입장"에서 불만을 느끼는 것은 이 시각이 각 개인의 주관성(subjectivity)을 고려하지 못한다는 것이다. 그에 의하면, "새롭게 해석한 흄의 입장"이 도덕성이 사회 전체에서 도덕성이 어떻게 기능하고 왜 필요한지 등을 설명할 수는 있지만, 왜 개인들이 그런 도덕성을 받아들여야 하는지를 설명할 수 없다는 점인 것이다.

이렇게 해서 맥도웰은 그의 "제 이의 천성" 이론에서의 실천적 이성을 칸트의 개념으로 접근시킨다.[15] 맥도웰은 칸트의 이론을 완전히 용인하지 않으면서도 칸트의 통찰력(Kant's insight)에 대해서는 여러 번 말하고 있다. 즉, 각자의 주관적 성찰 과정에서 이성에 의해 도덕가치를 재발견하고 내재화(internalization)해서 도덕적 품성을 완성할 수 있다는 것이다. 또 이성적 판단에 의해 주어진 가치가 객관적으로 옳다는 객관화(objectification)를 시도하는 것도 칸트 개념의 실천적 이성에 의해 가능하다는 것이다. 맥도웰의 말을 직접 보기로 하자.

세상이 주관성(subjectivity)으로부터 구조적으로 독립적이지 않으며, 그래서 세상이 이성의 공간 안에서 그 존재를 확인한다는 논제를 다시금 생각해 보자. 이제까지 나는 이 논제를 이론적 이성과 연관해서만 논의해 왔다. 그러나 사고에 관한 바로 그 생각, 즉 지성의 실천은 어떤 의미의 객관성을 전제하고 있는 바, 우리는 옳은 것과 옳은 것 같이 보이는 것의 구분을 할 수 있다는 견지에서 이런 객관성(objectivity)을 해석해 낼 수 있는 것이다. 칸트의 흔적을 함유한 위의 논제에 의해 이해되는 세계는 앞서 말한 객관성의 표현 이상의 다른 무엇일 필요가 없다. 실천적 사고는 그러한 일반적 의미에서 객관성을 지향하는 바, 이것은 이론적 사고가 객관성을 지향하는 것보다 못하지 않다.[16]

앞서 맥도웰은 "새롭게 해석한 흄의 입장(neo-Humean position)"이 갖는

---

14) "Two Sorts of Naturalism," 5절에 언급되어 있음.
15) 맥도웰의 칸트 이론 해석과 비판은 "Two Sorts of Naturalism," 8절과 9절.
16) Ibid., 185쪽

문제점이 각 개인의 주관적 시각을 고려하지 못한다는 것이었다. 즉, 누군가가 자연에서 우리의 도덕성과 비슷한 특징을 가진 어떤 생물체의 집단을 객관적으로 찾아내고 도덕성이란 자연적 특성이라고 주장한다고 해도, 이것은 집단의 특징일 뿐 개체의 특징을 보여주지 못하는 것이다. 그러나 인간의 도덕성은 개개인의 품성이자 또한 문제를 객관적으로 해결할 수 있게 하는 개인의 지성적 행위인 것이다. 도덕성의 이런 특징을 가장 잘 설명하고 수용하는 것이 칸트의 이론이라는 것이 맥도웰의 생각인 것이다.17) 즉, 도덕가치를 내재화하고 성찰을 통해 가치를 객관화하는 것이 칸트의 이론으로 설명된다는 것이다.

그러나 맥도웰이 칸트 이론의 모든 내용을 받아들이는 것은 아니다. 그가 보기에 칸트의 도덕이론이 갖고 있는 가장 큰 문제점은 즉자(in itself) 개념이다. 맥도웰은 칸트의 외부세계 인식론(맥도웰이 말하는 theory of nature)과 도덕이론(그가 말하는 philosophy of practice)이 구별되어 있음을 인정하면서도 그 두 이론이 합해졌을 때, 불가사의한 즉자(in itself) 개념에 의해 초월적 이상론(transcendental idealism)으로 빠지는 위험성이 있다는 것이다. 즉, 칸트의 이론에 의하면, 우리의 경험으로 알 수 없는 즉자 개념이 실제적 지식의 근본이 되어야 하는 바, 맥도웰은 이것을 받아들일 수 없다는 것이다.18) 맥도웰이 보는 칸트의 문제점은 이것뿐만이 아니다. 칸트가 요구하는 정형성(formality) 또한 그는 배제한다. 그는 아마도 칸트가 요구하는 도덕 법칙의 보편성 같은 특징을 거부하는 것으로 짐작된다.19)

---

17) R diger Bubner(2002)가 지적하듯이 이 점 또한 맥도웰이 아리스토텔레스와 다른 점이다. 아리스토텔레스는 도덕성과 가치가 개인적 시각에 의존하는 것이 아니라 공동체 전체에 의해 결정된다는 공동체주의(communitarian)의 시각을 갖고 있다. 특히 그의 논문 209쪽을 참조하시오.
18) 물론 맥도웰의 시각은 비판될 수 있다. 그가 인정하듯이 칸트는 인식론과 도덕이론을 구별하였고, 도덕이론에서의 즉자의 개념은 그렇게 불가사의한 개념이 아닐 수 있다. 그것은 다른 목적이 없는 순수한 도덕 행위를 지칭하는 개념일 수가 있는 것이다.
19) 맥도웰이 직접적으로 이런 언급을 하지는 않지만, 그가 반복해서 초월적 시각 또는 주어진 도덕관 밖에서 바라볼 수 있는 시각 등을 부정하는 점으로 보아 칸트의 정형성을 거부한다고 볼 수 있다.

그래서 맥도웰이 그려내는 실천적 이성의 적용범위는 결과적으로 한 사회나 문화 전통을 벗어나지 못하는 것이다. 이성적 실천자로서의 도덕 행위자는 주어진 가치를 내재화하고 그것을 다시 사회 전체에 적용함이 옳다는 소위 객관화시키는 기능을 수행한다. 다시 말하면, 맥도웰이 그려내는 실천적 이성은 도덕가치의 근원이 무엇이고 보편성을 가질 수 있는지를 따지는 기준을 제시하는 것이 아니라, 각 개인들이 주어진 도덕가치를 주관적으로 그리고 객관적으로 합리화하는 기능을 담당할 뿐이다.20)

맥도웰은 이렇게 형성된 제 이의 천성인 도덕성을 다른 품성들과 근본적으로 다르다고 보고 다른 자연적 성질로 환원해서 설명될 수 없음을 주장한다. 이런 입장은 이미 아리스토텔레스에게서도 발견된다. 둘 사이의 차이들 중 하나는 도덕성을 자연적 품성이라고 부를 수 있는가 아닌가 하는 것이다. 잘 알려져 있다시피 아리스토텔레스는 도덕적 품성이 다른 품성이나 자질들과는 다름을 지적하였지만, 이 품성 또한 자연적인 것으로 보았다.21) 자연주의자인 아리스토텔레스는 도덕성이 근본적으로 자연적 품성이므로, 도덕적 가치 또한 자연적이라고 믿는다. 즉, 덕이란 극단적인 자연적 품성들 사이에 위치하는 것으로 보고 있다. 예로서, 용기가 만용과 비겁함의 중간에 위치하듯이, 관대함은 무절제한 낭비와 인색함 중간에 위치하는 자연적 품성인 것이다. 그러나 맥도웰에게는 양 극단의 품성들(즉 만용과 비겁함, 무절제와 낭비)이 자연적일 수는 있어도 도덕적 성품이 자연적 성품(first nature)이 아니다. 이것은 무어(G. E. Moore)가 자연적 오류(naturalistic fallacy)라는 개념을 통해 자연주의를 거부하는 것과 같은 입장이다.22) 즉,

---

20) 이성의 본질과 작용을 독특하게 규정하는 맥도웰의 시각에 대한 반론은 거세다. 본 논문은 도덕성과 도덕 행위의 관점에서 이를 비판하지만, 순수한 인식론적 입장에서 비판을 제시하는 Phillip Pettit과 Michael Smith(2006)가 있고, 언어 사용이라는 관점에서 맥도웰의 이성을 비판하는 Richard Heck(2006) 등이 있다. 또한 Herman Philipse(2000, 2001)는 맥도웰의 이성이 칸트의 이성과는 다른 것이라고 비판한다.

21) Aristoteles의 Nicomachean Ethics, Book VI를 참조하시오.

22) Moore의 반자연주의는 그의 *Principia Ethica*를 참조하시오.

무어가 도덕성을 어떤 자연적 개념으로 환원하려는 시도를 자연적 오류라고 부르면서 거부했듯이, 맥도웰도 도덕성을 다른 어떤 자연적 개념으로 설명하려는 시도를 부정하는 것이다. 이렇게 맥도웰이 말하는 제 이의 천성은 제 일의 천성으로부터 유래되거나 도출되는 개념이 아니다. 단지 도덕성을 제 이의 천성이라고 부르는 것은 제 일의 천성과는 다른 개념이라는 의미가 포함되어 있는 것이다.

이제까지의 설명을 종합해 보면, 도덕성 형성에 관한 맥도웰의 근본적 시각을 이해할 수 있다. 그는 사회적으로 통용되는 도덕적 가치의 근원을 어떤 우월적 위치(vantage point)에서 분석할 수 없고, 주어진 도덕적 환경 안에서 가치의 논의를 할 수 있을 뿐이다. 이것이 그의 뉴라쓰적(Neurathian) 입장이다.[23] 이런 우월적 위치의 예를 들자면, 공리주의자들이 말하는 자비로운 관찰자(benevolent spectator)라든가 칸트가 말하는 이성에 의한 도덕 법칙의 보편성(universality), 앞서 말한 아리스토텔레스의 행복이나 우수함(excellency) 또는 도덕성을 인간사회와 무관한 자연 세계의 특징(예 개미들의 역할분담과 책임완수)으로 보는 견해 등은 모두 상기한 도덕성을 위에서 조망하는 위치에 해당된다고 할 수 있다. 왜냐하면 각 이론들은 이런 개념을 이해함으로써 도덕성을 설명할 수 있다고 보기 때문이다. 그러므로 맥도웰은 도덕적 교훈이나 도덕성의 구체적 내용을 주어진 도덕적 양육이나 전통 밖에서 찾을 수 없음을 단언한다.[24] 또 맥도웰이 상기한 관망 위치가 있음을 부정한다는 것은, 도덕성이 제 일의 천성(nature)으로부터 유래가 된다거나 또는 도덕성이 제 일의 천성으로 환원됨을 부정하는 의미를 갖게 됨을 주장하는 것 뿐만 아니라, 도덕성이나 도덕가치의 근원을 설명할 수 있는 개념도 없다는 주장이기도 하다

---

23) Ibid., pp. 188-92.
24) "Two Sorts of Naturalism" 189쪽부터.

5. 맥도웰 실천적 이성의 맹점: 다양한 도덕 행위자들의 존재

맥도웰의 제 이의 천성 이론은 도덕적 품성의 형성 과정과 도덕 행위를 왜 수행하는가에 대한 한 국면을 잘 설명해 줄 수 있다. 많은 이들이 어려서는 부모나 학교로부터 도덕 교육을 반복적으로 받다가, 철이 들면서 자신들이 받은 도덕 교육의 내용을 자기 것으로 만들고 도덕성을 갖추면서, 그 내용을 사회적으로도 옳은 것으로 여기는 객관화 과정을 밟을 수 있는 것이다. 즉, 교육은 전통적 가치를 습득하고 습관화하는 단계이고 실천적 이성의 획득은 습관화된 도덕가치를 완전히 자기 것으로 만들면서 그 가치가 또한 객관성을 갖고 있다는 자각을 가능하게 한다고 할 수 있다. 편의상 맥도웰에 의해 묘사되는 도덕 행위자들을 "제한된 도덕적 이성을 가진 유형"의 사람들이라고 하자.

그러나 사람들의 도덕 행위는 이렇게 단순하지만은 않다고 생각된다. 먼저 어떤 이들은 자신들이 어려서부터 받은 교육에 의한 습관적 행위 이상으로 행동하지 못할 수 있다. 단지 습관에 의해 습득된 도덕 규칙을 충실히 따르는 것일 뿐 자신들이 받은 도덕 교육과 양육의 의미를 내재화하지도 못할 수 있는 것이다. 전통적 사회 또는 도덕규범이 강제성을 갖고 있는 사회 등에서 이런 형태의 삶은 얼마든지 볼 수 있다. 이런 사람들의 특징은 사회적 처벌이나 비난을 받지 않으려는 목적으로 도덕적 품성을 가진 것처럼, 또는 도덕적 가치를 자발적으로 따르는 것처럼 행동하는 사람들이 많이 있을 수 있다. 또 그들은 주어진 도덕적 규범에 대한 성찰, 즉 이성적 심사숙고는 거의 없거나 그런 시도 자체를 불경스런 것으로 간주할 수 있는 것이다. 예를 들어, 조선시대에 충과 효가 높은 가치로 여겨졌지만 많은 사람들이 그 가르침을 따를 뿐, 과연 그런 가치가 정당한 것인지 생각하지 않을 수 있다. 또 어떤 종교적 사회에서는 종교가 권하는 도덕가치를 사람들이 따를 뿐, 그것의 정당성을 이성적 성찰을 시도하지 않을 수 있다. 이런 사람들이라고 해서 이성 그 자체가 없다고 말할 수는 없다. 도덕적 사안이 아닌 다른 많은 경우에서는 이성적 사고가 발휘되겠지만, 도덕적 문제에 있어서는 습관적 수행 단계에서 더 이상 나아가지 못하는 것이다.

이런 부류의 사람보다 더 바람직하지 못한 또 다른 부류의 사람들도 있을 수 있다. 이들은 엄격한 도덕적 양육과 교육을 받으며 어린 시절을 보내지만, 도덕 교육이 끝나는 시점에서부터 퇴보하는 사람들도 있다. 이런 사람들은 도덕적 행위가 습관화되지 못하고 따라서 도덕적 규범도 자발적으로 준수하지 못한다. 이런 사람들은 최소한의 규범 준수로 다른 사람들과의 마찰을 피하거나, 더 나쁜 경우에는 범법자가 되는 등 사회에서 소외된 사람으로 전락할 수도 있다. 물론 자신의 내면을 위장하고 끊임없이 다른 사람들을 이용하려는 영악한 사람으로 살아갈 수도 있다. 이런 사람들도 앞서의 사람들과 마찬가지로 이성적 사고를 발휘해서 도덕가치의 내재화에 실패한 사람들이다. 이런 사람들 모두를 "도덕적 이성이 결여된 유형"이라고 부르기로 하자. 맥도웰의 이론은 이런 유형의 사람들을 설명할 수도 없고, 도덕 행위자들이 이런 유형으로 빠지지 않는다는 보장도 없다.

그런데 또 다른 유형의 도덕 행위자들이 있을 수 있다. 세 번째의 유형으로는 "넓은 개념의 도덕 이성을 가진 유형"의 사람들이 있다. 이런 사람들은 도덕 교육과 지적 성찰의 결과로 도덕적 품성을 갖추고는 있지만, 기존의 도덕가치를 단순히 답습하는 유형의 도덕적 행위자가 아닌 것이다. 성인이 되면서 앞선 세대의 도덕가치를 거부하기도 하고, 그것들을 개혁하려고 할 수도 있다. 그렇게 함으로써 새로운 도덕적 시각과 가치를 만들어 내기도 한다. 이런 과정에서 그들은 대개 맥도웰이 거부했던 보편적 가치기준을 설정한다. 또 다양한 가치의 주장을 조망할 수 있는 위치(vantage point)가 있다는 믿음을 갖고 그런 입장에서 현실의 가치들을 비판하고 평가하며 개선하려는 시도를 계속할 수 있다. 이런 관점이 없이는 사회 전체에 통용되는 새로운 가치를 만들 수 없기 때문이다. 그래서 맥도웰이 거부하고자 했던 칸트적 실천이성을 발휘하려는 사람들이 여기에 포함된다고 할 수 있다. 이런 유형의 사람들이 사회에 존재하는 것은 부정할 수 없는 사실이다.

물론 이런 유형들과는 또 다른 형태의 도덕 행위자가 있을 수 있다. 예를 들어, 도덕적 요구와 욕망 추구의 갈등 사이에서 방황하면서 자신의 도덕적 의지가 확고하지 못함을 자책하는 사람들이 있을 수도 있다. 이런 다양성을 "도덕 행위자 유형의 다양성"이라고 부르자. 여기서 중요한 점은 맥도웰은 이렇게 다양한 유형의 사람들을 자신의 이성적 도덕 행위자에 포함시키지 않고 있다는 점이다. 필자가 주장하는 바는, 맥도웰이 상기한 다른 유형의 도덕 행위자를 모른다는 것이기보다는, 맥도웰의 제 이 천성 이론은 상기한 도덕 행위자 유형의 다양성을 원천적으로 고려하지 않고 있다는 것이다. 그의 이론에서는 "제한된 도덕적 이성을 가진 유형"의 사람들만이 등장할 뿐이다.

6. 문제점: 침묵론과 일원적 인식틀

이런 상식적 다양성은 맥도웰의 제 이의 천성 이론과 어떤 갈등을 야기하는가? 첫째, 맥도웰의 이론은 실천적 이성의 폭과 깊이를 잘 설명하지 못한다고 본다. 그가 제시하는 개념의 실천적 이성은 어떤 중요한 점을 간과하고 있다. 그의 도덕적 현상 설명에서는 실천적 이성이 갖는 비판적 기능이 강조되고 있지 않다. 이것은 주어진 가치 체계에 의해서 비판적 시각을 갖는 것이 아니라 그 가치 체계 자체 또는 가치 체계의 핵심을 비판할 수 있는 기능을 말한다. 현실에서는 이런 비판 기능이 도덕성의 중요한 부분이다. 이런 기능이 없다면 사회의 변화와 함께하는 도덕가치들의 충돌과 도덕적 시각의 변화에 대해 설명할 수가 없다.[25] 이런 시기에 사람들은 단지 사회적으로

---

25) Axel Honneth(2002) 역시 맥도웰의 이성 개념이 도덕 개념들의 충돌을 해결할 수 없다고 진단한다.

주어진 도덕가치들을 내재화 객관화하기보다는 주어진 가치들을 어떤 우세한 시점(즉 맥도웰이 거부하는 vantage point)에서 평가하려고 하기 때문이다. 물론 모든 도덕 행위자들이 비판적 이성을 가지고 있을 필요는 없다. 맥도웰이 묘사하는 그런 도덕 행위자들이 있을 수 있다. 앞서 보았듯이 도덕 행위자의 유형은 다양하지만, 도덕적 가치의 형성을 주도하는 사람들의 사고 속에서는 이성의 비판적 기능이 반드시 그 역할을 한다고 생각된다. 이런 비판 기능은 어떤 외부적 조망점에 의거해야 가능하다고 본다. 여기서 외부적인 조망점이 실제로 있는가 없는가도 중요한 논점이지만, 그런 조망점을 믿고 행동하는가 아닌가 역시 중요한 논점이다. 현실적으로는 맥도웰의 기대와 달리 그런 조망점의 존재를 믿는 도덕 행위자들에 의해 기존의 도덕률이 비판되고 새로운 도덕률이 제시된다고 본다.

이런 넓은 개념의 도덕적 이성을 가진 도덕 행위자들을 존 맥키(John Mackie)는 오류이론으로 설명하려고 하였다.[26] 넓은 개념의 실천적 이성을 믿는 사람들, 절대적 가치가 있다고 믿는 사람들, 어떤 공정하고 객관적 시점(vantage point)가 있다고 믿는 사람들 모두가 도덕적 오류를 저지르고 있다는 것인데, 왜냐하면 이들이 믿는 것이 실제로는 존재하지 않는다는 것이 맥키의 주장이다. 맥키의 시각에서 중요한 것은 그는 적어도 사람들이 이런 믿음을 갖고 있는 것이 사실이라고 보았다. 그러나 맥도웰은 이런 믿음을 사실이라고 보지는 않고 있다.[27] 아마도 그는 이런 믿음을 갖는 도덕 행위자들이 존재한다는 것을 아주 예외적으로 보거나, 그 믿음이 도덕가치를 인식하는 구체적 경우와는 무관한 것으로 치부할 수도 있다.

그렇지만 맥도웰이 이야기하는 기존 도덕가치의 내재화나 객관화는 그가 생각하는 것보다 더 큰 이성의 역할을 요구한다고 필자는 생각한다. 기존의 가치들에 대한 지적 비판은 그 가치들이 우연히 형성된 것인가, 공정하게

---

26) Mackie, pp. 30-35.
27) 맥도웰의 현상학적 가치 인식 이론(즉 무선후이론)은 상기한 믿음을 경험상 근거가 없는 vantage point의 용인이라고 보고 부정한다.

만들어진 것인가, 또는 기존가치에 어떤 장단점이 있는가 등에 대해 생각하지 않을 수 없는 것이다. 그런데 이런 성찰은 칸트 등이 의미하는 넓은 개념의 이성, 즉 이성의 비판적 분석적 기능이 없이는 제대로 수행할 수가 없다고 본다. 예를 들어, 어떤 가치체계 자체가 공정한지 아닌지 등을 판단하는 것은 주어진 가치체계를 넘어서 조망할 수 있을 때만이 가능한 것이다. 만약 주어진 가치를 비판 없이 받아들이는 내재화만을 시도한다면, 아마도 주어진 가치체계의 의미조차 제대로 이해하지 못할 수도 있다. 왜냐하면 가치의 단순한 내재화는 가치체계 자체에 대한 성찰과 이해가 없기 때문이다. 맥도웰은 기존의 도덕가치를 내재화하고 객관화하는 것이 그 가치를 재생산할 수 있다고 본 듯하다. 이성적 성찰도 그런 과정에 맞게 재단될 수 있다고 보는 것 같다. 그러나 이런 과정이 가치의 단순 재생산 작업이 아니라 가치의 창조 내지는 재창조하는 과정이 될 수밖에 없다고 본다. 적어도 도덕적 가치의 성찰에서 빼놓을 수 없는 기본적 기준들, 예를 들면 공정성, 보편성, 어떤 개념의 평등성, 기본적 자유(반드시 민주주의적 자유를 지칭하는 것은 아님) 등의 개념이 있음으로 해서 기존의 도덕가치가 제대로 이해되고 평가받는 것이다. 이런 과정을 거쳐야 비로소 제대로 된 도덕적 내재화와 객관화가 가능하다고 할 수 있다. 따라서 가치의 내부화와 객관화의 과정은 창조 및 재창조의 과정이 될 수밖에 없으며, 상기한 기본 개념들이 맥도웰이 그토록 거부하려던 "전체를 조망할 수 있는 위치(vantage point)"를 수용하면서 (그것이 무엇이던지 간에) 우리의 성찰을 이끌어 간다고 볼 수 있다. 충분히 성숙한 도덕성과 도덕적 사고는 기존의 도덕가치를 단순히 내재와 객관화하는 것 이상의 역할을 수행한다고 보아야 한다.28)

도덕적 사고에서 전체를 조망할 수 있는 위치가 있다는 믿음은 맥도웰 이론의 토대 중 하나인 침묵론에 대한 도전이 된다. 침묵론은 도덕적 논의가

---

28) 이런 관점에서 봤을 때, 기존의 도덕 이론들은 맥도웰이 단순히 가치의 내부화 및 객관화로 상정한 과정을 가치의 재창조 및 창조 과정으로 더 깊이 있게 설명한다고 보아야 할 것이다.

사회적으로 주어진 어떤 전통을 벗어나서 사고할 수 없다는 것인데 반해, 상기한 조망점을 믿는 도덕 행위자들은 그런 전통에 대해 정당성의 의문을 던질 수 있다. 이런 이유로 전통은 때때로 큰 변화를 겪게 된다. 인간 사회에서 도덕가치와 그에 따른 사회 구조의 변천을 눈여겨본다면, 침묵론이 별로 설득력이 없다고 할 수 있다. 물론 때때로 더 이상의 분석이 무의미한 경우가 있고 이런 경우 침묵론이 설득력을 얻을 수 있지만, 문화와 전통을 분석하는 것이 무의미하다는 것은 설득력이 별로 없다고 생각된다.

맥도웰의 이론의 두 번째 문제점은 인지된 도덕가치의 다양성을 설명하지 못하는 것이다. 다시 말해서, 맥도웰의 이론에서는 도덕 행위자들이 서로 다른 가치를 지지하거나 가치들이 서로 충돌하고 경쟁을 벌이는 현실이 거의 고려되어 있지 않다. 그는 한 사회의 가치가 안정적인 집합을 이루고 있는 것으로 여기는 듯하다. 특히 그의 무선후이론에서는 가치의 인식이 색깔의 인식과 근본적으로 차이가 없다고 주장한다.[29] 색깔을 인식하는 것이 분리가 될 수 없는 〈색의 속성, 색의 감수성〉이라는 인식틀에서 가능하듯이, 도덕적 가치 역시 〈도덕적 속성, 도덕적 감수성〉이라는 흔히 말하는 객체와 주관이 분리되지 않는 인식틀에서 가능하다는 것이다. 이와 같이 그는 가치의 인식이 다른 종류의 속성이나 사물의 인식과 근본적으로 차이가 없다는 입장이다. 즉, 모든 인식을 일원론적으로 설명하는 것이다. 앞서 보았듯이, 그가 칸트의 이론을 비판하고 수정하는 과정에서 칸트의 두 "비판"을 일원적으로 해석해서 자신의 제 이 천성 이론에 원용하고 있다.[30] 맥도웰은 칸트의 이론이 불가사의한 즉자 개념에 의해 초월적 이상론으로 빠지는 위험성이 있다고 주장하였다. 사물의 인식에서 즉자 개념을 거부하듯이 도덕

---

29) 무선후이론(no-priority view)이 색감과 다양한 가치의 인식을 맥도웰이 어떻게 설명하고 있는가는 "Values and Secondary Qualities", "Projection and Truth in *Ethics*"등에서 볼 수 있다. 이 이론에 대한 문제점은 졸저 "감수성이론에서의 도덕적 진리"에서 좀 더 깊이 있게 논하고 있다.

30) "Two Sorts of Naturalism"의 8-9절을 참조하시오. 특히 9절의 시작 부분(185쪽)에서 맥도웰의 시도를 명확히 알 수 있다.

적 인식에서도 즉자 개념을 거부해야 한다는 것이다. 그가 제시하는 대안은 현상학이다. 도덕적 인식과 사물의 인식이 동일한 인식틀로 설명 가능하다는 것인데, 이것의 전제는 도덕적 속성들이 물리적 속성들과 마찬가지로 변동성(variation)이 거의 없다는 것이다. 사람들이 붉은 색을 보고 거의 동일한 인식을 하는 것처럼, 어떤 행위에 대한 도덕적 평가도 거의 차이가 없다는 것이다.

이런 일원적 설명이 다양한 가치 인식과 그것을 둘러싼 경쟁 갈등 등을 잘 설명하지 못한다고 할 때, 이것을 과연 받아들여야 할 것일까? 맥도웰은 자신의 일원적 현상학이 초월적 이상론으로 빠지는 것을 피할 수 있는 유일한 대안이라고 생각한다. 외부세계의 인식에서나 가치의 인식에서 즉자 개념에 빠져서는 안 된다고 할 것이다. 그러나 이것은 조심스럽게 다루어야 할 부분이다. 칸트가 『순수이성 비판』에서 말하는 "즉자(in itself)"는 확실히 경험세계의 일부가 아닌 경험세계를 가능하게 하는 개념이라고 할 수 있다. 그러나 칸트가 도덕문제를 다루면서 제시하는 "즉자" 개념은 그런 경험외적인 개념이 아니다. 그것은 순수한 또는 진실한 도덕 행위를 지칭하는 개념일 뿐이다. 예를 들어, 어떤 사람이 물에 빠진 어린 아이를 구했을 때, 그 행위는 두 가지 정도 서로 다른 행위로 분석될 수 있다. 첫째는 아이를 구하는 행위에서 어떤 보상이나 대가를 염두에 둔 행위이다. 칸트에 의하면 이것은 다른 비도덕적 목적이 있으므로 "선 자체(good in itself)"로 볼 수가 없다는 것이다. 그러나 아이를 구한 사람이 다른 어떤 목적도 갖고 있지 않고 단지 아이를 구한다는 그 행위 자체만을 위한 것일 때, 그것은 "선 자체(good in itself)"이며 우리가 말하는 진실한 도덕적 행위이라는 것이 칸트가 말하는 선 자체이다. 이 개념이 그렇게 불가사의한 것인가?

앞서도 언급되었듯이 칸트는 외부적 세계에 대한 인식과 도덕적 가치의 인식을 서로 다른 인식으로 생각했다. 전자는 인간들이 알 수 없는 물자체를 핵심으로 한 주어진 외부세계에 대한 인식이고, 후자는 인간들이 외부세계를 향해 만든 가치와 그것에 대한 인식이다. 맥도웰은 이 두 인식을 구분하지도 않고 칸트의 논의 자체가 한 가지 인식틀로 묶을 수 있다는 무리한 입장을 취하고 있다. 그렇기 때문에 그가 도덕 행위자들의 인식과 행태가 단순하게 묘사한다고 생각된다. 맥도웰은 자신의 인식틀(즉 자신의 현상학)이 경험세계를 잘 설명한다고 주장하지만, 그것을 도덕적 경험에 적용했을 때, 앞서 지적된 문제들이 야기된다. 궁극적으로 맥도웰의 인식틀 자체가 얼마나 설득력이 있는가는 차치하고, 도덕적 세계를 그 틀로 설명하는 것은 문제가 확실히 있다고 할 수 있다.[31]

7. 도덕적 품성은 비자연적이라고 할 수 있나?

이제까지 제 이의 천성이론의 토대라고 할 수 있는 침묵론과 일원적 인식론이 갖는 문제점들에 대해 논의하였다. 이 논의의 결과로 지적하고 싶은 것은, 이 두 시각을 고수하는 한 제 이의 천성 이론이 자연주의와 구별되지 않는다는 것이다. 맥도웰의 제 이 천성 이론은 도덕적 품성의 형성은 자연적 품성(제 일의 천성)과는 다르다는 입장으로부터 출발하였다. 즉, 도덕적 품성의 형성에 필요한 실천 이성은 자연과학적 발견에 사용되는 실천 이성과 다르다는 것이다.[32] 그래서 도덕적 품성은 자연적인 것이라기보다는 문화적이라고 보는 것이다. 그러나 맥도웰에게는 이 둘의 차이가 근본적으로 어떻게 다른 것인가는 명확하지 않다. 왜냐하면 우리의 문화를 구성하는 많은 요소가 자연과학과 불가분의 연관성이 있다. 물론 맥도웰은 제 이 천성의 형성에서 발휘되는 이성적 사고가 어떤 독특성을 갖고 있다고 주장할 수 있다. 즉, 가치의 내재화와 객관화를 가능하게 하는 이성적 사고가 다른 자연

---

31) 여기서는 맥도웰의 현상학이 물질적 외부세계의 인식틀로서 설득력이 있는지 없는지는 따지지는 않는다.
32) 각주 3의 인용 부분 참조 바람.

적 속성의 이해에서는 볼 수 없다는 주장이다. 그러나 내재화와 객관화가 많은 자연적 속성의 이해에 실제로 사용되고 있다고 필자는 생각한다. 구구단 외우기나 화학 수업에 등장하는 원소 주기율표의 암기 등은 아주 좋은 예이다. 이런 것들을 암기하기 전에 학생들은 그 내용에 대한 확신이 없다. 또 그런 표들을 암기하는 것은 자연적으로 쉽지도 않고 거부감을 느낄 수 있는 것이다. 즉, 각자의 천성은 이런 암기(습관화와 교육)를 달가워하지 않는다. 이점은 도덕적 습관화와 교육과도 다를 것이 없다. 그러나 표들의 암기를 통해 그 내용을 습관화와 내재화하고, 암기한 내용을 반복적으로 사용하면서 그것이 객관적으로 옳다는 확신을 갖게 되는 것이다. 구구단을 외우고 반복적으로 사용하면서, 학생은 수학적 품성을 형성(Bildung)할 것이고, 같은 맥락으로 주기율표를 공부하면서 학생은 화학적 품성을 형성한다고 말할 수 있다. 이런 과정은 맥도웰이 의도하는 내재화와 객관화와 전혀 다를 것이 없다고 본다. 그렇게 본다면, 그가 이야기한 도덕적 이성의 역할이 자연과학적 탐구에 사용되는 이성의 작용과 다르다는 핵심 주장이 큰 의미가 없게 된다.

또 무어를 계승해서 그가 주장하는 논제, 즉 도덕적 속성이 다른 자연적 속성으로 환원되지 못한다는 것은 도덕적 속성이 자연적 속성이 아니라는 증거가 되기에는 불충분하다. 예를 들어, 성냄(분노) 등이 다른 자연적 속성으로 환원될 수 없다고 해서, 이들이 자연적 속성이 아니라고 말할 수는 없다.[33] 다시 말하면, 도덕적 품성이 어떤 자연적 품성으로 환원되지 않는다고 해서 도덕성이 자연적이 아니라고 주장하는 것은 충분하지 못하다. 도덕적 속성이 자연적 속성이 아니라면, 본질적으로 어떤 차이가 지적되어야 한다. 그러나 맥도웰의 침묵론은 도덕가치와 품성의 본질에 대한 깊은 분석을

---

33) 무어는 직관에 의해 도덕 외적 속성이 자연적이며, 도덕적 속성은 비자연적이라고 구분하는 입장을 취한다. 따라서 그의 작업(open question argument)은 도덕적 속성이 비자연적 속성으로 환원될 수 없음을 보여주면서, 이 구분을 견지한다. 그러나 맥도웰의 침묵론과 현상학은 이 구분을 명확히 할 수 있는 방법이 되지 못한다. 또한 맥도웰을 포함한 메타윤리학자들 사이에서 성냄 등은 자연적 속성으로 치부되고 있다.

부정하니 도덕적 속성이 자연적 속성과 다르다는 것이 큰 설득력이 없게 된다. 자연주의자들처럼 문화가 자연의 한 부분이라고 인정하는 것이 오캄의 법칙(Ockham's razor)에도 맞는 듯하다. 적어도 도덕가치나 품성이 자연적(제 일 천성)이라고 믿는 사람들에게 맥도웰이 "그것들은 그렇게 자연적이 아니다."라고 말할 수 있는 근거가 전혀 없다. 오히려 제 이 천성이 제 일 천성들 중의 하나라는 결론을 내릴 수도 있다. 예를 들면, 제리 포도르(Jerry Fodor)는 말하기를,

> 맥도웰이 도덕성을 법칙의 영역 밖에 놓음으로써, 어떻게 우리가 도덕성에 어떠한 자연적 과정을 거쳐서 도달할 수 있는지를 묻는 난처한 질문에 그는 대답해야만 한다.[34]

자연주의를 옹호하는 포도르가 지적하는 바는, 만약 도덕성이 자연적인 것이 아니라면 그것에 도달하는 과정 역시 자연적인 것이 아니어야 하는데, 이성의 작용이 자연적인 것이 아닌 것인지 아니면 이성의 작용을 비자연적인 것이라고 말할 수 있는 것인지 맥도웰에게 묻고 있다. 맥도웰은 어떤 대답을 주기 어려울 것으로 생각된다. 왜냐하면 앞서 구구단과 주기율표의 경우에서 보았듯이, 제 이 천성의 형성에서 발휘되는 이성적 사고가 도덕 외적 분야에서 작용하는 이성적 사고와 별 차이가 없어 보인다. 자연적 사물이나 사건도 자신의 현상학으로 인식하고 도덕적 사례도 똑같은 현상학으로 인식하면서, 그 배후에 대한 이해는 침묵할 수밖에 없는 것이라면, 제 일의 천성과 도덕적 품성이 구별되어야 한다는 주장은 궁극적으로 지켜내기 어려워 보인다.

---

[34] Miller, p. 258에서 재인용. 원문은 Jerry Fodor(1995), "Encounters with Trees," *London Reviews of Books* 17 (8), pp. 10-11. 법칙의 영역과 이성의 공간의 구분 및 제 일의 천성과 제 이의 천성의 구분을 할 필요가 없다는 주장은 또한 Graham MacDonald(2006)의 글에서도 찾아볼 수 있다. MacDonald는 발전된 과학이 결국 두 영역 모두를 아우를 수 있다고 주장한다.

8. 결론

결론적으로, 그가 말하는 제 이의 천성이 제 일차적으로 자연적인 것이 아니라는 맥도웰의 주장은 크게 설득력이 없어 보인다. 오히려 자연주의자들이 주장하듯이, 맥도웰이 도덕적 품성이나 속성을 순수한 자연적 품성이나 속성에 포함시킨다면, 그의 침묵론과 일원적 인식론은 더 설득력을 얻을 것 같다. 모든 가치나 속성을 자연적이라고 규정하고 그 배후에 대한 논의는 무의미한 것이므로 침묵할 때, 침묵론은 수긍될 수도 있다. 또 모든 속성과 가치가 자연적인 것으로 간주되므로 일원적 인식론이 당연히 힘을 받을 것이다. 그러나 만약에 맥도웰이 진정으로 제 이의 천성을 제 일의 천성으로부터 구별하고자 한다면, 칸트나 무어의 입장을 충분히 수용하는 것이 맥도웰이 직면한 문제의 해결책이 될 것 같다. 칸트적 실천 이성이 어떻게 도덕적 품성이나 원칙을 창조하는가를 보여주고 이것이 자연적 욕망의 발현과는 다름을 설명하는 것이다. 아니면 무어의 직관을 도입해서 자연적인 것과 비자연적인 것을 구분하는 것이다. 물론 이 경우에는 그의 침묵론과 일원적 인식론이 수정되지 않을 수 없을 것이다.

이런 문제들은 맥도웰이 너무 야심찬 이론을 제시한 것으로부터 기인한다고 할 수 있다. 물론 그의 이론은 철학적 사유가 불가사의한 개념에 의존하거나 회의론으로 빠지지 않을 수 있음을 보여주려는 원대한 것이었다. 그러나 그는 동시에 확보할 수 없는 개념들을 그의 이론에 포함시키는 실수를 저질렀다고 생각한다. 도덕가치나 도덕성의 본질을 말할 수 없다고 함과 동시에 그것의 본질을 비자연적이라고 규정하는 것이 그렇다. 또 도덕성의 특성, 도덕적 실천 이성의 다양성, 도덕 행위자들의 다양함 등을 충분히 고려하지 않고, 도덕가치의 인식을 변동성이 적은 사물의 인식과 동일한 것으로 간주한 것도 그렇다고 할 수 있다.

참고문헌

윤화영. 2009. "감수성이론에서의 도덕적 진리," 『철학적 분석』 19호. pp. 65-88

Aristoteles. 1962. *Nichomacheans Ethics*. Indianapolis, Bobbs-Merrill Educational Publishing, translated by Martin Ostwald.

Arnhart, Larry. 1998. *Darwinian Natural Right*. New York, SUNY Press.

Bubner, Rüdiger. 2002. "Bildung and Second Nature," *Reading McDowell on Mind and World*, edited by Nicholas Smith. Routledge, pp. 209-16.

Heck, Richard. 2006. "Reason and Language," McDowell and His Critics. edited by Cynthia Macdonald and Graham MacDonald. Blackwell Publishing. pp. 22-44.

Honneth, Axel. 2002. "Between hermeneutics and Hegelianism: John McDowell and the challenge of moral realism," *Reading McDowell on Mind and World*. edited by Nicholas Smith. Routledge. pp. 246-66.

Larmore, Charles. 2002. "Attending to Reasons," *Reading McDowell on Mind and World*. edited by Nicholas Smith. Routledge. pp. 193-208.

MacDonald, Graham. 2006. "The Two Natures: Another Dogma?" *McDowell and His Critics*. edited by Cynthia MacDonald and Graham MacDonald. Blackwell Publishing. pp. 222-234.

MacIntyre, Alasdair. 1984. *After Virtue*. Norte Dame, University of Norte Dame Press.

Mackie, John. 1985. Ethics: Inventing Right and Wrong. England, Penguin Press.

McDowell, John. 1994. Mind and World. Harvard University Press.

_____. 1998. "Aesthetic Value, Objectivity, and the Fabric of the World," In *Mind, Value and Reality*. pp. 112-30, edited by John McDowell: Havard University Press.

_____. 1998. "Values and Secondary Qualities," In *Mind, Value and Reality.* pp. 131-50. edited by John McDowell: Havard University Press.

_____. 1998. "Projection and Truth in Ethics," In *Mind, Value and Reality.* pp. 151-66, edited by John McDowell: Havard University Press.

_____. 1998. "Two Sorts of Naturalism," In *Mind, Value and Reality.* pp. 167-97, edited by John McDowell: Havard University Press.

Miller, Alexander. 2003.　*An Introduction To Contemporary Metaethics,* Cambridge. Polity Press.

Moore, G. E. 1988.　*Pricipia Ethica.* New York, Prometheus Books.

Pettit, Phillip et. al. 2006.　"External Reasons," *McDowell and His Critics.* edited by , Cynthia MacDonald and Graham MacDonald. Blackwell Publishing. pp. 142-169.

Philipse, Herman. 2000.　"Should We Be Kantians? A Defense of Empiricism (Part One)," *Ratio* Vol. 13 (2000), pp. 239-55.

_____. 2001. "Should We Be Kantians? A Defense of Empiricism (Part Two)," *Ratio* Vol. 14 (2001), pp. 33-55.

Williams, Bernard. 1985.　*Ethics and the Limits of Philosophy.* Harvard University Press

Abstract

John McDowell's Second-nature Theory:
What Is Its Problems?

Summary : John McDowell regards moral disposition as a specific concept called "second nature." It is explained that the moral second nature is basically non-natural, and formed by the development of practical reason. Although his theory tries to explain the achievement of moral disposition by employing both Aristotelian moral education and Kantian reflection, the two theories are tailored to fit for his own view. Basically McDowell occupies Neurathian viewpoint that only moral phenomena are available to us, and that there is no vantage point from which the nature of morals can be analyzed. So he presents quietism that anything beyond moral phenomena should not be discussed. He also presents a monistic epistemic frame called phenomonology which can be applied to both external world and moral phenomena. The author argues that McDowell's concept of practical reason does not well account for commonsense moral disposition and moral facts. This has something to do with quietism and the monistic epistemology, according to the author. Further, as long as McDowell sticks to these two views, his theory is not very different from a naturalistic theory. If he really wants to make it distinguished from naturalism, the author argues, McDowell should adopt more of practical reason from traditional rationalists like Kant.

Subject: metaethics, epistemology, ethics
Key words: second nature, practical reason, John McDowell, Kant, Aristoteles

조지 무어의 "열린 질문 논증"과
피터 레일톤의 환원론적 자연주의

윤 화 영[*]

【주요어】환원론적 자연주의, 열린 질문 논증, 피터 레일톤, 조지 무어
【논문 개요】본 논문은 도덕적 자연주의 이론들 중 하나인 피터 레일톤의 환원론적 자연주의를 비판적으로 검토한다. 자연주의 일반에 대한 유명한 비판으로 조지 무어(G. E. Moore)의 "열린 질문 논증(Open Question Argument)"이 있다. 이 논증은 도덕가치를 어떠한 자연주의적 용어로 정의할 수 없음을 말한다. 이 논증은 부정적 논증인 바, 필자는 이 논증을 새롭게 해석하여 두 개의 논점을 도출하였다. 이 논점들을 중심으로 레일톤의 자연주의를 비판한다.

필자의 첫 번째 비판은, 레일톤이 도구적 도덕관을 피력한다는 점이다. 이것은 상식적 도덕관념을 잘 설명하지 못한다고 본다. 자연주의의 본래 의도는 일반적 도덕관념과 체계를 자연주의적 방법으로 가장 잘 설명할 수 있다는 것인데, 그렇지 못하다는 것이 필자의 주장이다. 두 번째로는 레일톤의 "사회적 이성"이라는 개념이다. 그는 이 개념을 도구적 이성의 개념이라고 하는데, 그 실체가 애매하고 개인들의 이성과 어떤 연관성이 있는지 알 수가 없다. 이 문제는 결국 개인들의 도구적 이성에 의한 이익 추구가 서로 간의 이익 추구 또는 사회 전체의 이익 추구와 충돌할 수 있음을 깊게 고려하지 않은데서 온다고 본다. 이런 문제들로 인해 무어의 논증은 여전히 유효하다고 할 수 있다. 필자는 결론에서 환원론적 자연주의가 대답하지 못하는 부분을 이성론으로 해결할 수 있음을 지적하면서, 상식적 도덕관이 이성론과 뗄 수 없는 관계에 있을 것이라고 덧붙인다.

윤리학 제2권 1호 : 21-40 한국윤리학회 2013년 5월

---

* 평택대학교 교양학부

1. 서론

도덕가치를 자연적 가치로 환원할 수 있다는 주장은 아주 오래전부터 있었다.[1] 예를 들어, 도덕가치를 쾌락 또는 행복으로 환원할 수 있다는 쾌락설 (hedonism)은 자연주의의 하나로 그 역사가 수천 년이 된다. 이 주장에 의하면, 개인 또는 다수의 사람들이 도덕 행위를 하는 이유는 그 행위가 쾌락을 주거나 쾌락 추구에 도움이 되기 때문일 뿐이라는 것이다. 현대의 다양한 도덕이론들 중에서 쾌락설을 가장 잘 반영하는 입장으로 공리주의 (utilitarianism)가 있다. 잘 알려진 대로, 공리주의의 원칙을 "최대 다수 최대 행복의 원칙"이라고 하는데, 이것은 "가장 많은 사람들에게 가장 많은 행복(또는 쾌락)"을 줄 수 있는 행동이 도덕적이라고 한다. 이런 방식으로 공리주의는 도덕이라는 가치가 행복이라는 가치로 환원될 수 있다는 입장을 잘 보여준다. 그러나 이 환원이 진실이라면, 공리주의 같은 쾌락설이 설명을 해야 할 많은 난제들이 존재한다. 그 중에서도 가장 당면한 문제는 도덕가치가 쾌락으로 완벽히 설명될 수 있는가 또는 모든 도덕가치들을 쾌락추구의 도구로 설명할 수 있겠는가 하는 의문이다. 만약 그렇다면, 도덕 행위나 가치가 음주가무, 마약 등 소위 저속한 쾌락의 추구를 최대한 가능하게 해 주는 도구일 수도 있다는 납득하기 어려운 주장이 받아들여져야 한다.

현대 공리주의의 창시자 중 한명인 존 스튜어트 밀(John Stuart Mill)은 이 문제에 대해 다음과 같이 이야기한다. 쾌락이나 행복 또는 욕망에는 저급한 수준과 높은 수준의 두 가지가 있다는 것이다. 즉, 공리주의가 추구하는 쾌락이나 행복은 저급한 수준이 아니라 높은 수준이라는 것이다. 그래서 그는, "배부른 돼지가 되기보다는 배고픈 인간이 되겠다"[2]고 말한다. 풍요롭

---

1) 자연주의자들이 도덕가치가 자연적이라 함은, 이 가치를 자연세계에서도 찾아볼 수 있거나 인간의 자연적 특징에 기인한다는 것이다. 반면에 비자연주의자들은 도덕가치가 인간 세상의 고유한 특징으로 자연적 가치와 대별되는 것이라고 본다.

2) 존 스튜어트 밀(John Stuart Mill), *On Liberty*, 260쪽.

지만 저급한 쾌락의 추구보다 어려울지언정 도덕적 삶과 행위의 추구가 낫다는 것이다. 그렇다면 앞서 필자가 던진 질문에 답은 될 수 있지만 또 다른 문제가 생긴다. 새로 생기는 문제는, 저급한 쾌락과 높은 수준의 쾌락은 근본적으로 서로 다른 것인가 하는 물음이다. 만약 이 두 종류의 쾌락이 서로 다르다면, 공리주의의 원칙 자체가 쓸모없는 것이 되며 공리주의도 일관성 있는 이론이 될 수 없다. 배부른 돼지의 삶을 사는 사람은 진정한 행복을 모른다는 것이니, 이런 삶에 공리주의 원칙을 적용해 무엇이 도덕적인가 말할 수 없게 되는 것이다. 다시 말하면, 공리주의 원칙의 적용 이전에 도덕적 판단이 선행되어야 한다고 말하는 것과 같다. 이 같은 문제도 피하고 공리주의의 일관성도 유지하기 위해 밀(Mill)은 한 가지 제안을 한다. 어떤 것이 더 나은 쾌락인가를 알기 위해서는 두 가지 쾌락을 다 경험해 본 사람에게 물어보라는 것이다. 둘 다 경험을 해본 사람이라면 높은 수준의 쾌락을 반드시 선택할 것이고, 그렇다면 공리주의가 도덕가치를 설명하는 데에도 아무 문제가 없다는 것이다.3) 그러나 과연 밀의 바람대로 높은 수준의 쾌락이 저급한 수준의 쾌락보다 선호된다고 할 수 있을까? 물론 그런 경우가 없다고 할 수는 없다. 성 오거스틴(St. Augustine)의 경우가 이에 해당된다고 할 수 있다. 그러나 반대의 경우도 무수히 많다. 사람들이 언제나 높은 수준의 쾌락을 선호한다면 타락이라는 말은 거의 무의미할 것이며, 시간과 역사가 진행될수록 사람들은 높은 수준의 쾌락을 경험할 기회가 많아질 수 있고, 도덕적 문제들은 해결 가능성이 높아질 수 있다. 그러나 현실은 반대로 가고 있다고도 할 수 있다.

이와 같이 자연주의의 문제는 자연주의자들의 낙관적 생각과 달리 훨씬 심각할 수 있다. 20세기 초 조지 무어(G. E. Moore)는 "열린 질문 논증 (Open Question Argument)"을 제시하였다.4) 이 논증은 간단한 질문을 통

---

3) Ibid., 259쪽.
4) 이하 간단히 "논증"이라고 하겠다.

해 일반적인 자연주의의 시도가 성공할 수 없음을 보여주기 위한 것이다. 즉, 도덕가치가 자연적 가치로 환원되거나 정의될 수 없음을 보여주려 한 것이다. 본 논문은 무어의 "논증"을 현대 자연주의의 하나인 환원론적 자연주의, 즉 피터 레일톤(Peter Railton)의 자연주의에 대해 검토해 보고자 한다. 필자는 무어의 "논증"이 어떤 의미를 갖을 수 있는 가를 설명하고, 해석된 "논증"을 레일톤의 이론에 적용시키는 방법으로 그의 이론을 논박하려 한다. 따라서 무어의 "논증"에 대한 설명을 먼저 하고, 레일톤의 환원론적 자연주의를 검토하기로 하겠다.

2. 조지 무어의 "열린 질문 논증(Open Question Argument)"

무어의 열린 질문 논증이란 다음과 같다. 무어는 도덕적 언어의 대표 격으로 "좋은(good)"을 들고 있는데, 이것이 다른 자연적 어휘로 정의 또는 환원되었다고 하자. 그랬을 때, 그 정의가 "좋은(good)"과 정말로 같은 것인가를 되묻는다면, 확실히 그렇다고 대답하기 어려운, 즉 항상 완전하지 않은 또는 열린 대답이 된다는 것이다. 앞서 언급한 공리주의의 경우, 도덕적으로 "좋은"은 "최대 다수에게 최대 행복을 주는"으로 정의되고 도덕가치는 행복 또는 쾌락으로 환원된다는 입장이다. 여기서 무어의 "논증"은, "'최대 다수에게 최대 행복을 주는' 행위들이 과연 도덕적으로 '좋은' 것일까?"라고 묻는 것이다. 이 물음에 대해 확실히 그렇다고 대답하기 어려운 경우들이 얼마든지 존재한다. 소수의 사람들을 희생해서 다수의 행복을 추구할 수 있는 경우들이 있겠지만, 이런 행위들 모두를 도덕적으로 "좋은" 것이라고 보기 어렵다. 비슷하게 누군가가 "좋은"을 "이타적"으로 정의했다고 하자. 무어의 "논증"은 "'이타적'이 '좋은'과 같은 것일까?"라고 되묻는 것인데, 이 질문 역시 확실하게 긍정적 대답하기 어렵다. 왜냐하면 많은 이타적 행위들 중에도 도덕적으로 좋지 않은 것들이 있을 수 있기 때문이다. 예를 들어, 범죄 집단의 구성원이 자기 조직을 위해 이타적 행동을 할 수 있다. 그러나 이 행동이 도덕적으로 좋은 행동이 되기 어려울 것이다. 이런 식으로 누군가가 도덕적으로 "좋은"이라는 개념을 다른 개념으로 정의했을 때, 어떤 정의도 의문을 가질 수밖에 없는 (question-begging) 것이며, 따라서 "좋은"을 완벽히 정의할 수 없는 필요충분조건적인 다른 개념은 존재하지 않는다는 것이다. 무어는 이렇게 "좋은"을 정의하거나 환원하려는 모든 시도를 "자연주의적 오류(naturalistic fallacy)"라고 논박하였다.

무어의 "논증" 역시 많은 논란을 불러 일으켰다. 간단히 몇 개만을 소개하면 다음과 같다. 우선 "좋은"이 도덕적인 어휘나 개념들의 대표적 개념이 될 수 있는가에 대한 의문이 있다. "좋은" 또는 "좋음"보다는 "규범적(normative)"이라는 개념이 더 낫다는 의견도 있고,[5] "가치 판단적(evaluative)"이 더 낫다는 의견도 있다.[6] 왜냐하면 "좋은 (또는 좋음)"에는 사실적 판단을 포함하는데 반해서 도덕적 판단을 하는 경우 "규범적"이나 "가치 판단적"이 더 적절하다고 볼 수 있기 때문이다. 또 어떤 개념이나 어휘를 비슷한 다른 개념과 어휘로 완벽히 정의내릴 수 있는가 하는 의문도 있다.[7] 예를 들어 물 = H_2O로 정의를 내린다 해도 물과 H_2O가 주는 의미가 완전히 같지 않을 수 있기 때문이다.

이런 문제들 외에도 필자가 생각하는 문제점은 무어의 "논증"이 부정적(negative) 논증이라는 점이다. 이 논증이 도덕적 언어가 자연적 언어로 정의 또는 환원되지 못함을 보여주려고 하지만, 왜 그런지는 말하지 않는 것이다. 자연적 언어로 정의 또는 환원되지 못하는 이유를 다음과 같은 두 가지로 해석할 수 있다고 필자는 본다. 첫째는 일상적 언어 용법 상 자연적 언어가 도덕적 언어와 같을 수 없다는 것이다. 즉, 관습적으로 도덕적 언어를 자

---

5) 스티븐 달월(Stephen Darwall)의 "How Should *Ethics* Relate to (the Rest of) Philosophy? Moore's Legacy" 17-37쪽.
6) 제임스 드라이어(James Drier)의 "Was Moore a Moorean?" 191-207쪽.
7) 니콜라스 스터젼(Nicholas Sturgeon)의 "Ethical Naturalism" 91-121쪽.

연적 언어와 구별해서 써 왔기 때문에 전자를 후자로 정의하거나 환원하려는 어떤 시도도 일상적 언어 관습과 맞지 않는 것이다. 예를 들면, "인공적"이라는 단어는 관습적으로 "자연적"과 대립되는 개념으로 사용되어 왔다. 그런데 이 단어를 자연적 개념들을 동원해서 "인공적"을 정의하거나 환원한다면, 이것은 언어 관습과 충돌하는 것이다. 이런 관점에서 "좋은"을 정의할 수 있는 동의어(synonymy)가 없다는 등의 논쟁이 제기되는데, 무어의 "논증"은 이런 측면을 지적한다고 할 수 있다.

무어의 "논증"이 의미하는 두 번째 논점은 자연적 언어와 개념으로는 일상적 도덕적 개념이나 특징을 충분히 설명할 수 없다는 것이다. 자연세계에서 볼 수 있는 도덕과 유사한 특징들, 예를 들어 개미 사회의 협동과 책임 완수 등으로 인간 사회의 도덕적 특징을 충분히 설명할 수 없다는 것이다. 이것은 행복이나 쾌락이라는 자연적 개념을 중심으로 인간의 도덕성을 설명할 없는 것과 본질적으로 같은 것이다.[8]

무어의 "논증"이 적어도 이 논점들을 포함한다면, 이후의 자연주의는 이 점들에 대해 어떻게 대처하고 있을까? 자연주의자들이 무어의 관점에 찬성하지 않는다고 해도 "논증"을 완전히 무시하기는 어렵다고 본다. 철학에서의 자연주의는 이후 크게 두 가지 흐름으로 발전되어 왔다. 첫 번째는 도덕적 어휘나 개념을 자연주의로 환원시키려고 하지 않지만, 도덕 체계가 자연적 체계 안에서 종속적 또는 도구적으로 작동한다는 코넬 학파의 실재론(Cornellian realism)이다. 여기에는 리차드 보이드(Richard Boyd), 니콜라스 스터전(Nicholas Sturgeon), 데이비드 브링크(David Brink) 등이 이 학파에 속한다고 하겠다. 두 번째는, 환원론적 자연주의(reductive naturalism)라고 할 수 있는데, 앞서 언급한 공리주의와 같이 도덕적 어휘나 개념이 근본적

---

8) 첫 번째와 두 번째가 다른 이유는 좀 복잡하다. 간단히 말하자면, 도덕성의 실천에는 단순한 언어 관습을 넘어선 행위와 행위의 동기가 존재하기 때문이라고 할 수 있다. 언어 관습상 문제가 해소된다고 해도 행위에서는 문제가 해소되지 않을 수가 있다. 예를 들어, 모든 인종차별적 언어를 없앤다고 해도 인종차별 행위가 계속될 수 있는 것이다.

으로 자연적 언어나 개념으로 환원될 수 있다는 주장이다. 최근의 대표적 학자로는 피터 레일톤(Peter Railton)과 리차드 브랜트(Richard Brandt) 등이 있는데, 본 논문에서는 레일톤의 이론을 중심으로 환원론적 자연주의가 어떤 문제를 갖고 있는지 살펴보기로 하겠다. 코넬 학파의 자연주의는 다른 기회에 논하기로 하겠다.

3. 레일톤의 환원론적 자연주의

환원론적 자연주의란 말 그대로 도덕가치가 자연적 가치로 환원될 수 있다는 이론이며, 이 조류의 현대적 대표 이론가로 피터 레일톤(Peter Railton)을 꼽을 수 있다. 그의 도덕적 자연주의는 실재론(realism)이기도 한데, 상기한 자연적 가치들이 실재함을 주장하기 때문이다. 그러나 "이익"이나 "행복" 등 자연적 가치가 모든 사람들이 생각하거나 바라는 형태로 실재한다고 말할 수는 없다. 왜냐하면 이런 가치들이 변하기도 하고, 잘못된 믿음으로 인해 가치의 진실을 보지 못할 수도 있기 때문이다. 따라서 실재하는 가치를 발견하는 것은 "자연주의적 실재론의 일반적 전략(the generic strategem of naturalistic realism)"으로부터 시작한다고 할 수 있다. 그에 의하면, 이 전략은 어떤 이론이 실재론임을 확증할 수 있는 방법이며 다음과 같은 두 가지의 요소로 구성되어 있다고 한다.

추정된 실재론이 다음과 같은 특징을 가지고 있음에 한하여 이 전략은 어느 경로로든지 성공할 수 있다.
1. 독립성(independence): 실재성이 있고 실재성은 어떤 명확한 특징들을 갖고 있는데, 이것은 사람들이 그 실재성과 특징들에 관한 생각을 하는가 안하는가, 또 사람들이 이런 생각을 하기에 충분한 이유가 있는가 없는가 등으로부터 독립되어 실재한다.

2. 상호작용에 의한 수정(feedback): 실재성과 사람들은 서로 상호작용할
   수 있으며, 이 상호작용은 사람들의 지각, 생각, 그리고 행동에 대한 영
   향력을 적절한 종류의 형태로 형성하며 또한 통제하는 방향으로 나아간
   다. (Railton(1997), 141-142쪽)

즉, 독립성이란 어떤 실재성과 그것에 수반되는 특징들이 사람들의 생각
이나 생각의 필요성과 무관하게 존재한다는 것이다. 예를 들어, 창밖의 나
무 한 그루에 대해 이야기해 보면, 이 나무는 그것을 보는 사람이 그 나무에
대해 생각을 하건 말건, 관심을 갖건 말건, 잘못 보건 아니건 존재한다고 할
수 있다. 물론 이런 실재성의 범주에는 반드시 오감을 통해 느끼는 사물만이
포함되는 것은 아니다. 그 다음으로는 실재성과 이것을 인식하는 인간들 사
이에 어떤 상호작용이 있어야 한다. 그래서 사람들은 이렇게 실재한다고 여
겨지는 어떤 존재를 인식하며, 이 존재는 사람들의 지각 생각 행동에 영향을
미칠 수 있는 것이다. 그 결과 사람들은 그 존재에 대한 이해나 관점을 바꿀
수도 있는 것이다. 예를 들어, 어두운 밤 유령이라고 생각되는 존재를 보았다
고 하자. 이 존재에 대한 지각은 나로 하여금 놀라게 하지만, 다시 찬찬히 살
펴보았을 때 그것은 단지 다른 물체를 오인한 것일 수 있다. 이 경우는 내가
유령의 존재에 대한 인식의 수정할 수 있는 것이다.
   레일톤에 의하면 이런 메커니즘이 오감을 통한 인식을 넘어서 개인의 이
익이나 욕망 등에도 적용된다는 것이다. 그가 직접 언급한 예를 들어보자.9)
로니(Ronnie)라는 사람이 여행 중 피로감을 느꼈다고 하자. 피로회복을 위
해 그는 우유를 먹고 싶은 욕망이 생겼고, 한 잔의 우유를 먹는다. 그런데
그가 모르고 있었지만 우유는 그의 신체적 특성상 어떤 부작용을 일으키게
되어 있었다. 오히려 물이나 사이다 같은 맑은 색 음료를 섭취해야만 했다.
그래서 우유를 마신 후 그는 몸 상태가 더욱 나빠진다. 그가 우유를 피로회
복에 좋다는 잘못된 욕망을 지속할 수도 있지만, 반복되는 체험을 통해 그에

---

9) 레일톤의 "Moral Realism" 142쪽부터. 또한 레일톤의 이론 소개는 주로 이 논문에 의
   존한다.

게 진정으로 필요한 것이 무엇이고, 그가 원해야 할 것이 무엇인지 점차로 그 실체에 접근하게 된다. 이렇게 그가 진실로 원해야 할 실체를 "객관적 이익(objective interest)"이라고 레일톤은 부르며 이것이 실재성을 갖고 있다는 것이다.

이 "전략"에 의한 설명이 도덕가치와 연관해서 무엇이 실재하는가를 논할 수 있다고 레일톤은 주장한다. 여기서 중요한 점은 도덕가치와 규범은 사회적 관점(social point of view)에서 봤을 때 가장 잘 설명할 수 있다고 그는 보는 것이다. 이 관점이 수긍이 된다면, 사회 전체의 관점에서 확실히 존재하는 것은 사회의 "객관적 이익"이라는 것이며, 다시 말하면, 실재성은 바로 이 사회의 "객관적 이익"에 있다는 것이다. 도덕가치와 규범은 바로 이 "객관적 이익"을 실현하기 위해 꼭 필요하지만 도구적으로 존재한다는 것이다. 그래서 그의 입장을 환원론적 자연주의라고 한다. 또한 이런 상황들을 충분히 인지하며, 사회 전체의 객관적 이익을 달성하기 위한 도구적 이성을 그는 사회적 이성(social rationality)이라고 부른다. 사회적 이성에 의해 도덕적 실체와 필요성으로 접근해 가는 과정 역시 앞서 언급한 상호작용과 수정절차가 요구된다는 것이다. 레일톤은 말하기를 이 과정이 어떤 고정된 과정일 필요가 없다는 것이다. 그럼에도 불구하고 이 과정은 몇 가지의 특징이 있는데, 첫째는 사회적 변화와 수정의 과정이 생물학적 진화와 비슷하게 어떤 선택의 과정을 거친다는 것이다. 부적절한 도덕규범을 고수하는 사회나 집단은 자연계에서 마찬가지로 실패의 과정을 겪을 수 있는 반면, 좋은 규범을 갖고 있는 사회는 번창할 수 있다는 것이다.[10] 둘째로는 개인이 자신의 "객관적 이익"에 도달하는 과정이 사회 전체의 이익에 도달하는 것보다 훨씬 직접적이고 안정적이라는 것이다. 간단히 말하면, 사회 안에는 다양하고 서로 다른 이익을 가진 사람들이 다수 존재하므로, 이들이 공동의 목표(즉

---

10) 이렇게 도덕규범이 진화해 가는 데에는 몇 가지의 방향성이 있다고 레일톤은 말한다. 그것은 도덕규범이 적용되는 범위가 확대된다는 일반화(generality), 인간애나 인류 중심의 도덕 사고를 하는 인도주의화(humanization) 등이다.

사회의 "객관적 이익")를 설정하고 이것의 달성을 위해 도덕규범을 받아들이는 과정은 당연히 개인들이 자신들의 "객관적 이익"을 달성하기 위해 노력하는 과정보다 해결해야 할 일들이 많은 것이다. 개인 간의 의견조율과 합의라는 별도의 과정이 필요하기 때문이다. 레일톤은 도덕가치나 규범이란 결국 공동의 이익(사회의 "객관적 이익")을 마찰 없이 추구하기 위한 방편으로 간주하는 환원론인 바, 그의 이론은 데이비드 흄이나 존 맥키 등 이전의 반이성론자 또는 경험론자들의 설명과 같은 입장이라고 할 수 있다. 그의 이론에서는 도덕적 실체나 진실을 경험적 현실 안에서만 얻을 수 있다고 보는 것이다. 여기서 이성적 사유는 진실의 습득에 결정적 역할을 할 수 없고, 단지 도구적 이성만이 제한된 역할을 할 뿐이다.11)

레일톤의 이론에서 좀 더 명확히 해야 할 부분을 짚어보기로 하자. 우선 그의 이론에서, 어떤 개인적인 객관적 이익들의 추구에서 파생하는 도덕 문제를 개인적 이성의 문제로 해결하고, 나아가 사회적 객관적 이익의 추구에서 발생하는 도덕 문제를 사회적 이성으로 해결한다고 잘못 생각하기 쉽다. 왜냐하면 그가 개인의 "객관적 이익"을 설명하고, 그것을 바탕으로 사회의 "객관적 이익"과 사회적 이성을 설명하기 때문이다. 그래서 그가 말하는 이성이 도구적 이성이지만, 개인의 문제나 사회의 문제를 해결할 때 각 개인의 이성적 사고에 의존해서 개인적 문제로부터 사회적 문제로 확대해 나간다고 생각하기 쉬운 것이다. 그러나 이것은 레일톤의 방법이 아니라 이성론자들의 방법에 가깝다. 그가 개인의 이익 문제를 먼저 거론하지만, 이것은 도덕에 관한 개인적 이성의 역할이나 기능을 논하려는 것이 아니다. 그는 도덕 문제에 관해서 개인적 이성에 호소하지도 않는다. 오히려 도덕 문제를 이해하기 위한 그의 출발점은 사회적 이성이다. 그는 말하기를, "이제는 우리가 다름과 같이 말할 수 있다. 도덕적 규범은 어떤 특

---

11) 자연주의를 경험론으로 보는 시각은 자연주의자인 데이비드 콥(David Copp)에게서도 확인할 수 있다. 그의 *Morality in Ethics* 38쪽을 참조하시오.

정한 종류의 이성인데, 특별한 개인의 시각에 근거한다고 하기보다는 사회
적 관점이라고 불리는 것에 근거한 이성인 것이다(Railton(1997), p. 150)."
다시 말하면, 도덕 문제란 개인 또는 개인 간의 문제라고 보기보다는 사회
전체의 문제이며, 그 문제는 사회적 이성이라는 입장에서 이해하고 다루어
야 한다고 말하는 것으로 생각된다. 그런데 그는 스스로 이성론자가 아님
을 강조함으로서,12) 그의 "사회적 이성"의 주체는 누구인지 또는 어떻게
도달하는지 등이 모호해진다.

이제까지 레일톤의 도덕적 자연주의를 다음과 같이 요약할 수 있다. 도
덕 문제란 사회 전체의 "객관적 이익"을 추구하는 과정에서 발생하는 문제
라고 할 수 있으며, 따라서 도덕 문제, 도덕성 등은 이 "객관적 이익"으로
환원될 수 있다고 보는 것이다. 그런데 사회 전체의 "객관적 이익"은 개인들
의 "객관적 이익"과 무관한 것이며, "사회적 이성"을 갖추게 될 때 이해할
수 있는 것이다.

4. 레일톤의 자연주의가 갖는 문제점들

여기서 무어의 "열린 질문 논증"을 상기해 보자. 필자가 해석한 이 논증
의 첫 번째 논점은, 일상적 언어 개념 안에서 도덕적 어휘와 자연적 어휘가
관습적으로 다르다는 것이었다. 레일톤은 이 문제를 중요하게 생각하지 않
을 수도 있고, 이 문제에 대해 다음과 같이 말할 가능성이 크다.13) 이제까지

---

12) Ibid., 136-7쪽을 참조하시오.
13) 레일톤이 무어의 "논증"을 해석하는 방법은 필자와 많이 다르다. 그는 비트겐슈타인과
　 같이 무어의 논증을, 사람들이 어떤 점에 대해 수긍을 하면서도 반론을 피는 비이성적
　 행태의 논증이라고 본다. 예를 들어, "이 꽃은 아름답다."라고 인정하지만, 바로 "이
　 꽃이 정말로 아름답다고 할 수 있을까?"라는 자기 판단에 대한 의문을 제시하는 논증
　 이라고 보는 것이다. 그래서 필자가 레일톤의 대응을 설명하는 이 부분은 다른 자연주
　 의자들의 반응을 참고하였다. 레일톤의 무어 "논증" 해석은 그의 *Facts, Values, and
　 Norms* 100쪽을 참조할 것.

는 두 어휘가 서로 다를 수 있지만, 차후에는 과학 같은 학문의 발전으로 그 차이가 없어질 수 있다는 것이다. 즉, 인지발달로 일상적 언어관습이 바뀌고 자연주의적 도덕관념 설명이 전혀 이상하지 않을 수도 있다는 것이다. 물론 필자는 이런 주장에 동의하지 않지만, 본 논문에서 깊이 다루지 않기로 하겠다. 그러나 필자가 무어의 "논증"을 해석한 두 번째 논점은 충분히 논의가 가능하다. 필자의 입장은 자연주의적 도덕관이 상식적 도덕관과 다르며 또한 충분히 설명하지도 못한다고 보는 반면에, 자연주의자들은 자연적 어휘로 도덕 개념들을 설명하는 것이 가장 좋은 설명이 될 수 있다는 것이다.14) 레일톤의 입장에서는 환원론적 자연주의가 일반 도덕관념과 개념에 대해 더 우수한 설명력을 갖고 있다고 주장하는 것인데, 과연 그럴까? 필자는 레일톤의 도덕적 자연주의에서 두 가지 점에 주목하고 싶다. 첫째는, 도덕가치의 "도구적" 성격이고, 두 번째는 "사회적 이성"이라는 개념이다.

먼저 레일톤의 환원론적 자연주의에서는 도덕성이나 도덕가치 또는 규범 자체가 사회의 "객관적 이익" 실현에 도구적인 역할 밖에 못한다고 보지만, 이것은 상식적 도덕관념과 맞지 않다고 본다. 그가 말하는 대로 도덕가치와 규범이 사회 전체의 이익 실현을 위해 도구적인 측면이 있다. 그러나 거꾸로 도덕가치와 규범이 사회 전체가 추구하는 소위 "객관적 이익"이 올바른 것인가를 판단하기도 한다. 예를 들어 보자. 세계 제 이차대전 중에, 독일이나 일본의 전체주의자들은 전 세계를 지배하겠다는 야심을 갖고 있었으며, 그 사회에서는 이것이 사회의 "객관적 이익"이었다고 하자. 그렇다면 이 사회에서의 도덕규범이란, 이런 사회적 목표에 대해 평가하지 못하고, 주어진 목표 실현을 위한 도구적 성격만을 갖고 있을까? 절대로 그렇게 말할 수는 없을 것이다. 비록 소수이기는 하지만, 이런 전체주의적 사회에서

---

14) 이것은 자연주의자들의 일반적 주장이다. 명심해야 할 것은 자연주의가 새로운 도덕규범과 체계 등을 제시하려는 것이 아니라, 주어진 도덕규범과 체계 도덕성 등을 자연주의가 가장 잘 설명할 수 있다고 주장하는 것이다.

도 "객관적 이익"이라는 목표 설정 자체에 도덕적 문제가 있음을 지적하는 사람들이 있었던 것이다. 이렇게 어떤 경우에는 도덕적 사고와 가치가 있었기에 올바른 사회의 목표, 즉 사회의 "객관적 이익"이 제대로 제시될 수 있는 것이다. 도덕적 사고와 가치가 "객관적 이익"에 도구적으로 종속적이기보다는 오히려 "객관적 이익"이 도덕적 사고와 가치의 실현이 될 수도 있다. 민주주의 사회의 "객관적 이익"이 전체주의 사회의 "객관적 이익"보다 더 낫다면, 그 차이는 도덕적 사고와 가치 때문일 가능성이 크다. 일단 사회의 "객관적 이익"이 설정된다면, 그것을 실현하기 위한 최선의 방법 역시 도덕의 영역일 것이다. 그러나 도덕이 이런 도구적 역할에만 국한된다고 보기 어렵다. 바로 이런 점 때문에 무어의 "논증"이 자연주의의 도덕성 설명 방식에 의문을 던지게 된다고도 할 수 있다.

레일톤의 도구적 도덕관으로 인해, 도덕가치나 규범이 다른 규범과 구별되는 어떤 특성이 있다고 말할 수 없다. 레일톤의 입장에서는 도덕규범이나 다른 규범들 모두 사회의 이익을 추구하기 위한 도구나 방편들이니 그들을 구분하는 것은 단지 명칭이거나 관습에 의한 구분일 뿐이다. 그의 이론에 의하면, 모든 규범들은 본질적으로는 다 같은 것이다. 도덕규범이 에티켓과 다를 것이 없고, 법과 도덕규범이 다를 것이 없다. 더욱이 도덕적 가치와 규범과 타산적 분별력(prudence)과 본질적으로 다를 것이 없다. 계산적으로 사려 깊은 행동을 하면서 이익을 추구하는 타산적 분별력과 도덕적 행동을 하는 것 사이에는 본질적으로 어떤 차이도 있을 수 없다. 레일톤의 환원론에서는 그 둘 모두가 "객관적 이익"으로 환원될 수 있기 때문이다. 그러나 우리가 갖는 일반적 도덕관념에서는 도덕가치와 규범이 다른 가치와 규범들(에티켓, 법, 분별력 등)과 근본적으로 구분된다고 할 수 있다. 특히 타산적 분별력은 비록 외형으로는 도덕성과 비슷할지 몰라도, 근본적으로 다르다고 보는 것이다. 우리의 상식에서는, 도덕적 행위가 다른(자연적) 행위들과 다른 것이다. 무어의 "논증"은 이런 상식을 바탕으로 정확히 자연주의의 한계를 지적했다고 할 수 있다. 그런데 레일톤의 자연주의는 그 한계를 인정하거나 해결하려는 노력을 하기보다는 우리가 갖고 있는 상식적 도덕관념이 틀렸다고 주장하는 것과 거의 같다. 이것은 도덕 사실과 가치에 대한 더 나은 설명이라고 볼 수 없다.

둘째, 레일톤이 말하는 사회적 이성은 개인들의 이성과 어떤 관계가 있는지 없는지 알 수가 없다. 각자의 객관적 이익을 가진 개인들이 왜 사회의 객관적 이익의 추구라는 목표에 동조하고 사회적 이성을 통해 목표 달성에 노력하는지에 대한 레일톤의 설명이 미흡하다. 사회가 개인들의 목표를 성취하기 위한 공동의 협력체계이지만, 자신들의 이익이 존재하는 이상, 사회의 이익과 반드시 합치하는 것은 아니다. 그 두 가지 이익 사이에는 충돌이 얼마든지 있다. 이렇게 충돌할 때, 사람들이 왜 사회적 이익을 우선시하고 사회적 이성(social rationality)을 발휘하는가(또는 왜 도덕적으로 생각하고 행동하는가)에 대한 레일톤의 설명은 거의 없는 것으로 보인다. 개인들이 자신들의 이익에 우선해서 사회적 이익을 달성하려고 노력하는 것이야말로 도덕성과 도덕 행위의 중요한 부분이라고 할 수 있다. 레일톤이 말하는 도구적 이성이 사회의 이익을 달성하기 위한 도구적 이성이지만, 개인들의 시각에서는 이것이 도구적이 아니다. 만약 이성이 진실로 도구적이라면 개인들은 자신들의 이익을 추구하는 데에 도구적 이성을 사용하고 사회 전체의 이익 달성에는 무관심할 수가 있다. 그런데 레일톤의 논의는 사회적 이성의 관점에서 어떻게 도덕가치들의 형성을 설명하는가에 초점이 모아져 있을 뿐, 도구적 이성만을 갖고 있다고 생각되는 개인들이 왜 사회 전체를 위한 사회적 이성을 받아들이는가에 대한 논의는 부족한 것이다. 즉 도덕가치의 형성에 있어서 개인적 이성의 역할과 공헌에 관한 논의는 전혀 없다시피 한 것이다. 이렇다면 개인의 이성적 판단이 뒷받침되지 않는 사회적 이성이란 어떤 종류의 이성인지 의문이 해소되지 않는 것이다.

달리 이야기하자면, 레일톤이 개인의 이익과 사회의 이익 간에 어떤 연결을 시도하지 않은 것에서 이 문제가 발생할 수밖에 없다고 할 수 있다.[15] 그는 사회의 "객관적 이익"이 개인의 "객관적 이익"과 비슷한 과정으로 설명할 수 있음을 이야기하지만, 그 두 "객관적 이익" 사이에는 큰 차이가 있다고 보아야 한다. 개인들의 "객관적 이익"은 도덕적 가치나 사고를 반드시 포함하는 것이 아니지만, 사회의 "객관적 이익"에는 도덕가치와 사고가 포함될 수밖에 없다. 왜냐하면 사회의 "객관적 이익"에는 개인 간 이익의 충돌이 어떤 형태로든 조정되어야만 하기 때문이다. 이렇게 두 "객관적 이익" 사이에 어떤 큰 차이가 있다면, 개인적 이익을 추구하는 방식이 사회적 이익을 추구하는 방식에 적용되기 어려울 수도 있다. 도덕적 사고가 비교적 덜 필요한 개인적 이익을 추구하는 방법과 도덕적 사고가 반드시 필요한 사회적 이익을 추구하는 방법이 같을 수 없기 때문이다. 사람들이 자신만의 이익 추구를 벗어나 다른 사람들이나 사회 전체의 이익을 생각하게 될 때에 도덕적 문제가 대두되게 된다. 도덕의 문제는 성숙한 개인이 생각하고 해결해야 하는 과제, 즉 개인의 판단이 중요한 요소라고 이해되는 반면, 레일톤의 이론에서는 이런 개인의 역할이 전혀 고려되고 있지 않다. 이런 점 역시 일반적 도덕관념을 충분히 설명하기 어려운 점이 된다. 일반적으로는 개인들의 도덕적 판단과 실천이 사회 전체의 도덕규범을 만들고 유지하는 데 큰 역할을 한다고 생각하지만, 레일톤의 이론에서는 이런 사실이 전혀 고려되지 않기 때문이다.

---

15) "Moral Realism" 155쪽에서 레일톤은 솔직히 이 점을 자신의 이론이 갖는 한계로 인정하고 있다. 즉, 그의 이론은 개인들이 도덕규범을 꼭 수행해야만 한다는 점을 보여줄 수 없다고 이야기한다. 이것은 그가 말하는 사회적 이성이라는 개념이 모호하다는 것을 확인시켜 준다고 할 수 있다.

5. 결론

이제까지 자연주의가 일반적으로 통용되는 도덕가치나 규범을 설명하는 이론으로서 어떤 문제가 있는지를, 무어의 "열린 질문 논증"과 관련시켜서 설명하였다. 결국 레일톤의 환원론적 자연주의는 무어가 지적한 문제에 잘 대처하지 못하고 있다고 결론을 내릴 수 있다. 환원론적 자연주의와 같은 자연주의는 경험론인 바, 도덕가치나 규범의 형성이 인간의 이성에 의한 것이라고 보지 않으며 도구적 이성만을 인정할 뿐이다. 그런데 본 논문에서 자연주의적 시각으로 설명할 수 없는 개념들, 즉 타산적 분별력과 도덕가치는 어떻게 구분되는가, 자신의 이익 추구로부터 어떻게 사회 전체에 대한 규범의 확립(레일톤이 말하는 사회의 "객관적 이익" 추구의 방편)으로 발전되는가, 그리고 개인의 이성이 어떻게 사회 전체를 조망하는 위치(레일톤이 말하는 "사회적 이성")로 발전할 수 있는가 등이 칸트의 이성론에 의해 이미 설명이 되고 있다는 사실이다. 타산적 분별력이 도덕적 행위와 다르다는 점은 칸트가 이미 "도덕 행위의 목적 자체에 관한 원리(formula of end in itself)"에서 설명하였다. 즉, 도덕적 행위란 다른 어떤 목적을 가지고 수행하는 것이 아니라, 그 행위 자체가 목적이 되어야 한다는 것이다. 이런 관념은 일상적 사고 속에도 깊게 박혀 있다고 생각된다. 예를 들어, 어떤 사람이 다른 사람에게 도움의 손길을 주면서 그 행위로부터 올 수 있는 이익을 계산하고 있다면, 상식적으로 그 도움이 도덕적이라고 생각되지 않는다. 또 다른 사람들의 비난이 두렵거나 자신의 장래에 걸림돌이 될 수 있다는 생각해서, 규범적 행동을 한다면, 이것도 상식적으로는 도덕적 행동이라고 보기 어렵다. 또 개인의 이익 추구와 사회적 규범의 확립에 있어서도 칸트는 이미 설명하고 있다. 개인의 행동 원칙(maxim) 중 보편화시킬 수 없는 원칙은 사회적 규범이 될 수 없는 것이라고 이야기하고 있다. 이 "보편적 도덕 법칙의 원리(formula of universal law)"를 통해 사회 전체를 위한 규범의 확립이 어떻게 가능한 것인가에 대해서도 언급이 되고 있다. 또한 이 원칙에 의해 개인들이 갖는 이성적 능력이 사회 전체의 문제를 어떻게 다룰 수 있는가도 설명되고 있다. 반면 레일톤은 개인의 이성과 연관성을 찾을 수 없는 "사회적 이성"을 제시함으로써 흡사 사회가 하나의 개체인 것 같은 오해를 불러일으킨다.

물론 자연주의가 이성론에 비해 잘 설명할 수 있는 부분이 있을 수 있다. 예를 들어, 사회의 전통과 특성에 밀접한 연관이 있는 구체적 도덕가치들은 경험론적 방법으로 더 잘 설명할 수도 있다. 그러나 필자가 지적하고 싶은 것은, 일반적 도덕관념이 환원론적 자연주의로 잘 설명되지 않으며, 그 이유는 근본적으로 레일톤이 도구적 도덕관을 피력하기 때문이라고 본다. 레일톤의 이론에서 드러나는 문제들은 이성론적 도덕관에 의해 설명될 수 있으며, 이것이 상식적인 도덕관을 더 잘 설명해 줄 수 있다는 것이다. 그 의미는, 도덕적 언어를 사용하는 일반 도덕 행위자들이 묵시적으로 이성론을 수용한다고 보아야 한다는 것이다. 정확히 말하면, 일반적 도덕 언어와 도덕적 사고 자체가 근본적으로 이성론에 근거해서 만들어졌다고 말할 수 있다.[16] 그래서 무어의 "열린 질문 논증"은 자연주의자들에게 묻기를, 과연 자연주의로써 상식적 도덕가치와 관념을 충분히 설명할 수 있는지 스스로 물어보라는 의미 또한 담고 있다고 할 수 있다. 자연주의자들이 자신들이 제시한 정의나 설명에 "열린" 대답을 할 수밖에 없고, 그 이유는 그들 역시 무의식적으로 이성론적 특징을 가진 일상적 도덕언어 체계와 개념들을 공유하고 사용하고 있기 때문이라고 할 수 있다. 도덕적 자연주의자들이 새롭게 도입하려는 자연주의적 어휘와 개념들은, 그들도 이미 사용하는 일상적 도덕언어 체계와 조화를 이루지 못한다는 것이다. 바로 이 점이 무어가 "열린 질문 논증"을 통해 지적하려는 핵심이라고 필자는 생각한다.

---

16) 이런 시각은 여러 학자들에 의해 제시되는데, 가장 대표적인 학자가 헤어(R. M. Hare)이다. 그는 도덕 언어의 의미 분석을 통해 이 점을 사실로 주장하였고, 반객관주의자(anti-objectivist)인 존 맥키 역시 이 사실 자체는 인정한다. 그러나 맥키 이후의 경험론자들 사이먼 블랙번, 존 맥도웰, 크리스핀 라이트, 조나단 댄시 등은 드러나게 또는 묵시적으로 이 점을 부정한다.

참고문헌

Boyd, Richard, "How To Be a Moral Realist," *Moral Discourse & Practice*, Edited by Stephen Darwall, et. al. Oxford University Press. 1997.

Brink, David O., *Moral Realism and the Foundations of Ethics*. Cambridge University Press. 1989.

Copp, David, *Morality in a Natural World*. Cambridge University Press. 2007.

Darwall, Stephen, "How Shoud Ethics Relate to (the Rest of) Philosophy? Moore's Legacy," *Metaethics after Moore*, Edited by Terry Hogan and Mark Timmons. Oxford: Clarendon Press. 2006.

Drier, James, "Was Moore a Moorean?" *Metaethics after Moore*, Edited by Terry Hogan and Mark Timmons. Oxford: Clarendon Press. 2006.

Hare, R. M., *The Language of Morals*. Oxford University Press. 1964.

Kant, Immanuel, *Groundwork of the Metaphysics of Morals*. New York: Harper Torchbooks. 1964.

Mackie, John, *Ethics: Inventing Right and Wrong*. England: Penguin Press. 1977.

McDowell, John, "Two Sorts of Naturalism," *Mind, Value, and Reality*, Edited by John McDowell. Harvard University Press. 1998.

Mill, John S., *On Liberty, John Stuart Mill*: Utilitarianism, On Liberty, Essay on Bentham, Edited by Mary Warnock. New York: New American Library. 1974.

Moore, G. E., *Principia Ethica*. New York: Prometheus Books. 1988.

Railton, Peter, "Moral Realism," *Moral Discourse & Practice*, Edited by Stephen Darwall, et. al. Oxford University Press. 1997.

_____, *Facts, Values, and Norms*, Cambridge University Press. 2003.

Sturgeon, Nicholas, "Ethical Naturalism," *The Oxford Handbook of Ethical Theory*, Edited by David Copp. Oxford University Press. 2006.

Abstract

George Moore's "Open Question Argument" and Peter Railton's Reductive Naturalism

Hoayoung Youn

This article examines critically Peter Railton's reductive naturalism, a theory of ethical naturalism. A well-known criticism of naturalism in general is George E. Moore's Open Question Argument which holds that any naturalistic definition of morals cannot succeed. Since this argument is negative, the author draws two points of argument from it. Railton's naturalism is criticized in terms of the points.

First, the author points out Railton's instrumental view of morality. This view is, the author argues, frequently in conflict with commonsense moral view. Contrary to naturalists claim, naturalism would not give a good account of commonsense morality. Second, the author focuses on what Railton calls "social rationality." He holds that the concept of reason means instrumental rationality. But its nature is ambiguous, and its relation to individual's reason is enigmatic. This problem has something to do with ignoring that individual person's pursuit of self- interests along with his or her instrumental rationality can conflict with each other or even with social interest. So it can be said that Moore's "Argument" is still effective. The author mentions in the conclusion that problems with the reductive naturalism can be resolved by rationalism, and adds that commonsense morality is more closely linked to rationalism than naturalists may think.

Key words: reductive naturalism, Open Question Argument, Peter Railton, George Moore

논문접수일: 2013년 4월 30일   논문심사일: 2013년 5월 15일
게재확정일: 2013년 5월 25일

무어의 "열린 질문 논증"과
코넬 학파의 도덕적 자연주의

윤 화 영(평택대)

【주제분류】 메타윤리학, 윤리학

【주 요 어】 자연주의, 열린 질문 논증, 죠지 무어, 리차드 보이드, 데이
비드 콥

【요 약 문】 무어(G. E. Moore)는 "열린 질문 논증(Open Question Argument)"
을 통해 도덕적 어휘나 속성을 자연적 어휘나 속성으로 정의(definition)할
수 없다고 주장하였다. 다시 말하면, 자연주의가 제시하는 도덕적 개념의
정의나 속성은 잘못된 것이거나 불완전한 것이라는 주장이다. 무어의 "논
증"은 부정적이지만, 여기에 두 가지 구체적 논점이 포함될 수 있다고 필
자는 해석하였다. 첫째, 이 정의불가능성이 내포하는 것은, 우리의 관습적
언어 체계 안에서 "도덕적(또는 "좋은(good)")"에 속하는 어휘들이 "자연
적" 어휘와 서로 다른 종류임을 말하려는 것이다. 둘째는, 우리가 이해하
는 도덕적 개념이나 관념, 또는 도덕성에는 자연주의적 개념들로 완전히
설명할 수 없는 특징들이 있다는 의미일 수도 있다. 일상적 도덕관념이나
도덕성 등을 자연주의적 어휘로 충분히 설명할 수 없으므로, 자연주의에
의한 정의가 불완전할 수밖에 없다는 의미가 함축되어 있다고 본다.

필자는 무어 이후에 등장한 자연주의 중 코넬 학파 자연주의를 검
토하고 이 자연주의가 "열린 질문 논증"에서 지적된 문제, 즉 상기한
두 가지 논점들에 잘 대처하고 있는지를 살펴보았다. 자연주의는 근본
적으로 경험론이라고 할 수 있는데, 코넬 학파 자연주의 이론은 이성
과 도덕가치의 역할을 도구적으로 설명한다. 그러나 이런 입장에서는
도덕성과 타산적 분별력(prudence)을 구분하기 어렵고 도덕가치의 정당
성을 논하는 것도 몹시 제한적이다. 그래서 필자가 제시한 첫 번째 논
점에는 자연주의가 대처할 수 있지만, 두 번째 논점은 해결하지 못하
고 있다는 결론이 가능하다. 자연주의가 제시하는 도덕체계가 일상적
도덕체계와 중요한 점들에서 차이를 보이고 있고, 그런 이유로 무어의
"논증"은 아직 유효하다고 필자는 결론에서 말한다.

1. 서론

일상적 도덕가치가 자연적으로 설명될 수 있는 가치인가? 이것은 서양의 도덕 철학이 시작된 이래로 끊임없이 제기된 질문이다. 어떤 시기에는 이 질문과 그 대답이 직접적으로 다루어질 때도 있고, 다른 때에는 다른 논의 속에 묻혀 간접적으로 다루어질 때도 있다. 예를 들면 아리스토텔레스는 도덕가치가 자연적 가치라는 논제를 드러내 놓고 다룬다. 반면 공리주의자들은 도덕가치가 자연적 가치인 쾌락이나 행복으로 환원될 수 있다는 입장이지만, 도덕가치가 자연적임을 직접 다루는 것은 아니다. 20세기에 들어서면서 이 논쟁은 무어(G. E. Moore)에 의해 좀 더 본격적으로 다루어지게 된다. 무어는 도덕가치가 자연적이 아님을 강하게 주장하면서 자신의 입장을 뒷받침하기 위해 "열린 질문 논증(Open Question Argument)"[1]을 제시한다. 이 논증은 도덕적 가치나 개념이 자연적 가치나 개념으로 정의 또는 환원될 수 없음을 보여줌으로써, 도덕적 자연주의의 주장이 잘못된 것임을 보여주기 위한 것이었다. 그럼에도 현재 구미의 많은 도덕철학자들이 자연주의자로 자처하고 있다. 그렇다면 그들에게는 무어의 논증이 무의미한 것인가? 아니면 자연주의자들은 무어의 논증을 이미 극복하고 있는가?

본 논문은 현대의 자연주의자들, 특히 코넬대학을 중심으로 한 코넬 학파 실재주의자들이 무어가 "논증"을 통해 제기한 자연주의 비판에 어떻게 대처하고 있는지를 살펴보려고 한다. 자연주의자들은 당연히 무어의 "논증"에 응대하면서 그들의 새로운 주장을 전개한다. 논문 목적상, 먼저 무어의 "열린 질문 논증(Open Question Argument)"을 제 이 절에서 살펴보기로 하겠다. 필자는 무어의 "논증"을 깊게 해석해서, 부정적(negative) 논쟁인 "열린

---

1) 이종왕(2000)은 "열린 질문 논증" 대신 "개방질문논쟁"이라는 말을 사용하였다. 내용상 아무 차이가 없지만, "질문에 대한 답이 열려있다." 또는 "닫혀있다."가 좀 더 적절한 것 같아 본 논문에서는 필자의 어휘를 쓰기로 하였다. 이종왕은 무어의 "논증"을 중심으로 수반(supervenience)에 의한 도덕가치의 인식문제를 조명하였다면, 필자는 자연주의의 가치 존재론과 윤리학적 입장을 다루는 것이 근본적 차이라 할 수 있다.

질문 논증"으로부터 보다 구체적 논점을 찾아내서 현대의 도덕적 자연주의를 진단하는 도구로 삼으려는 것이다. 제 삼 절에서는 자연주의의 본질을 경험론이라고 보는 시각에 대해 논의하고, 제 사 절에서는 현대 자연주의를 구성하는 중심축 중 하나인 코넬 학파의 자연주의를 논의하도록 하겠다. 또 다른 종류의 자연주의인 피터 레일톤(Peter Railton)의 환원론적 자연주의는 지면상 다른 기회에 논의를 할 것이다. 무어의 이론이나 현대 도덕적 자연주의가 모두 실재론(realism)임을 감안할 때, 이 두 실재론이 어떤 차이를 갖고 있는가를 살펴보는 것은 흥미로운 일이라고 하겠다.2)

필자가 주목하는 것은, 무어와 마찬가지로 일상적 언어와 개념으로 구성된 도덕 체계와 도덕적 자연주의가 얼마나 조화를 이룰 수 있는가 하는 점이다. 무어의 "논증"을 응용해서 내릴 수 있는 결론은, 자연주의가 자연적 개념과 용어로 도덕가치를 설명 또는 묘사하는 데에는 어느 정도 성공할 수 있을지 몰라도, 자연주의적 용어나 개념으로 상식적 도덕관념을 충분히 설명할 수는 없다는 것이다. 즉, 현대의 도덕적 자연주의가 일상적 도덕관념을 설명하지 못하는 부분이 있으며, 그런 점 때문에 무어의 비판으로부터 자유롭지 못하다는 것이다.

무어의 "논증"은 메타윤리학적 질문임과 동시에 자연주의 일반의 윤리학적 시각에 대한 질문일 수도 있다. 자연주의는 잠깐 언급한 것과 같이 경험론이고, 코넬 학파 자연주의는 그중에서도 독특한 윤리학적 입장을 갖고 있다. 이 학파의 윤리학적 입장은 이들의 메타윤리학적 입장을 지탱하기 위한 필수적 요소처럼 보인다. 따라서 이들의 윤리학적 입장에 문제가 있다면, 그들의 메타윤리학적 시각에도 문제가 있음을 시사한다고 볼 수 있다.

---

2) 최근 주동률(2012)은 자연주의의 한 종류인 진화론과 도덕 실재론이 서로 양립할 수 있음을 주장하였다. 이것은 당연히 내릴 수 있는 결론이라고 생각된다. 근본적으로 자연주의가 배척하는 것은 실재론이 아니라 이성론(rationalism)이라고 할 수 있다. 즉, 가치가 이성적 사고에 의해 생기는 것이 아니라, 자연적으로 또는 진화 과정에서 생겨서 자연의 한 부분으로 실재한다는 것이다.

2. 무어의 "열린 질문 논증(Open Question Argument)"

무어는 도덕 실재론자이다. 그는 도덕가치를 대표하는 단어를 "좋은 (good)"(또는 "좋음(goodness)" 또는 "선")으로 보고, 이것은 가장 단순하며 (simple) 분석 불가능하고(unanalyzable) 정의를 내릴 수 없는(indefinable) 개념이라고 말한다. 사용례를 보자면, "사회를 위해 헌신하는 것은 좋은 행 위이다."와 같은 진술에서 "좋은"이라는 용어로 도덕적 판단을 내리는 것이 다. 즉, 이 어휘로 표시되는 도덕가치는 실제로 존재하고 다른 (자연적) 개 념과는 확연히 구별되면서도 다른 개념이나 가치로 환원될 수 없다는 것이 다. 그렇다면 이 "좋은(good)"을 어떻게 알 수 있는가? 그에 따르면, 이성에 의한 직관(intuition)으로 이것이 존재함을 알 수 있다는 것이다. 각 개인이 스스로 판단함으로써 도덕가치가 존재함을 깨닫는 것이지, 학습이나 경험의 반복 자체가 그 깨달음을 줄 수는 없다는 것이다. "좋은(good)"으로 대변되 는 도덕가치는 다른 개념에 의존해서 정의될 수도 없고 다른 가치로 환원될 수도 없는 본원적 가치(intrinsic value)라고 말한다.

특히 그는 이 개념("좋은")이 자연적 개념이 아니며, 자연적 개념의 언어 로 환원 또는 정의될 수 없음을 주장하였다. 이것을 보여주기 위해, 그는 "열린 질문 논증(open question argument)"을 제시하였다. "좋은(good)"이 라는 개념을 자연적 개념이나 어휘로 정의하려는(define) 또는 환원하려는 (reduce) 시도가 있다고 하자. 이 시도에서 정의를 어떻게 내리든지, 그 정 의가 "좋음"이라는 말과 정말로 같은 것인가를 되묻는다면, 그 대답은 완전 하지 않은(즉 "열린") 또는 의심스런 대답이 된다는 것이다. 예를 들면, "좋 은"을 누군가가 "이타적"이라는 말로 정의했다고 하자. 무어의 질문에서 "'이타적'이라는 말이 '좋은'이라는 말과 같은 것인가?"라고 되묻는다면, "그렇다"라고 확실한 답을 하기가 어렵다는 것이다. 왜냐하면 이 정의가 논 란의 여지없이 정확한 정의는 아닐 수 있기 때문이다. 이것은 어렵지 않게 이해할 수 있는 바, 이타적 행위들 중에도 도덕적 행위가 아닌 것이 있기 때문이다. 비도덕적 행위를 하는 친구를 무조건 옹호하기 위한 이타적 행위가 있을 수 있다. 조직범죄의 구성원이 조직을 위해 이타적 행동을 할 수도 있다. 이렇게 우리가 사용하고 이해하는 "좋은"이라는 어휘는 다른 어느 어휘나 개념으로 환원될 수 없다는 것이 무어가 말하려 하는 것이다.

무어가 직접적으로 논박하는 대상은 공리주의인데, 공리주의는 도덕적 행위의 기준이 "최대다수 최대행복의 원칙"이므로, "좋은(도덕적인)"이라는 용어도 "최대한의 행복을 주는" 정도의 자연적 어휘로 정의될 수 있다고 보는 것이다. 이 정의가 성공적이라면, 자연주의가 옳다고 볼 수 있는 것이다. 그는 공리주의적 정의에 대해 "열린 질문 논증"을 적용한다. 그래서 "'좋은(good)'이라는 말이 '최대한의 행복을 주는'이라는 말과 같은 것인가?"라고 질문을 던진다면, 그 대답은 확정적일 수가 없다는 것이다. 두 개념이 일치하지 않는 경우를 손쉽게 찾아볼 수 있기 때문이다. 무어는 다른 개념으로 "좋은"을 정의하려고 하는 어떤 시도에도 "열린 질문 논증"을 적용해 보면, 그 정의는 의문을 가질 수밖에 없는(question-begging) 개념이 된다는 것이다. 다시 말하면, "좋은"을 완벽히 정의할 수 있는 필요충분조건적인 다른 개념은 존재하지 않는다는 것이다. 따라서 무어는 "좋은(도덕적인)"을 자연적 언어로 정의할 수 있다는 시도를 "자연주의적 오류(naturalistic fallacy)"라고 부르며 거부하였다.[3]

무어의 이론은 다양한 반론을 불러 일으켰다. 우선 "좋은(good)"이 분석이나 정의가 불가능한 본원적 가치(intrinsic value)라는 점에 대한 반론을 간략히 살펴보자. 공리주의자로 알려진 리차드 헤어(R. M. Hare)는 "좋음"이 분석 불가능한 개념이라는 것에 동의하지 않는다.[4] 어떤 사물이나 행위

---

3) G. E. Moore는 자연적 가치가 아닌 본원적 선(goodness)을 극대화하자는 비자연주의적 입장이지만 그의 이론을 공리주의라고 잘못 해석하기도 한다. 일반적 공리주의는 자연적 가치인 "행복" 또는 "쾌락" 등을 극대화하는 것이 옳은 행위라는 자연주의이다.
4) Hare의 *Language of Morals*(1964), Part II를 참조하시오.

를 "좋다"고 판단할 때에 그것은 비도덕적 의미에서 "좋다"고 말할 수 있기 때문이다. 예를 들어, "이 칼은 고기를 자르는 데 좋다."라고 말한다면, 여기에 도덕적 의미가 있다고 볼 수 없기 때문이다. 스티븐 다월(Stephen Darwall)은 "좋음"이 모든 도덕가치를 대표할 수 있는가 하는 의문을 던지며, 이 용어 대신 "규범성(normativity)"을 사용하는 것이 더 낫다는 의견을 제시한다.5) 비슷한 맥락에서 제임스 드라이어(James Drier)는 무어가 자연적 대 비자연적으로 구분하는 것은 정확하지 않고, 묘사적 대 가치판단적(descriptive vs. evaluative)으로 구분하는 것이 더 낫다는 의견을 제시한다.6) 가치 판단은 사실적 설명이나 묘사를 하는 것이 아니라, 어떤 주장이나 진술의 옳고 그름을 따지는 것임에 반하여, "좋음"에는 이런 특성이 잘 드러나지 않기 때문이다. 또 무어와 아주 반대편에 서있는 흄(David Hume)의 계승자들은 당연히 무어의 이성론(rationalism)을 반대한다. 그들 중 한 명인 존 맥키는 무어의 직관주의를 오류(error)를 조장하는 이론의 하나로 지적하였다.7)

코넬 학파 자연주의자인 니콜라스 스터전(Nicholas Sturgeon)의 "논증"에 대한 반론은 무어에 대한 여러 비판들 중 특히 주목할 필요가 있다. 그는 우선 한 어휘를 다른 어휘로 완벽히 정의할 수 있는가에 의문을 제기한다. 예를 들어, 물 = H_2O로 정의할 수 있지만, "물"과 "H_2O"가 주는 의미가 서로 같지 않을 수도 있다는 것이다.8) 그러나 그의 결정적 반론은 도덕적 자연주의가 도덕 어휘를 정의하거나 환원하는 시도를 할 필요가 없다는 것이다. 그에 따르면, 자연주의가 옳은 이유는 모든 속성들이 인과관계로 연결된다는 자연주의의 기본 입장이 도덕 현상을 가장 잘 설명하며 상식에도 부

---

5) Darwall(2006)을 참조하시오.
6) Drier(2006)을 참조하시오.
7) Mackie(1977), p. 32.
8) 또 다른 코넬 학파 자연주의자인 David Brink 역시 이 동의어 논증(synonymy argument)을 통해 무어의 논증을 비판한다. Brink(1989), pp. 150-155 참조할 것.

합하는 이론이라는 것이다.[9] 다시 말하면, 도덕 현상을 가장 상식적으로 설명할 수 있는 이론이 자연주의라는 것이다.

무어의 "열린 질문 논증"에 취약점이 있을 수도 있고, 또 논란의 여지가 있는 부분도 있다. 스터전의 말대로, 어떤 어휘나 개념을 완벽하게 정의하는 것이 불가능할 수도 있다. 그러나 무어의 논증이 단지 어휘의 정의(definition)가 가능한지 또는 불가능한지를 기술적으로 따지는 것만은 아니다. 그가 자연주의에 던지는 메시지는 분명하다고 할 수 있다. 그것은 상식적으로 통용되는 도덕 어휘 개념 관념 등이 자연주의적으로 설명되지 않음을 지적하려는 것이다. 그런데 "열린 질문 논증"은 부정적(negative) 논쟁이다. 도덕적 어휘가 자연적 어휘로 정의(또는 환원)될 수 없음을 제시할 뿐이다. 필자의 소견으로는 "열린 질문 논증" 자체는 비록 부정적 대답을 할 수밖에 없는 질문의 형태일지는 몰라도 그 안에는 적극적인 설명을 상대에게 요구하는 많은 논점들이 포함될 수 있다는 것이다.

필자는 적어도 다음과 같은 두 가지 논점이 무어의 "논증"에 포함될 수 있다고 생각한다. 첫째는, 우리의 일상적 언어(물론 무어는 이것이 영어에 국한된다고 생각할 것이다)에서는 도덕적 어휘의 의미나 용법이 자연적 어휘의 의미나 용법과 관습적으로 다르다는 것이다. 무어가 염두에 두고 있는 언어 체계는 상식적 또는 일상적인 것이며, 이 언어체계에서 도덕 어휘를 자연주의적으로 해석할 수 없다는 것이다. 그렇기 때문에 무어는 도덕 어휘의 자연적 정의(definition)를 내릴 수 없다는 사실에 초점을 맞췄지만, 그의 "논증"이 진실로 보여주려는 바는, 우리의 관습적 언어 체계에서 도덕적 어휘들을 자연적 어휘들과는 다른 종류로 구별해서 써왔다는 것이다. 만약 그렇지 않다면, "열린 질문 논증" 자체가 무슨 의미인지 이해조차 할 수 없을 것이다. 자연주의 역시 일상적 언어로 구성된 도덕체계를 분석 대상으로 하고 있음을 부정하지 않을 것이다. 따라서 자연주의자들은 자연적 어휘와 개

---

9) Sturgeon(2006), pp. 95-100 참조할 것.

넘으로 도덕적 어휘와 개념을 충분히 설명할 수 있음을 보이는 것이 무어의 "논증"에 대한 반박이 될 수 있을 것이다.

두 번째로는, 무어의 "논증"에 포함된다고 볼 수 있는 논점은, 일상적 도덕 언어와 개념 안에는 자연적 언어와 개념으로 다룰 수 없는 특별한 점들이 있다는 것이다. 이것은 "좋은(또는 도덕적)"이라는 어휘의 관습적 의미나 용법을 따지는 것과는 다르며 더 깊이 있는 도덕적 특징을 논하는 것이라고 하겠다.10) 자연적 언어와 개념에 이런 특징들이 포함되지 않는다면 당연히 도덕적 언어와 개념을 자연적 언어와 개념으로 정의하거나 환원할 수가 없다. 이런 특징들이 실제로 존재한다면, 자연주의에게는 큰 타격이 된다. 자연주의가 일상적 도덕성이나 도덕관념 또는 도덕가치를 충분히 설명하지 못하기 때문이다. 극단적으로 예를 들면, 자연적 현상을 잘 아는 외계인이 지구인의 도덕관념이나 도덕 행위에 대해 잘 이해할 수 없고 설명할 수도 없는 것과 같은 것이다. 이 점은 일반적 도덕 어휘를 자연적 어휘로 정의(definition)를 내릴 수 없다거나 하는 문제보다 더 근본적인 것이다.11) 따라서 자연주의자들이 무어의 "논증"을 반박하기 위해서는 자연주의적 언어나 개념으로 설명할 수 없는 일상적 도덕 특징은 없음을 보여주어야 한다고 본다.

무어의 "논증"은 당시 자연주의에 대한 진단이고 그 후 자연주의가 무어의 지적에 대해 나름대로 해결책을 찾았을 수도 있다. 도덕적 자연주의 역시 변화와 발전을 했다고 볼 수 있기 때문이다. 그래서 필자는 상기한 두 논점을 분석의 도구로 삼아 현대의 자연주의가 무어가 던진 질문에 어떻게 대처하며 자신들의 이론을 전개하는지를 검토하기로 하겠다.

---

10) 이 두 번째 논점이 첫 번째 논점과 어떻게 다른지는 4절 "평형적 결과론"의 설명에서 더 알 수 있다. 또 이 두 번째 특징이 "깊이 있는"이라고 함은, 첫 번째 특징이 해소되는 상황에서도 이 두 번째 특징이 해소되기 어려울 수 있기 때문이다. 역시 4절을 참조하기 바람.

11) 혹자는 자연주의가 새로운 개념의 도덕체계를 제시하려는 시도라고 생각할 수 있다 그렇다면 Moore의 "논증"이 무의미하게 된다. 그러나 자연주의는 일상적 도덕개념들을 자연주의적으로 설명하려는 것일 뿐이며, 무어나 필자는 그 설명에 문제가 있다고 보는 것이다.

3. 도덕적 자연주의란?

도덕적 자연주의는 모든 도덕적 개념이나 속성이 자연적이라고 보는 입장이 지만 이것은 좀 더 설명이 필요하다. 도덕적 자연주의는 때때로 도덕적 속성을 묘사적(descriptive) 또는 사실적(factual)으로 파악한다고 보기도 한다. 즉 도덕적 행위나 판단에 포함되어 있는 행위에 대한 권고성(prescriptivity; 또는 처방성) 또는 지향성(directiveness)을 무시한다는 것이다.[12] 예를 들면, "도둑 질은 나쁘다."라는 판단을 내릴 때, 도덕적 자연주의자들은 이 판단에서 "도둑 질을 해서는 안 된다."는 메시지를 포함하지 않는다는 것이다. 단지 "도둑질은 법 또는 도덕을 위반하는 행위이다." 같은 묘사(description)가 있을 뿐이라는 것이다. 그러나 이것은 도덕적 자연주의의 정확한 설명이 되지 못한다. 현대의 도덕적 자연주의자들은 권고성(또는 처방성)을 얼마든지 받아들이고, 이것이 야말로 자연적 속성이라고 주장한다.[13]

도덕적 자연주의의 가장 대표적 특징은 이것이 궁극적으로 경험론 (empiricism)이라는 점일 것이다. 도덕적 자연주의자인 데이비드 콥(David Copp)은 다음과 같이 말한다.

> 나의 제안은 자연적 속성과 비자연적 속성의 구분을 그 속성에 대한 인식론 적 접근법이라는 특질에 의해 나누자는 것이다. 이 제안에 의하면 자연적 속성을 경험적 속성으로 이해하게 된다. 즉 어떤 복잡성을 무시하고 개략적 인 형태로서 나의 제안은 다음과 같은 의미를 갖는다.

---

12) 스티븐슨(C. L. Stevenson)이 이점을 처음 지적하였다. Stevenson(1937), p. 23을 참조 하기 바람. 또한 존 맥키 역시 이 점을 강조한다. Mackie(1977) p. 33을 참조하시오.
13) 자연주의가 권고성/처방성을 받아들인다고 해서 이 개념을 완벽히 설명할 수 있는 것은 아니라고 본다. 권고성을 사회적 압력이나 교육에 의해 실행하는 것으로 설명할 수도 있지만, 개인들이 도덕가치를 내면화하고 자발적인 도덕성의 발현으로 설명할 수도 있 다. 자연주의는 전자를 설명할 수 있지만, 후자는 어렵다고 본다. 이런 어려움 때문에 존 맥도웰(John McDowell)은 칸트의 실천이성을 끌어들여 가치의 내면화 문제를 해결 하려 한다. 이에 대한 논의는 McDowell(1998)에서 찾아볼 수 있다.

만약(if) 어떤 속성을 현시(instantiation)할 수 있는 복합적(synthetic) 제안을 우리가 경험적으로만 인지할 수만 있다면, 그 속성은 자연적이다. (Copp(2007), p. 38)

콥의 시각은 전통적 경험론을 그대로 반영하는 것이다. 즉, 모든 지식은 경험의 세계 안에서만 획득되며, 여기서 이성은 최소한의 역할을 할 뿐이고, 이성 자체가 어떤 지식의 습득에 결정적 역할을 한다는 것은 있을 수 없다는 입장이다.

그렇다면 앞서 필자가 무어의 "논증"을 통해 지적한 첫 번째 문제, 즉 도덕가치에 관한 일상적 어휘의 용법과 자연주의적 어휘의 용법 사이에 넘을 수 없는 차이가 있다는 주장에 어떻게 대응하는가? 도덕적 자연주의자들은 우리가 사용하는 도덕 언어가 계속 바뀌거나 경험적으로 확장될 수 있음을 암묵적으로 주장하면서 무어의 문제점이 해결될 수 있다고 보는 듯하다. 이 점을 설명하기 위해 "인공적"이라는 어휘의 예를 들어보자. 이 말은 "자연적"이라는 말과 대치관계에 있고, 그 점에서 "도덕적(또는 무어의 "좋은")"과 비슷한 입장에 있다고 할 수 있다. 우리는 보통 사람들이 만든 어떤 건축물을 "인공적"이라고 말한다. 이집트의 피라미드도 인공적 구조물이고, 대한민국의 남대문도 인공적 건축물이다. 사람이 만든 구조물을 "인공적"이라고 부르는 것은 우리의 언어 관습과 기존의 언어체계에서 전혀 이상할 것이 없다. 그런데 도덕적 자연주의자들은 다음과 같은 반론을 펴면서 인간이 만든 구조물도 결국 "자연적"이라고 주장할 수 있다.

인간이 만든 어떤 건축물도 그 재료에 대해 생각해 보면 자연적이 아닌 것이 없다. 흙, 모래, 돌, 나무, 철 종류 등등 모든 재료가 자연으로부터 직접 얻어지거나 자연 재료를 변형시켜 사용하는 것들이다. 건축물을 만드는 과정이 "인공적"이라고 말할 수 있을지 몰라도, 자연세계의 여러 동물들 또한 자신들의 건축물을 만들어낸다. 인간의 건축물이 좀 더 정교하다 해도 본질상 자연세계의 다른 건축물들과 다를 것이 없다. 따라서 "인공적"이라는 어휘가 "자연적"이라는 어휘와 대립하기보다는 포함될 수 있는 것이다.

자연주의자들도 "인공적"과 "자연적"이라는 어휘가 이제까지는 서로 대립되는 관계에 있다고 인정할 것이다. 그러나 새로운 사실의 탐구를 통해 경험이 확장되고 "자연적"의 범위도 확대되어 결국 "인공적"을 포함하게 될 수 있다는 것이다. 이와 같은 주장은 고스란히 "도덕적"에도 적용될 수 있다. 도덕적 자연주의자들에 의하면, 자연 및 사회 현상의 탐구와 분석의 결과로 우리가 말하는 "도덕적"이라는 어휘를 자연적 개념들로 설명할 수 있다는 것이다. 여기서 도덕적 자연주의의 입장은 두 가지로 나누어지게 된다. 한 부류는 도덕적 속성들이 자연적 속성들 중의 하나이지만, 그것들이 다른 자연적 속성들로 환원될 수는 없다고 본다. 그럼에도 이들은 도덕적 속성이나 가치가 자연적 속성과 가치들의 관계 속에서만 의미를 갖는다고 본다. 다른 부류는 도덕적 속성들이 다른 자연적 속성으로 환원될 수 있다고 주장한다. 전자의 입장을 "코넬 실재론(Cornell Realism)"이라고 부르는데 이것은 미국의 코넬대학을 중심으로 한 도덕적 자연주의자들, 예를 들어 데이비드 브링크(David Brink), 리차드 보이드(Richard Boyd), 니콜라스 스터전(Nicholas Sturgeon) 데이비드 콥(David Copp) 등이 이런 형태의 자연주의적 실재론을 주장하기 때문이다. 후자는 환원론적 자연주의라고 할 수 있는데, 이 주장의 대표적 철학자는 피터 레일톤(Peter Railton) 리차드 브랜트(Richard Brandt) 등이다. 이제부터는 코넬 실재론을 상기한 두 논점과 연계해 검토하면서 어떤 문제점이 있는지를 지적해 보기로 하겠다.

4. 코넬 학파의 도덕적 자연주의

코넬 학파의 주요 철학자들 중 하나인 리차드 보이드(Richard Boyd)의 이론을 살펴보기로 하자. 그는 전형적으로 "자연적"이라는 어휘의 의미 확장을 시도하는데, 이것을 위한 가장 좋은 방법은 과학을 통한 시도이다. 즉, 과학적 탐구의 결과로 자연세계에 대한 해석과 이해가 증진되면서, "자연적"이라는 개념이 확장될 수 있다. 그럼으로써 철학적 난제들이 해결될 수도 있고, 도덕적 현상들이 자연적 현상들의 일부임을 보여줄 수도 있다고 보는 것이다. 그는 다음과 같이 말한다.

> 내가 이 논문에서 시도하려는 것은 다음과 같다. 실재론적 과학철학에서 최근에 이룩한 발전과 이에 연관해서 인식론과 언어철학 분야에서의 "자연주의적" 성과들은 도덕 실재론을 발전시키고 옹호하는 데 이용될 수 있다. (......) 내가 여기서 보여주고자 하는 것은 도덕 실재론이 좀 더 매력적이고 합당한 입장임을 밝힐 수 있다는 것인데, 이것은 다음과 같은 조건 하에 가능한 것이다. 즉, 실재론적 과학 철학의 최근 발전이 견고히 방어될 수 있다면 말이다. (Boyd, p. 106)

보이드의 입장은 토마스 쿤의 진화적 과학철학이나 통섭이론 같은 것들과 맥락을 같이 하는 것이다. 그의 도덕 실재론적 자연주의는 다음과 같다. 우리가 사물들의 실재를 인식하고 그것이 옳다고 봐야 한다면, 도덕적 속성들도 실제로 존재한다고 인식할 수밖에 없다는 것이다. 특히 도덕적 세계가 자연적 세계의 일부분이며 도덕적 속성(특성)들의 존재를 인식하는 것은 다른 자연적 속성들의 인식과 다를 바가 없다는 것이다. 여기서 보이드는 "도덕적"이 "자연적"의 일부이기는 하지만, 도덕적 속성들이 자체적인 특성을 갖고 다른 자연적 속성들로 환원되지는 않는다고 본다. 즉, 인간 세계는 자연적 질서의 일부이며, 그 질서에는 도덕적 질서가 다른 자연적 질서와 어우러지고 있다고 보는 것이다. 이런 보이드의 설명에 의하면, "열린 질문 논증"의 해석에서 필자가 제기한 자연주의와 비자연주의의 첫 번째 차이점은 해소할 가능성이 있다고 할 수 있다. "자연적"의 의미 확장이 가능하지만, "도덕적("좋은")"이 "자연적"으로 환원되지 않음을 주장한다면, 무어의 "논증"이 언어 관습에 호소해서 코넬 학파 자연주의를 비판할 수 없기 때문이다. 물론 "자연적"의 의미 확장이 언어 관습 자체를 자연주의가 의도하는 대로 바꿀 수 있을까 하는 의문이 들지만, 이론적으로는 무어의 "논증"을 피할 수 있는 길이 열린다고 할 수 있다.

그런데 필자가 이미 지적했다시피 무어의 "논증"에 포함될 수 있는 또 다른 논점이 있다. 그것은 도덕적 속성은 자연적 속성이 가질 수 없는 독특한 점들이 있다는 것이다. 보이드 같은 자연주의자가 도덕적 속성이 자연적 질서의 일부라고 주장한다 해도, 만약 이 두 번째 점이 설명되지 않으면, 그의 시도는 "도덕적"이란 개념이 "자연적" 개념의 하나라고 강변하는 것에 불과할 수가 있다. 특히 보이드와 같은 시도는 과학 철학에서의 성과를 도덕 현상의 설명에 적용함으로써 "자연적"의 범위를 확장하는 것인데, 여기에는 해결해야 할 문제들이 있다. 한 예를 들어보자. 과거에는 동물들을 식용 등의 목적으로 살상하는 데 아무런 도덕적 문제가 없었다고 하자. 그러나 생물학 등 과학의 발전으로 동물들도 정교한 신경조직을 갖고 있고 인간과 마찬가지로 외부적 자극에 심리적으로 반응한다는 것을 알게 되었다. 그렇다면 인간을 살상하는 것이 도덕적으로 문제가 된다면 다른 동물들을 어떤 목적으로도 살상하는 것이 도덕적으로 문제가 될 수 있다. 여기까지가 자연주의적 시도, 즉 "자연적"을 확장하는 과정이 될 수 있다. 그래서 새로운 도덕률, "어떤 동물이든지 죽이는 것은 도덕적으로 옳지 않다."가 등장한다고 생각해 보자. 그런데 이 새로운 규범이 사람들의 행위를 규제할 수 있을까? 이 새로운 도덕률은 과학에 근거한 "지식"이라고 할 수 있는데, 만약에 이것이 사람들의 행동에 어떤 영향력(즉 권고성 또는 처방성)이 전혀 생기지 않는다면, 자연주의적 시도는 실패로 끝날 수 있다. 왜냐하면 그럴 경우 "자연적"의 언어적 의미가 확장되기는 했지만 진정으로 도덕적 의미를 갖는 것은 아니기 때문이다. 그런데 이 권고성의 확립이 불가능할 수 있음을 주장한 것은 역설적으로 자연주의자인 데이비드 흄이다. 잘 알려진 대로 그는 말하기를, 사실(Is)이 규범성(Ought)을 끌어낼 수 없다는 유명한 말을 남겼다. 다시 말하면, 어떤 사실을 아는 지식이 생겼다고 해도 그 지식이 요구하는 행동으로 이어지지 않는다는 것이다. 그래서 보이드는 흄의 지적에 대처해야 할 필요를 느낀다.

보이드는 평형적 결과론(homeostatic consequentialism)이라는 개념을 제시한다.14) 이 개념에 의하면, 인간 사회는 다양한 선(good; 이것은 도덕적 선이 아니라 행복, 이익, 효율 등 비도덕적 선을 말함)들이 서로 균형을 이루면서 존재하고 있고, 심리적 또는 사회적 움직임은 이런 선들을 증진시켜 주는 방향으로 작동한다는 것이다. 이런 상태에서 도덕적 선은 비도덕적 선과의 관계에서 파악되어야 한다고 그는 말한다. 그에 따르면, "행위, 정책, 성격적 특징 등이 이런 비도덕적 선들을 실현 및 증가시켜 주고, 이들을 통합시켜 주는 평형적 기능을 유지하게 해 주는 한에서 그것들이 도덕적이다 (Boyd p. 122)." 앞서 흄이 던진 질문은 사실과 규범성이 서로 분리되고 독립적이므로, 개인들이 "규범성을 사실과 분리하면서 선택해야 하는 문제"라는 전제를 갖고 있다. 그런데 보이드는 규범성이 개인의 판단문제가 아닌 사회 전체(즉 사회의 평형상태)를 위한 도구성 문제이며, 비도덕적 선에 종속적 관계를 맺고 있다는 것이다. 즉, 도덕적 행위는 어떤 지식이나 독립된 관점에서 나오는 것이 아니라, 어떻게 비도덕적 선을 증가시켜 주는가에 달린 것이니, "[개인들의] 사실[에 관한 인식]이 규범성을 도출할 수 없다."고 말하는 것은 결국 큰 의미가 없게 된다. 왜냐하면 규범성이 개개인의 판단에 의존하는 것이 아니기 때문이며, 비도덕적 선과의 관계(즉 비도덕적 선을 원만하게 추구하는 과정)에서만 도덕의 역할이 의미를 갖는다고 보기 때문이다.

이것이 흄의 지적에 좋은 대응일지는 몰라도, 보이드가 그려내는 도덕 사회는 받아들이기 어려운 점이 있다. 보이드에 의하면, 도덕적 행위와 사고

---

14) 보이드의 결과론이 코넬 학파 자연주의를 완벽히 대표하는지는 의문의 여지가 있으나, 데이비드 브링크 역시 이와 비슷한 개념의 결과론인 "객관적 공리주의(Objective Utilitarianism)"를 자신의 실재론적 윤리이론으로 제시한다. Brink(1989) pp. 238-239 참조할 것.

의 유일한 목적은 다양한 이해들을 조정하고 유지 발전시키는 데에 있다. 따라서 이 평형적으로 얽히고 서로 의존적인 이해관계를 넘어서는 도덕적 판단은 불가능하다. 예를 들면, 노예제도 하에서 "노예제도가 옳은가 또는 그른가?"하는 논쟁은 있을 수 없거나 무의미하다.15) 적어도 노예제도라는 평형적 상태가 잘 유지되는 상황에서는 이런 논쟁은 전혀 도덕적이 아니다. 그러나 이렇게 말하는 것은 상식적으로 받아들이기는 어렵다고 본다. 그렇다면 보이드가 말하는 도덕성 또는 도덕적 특징은 "타산적 분별력(prudence)"과 근본적으로 다르지 않다.16) 평형적 결과론이 제시하는 도덕성은 개인들이 자신의 또는 공동의 목적을 달성하기 위해 현명하게 처세하는 것과 구별이 되지 않는 것이다. 그러나 인간의 도덕성은 종종 주어진 여건과 이해관계를 뛰어넘는, 즉 현재의 평형적(homeostatic) 상태를 과감하게 깨뜨리는 질문을 던져왔다고 할 수 있다. 평형적 상태의 변화와 발전이 사실적 관계의 변화에 따른 것일 수도 있지만, 때때로 도덕적 사고의 확장에 의해 평형적 상태가 변화하기도 한다고 볼 수 있다. 다시 말하면, 인간 사회의 변화에서 도덕가치가 종속적 도구적 역할만을 하는 것이 아니라는 것이다. 또 자연주의자들이 간과하는 것은 사회 자체가 비도덕적 선의 공동추구 목적으로 만들어진 것이라기보다, 어떤 도덕개념의 구현(realization)일 수 있다는 사실이다. 그런 이유들을 고려한다면, 목적달성을 위한 도구적이고 현명한 행동(prudence)이 도덕성과 동일한 것으로 볼 수 없는 것이다.

혹자는 노예제도를 포함하는 평형상태가 불안정했으므로 더 안정적인 현

---

15) 보이드가 직접 이 주장을 하지는 않았지만, 그의 논리에 의하면 이런 결과가 이상하지 않다. 그는 주장하기를 도덕 외적 변화(과학 기술 등)와 사회 및 도덕 체계가 평형적 상태를 이룬다고 한다. 즉 어떤 시대에는 노예제도가 당시의 물질적 조건과 평형적 관계를 이룬다는 것이다. 그의 논문 122-123쪽을 참조 바람.

16) 코넬 학파의 데이비드 브링크(David O. Brink)도 비슷한 개념, 즉 "합리적 이기심(rational egoism)"을 제시한다. Brink(1989), pp. 240-5 참조할 것. John Mackie의 "제한적 동정심(limited sympathy)"도 이와 비슷한 개념이라고 할 수 있다. Mackie(1977) pp. 107-11를 참조할 것. 또 필자가 말하는 바는, 자연주의가 도덕성을 타산적 분별력과 구별하지 않는다는 것이 아니라, 도덕성의 기능이 결국 타산적 분별력의 기능과 다르지 않다는 것이다.

재의 평형상태로 진화되었고, 그런 점에서 평형적 결과론에 문제가 없다고 말할 수도 있다. 그러나 이것은 필자가 지적한 문제를 달리 표현하는 것에 지나지 않는다. 필자의 주장은 그와 같은 변화에서 도덕성이 선도적 역할을 할 수도 있음을 지적하는 것이지만, 보이드의 결과론은 이런 변화에서 "비도덕적 가치들의 추구가 새로운 도덕 질서를 만들어냈다."라고 밖에 달리 할 말이 없다고 본다. 보이드의 평형적 결과론을 잘 반박할 수 있는 예가, 남아프리카공화국의 인종분리 정책(apartheid) 철폐라고 할 수 있다. 당시 남아프리카공화국과 밀접한 관계에 있지 않았던 각 나라에서도 인종분리 정책의 도덕성을 문제 삼았고, 남아프리카공화국은 자국의 이해관계도 있을 수 있지만, 세계의 도덕적 여론을 무시할 수 없어 이 정책을 포기하였다. 세계 각국의 도덕성 요구가 자신들의 비도덕적 가치의 평형상태와 무관했다면, 이 사례는 도덕성이 주도적 역할을 했던 좋은 예가 될 수 있다고 본다.

이제까지 살펴본 바, 자연주의자들의 시도는 도덕적 질서를 자연적 질서로 편입시키는 것이다. 이와 같은 편입으로 언어관습의 차이가 해소될 가능성은 있을지 몰라도, 두 번째 논점인 도덕관념의 차이가 해소될 가능성은 보이지 않는다. 도덕가치가 단지 도구적이라는 시각도 일상적 시각과 차이가 있고, 도덕성 역시 "타산적 분별력(prudence)"과 근본적으로 다르지 않다는 함의도 일상적 도덕관념과 차이가 있다. 이런 차이의 연장선상에 도덕규범의 정당화(justification) 문제가 존재한다. 즉, 어떤 구체적 규범이 있을 때, 이것이 도덕적으로 정당성 있는 규범인가를 판단하는 문제이다. 또 서로 대립하는 규범이 있을 때 어느 것이 옳은가, 어떻게 그 판단을 정당화할 수 있는가 등을 따지는 것이다. 보이드의 평형적 결과론은 도덕가치와 규범의 필요성과 역할에 대해서는 비교적 잘 설명할 수 있지만, 어떤 가치와 규범이 정당한가에 대한 의문에 대해서는 어떤 대답을 하기가 어렵거나 그 대답이 제한적이라고 생각된다. 사회의 평형적 상태를 유지하는 것에 도덕가치와 규범이 도구적 도움을 준다고 할 것이지만, 어떤 때에는 또 다른 도덕가치와 규범의 요구에 의해 다른 평형적 상태로 사회가 이동할 수도 있기 때문이다. 후자의 경우 도덕가치와 규범의 정당성을 평형적 결과론으로 설명하기 어렵다고 본다.

이런 맥락에서, 앞서 언급한 자연주의자 데이비드 콥(David Copp)이 도덕가치의 정당성 입증에 관해 던지는 질문은 모든 도덕적 자연주의자들이 피하기 어려운 과제라고 하겠다. 앞서의 보이드 뿐만 아니라, 도덕가치의 외재론(externalism)을 주장하는 데이비드 브링크의 경우 이 질문에 대한 답은 아주 어려울 수 있다. 그는 도덕가치가 외재적 사실이나 속성으로 존재하고 인간의 판단과 동기는 내재론(internalism)으로 설명하면서 이 둘 사이의 관계를 수반(supervenience)으로 설명한다.[17] 그러나 정당성의 질문은 내부적 판단을 통해 외재적인 도덕가치를 평가하는 것이니 수반과는 반대의 관계에 있다고 하겠다. 콥의 주장은 도덕적 자연주의가 도덕가치와 현상을 자연적으로 설명할 수는 있지만, 도덕규범성을 정당화하는 데에는 문제가 있을 수 있다고 고백한다. 물론 그는 궁극적으로 도덕적 자연주의를 변호하려고 하지만, 일단 문제 제기는 옳다고 하겠다. 그는 다음과 같이 말한다.

> 나는 그렇지만 도덕적 설명이 존재한다는 것이 도덕성의 근거를 확보하거나 정당성을 입증하지 못한다는 것을 논쟁할 것이고, 그래서 도덕적 설명이 존재함을 용인한다고 해도 도덕성에 관한 어떤 근본적 회의론[자연주의의 적합성에 관한 회의론 — 필자 주]을 잠재우지 못한다는 것이다. (Copp(1990), p. 239)

다시 말하면, 자연적 또는 과학적 방법으로 도덕가치를 설명할 수 있다고 하자.[18] 예를 들어서 자연 세계의 동물들을 관찰하거나 두뇌의 작용을 연구한 결과 도덕가치가 존재한다는 것을 설명했다고 하자. 그러나 이 설명이 어떤 특정한 도덕가치, 예를 들어 "도둑질은 나쁘다."를 옳은 판단이라고 입

---

17) 브링크의 내재론과 외재론, 수반에 관해서는 그의 Brink(1989) 3장과 6장을 참조할 것.
18) David Copp은 이것을 특히 확인이론(confirmation theory)라고 부른다. 즉, 과학적 연구를 통해 도덕적 설명을 시도하는 이론이다.

증할 수는 없다는 것이다. 자연주의적 설명은, "(어떤 사회나 어떤 기준에 의하면) 도둑질은 나쁘다고 말한다."가 된다는 것이다. 앞서 본 보이드의 입장에서는, "도둑질은 사회의 평형 상태를 깨뜨리니 나쁘다."라고 할 수 있지만, 도둑이나 해적들의 사회에서는 "도둑질이 무조건 나쁘다고 하는 것은 잘못된 것이다."라고 말할 수도 있다. 이것은 도덕가치를 포함한 현상의 경험적 설명과 우리가 생각하는 어떤 도덕가치가 옳은가 그른가의 정당성 판단은 별개의 것일 수 있기 때문이다. 코넬 학파 자연주의자들은 자연적 과학적 설명을 가장 적합한 상태로 전개해 세계를 설명함으로써 도덕가치가 존재함을 보일 수 있다고 했는데, 콥의 문제 제기는 이런 입장을 비판하는 것이 될 수 있다. 콥 자신이 거론한 예들을 통해 그의 이론을 좀 더 살펴보자.

콥의 첫 번째 예는, 앨런이 절도죄로 감옥에 갇힌 사례이다. 이 사건의 전말을 잘 검토하고 정확히 설명을 했을 때, 이 사회에 어떤 도덕적 또는 법적 규칙과 행형법이 존재하고 앨런이 어떤 규칙 위반(절도)을 저질러서 감옥에 갇혔음을 알 수 있다. 즉, 이 설명은 도덕적 또는 법적 규칙이 실제로 존재하고 있음을 설명할 수 있는 것이다. 그러나 콥의 의문은 이 자연적 설명이 앨런을 구속한 그 규칙이 과연 정당한 것이었는가를 입증하지는 못한다는 것이다. 콥의 두 번째 예는 브렌다라는 여성이 음악회에 가서 예절에 벗어나는 어떤 행동을 해서 사람들이 그녀가 무례한 사람이라고 비난받은 사건이다. 이 사건의 정확한 설명을 통해 사회에 예절이라는 것이 존재하고 브렌다가 이것을 위반했음을 알 수 있다. 그러나 이 설명은 예절의 내용이 과연 올바른 것인지 또는 브렌다가 예절을 위반한 것은 사실이지만 그녀의 행동 자체가 잘못된 점이 없었는지, 있었는지를 입증할 수는 없다. 이것이 콥이 말하려는 점이다.

그의 또 다른 예는 다음과 같다. 스탈린의 여러 가지 학정을 니이체는 초인(overman)의 행동 양식을 가지고 설명한다고 해 보자. 즉, 평범한 사람들

의 눈에는 스탈린의 행위가 잔혹하고 비상식적일지는 몰라도, 초인의 견지
에서는 타당성 있는 행동이라고 니이체가 설명할 수 있다는 것이다. 니이체
는 이 설명에서 초인의 심리 설명, 즉 자연주의적 설명을 시도할 수 있다.
그러나 이 설명으로 스탈린의 행위가 정당한지를 입증할 수는 없다. 비록
니이체가 초인의 관점에서 그의 행동을 옹호할 수 있지만, 그 관점이 옳다고
자연적 방법으로 입증할 수는 없는 것이며, 평범한 사람들은 그 설명을 수긍
할 수는 없는 것이다. 이렇게 어떤 자연주의적 설명이 가치의 정당성을 입증
하지 못하는 것이다.[19]

콥은 이후 자신이 제기한 문제를 해결하기 위해 노력한다. 가장 확실한
방법은 칸트적 이성을 도입하는 것이지만, 이것은 경험론자로서 받아들일
수 있는 것은 아니다. 그래서 그는 칸트적 개념들을 자연주의에 맞도록 변형
시켜 문제를 해결하려고 한다. 칸트의 보편이성은 자연주의적 경험론과 합
치할 수 없는 것이니, 이성을 단지 목적 달성의 수단으로 파악하는 도구적
이성으로 규정한다. 대신에 그는 칸트의 자율성(autonomy)을 끌어들인
다.[20] 즉 자율적으로 행동하는 도덕 행위자는 자신의 가치체계를 일관성 있
게 추구하려고 한다는 것이다. 이렇게 자율적 도덕 행위자를 스스로를 지배
하는(self-governing) 사람으로 설명하는데, 그는 다음과 같은 말을 한다.

어떤 사람이 스스로의 행위를 지배함에 다음과 같을 때에 가치의 역할을
시인한다고 할 수 있는데, 즉 그가 가치에 맞게 생각하고 행동할 때는 스스
로 만족하며 그렇지 못할 때에는 창피함을 느끼는 등등의 반응을 보이게 될
때이다.(Copp(2007), p. 327)

---

19) 도덕 철학의 근래 역사를 보면, 콥의 경고는 처음 있는 것이 아니다. 20세기 초 자연주
   의 실재론자들이 도덕가치와 도덕성의 존재를 경험론적 방법으로 설명할 수 있다고 보
   았을 때, 스티븐슨(C. L. Stevenson)은 도덕적 판단에는 어떤 독특함, 즉 감성적 의미
   (emotive meaning)가 있기 때문에 경험적 방법으로는 한계가 있을 것임을 지적한 바
   있다. 콥의 문제 제기가 자연주의의 확인 이론(confirmation theory)에 대한 비판적 질
   문 제기라고 볼 수 있으니, 스티븐슨의 비판과 비슷한 맥락에 있다고 하겠다.
20) Copp(2007) 313 ff.

내가 지금까지 논쟁해 온 것은, 스스로를 지배한다고 하는 것은 근본적으로 말해서 가치에 따라 삶을 영위하는 문제에 귀착된다. 그렇다면, 스스로를 지배하는 것은 자신의 가치들(가치를 수행하는 데 요구되는 것들을 확실하게 해 주는 것을 포함해서)에 합당하게 삶에서 잘 행동하는 것에 달려있다고 할 수 있다. 이것이 바로 내가 제시한 바와 같이 합리성(rationality)의 본질이다.(Copp(2007), pp. 333-4)

가치란 자율적 삶을 추구하는 과정에서 스스로를 지배하는 삶의 기준이 되며, 이성의 역할은 이런 형태의 삶의 지속적 영위가 가능하게 해 준다는 것이다. 즉, 이성의 역할은 스스로를 지배하는 삶의 보조적 성격만을 갖게 된다. 여기서 콥은 도덕가치만을 이야기하는 것이 아니다. 각 개인이 소중하게 생각하는 여러 가지 가치를 포함할 수 있다. 결국 콥의 설명은 칸트보다는 아리스토텔레스에 가깝게 된다. 그가 아리스토텔레스의 목적론을 받아들이지는 않지만, 아리스토텔레스가 대표적 자연주의자임을 감안할 때 콥의 주장이 이 방향으로 흐르는 것이 이상한 일이 아니다.

필자는, 콥의 아리스토텔레스적 도덕 행위자 이론이 자신이 직접 제시한 문제, 즉 가치 정당성의 입증 문제를 어떻게 처리할 수 있는가를 주목하고자 한다. 이 도덕 행위자 이론은 우선 가치의 실행 또는 동기 문제를 해결할 수 있다. 앞에서 본 절도범 앨런의 예를 상기해 보자. 만약 앨런이 절도가 도덕적으로 잘못된 것임을 알고서도 도둑질을 행하였다면, 그는 콥이 묘사하는 "이성적으로 스스로를 지배하는 도덕 행위자"의 범주에 포함되기가 어렵다. 만약 앨런이 "스스로를 지배하는 도덕 행위자"가 된다면, 그는 법을 잘 지키는 또는 지키려고 노력하는 사람이 될 것이다. 또 브렌다의 경우에도 많은 사람들 앞에서의 예절이 어떤 것인지 알고 있음에도 습관적으로 예절을 지키지 못했다면, "스스로를 지배하는 도덕 행위자"가 될 수 없다. 아리스토텔레스적 도덕 행위자가 된다면, 그녀는 예절을 지키려고 할 것이다. 이렇게 행위의 동기나 행위의 수행과 관련된 문제는 콥의 자연주의적 도덕 행위자 이론으로 설명할 수도 있다. 즉, 자연주의가 어떻게 바람직한 삶과 행동을 제시할 수 있는가를 설명하는 것이다.

그러나 이것이 콥의 문제의 본질이었을까? 애초에 그가 제시한 문제는 도덕 행위자의 행동 동기문제(즉 앨런과 브렌다가 왜 도덕 행위를 하지 못했는가)가 아니라, 해당되는 가치가 과연 도덕적인지를 입증하는 문제였다. 앨런과 브렌다가 각기 자신만의 가치가 있고 그 가치들에 따라 행동했다면, 도덕적 자연주의는 어떻게 그들의 가치(또는 사회의 가치)가 잘못된 것인지를 입증할 수 있을까하는 문제였다. 또한 니이체의 스탈린 해석이 타당한지 아닌지를 묻는 질문이었다. 물론 상기한 예에서 볼 수 있듯이 콥의 문제 제기는 이 두 가지 방향(행위의 동기와 정당성 입증)으로 해석될 수도 있으나 질문의 본질은 가치의 정당성을 입증하는 문제라고 필자는 생각한다. 특히 니이체의 스탈린 해석 예는 가치의 수용과 그것을 실천하는 행위의 동기문제로 보기 어렵다. 왜냐하면 이 예는 일반사람들의 도덕 행위를 수행하는 동기와는 전혀 관계가 없기 때문이다. 그렇다고 스탈린을 "스스로를 지배하는 자"의 예로 보기도 어렵다. 이 예를 통해서, 스탈린의 행위를 정당화하는 니이체적 해석이 옳은가 그른가를 논할 수 있지만, 행위자의 행동 동기 문제를 논의할 여지가 없다고 생각된다. 그러나 콥이 제기하는 문제가 행위의 동기 문제였다면, 알렉산더 밀러(Alexander Miller)가 말하듯이 그것은 처음부터 전혀 도덕적 자연주의에 대한 심각한 위협이 되지 못한다.[21] 왜냐하면 콥과 마찬가지로 다른 자연주의자들도 도덕 행위의 동기문제에 주목하고 이것을 다루어 왔기 때문이다. 예를 들어, 도덕적 자연주의의 하나인 공리주의도 행위의 동기를 쾌락에 초점을 맞추어 설명한다. 물론 이것이 모두 만족스럽지 않을 수 있지만, 적어도 행위의 동기를 설명하는 시도이기 때문이다. 하지만 그 문제가 필자가 해석한 대로 가치의 정당성을 입증하는 문제라면, 이것이 도덕적 자연주의에 큰 도전이 되지만, 콥은 아무런 해결책을 내놓지 못한다고

---

21) Miller(2003), p. 161.

할 수 있다.[22] 그나마 도덕적 자연주의가 도덕규범과 가치의 정당성 문제를 해결하는 최선의 방법은, 보이드나 브링크와 같이 사회 전체의 이익이나 평형상태의 유지에 도구적으로 설명하는 방법으로 생각된다. 즉, 각 도덕규범은 사회 전체에 도움을 주기 위한 것으로 보는 것이다. 그러나 도덕가치와 규범을 사회의 목적에만 맞추어 설명하는 것은, 가치의 정당성을 이익이나 목적과 분리해서 판단하기도 하는 일상적 도덕관념과 배치되는 부분이라고 할 수 있기 때문에, 이것은 자연주의자들에게 치명적 약점이 될 수 있다.

5. 결론

이제까지 살펴본 코넬 학파 자연주의는, 필자가 무어의 "논증"을 해석하면서 제기한 두 번째 논점을 극복하지 못한다고 할 수 있다. 첫 번째 논점은 도덕 어휘의 관습적 의미와 용법에 관한 것이므로, 코넬 학파의 경우, 문제 해결의 가능성이 있다고 할 수도 있다. 그러나 그들의 자연주의가 옳다면 일상적 도덕 개념과 도덕성에 대한 일반적 이해를 상당한 정도로 바꾸어야 한다. 만약 일상적 도덕관념과 도덕성이 변화해 도구적으로만 작동하는 상황, 또 개개인들이 도덕 문제를 이성에 의존해서 스스로 판단하지 않는 상황이 일반적이 된다면, 코넬 학파 자연주의의 승리가 가능할 수 있다. 이런 상황에서는 무어의 "논증" 역시 무의미한 질문이 될 것이다. 그러나 인간사회가 그런 상황을 향해 필연적 변화를 하는 것도 아니고, 현재로서는 그런 변화가 일어날 가능성이 그리 많아 보이지 않는다.

우리가 갖고 있는 일반적 도덕관념을 전제로 했을 때, 콥의 정당성 문제 제기는 일반적 도덕관념을 수용하려는 노력이라고 할 수 있다. 그런데 코넬

---

22) 필자의 해석이 맞는다고 할 수 있는 한 근거는 콥의 논문 제목이 "윤리학에서의 설명과 정당성"인 점이다.

학파 자연주의는 콥 자신을 포함해서 이런 일상적 도덕성과 도덕관의 특징을 의미 있게 설명하지 못한다. 이것은 일상적 도덕 질서를 자연적으로 가장 잘 설명할 수 있다는 코넬 학파 자연주의자들의 주장과 배치된다고도 볼 수 있다. 필자의 결론을 무어의 "열린 질문 논증"을 빌어 표현한다면, "타산적 분별력이 (도덕적) 선과 근본적으로 같은 것인가?" "스스로 지배하는 삶이 (도덕적으로) 좋은 삶과 같은 것인가?" "사회의 도구적 도덕 질서는 의문의 여지없이 (도덕적으로) 좋은 것인가?" 등이 될 수 있다. 이 질문들에 "그렇다"고 대답하는 것에 문제가 있음을 필자는 이제까지 설명해 왔다.

코넬 학파는 도덕적 특성들을 비도덕적 질서에 환원시키지는 않지만 도구적으로 종속시킴으로써, 비환원론적 자연주의를 달성하려고 한다. 도덕가치의 정당성을 판단하기 어려운 이유도 바로 이 가치를 도구적 또는 종속적으로 보기 때문이라고 할 수 있다. 필자의 비판은, 도덕적 가치와 사고가 비도덕적 이해관계를 주도하는 예외적 경우가 있으므로 이런 도구적 종속관계가 확고하게 성립되지 못한다는 것이다. 물론 이론적으로 자연주의가 필자의 비판을 벗어날 수도 있다. 환원론적 자연주의자들이 주장할 수 있듯이, 도덕적 속성이 자연적 속성으로 완전히 환원된다면, 필자가 주장하는 도덕적 가치의 주도성 역시 자연적 현상의 한 부분일 뿐 예외적 상황이 될 수 없는 것이다. 그러나 환원론적 자연주의는 나름대로 문제가 있고, 그 문제는 다른 기회에 논하기로 하겠다.

참고문헌

이종왕. 2000. 「윤리학에 있어서의 어떤 환원적, 비환원적 실재론과 수반」, 『철학연구』 76집: 99-117.

주동률. 2012. 「진화론과 메타윤리학: 도덕 실재론과 진화론의 양립가능성 변호」, 『철학적 분석』 25호: 23-55.

Boyd, Richard. 1997. "How To Be a Moral Realist," In Darwall(1997), pp. 105-135.

Brink, David O. 1989. *Moral Realism and the Foundations of Ethics.* Cambridge University Press.

Copp, David. 1990. "Explnation and Justification in Ethics," *Ethics*, vol 100: 237-258.

_____, ed. 2006. *The Oxford Handbook of Ethical Theory*, Oxford University Press

_____, 2007. *Morality in a Natural World.* Cambridge University Press.

Darwall, Stephen. ed. 1997. *Moral Discourse & Practice*, Oxford University Press.

_____, 2006. "How Should Ethics Relate to (the Rest of) Philosophy? Moore's Legacy," In Terry Horgan(2006) pp. 17-37.

Drier, James. 2006. "Was Moore a Moorean?" In Terry Hogan(2006) pp. 191-207.

Hare, R. M. 1964. *The Language of Morals.* Oxford University Press.

Horgan, Terry ed, 2006. *Metaethics after Moore*, Oxford, Clarendon Press.

Mackie, John. 1977. *Ethics: Inventing Right and Wrong*, England: Penguin Press.

Miller, Alexander. 2003. *An Introduction to Contemporary Metaethics*, Cambridge: Polity Press.

McDowell, John. 1998. "Two Sorts of Naturalism," In *Mind, Value, and Reality.* pp. 165-97, edited by John McDowell. Havard University Press.

무어의 "열린 질문 논증"과 코넬 학파의 도덕적 자연주의

Moore, G. E. 1988. *Principia Ethica.* New York, Prometheus Books.

Railton, Peter, 1997. "Moral Realism," In Stephen Darwall (1997) pp. 137-163.

_____, 2003. *Facts, Values, and Norms*, Cambridge University Press.

Stevenson, C. L. "Emotive Meaning of Ethical Terms," *Mind*, Vol. 46: 14-31. 1937.

Sturgeon, Nicholas. "Ethical Naturalism," In David Copp(2006). pp. 91-121. 2006.

Abstract

G. E. Moore's Open Question Argument and Cornell Realists' Ethical Naturalism

Hoayoung Youn

G. E. Moore argues in his Open Question Argument that moral values cannot be defined by natural terms or properties. In other words, naturalism's accounts of moral concepts or properties are either false or incomplete. The author holds that this negative argument has at least two implications as follows: first, the meaning of "moral" or "good" under everyday linguistic frame cannot be the same as that proposed by naturalism. This point refutes naturalism in terms of ordinary linguistic habit. Second, ordinary moral terms and concepts have specific features that cannot be accounted by naturalistic words and concepts. Since ordinary moral perspective and morality are not sufficiently explained by naturalistic terminologies, the definition given by naturalism must be incomplete.

The author talks about the naturalism of Cornellian Realists, which appeared after Moore, to examine how the naturalistic theory can cope with the two points from Open Question Argument. Naturalism is basically empiricism, so the naturalistic theory regards reason and morality as instrumental. But this position hardly distinguishes morality from prudence, according to the author, and offers the account of moral justification in a limited sense. The author concludes as follows: although the Cornellian naturalism can deal with the first point, it hardly resolve the problem raised by the second point. There are a few aspects of morality, in which everyday moral system looks different from the naturalistic moral account. So this shows that Moore's criticism of naturalism is still effective.

Main Scope: metaethics, ethics
Key words: naturalism, Open Question Argument, G. E. Moore, Richard Boyd, David Copp

4

칸트이론에 반하는 도덕적 경험론의 시각들

4장 소개말

4장에서 필자는 특정한 이론들을 비판하기보다는 칸트적 입장에서 비칸트적 이론들이 갖는 특징들을 비판한다. 존 맥키 같은 경험론자는 칸트나 플라톤적 도덕이론을 도덕 객관주의라고 불렀음을 이미 설명하였다. 맥키 같이 칸트적 도덕관을 반대하는 입장에서는 도덕가치의 특징들을 칸트와 반대 방법으로 설명하려고 한다. 그 첫째는 도덕 상대주의라고 할 수 있다. 도덕 상대주의는 도덕인지론, 즉 도덕적 명제를 옳고 그름으로 판단할 수 있지만, 전통과 문화를 벗어나는 도덕가치는 없다는 입장을 견지한다. 필자는「도덕가치의 보편화와 도덕 상대주의」에서 이런 입장을 비판한다. 도덕 상대주의는 평범한 도덕 판단행위를 설명하기 어렵다는 것이며, 예를 들어 도덕 상대주의에 의하면, 지구촌 어떤 사회에서 일어나는 잔학행위에 대해 다른 사회에서는 평가를 할 자격이 없으며 할 수도 없을 것이다. 그러나 이것은 일반적 도덕상식과 맞지 않는다. 세계 곳곳의 사람들은 상호 교류를 통해 다른 사회의 도덕에 대해 계속 얘기하며 영향을 미치려 하고 있다.

도덕 객관주의와 도덕 상대주의가 첨예하게 맞서는 지점이 정언명법에 관한 것이다. 도덕 상대주의적 관점에서는 정언명법이란 존재할 수 없고, 모든 도덕적 명령은 가언명법에 불과하다는 것이다. 가언명법을 주장하는 사람들은 도덕적 행위의 직접적 목적이 개인적 이익을 추구하기 위한 방편일 뿐이라고 말하는 것은 아니다. 이들은 도덕 현상도 존재하고 개인의 도덕적 행위가 이익 추구라는 목적으로 실행되는 것도 아니라는 점을 인정하고 있다. 그러나 모든 도덕적 규범과 가치들, 도덕체계 등은 궁극적으로 어떤 도덕외적 요구의 실현을 위해 존재한다는 것이다. 즉 도덕가치는 궁극적으로 어떤 도덕외적 가치에 환원될 수 있거나 도덕외적 가치로 설명될 수 있다는 것이다. 그래서 정언명법은 존재하지 않는다는 것이다.

「정언명법, 가언명법, 그리고 도덕 객관주의」에서 필자는 다양한 형태의 가언명법을 분석한다. 어떤 가언명법들에서는 조건절에서 지목하는 도덕 행위의 목적이 도덕 외적인 개념이나 목표일 수 있다. 예를 들어, "네가 세상에서 성공하고 싶다면, 도덕적 행위를 해야 한다."와 같은 문장이다. 이런 종류의 가언명법 문장은 도덕적 문장이라기보다는 타산적 분별(prudence) 행위라고 봐야 한다. 그러나 어떤 가언명법의 문장들은 조건절에서도 도덕적 목적을 품고 있다. 예를 들어, "만약 당신이 도덕적 행동을 하기 원한다면, 다른 목적 없이 어려움에 빠진 사람을 도와라." 같은 문장은 가언명법의 형태를 띠고 있지만, 주절과 종속절의 내용이 모두 도덕적인 것이다. 즉, 가언명법이라고 해도 타산적 분별과 다른 명령인 것이다. 필자는 정언명법의 진정한 의의는 행위자가 다양한 도덕적 명령(가언명법을 포함해서)을 수행할 수 있게 하는 내적 명령이라는 것이라고 주장한다.

이론가들은 빈번하게 특정한 도덕 행위를 예로 든다. 예를 들어, 맥키는 도덕 행위에 도덕적 감성이 얼마나 큰 역할을 하는지를 보여주기 위해 감성적 행위자를 상정할 수 있다. 또 감수성이론가라면 그 이론에 걸맞은 도덕 행위자를 예로 들 수도 있다. 필자가 암시하듯이 도덕 행위자 분석에 근거한 이론은 중립적이지 못하고 설득력도 없다고 볼 수 있다. 사실 사람들은 다양한 도덕교육을 받으며 자란다. 종교적 사상적 문화적 다양성은 각 문화권 안에서 서로 다른 도덕교육 과정을 만들어내고 도덕 행위자는 일차적으로 도덕교육에 의거해 행동을 하게 된다. 그래서 특정한 사람의 도덕 행위는 편파적이거나 공정하지 않은 예가 될 수 있다는 것이다. 도덕가치의 위상을 논할 때에 행위자의 예 또는 행위자의 인식을 중심으로 하는 것은 큰 의미가 없다는 것이다. 「도덕 행위자 이론의 문제점」에서 필자는 이런 논의를 하고 있다.

도덕 객관주의와 도덕 상대주의의 차이점은 결국 도덕 이성론과 도덕 경험론의 차이로 귀결될 수 있다. 앞서 언급한 맥키의 오류이론, 도덕 감수성이론, 투사론, 자연주의 등은 도덕 경험론으로 분류될 수 있음에 반해 도덕 객관주의는 도덕 이성론이라고 할 수 있는 것이다. 실생활에서 우리의 도덕 행위에 영향을 미치는 것은 사회의 전통, 도덕교육 등 경험론적인 요소가 많다. 그러나 도덕 경험론은 전통 자체를 분석하거나 도덕적 규범이나 기준의 형성, 도덕성의 근원 같은 논의에 상당한 어려움을 보인다는 것이다. 이런 종류의 분석이나 논의는 경험을 바탕으로 할 수 없고 그 근본에는 이성적 사유가 있어야만 가능한 것임을 지적하고 있다. '침묵론'은 경험론의 무능함을 고백하는 것일 수도 있다. 「도덕 경험론의 욕망과 도덕규범의 문제」에서 필자는 도덕 경험론의 한계를 지적하고 있다.

필자는 이제까지 칸트의 도덕 이성론을 옹호해 왔다. 그런데 칸트의 도덕 이론에는 두 가지 큰 측면이 있다고 할 수 있다. 첫째는 미시적 이론이라고 할 수 있는데, 각 사람들이 도덕적 사유를 통해 자발적(autonomous)이고 자유로운(free) 도덕창조자(law-giver)가 되는 것이다. 크리스틴 코스가드(Christine M. Korsgaard) 같은 칸트 이론가가 많은 노력을 할애하는 부분이다. 그러나 칸트 이론의 또 다른 국면은 인간의 자연적 성향으로부터 어떻게 도덕체계와 도덕성과 도덕원칙, 도덕규범들이 만들어지는가에 대한 설명이다. 이것은 칸트의 거시적 도덕이론이라고 할 수 있다. 앞서 필자가 비유를 했듯이, 금을 포함한 암석으로부터 어떤 제련과정을 통해 어떻게 금을 추출하고 금괴를 만들 수 있는가를 설명하는 것과 같이, 인간의 자연적 성향으로부터 어떻게 도덕이라는 개념을 정립하고 그것에 근거해서 도덕적 사회를 만들어가는 과정을 보여주는 것이 거시적 이론이라고 할 수 있다. 필자의 생각으로는, 보통의 일반인의 삶 자체가 도덕창조자의 경지로 올라서는 것은 매우 힘들고 드문 일이라고 생각된다. 그러나 이성적 사유를 통해서 사회의 올바른 도덕체계를 이해하고 유지하고 발전시키는 것은 시민들이 충분히 수행할 수 있는 일이라고 생각된다. 더군다나 이런 시도는 사회에서 꼭 필요한 일이기도 하다. 그래서 칸트 도덕이론이 우리에게 필요한 이유는, 이성적 사유를 통해 도덕의 근본으로부터 가시적 도덕체계의 구축까지 어떤 과정이 필요한지를 보여주는 것뿐만 아니라 변화하는 도덕외적 여건 속에서 도덕체계를 수선하고 개선할 수 있는 능력을 갖추게 하는 것에 있다고 볼 수 있다.

Overview of Chapter 4

In Chapter 4, the author examines and criticizes some features of non-Kantian ethical views, rather than criticizing specific theories. John Mackie as an empiricist labels Kantianism in ethics as moral objectivism. And moral empiricists try to refute Kantianism by explaining moral features in the opposite ways to Kant. First, they argue for moral relativism that although moral statements can be estimated true(right) or false(wrong), moral truths hardly go beyond each cultural or conventional boundary. The author argues against the moral relativism in 「Universalizability of Moral Values and Moral Relativism」. The author points out that moral relativism hardly accounts for ordinary moral judgments and activities going beyond the borderline of a society. If moral relativism is right, people are not qualified at all to meddle with other societies' moral atrocities. But a fact is that people all over the world talk about the morals of other societies and influence them through mutual communication. This is very different from what moral relativism tries to argue.

Moral objectivism and moral relativism are in conflict with each other specifically on the issue of Categorical Imperative. Needless to say, moral relativism argues against categorical imperative. Instead it holds that all moral commands are nothing but hypothetical imperatives. This does not mean that what is called morality is just a bogus. Morality is not, they agree, for individual interests. The relativist agrees that genuine moral phenomena actually exist; but the whole moral requirements and system do not exist for themselves, but for other purposes. In that sense, moral values can be reduced to non-moral vaues or be explained thoroughly by non-moral values. This is why they claim that categorical imperatives do not exist in the real world.

In 「Categorical Imperative, Hypothetical Imperative, and Moral Objectivism」 the author examines diverse forms of hypothetical imperative. Depending on the meaning of if-clause, each hypothetical imperative has a different quality. In some cases, hypothetical imperative can be a prudential imperative. But many if-clauses contain a moral meaning. For example, a moral command such as, "if you want to be a good (or nice or moral) person, help other people in need" takes the form of hypothetical imperative. But both the if-clause and the main clause have moral meaning. This kind of hypothetical imperative is quite different from prudential one. According to the author, the significance of categorical imperative is that it is internal order by which each person can carry out practical moral conducts.

Theorists — whether moral relativists or not — frequently take specific examples in which their moral agent executes acts in the way they design. For example, Mackie's agent may carry out moral acts prompted by sense or sensitivity. Or a sensibivity theorist may select a type of moral agent fitting to the theory. A theory grounded in a specific type of moral agents and their behavior is neither neutral nor persuasive. In reality, depending on their social and family background, each person would receive various moral education and accordingly he or she would have a peculiar moral view. In turn, they may carry out moral activities based on their education and view. When discussing the nature of moral values, we would rather not rely on a specific moral agent's epistemology of the values. The author deals with the issue in 「A Problem in Moral-Agent Theory」.

The dispute between moral relativism and moral objectivism narrows down to the difference between moral empiricism and moral rationalism. Mackie's error theory, Sensitivity Theory, Projectivism, and Naturalism are kinds of moral empiricism while moral objectivism is moral rationalism. In actuality, it is undeniable that people's empirical factors — such as wants, desires, habits, or education — would influence on how to carry out their moral conducts. However, moral empiricism is not good at accounting for how to form moral convention (or norms), by which individual activities are estimated. Queitism would be the confession of this inability. In 「A Problem of Moral Empiricism in Connecting Desire with Moral Norms」 the author talks about the empiricism's limitation.

So far, the author has advocated Kant's moral rationalism. In Kant's moral theory, there are two aspects. The first would be microtheory of morals. Each rational agents can become a autonomous and free lawgiver through deep moral reasoning. Scholars like Christine Korsgaard wants to emphasize this aspect. The other aspect in Kant's theory is a macrotheory to show how to construct a society's moral norms and principles from natural inclinations. Again, this process would be compared to how miners can produce a gold bar out of mother lode. That is, Kant tries to show that by filtering out natural inclinations, rational person can establish basic moral concepts that are developed to a moral system and moral society. In my opinion, it is very difficult that ordinary people become a free autonomous moral agent, but it is less difficult that ordinary people through moral reasoning can understand how moral values are established, maintained, and developed. Moreover, It appears that citizens should understand this process to cope with many changes and uncertainties that never part company with human life. Moral systems and institutions are always being challenged, so people should be able to handle new problems without losing the fundamental of morals. That is what Kant's theory can provide to us.

도덕가치의 보편화와 도덕 상대주의

윤 화 영(평택대)

【주제분류】메타윤리학, 윤리학

【주 요 어】도덕가치의 보편화, 도덕가치의 도구성, 도덕 상대주의, 가언
명법, 정언명법

【요 약 문】본 논문은 도덕적 판단과 가치의 보편화가 무의미한 시도인
가 또는 아닌가에 대한 논의이다. 많은 학자들이 도덕 상대주의를 주장
하며, 도덕가치나 도덕적 판단이 한 문화전통 안에서는 진위를 판단할
수 있지만, 이 영역을 뛰어넘은 도덕가치는 존재할 수 없고, 따라서 도
덕 판단도 보편화 될 수 없다고 주장한다. 필자는 절대적 또는 초월적
도덕가치가 존재하지 않지만, 보편화 시도는 의미 있는 일이라고 주장한
다. 이유는 도덕 외적 가치로 환원될 수 없는 도덕가치가 존재하며, 이
가치는 인간의 고유한 특성에서 유래된다고 할 수 있다. 도덕 상대주의
는 보통 도덕가치의 도구성을 주장하며, 이에 대한 대표적 논의가 존 맥
키의 가언명법 주장인데, 이것은 도덕명령이 정언명법이 아니라 사실은
가언명법이 될 수밖에 없다는 것이다. 다시 말하면, 도덕가치는 도덕 외
적 가치의 실현을 위한 도구로서, 도덕 행위의 목적이 도덕명령의 조건
절에 표시되어야만 한다는 것이다. 필자는 도덕명령이 가언명법의 형태
를 띠고 있더라도 도덕가치 자체가 반드시 도구성을 갖고 있다고 말할
수 없으며, 맥키의 주장은 일상적 도덕관념과 잘 맞지 않음을 보여준다.
도덕 외적 가치로 환원될 수 없는 도덕가치가 있다면, 이 가치가 모든
사람들에게 공유될 수 있고, 또 보편화될 수 있다고 필자는 주장한다.
이런 보편화가 있을 수 없다면, 다른 문화권에서 일어난 도덕적으로 잔
혹한 행위들을 판단하는 것도 무의미한 일이 된다는 것이다.

1. 머리말

사람들은 살아가면서 여러 가지 도덕적 문제에 부딪친다. 많은 문제들 중에서 다음과 같은 것들도 있다. 빈번히 마주치는 문제들은 아니지만, 저 멀리 떨어진 아프리카나 동남아시아 정글에서 석기시대 정도의 문화를 가진 새로운 부족이 발견되었다 하자. 그렇다면, 이들에게 우리의 도덕적 사고를 적용할 수 있을까? 예컨대, 이들이 식인 습관을 가진 부족이라면, 이들의 행위가 잘못된 것이라고 말할 수 있을까? 또 다른 예로 과거 남아프리카공화국에서 시행되었던 인종분리 정책(apartheid)을 예로 생각해 보자. 멀리 떨어져 있고, 교류도 거의 없는 이 나라에서 실시되고 있던 이 정책이 "옳다" "그르다"라고 말할 수 있을까? 인류학의 문화 상대주의자들은 이런 판단을 하는 것은 무의미한 일이라고 이야기한다. 도덕적 규범이란 것은 한 사회를 넘어 다른 사회로 확대될 수 없다고 본다. 그러나 이들의 입장은 현실에서 꼭 받아들여지지 않는다고 생각한다. 왜냐하면, 많은 사람들이 "(상기한 부족의) 식인 행위는 도덕적으로 나쁘다."라고 믿거나 말하고 있으며, "남아프리카공화국의 인종분리 정책은 나쁘다."라고 말한다. 물론 모든 사람들이 동일한 목소리를 내지도 않고 외부세계에 대한 판단이 언제나 옳다고 할 수도 없지만, 이런 판단을 하는 행위 자체는 실제로 일어나는 현상이라고 할 수 있다.

그렇다면 이런 가치판단 행위를 어떻게 설명할 수 있을까? 대략 세 가지 정도의 설명이 가능하다. 첫째는, 어떤 보편성(universality)을 갖는 도덕가치가 존재하고 상기한 가치판단 행위는 그런 보편성의 입장에서 행해진다는 것이다. "식인 행위는 나쁘다." 또는 "인종분리 정책은 나쁘다."라고 말하는 것은 보편성을 이미 갖고 있는 어떤 도덕 기준에 의한 평가라는 것이다. 둘째로는, 이런 가치판단 행위는 어떤 보편성이 있는 가치에 의해 수행되는 것이 아니라, 인간의 사고능력 또는 다른 특징으로 공유가 가능한 가치를 보편화(universalizability)하는 시도라는 것이다.

세 번째로, 가치의 보편성이나 보편화는 무리한 시도라고 보는 입장이다. 앞서 언급한 문화 상대주의와 같은 입장이다. 비록 한 사회 안에서는 도덕가치의 진위를 논할 수 있지만, 한 사회를 넘어서는 가치판단 행위는 있을 수 없다는 것이다. 이런 입장을 "도덕 상대주의(moral relativism)"라고 한다. 즉 도덕적 판단들을 의미있게 만드는 객관화된 가치나 기준들이 한 사회 안에서는 통용될 수 있지만, 그런 가치나 기준이 보편화될 수는 없다는 것이다. 식인 행위는 우리 사회 안에서는 나쁜 행동이라고 비난할 수 있지만, 식인종 사회 안에서는 그것을 나쁘다고 말하지 않는 것이다. 따라서 식인종의 행위에 대해 다른 사회에서 도덕적 판단을 내리는 것은 무의미하다는 것이다.[1]

본 논문은 도덕적 판단이나 기술 또는 명령에서 보편화의 특성이 완전히 배제될 수 없음을 옹호하고, 도덕 상대주의를 지지하는 이론들을 비판적으로 검토하여 보편화의 근거와 그 이유를 모색해 보고자 한다. 다양한 메타윤리학자들이 보편화가능성을 부정하고 있다. 회의주의자 또는 주관주의자인 존 맥키(John Mackie) 뿐만 아니라, 자연주의자이며 실재주의자로 자처하는 리차드 보이드(Richard Boyd)나 피터 레일톤(Peter Railton) 등도 상기한 세 번째 입장을 지지하고 있다. 이들은 도덕가치나 명령이 보편화될 수 없음을 강조하는 바, 대표적으로 존 맥키는 모든 도덕명령은 가언명법일 수밖에 없다는 주장을 하고 있다. 모든 도덕명령이 가언명법이라면, 도덕명령은 사회의 특성과 시대적 제약에 제한을 받거나 도덕적 행위의 수행은 다른 목적을 위한 도구적 행동이므로, 보편화될 수 있는 도덕가치가 존재할 수 없다는 것이다. 필자의 논점은 모든 도덕명령이 가언명법이라고 해도, 보편화될 수 있는 도덕가치가 없다는 결론은 내릴 수 없다는 것이다. 앞서도 언급했듯이, 도덕가치의 보편화가 의미하는 바는 어떤 특정한 가치기준이 절

---

1) 특히 Mackie(1977)는 투우에 관한 논쟁에서 이런 종류의 판단을 "잘못된(erroneous)" 것이라고 한다. 그의 『윤리학(*Ethics: Inventing Right and Wrong*)』(여기서부터 『윤리학』으로 부르자.) 34-35 참조할 것.

대적으로 옳다거나 모든 도덕가치가 보편화될 수 있다는 것이 아니라, 보편화의 시도가 무의미한 것이 아니며 인간 사회 전체가 공유할 수 있는 도덕가치가 존재할 수도 있다는 입장인 것이다.

2. 도덕적 판단과 인지론

현대의 윤리학 이론들은 가치판단의 행위에 대해 어떤 입장을 갖고 있을까? 먼저 "도덕적 판단에 옳고 그름이 있을까?"라는 질문에 대해 생각해 보자. 현대의 윤리학자들은 이 질문에 대해서 거의 의견의 일치를 보고 있다.[2] 그들의 답은 "있다"이고, 이 입장을 도덕인지론(moral cognitivism)이라고 한다. 윤리적 판단에 잘잘못이 있다고 보는 인지론은, 존 맥키 같은 주관주의자(회의주의자)나 리차드 헤어(R. M. Hare)와 앨런 기바드(Allan Gibbard) 같이 도덕적 판단을 사실적 판단과 구분해야 한다는 소위 비인지론자, 도덕적 판단은 감수성의 투사라고 주장하는 반실재론자인 사이먼 블랙번(Simon Blackburn), 실재론자로 분류되는 존 맥도웰(John McDowell) 같은 도덕 현상학자 등 모두가 동의하는 것이다. 즉, 도덕적 판단의 옳고 그름을 판정할 수 있는 기준이 존재한다는 것이다. 물론 각 이론이 주장하는 기준의 근거는 서로 다르지만, 이들이 인정할 수밖에 없는 도덕적 사실은, 사람들이 도덕적 주장이나 행위에 "옳다" 또는 "그르다"는 판단이 실제적으로 이루어지고 있다는 것이다. 예를 들면, "살인은 나쁘다." "도둑질은 나쁘다." "애국심을 발휘하는 것은 옳다." "곤경에 빠진 사람을 돕는 일은 옳은 일이다." 등등, 사람들은 끊임없이 도덕적 판단을 하는 것이 현실인 것이다. 이런 개별적 도덕 판단을 평가할 수 있는 (도덕적) 기준들이 존재한다고

---

2) 물론 20세기 초중반 논리실증주의자 같은 경우는 이 인지론에 반대한다. 알프레드 에이어(A. J. Ayer) 같은 논리실증주의자들은 도덕적 판단이나 진술은 진위를 따질 수 없는 무의미한(meaningless) 표현으로 보았다.

보기 때문에, 개인적 판단들에 진위와 판단의 의미가 생긴다. 본질적으로 보자면, 인간의 모든 판단들은 주관적이다. 예컨대, 누군가가 "(나는) 도둑질이 나쁘다(고 생각하다)."라고 판단한다면, 이것은 주관적 판단이지만, 이런 주관적 판단을 평가할 수 있는 어떤 척도, 즉 "도둑질은 나쁘다."라는 사회적 규범이 마련되어 있으므로 이 판단이 객관적으로 평가될 수 있다. 이런 척도가 어떻게 만들어지고 또 그것의 성격이 무엇인가를 설명하는 방법에 따라 이론의 차이가 발생한다. 이렇게 판단의 기준이 만들어지는 과정은 가치의 객관화(objectification)라고 부를 수 있다.[3] 본래는 주관적 판단인 도덕적 판단이 객관적으로 다루어질 수 있도록 판단의 기준들이 마련되는 것이다. 물론 어떤 특정한 도덕적 판단을 모든 이론들이 "옳다" 또는 "그르다"로 한 목소리를 낼 수 있는 것은 아니다. 또한 모든 도덕적 판단에 진위가 있다는 것도 아니다. 도덕적 인지론들이 주장하는 것은 단지 많은 도덕적 판단에도 옳고 그름이 있다는 것이다.

3. 도덕적 판단의 보편성과 보편화

그렇다면 도덕적 판단과 주장이 한 사회를 넘어 다른 사회에도 적용될 수 있다는 생각은 무의미한 것인가? 이 질문과 관련해서, 서두에서 언급한 보편성과 보편화의 구분은 몹시 중요하다. 두 개념이 비슷한 의미를 지니고 있지만, 보편성은 하향식(top-down) 개념이라고 할 수 있다. 만약 신이 십계명을 인간에게 주었다고 한다면, 십계명은 신에 의해서 보편성이 주어졌고 십계명의 정당성은 우주 어느 곳에서든지 인정되어야 할 것이다. 즉, 절대성이 있는 것이다. 또 다른 보편성의 예는 중력(gravity)을 들 수 있겠다. 기본적 물리법칙으로서 중력의 보편성을 인정하지 않고서는 다른 물리적 관

---

3) 이것은 Mackie의 용어로, Mackie(1977), 42-46 참조할 것.

계와 물체들의 운동을 설명할 수 없는 것이다. 반면에 보편화는 상향식 (bottom-up) 개념이라고 할 수 있다. 보편성과 달리 무차별적 절대성을 부여할 수는 없지만, 어떤 근거에 의해 모두가 동의할 수 있는 가치나 속성이 존재할 수 있다는 것이다. 다시 말하면, 인간들이 갖는 고유한 특징(예를 들면, 인간의 사유능력 등)에 의해 모두가 동의할 수 있는 가치를 만들 수 있다는 것이다. 앞서의 질문을 약간 변형하면 "문화와 시대를 넘어서는 객관적 도덕가치 또는 가치기준이 존재할 가능성이 있을까?"를 묻는 것이 되는데, 이 질문에 대해서는 확연히 다른 의견들이 존재한다. 우선 주관주의자들 (subjectivists)이나 투사론자들(projectivists) 같은 반실재주의자들은 가치의 보편화가능성을 단호하게 부정한다. 실재주의자들 일부, 예컨대 자연주의자들은 역시 보편화 가능성을 부정한다. 이들의 주장은 다음 절에서 살펴보기로 하자.

오랫동안 플라톤의 선의 이데아가 가치의 보편성을 주장하는 이론으로 여겨져 왔다. 선의 이데아는 절대적이고 모든 선(good)의 원형 같은 것이니 보편성을 가졌다고 충분히 주장할 수 있다. 플라톤도 이 이데아가 경험세계를 뛰어넘어 존재한다고 말함으로써 이데아의 보편성을 인정하는 듯하다. 그러나 이 선의 이데아가 과연 하향적 보편성의 특징을 갖고 있다고 말할 수 있을까? 최근 승계호(T. K. Seung) 박사는 이런 해석에 의문을 던지고 이데아의 보편성에 다른 해석이 가능함을 보여주고 있다.[4] 그에 따르면, 플라톤의 이데아론은 구성론(constructivism)이고 따라서 이데아란 이성적 사유의 산물이라는 것이다. 이데아는 초월적 존재가 인간에게 하향적으로 부여한 개념이 아니라, 인간이 이성을 통해 상향적으로 구성한 개념이라는 것이다. 이런 해석이 타당성을 갖을 수 있는 것이, 『공화국(Republic)』의 논의에서 플라톤은 대화자들과 인간의 사유능력을 통해 이상 국가를 만들어보면서 그 이상 국가를 통해 선의 이데아를 제시하고 있는 것이다. 플라톤이 파

---

4) Seung(1996). 특히 70-73 참조할 것.

악한 인간 삶의 기본조건들을 바탕으로, 정의(justice)를 가장 잘 보여주는 인간사회를 만들어보는 것이니 이상 국가나 선의 이데아가 초월자에 의해 주어진 것으로 볼 수는 없다. 또 누군가가 인간 삶의 기본조건을 달리 파악한다면, 다른 형태의 이상 국가나 보편적으로 인정할 수 있는 도덕가치의 도출도 가능할 수 있다. 예를 들어, 현대의 존 롤스(John Rawls)는 플라톤과는 다른 기본조건 위에 구축된 구성론을 제시하면서 다른 형태의 도덕가치를(예를 들어, "최소치 최대화의 원칙(maximin principle)"을 보편적인 가치로 제시하고 있다. 이렇게 플라톤의 이데아론을 구성론이라고 본다면, 그가 제시하는 도덕가치가 보편성을 갖는 것이라고 하기보다는, 가치의 보편화를 시도한다고 말할 수 있다. 자신이 제시하는 기본조건들에 동의한다면, 누구나 사유를 통해 결과적으로 제시되는 가치에 동의할 수밖에 없다는 것이다.

이런 보편화의 시도는 칸트에게서도 잘 드러나고 있다. 그에 의하면, 개인들이 갖고 있는 행동준칙(maxim)이 진정한 도덕 기준과 원칙으로 발전할 수 있는가를 알아보려면 그 행동준칙(maxim)이 보편화가 가능한가를 따져보아야 한다고 말했다. 예를 들어, "곤경에 처한 사람을 돕는다." 같은 경우, 보편화가 가능하며 결과적으로 이런 행동과 원칙은 도덕적 사회를 만들 수 있다. 반면에, "내가 필요하면 언제든 남의 재산을 빼앗는다." 같은 경우, 칸트는 보편화가 되지 않는다고 보았다. 물론 순전히 논리적으로만 보자면 이런 준칙이 일반화되어 모든 사회의 구성원들이 이런 준칙에 의한 행동을 할 수도 있다. 그러나 그런 행동으로는 전혀 도덕적인 사회가 될 수 없으므로 칸트는 이런 준칙이 보편화될 수 없다고 본 것이다. 도덕적 사회를 만들기 위해서는 칸트의 보편화 요구는 당연한 것이라고 할 수 있다. 이성적 존재로서 가치가 있는 모든 구성원들에게 어떤 도덕 원칙이 똑같이 적용될 수 있어야 그 원칙은 진정한 도덕원칙이 될 수 있을 것이다. 편파적 원칙은 일부 구성원들을 이성적 존재로 보지 않을 수 있다. 예를 들어, "여성들의 정치참여를 금지한다." 같은 원칙은 무엇보다도 여성을 동등한 이성적 존재로 인정하지 않을 수 있기 때문이다.

그런데 칸트의 보편화는 앞서 말한 객관화보다 그 범위를 훨씬 뛰어 넘는 시도이다. 객관화는 한 사회 안에서 도덕인지론, 즉 도덕적 판단과 행위의 옳고 그름을 판정할 수 있다는 입장이지만, 보편화는 문화와 전통의 단위라고 할 수 있는 사회의 범위를 뛰어넘는 것이다.[5] 칸트가 모든 인간을 이성적 존재로 파악하고 도덕원칙이 이 특징으로부터 유래하기 때문에 도덕원칙은 모든 이성적 존재들에게 적용될 수 있는 것이다. 따라서 사회나 문화전통의 특이함은 도덕원칙의 적용을 제한하는 요소가 될 수 없다고 보는 것이다. 즉, 인간은 어떤 공통적 특징이 있고, (근본적) 도덕원칙은 이 특징으로부터 유래하므로 모든 인간 또는 이성적 존재들에게 똑같이 적용될 수 있는 것이다.

이와 같은 보편화의 전통은 일부 언어분석 철학자들에게도 계승된다. 앞서 언급한 헤어는 우리의 도덕적 판단, 진술, 주장 등에 보편화의 의미가 있다고 말한다.[6] 즉 "좋다" 또는 "나쁘다" 같은 서술어 자체가 권고성(prescriptivity)의 의미와 더불어 보편화의 의미를 포함한다는 것이다. 예를 들어,

(a) 무고한 사람을 희생시키는 살인을 나쁘다.
(b) 우리 사회에서는 무고한 사람을 희생시키는 살인은 나쁘다.

만약 살인이 우리 사회 안에서 나쁜 행위로 간주된다면, (b)에서와 같이 특정한 조건, 즉 "우리 사회"를 지정해야 한다. 그러나 (a)와 같이 발언을 할

---

5) 이런 도덕의 보편적 원칙화를 맹렬히 반대한 사람들이 많다. 예를 들어, 거투르드 엘리자베스 앤스콤(G. E. Anscombe)이나 존 맥키(John Mackie) 등을 들 수 있다. 이들은 칸트의 도덕원칙이나 공리주의 도덕원칙 모두 어떤 절대적 존재를 상정하거나 절대적 존재의 믿음이 있을 때에만 그 의미를 가질 수 있다고 주장한다. 절대자의 존재가 더 이상 당연히 받아들여지지 않는 시대에 이런 보편적 원칙은 의미를 상실한다고 그들은 주장한다. 그러나 이들은 보편성과 보편화를 구분해서 생각하지 않고 있다고 볼 수 있다. 보편성은 당연히 어떤 절대적 존재를 상정하지만, 보편화는 인간의 동질성(예를 들어, 이성적 사유 능력)에 의존하므로, 앞서 말한 대로, 보편성과는 다른 것이다.

6) Hare(1981) 특히 chapter 6(107~116) 참조할 것

때에는 살인이라는 행위가 나쁘다는 것이 이미 보편적 의미를 가지고 있다는 것이다. 헤어에 의하면, 그 이유가 "좋다" 또는 "나쁘다"는 서술어에 이미 보편화의 의미를 담고 있다는 것이다. 더욱이 "좋다" 또는 "나쁘다" 같은 도덕적 서술어는 단순히 사실의 기술이 아니라, 말하는 사람이 듣는 사람에게 어떤 행위를 할 것을 권고 또는 제안의 의미도 있다는 것이다. 다시 말하면, "무고한 사람을 희생시키는 살인은 나쁘니 우리 모두 그런 행위를 해서는 안 된다."라는 의미를 갖고 있다는 것이다. 물론 모든 도덕적 판단과 주장 그리고 진술들 자체가 보편화된 원칙이 되는 것은 아니다.[7] 결국 헤어의 주장에 따르면, 모든 도덕적 주장이나 진술들은 당연히 보편적으로 확장되는 특징을 갖고 있고 그것을 도덕 문장이 갖는 보편화의 의미라고 부른 것이다. 이것은 앞서 본 칸트의 보편화를 언어 분석적으로 설명한 것 외에는 다를 것이 없다고 생각된다.

4. 도덕 상대주의와 도구적 도덕관

도덕 원칙이나 기준의 보편화는 반대하지만, 그런 기준이 진위의 가치를 갖고 있음을 인정하는 또 한 부류의 인지론자들은 그 인지론이 특정한 문화 전통을 공유한 사회 안에서만 가능하다고 본다. 예를 들어, 맥키의 "상대성에 근거한 논변"은, 각 사회가 전통에 의한 서로 다른 도덕 기준들을 갖고 있고, 따라서 도덕체계는 상대성을 갖고 있다는 주장이다.[8] 또한 이런 현실은 객관적 도덕진리(즉 보편화가 가능한 도덕진리)가 있을 수 없다는 것을 방증한다는 것이다.

---

7) Hare는 도덕 원칙 또는 기준이 될 수 있는 진술들은 공리주의적 조건을 충족해야 한다고 본다. 즉, 많은 사람들에게 혜택을 줄 수 있는 도덕적 진술이 도덕 원칙이 될 수 있다는 것이다. 그래서 그는 칸트적 이성론과 공리주의를 결합한 칸트적 공리주의를 주장한다.
8) 이에 관해서는 Mackie(1977), 36-38 참조할 것.

상대성에 근거한 논변은 그 전제가 잘 알려진 것으로서, 사회에 따라 그리고 시대에 따라 도덕률이 변화한다는 것이며 서로 다른 집단과 계급 간에서도 서로 다른 도덕적 믿음이 존재한다는 사실이다. 이와 같은 상이함은 근본적으로 도덕적 사실의 묘사에 불과할 수 있으며 문화인류학적 사실로서 제 일 단계나 제 이 단계 도덕적 질서 어느 것과도 관계가 없을 수 있다. 그러나 이 사실은 제 이 단계 주관주의(subjectivism)가 옳다는 간접적 증거가 될 수 있다.[9]

이 인용문에서, 맥키는 (제 이 단계) 주관주의를 주장하는 바, 제 일 단계, 즉 일상적 도덕 논의의 단계에서는 수립된 도덕 기준에 의해 그런 판단이 옳거나 잘못되었다는 진리값을 가질 수 있지만, 궁극적으로 도덕 기준 자체에 객관적 진리치가 있는 것은 아니라는 주장이다. 그래서 한 사회 안에서는 객관화(objectification)된 도덕 기준들이 있을 수 있지만, 보편화된 도덕 기준이나 가치는 있을 수는 없다고 보는 것이다.

또한 맥키에 의하면, 모든 도덕적 가치나 명령은 가언명법(hypothetical imperative)이 될 수밖에 없고, 정언명법(categorical imperative)이 될 수 없다는 것이다. 이것은 도구적 도덕가치관을 받아들인다면 당연하다고 볼 수 있는 것으로, 도덕가치의 추구가 어떤 다른 가치를 위한 도구성을 갖고 있으므로 가언명법이 될 수밖에 없다는 것이다.[10] 예를 들어, 맥키의 주장은 다음과 같이 설명할 수 있다.[11]

(c) 도둑질은 나쁘다.
(d) (사회에서 상호 이익 추구 질서를 손상하지 않으려 한다면) 도둑질은 나쁘다.

---

9) Mackie(1977), 36.
10) Mackie는 도덕적 가언명법의 특징으로, 당연히 조건절이 딸려 있어야 하며 도덕 행위가 원하는 목표(desired end)의 도구(means)가 되어야 한다고 한다. Mackie(1977), 28 참고할 것.
11) Mackie(1977) 27-30 참조할 것

맥키의 입장은 (c)와 같은 정언명법이 불가능하다는 것이다. 설혹 우리가 (c) 같이 말할 수도 있겠지만, 실상은 (d)와 같이 어떤 조건절이 생략되어 있을 뿐이라는 것이다. 모든 정언명법이나 도덕적 명제와 진술 등은 (d)와 같이 숨겨진 목적 또는 조건이 붙어 있다는 것이다. 칸트는 도덕 명령이 행위의 결과나 조건을 생각하지 않는 순수한 의무감에 기초해야 한다고 보았지만, 맥키와 같이 도구적 도덕 이성론를 주장하는 이들은 그렇지 않다고 생각하는 것이다.

도구적 도덕가치론은 맥키와 비슷한 입장의 투사론자인 사이먼 블랙번에게서도 찾아볼 수 있다. 블랙번은 도덕가치란 단지 주관적 감성의 표출이므로, 그 옳고 그름의 기준자체에 실재성이 없고 단지 실재성이 있는 것처럼 우리가 간주한다는 것이다.[12] 이것이 그의 준실재주의(quasi-realism)의 핵심이다. 도덕적 판단에 진리값을 부여할 수 있는 것은 단지 사회에서 합의된 도덕적 기준들이 있기 때문일 뿐이라고 말한다. 따라서 이런 도덕 기준은 어떤 사회를 넘어서는 소위 보편적 가치가 될 수 없고, 사람들이 어떤 보편화의 시도조차도 하지 않는다는 것이다. 즉, 맥키가 말하는 제 이 단계의 도덕사고가 아예 없다는 것이다.

도구적 도덕가치관은 심지어는 실재주의자로 자처하는 리차드 보이드(Richard Boyd)나 피터 레일톤(Peter Railton) 등에게서도 찾아볼 수 있다.[13] 각 사회는 시대마다 나름의 도덕체계가 존재하고 있지만, 그것들을 통합할 수 있는 보편적 도덕가치가 있을 수 없다는 입장이다. 예를 들어, 보이드는 한 사회의 가치들(도덕 외적 가치들과 도덕적 가치들)은 전체적으로 최적의 균형상태(homeostasis)를 이루려고 하고 있으며, 도덕가치들은 이런 균형상태의 도달과 유지에 그 역할이 있다는 것이다. 즉, 사회구성원들

---

12) Blackburn(1993) 특히 152-153 참조 바람.
13) 그럼에도 이들이 실재주의자로 자처하는 것은 현실적으로 주어진 도덕가치는 명확하고 실재적이라는 입장 때문이다. 맥키와 달리, 제 이 단계적 도덕 사고를 거부하고 제 일 단계적 사고만을 인정한다고 볼 수 있다.

4. 칸트이론에 반하는 도덕적 경험론의 시각들

의 비도덕적 가치들(행복, 금전, 이익 등등)의 추구를 원활하게 큰 충돌 없이 달성하게 해서 이 최적 균형상태를 유지 발전하게 하는 데에 도덕가치의 역할이 있다는 것이다. 그는 다음과 같이 말한다.

실제 행위에 있어서 도덕적 선에 대한 관심은 사람들로 하여금 도덕적 행위를 할 수 있는 지침이 될 수 있는 바, 최적의 균형상태에 있어서 도덕적 선이란 다양한 개인적 선들의 충돌을 완화시키는 경향이 있기 때문이다. (......) 더욱이 인간에게 중요한 선(도덕 외적 선 ― 필자 주)들 사이에서 균형상태의 효과적 통합이 존재한다는 것이 도덕적 선의 일부분이므로, 도덕적 관심을 가진 선택이란 이런 균형상태가 유지되고 강화되어야 한다는 명령에 의해 제어되는 것임을 뜻한다. 마지막으로, 이 균형상태 자체에 포함된 심리적 사회적 유기체(mechanism)의 발전이 도덕적 선을 뜻하며, 도덕적 선의 추구는 있음직한 충돌과 갈등의 완화를 의미한다.[14]

도덕의 역할이 도덕 외적 선들의 최적 균형상태(homeostasis)를 유지 발전시키기 위해 충돌과 갈등을 완화시켜 주는 것이니, 도덕적 선은 존재하기는 하지만 단지 도구적일 뿐이라는 입장이다. 사회마다 최적 균형상태가 다르고 도덕적 선은 그 균형상태 달성과 유지에 도구적 역할을 할 뿐이므로, 시대를 뛰어넘은 도덕적 판단과 진술은 애초부터 있을 수 없는 것이라 할 수 있다. 그래서 그는 보편적 도덕선(moral good)은 있을 수 없다는 입장이다.[15]

또 다른 실재주의자이며 자연주의자인 피터 레일톤은 도덕가치 자체가 다른 가치로 환원될 수 있다고까지 주장하면서, 상기한 도구적 도덕가치론을 새삼 강조한다.[16] 그에 의하면, 각 사회는 사회 전체를 위한 "객관적 이익(objective interest)"이 존재하는 것이고, 도덕가치들은 이 객관적 이익의 달성을 위한 도구적 가치들이다. 쉽게 말하자면, 좋은 규범을 갖고 바른 행

---

14) Boyd(1997), 122.
15) 이에 대한 상세한 논의는 윤화영(2013)에서 찾아볼 수 있다.
16) Peter Railton 역시 도덕가치는 실재하지만, 단지 그 존재 자체가 다른 자연적 가치들을 위한 것이므로 도덕가치의 자연적 정의가 가능하다는 논지이다. Railton, P.(1997), 157 참조 바람

동을 하는 사람들이 많은 사회는 그 사회의 객관적 이익(예를 들어, 사회의 안정과 번영 등) 달성이 용이하지만, 사회의 도덕 기강이 좋지 않을 때에는 객관적 이익 달성이 어려울 수 있다. 이렇게 레일톤은 도덕가치와 규범은 "객관적 이익"을 위해 봉사하며 또 환원될 수 있다고 주장한다. 따라서 도덕가치와 규범이 보편화될 수 없는 이유는 어렵지 않게 짐작할 수 있다. 모든 사회의 객관적 이익은 서로 다를 수 있으며, 도덕가치와 규범도 그 이익에 종속되는 것이니, 각 사회의 이익을 넘어서는 도덕가치의 보편화는 있을 수 없는 일이 되는 것이다. 물론 한 사회 안에서는 "객관적 이익"에 따라서 도덕가치의 옳고 그름이 정해질 수 있으므로, 도덕 인지론은 가능하게 된다.

정리해 보면 보편화를 부정하는 학자들은 다음과 같은 주장을 한다. 첫째, 도덕가치는 도구적이라서 보편적 의미를 가질 수 없다. 도덕가치는 도덕 외적 가치의 추구에서 발생하는 갈등과 마찰을 완화하는 역할을 할 뿐이다. 이런 도구성 때문에 도덕명령은 정언명법이라기보다는 가언명법이 될 수밖에 없다는 것이다. 즉, 도덕명령은 도덕 외적 가치의 달성에 수단이 되는 것이다. 둘째, 도덕가치는 도구적이면서 심지어는 도덕 외적 가치, 즉 자연적 가치로 환원되거나 정의될 수 있으니, 도덕 외적 가치 또는 자연적 가치가 보편적으로 존재한다고 할 수는 있으나, 도덕가치 자체가 보편화될 수는 없다는 것이다.[17)

5. 도덕가치의 도구성과 환원에 대한 반론

도덕가치의 도구성에 대한 주장은 여러 형태로 가능하겠지만, 맥키의 가언명법 주장이 논리적이며 체계적이라고 할 수 있다. 필자는 가언명법을 수

---

17) 이 외에도, 도덕가치 자체가 사회 구성의 기본 요소가 아니라는 주장이 있다. 홉스, 흄, 맥키 등이 이런 입장을 취하고 있다. 이에 대한 논의는 많은 지면이 필요하므로 다음 기회로 미루고자 한다.

용하고 도덕명령에 도구성이 있다고 해도, 도덕가치 자체가 도구적이라는 주장은 옳지 않음을 보여주려고 한다. 모든 도덕명령이 가언명법이어야만 한다는 명제를 수용하는 것이 아니라 도덕명령에 가언명법도 포함될 수 있다는 것을 수용하는 것이다. 상기한 (d)같이, 어떤 조건절을 찾아내어 도덕명령과 연결시킬 수도 있다고 간주하는 것이다. 일반적으로는 결과나 조건을 고려한 가언명법적 행위도 도덕적 행위로 볼 수도 있기 때문이다. 도덕가치라는 것도 어떤 도덕 외적 가치추구와 연관성이 있을 수 있다는 주장을 수용해 보는 것이다. 이렇게 함으로써 도덕명령의 범위를 칸트의 그것보다 확장시킨다고 할 수 있다. 일상적 도덕관념은 칸트의 관념과는 조금 다를 수도 있음을 인정하는 것이다. 칸트가 규정하는 도덕적 행위 말고도 맥키가 주장하는 가언명법적 도덕 행위도 다 수용해 보는 것이다.

도덕 명령이 가언명법이라면, 다음과 같은 일반적 형태를 가질 것이다.

$$A \rightarrow B \ (if \ A, \ then \ B)$$

맥키 등 가언명법 주장자들은 A가 도덕 외적 가치, 예를 들어, 쾌락, 행복, 편리함, 성공, 조화로운 인간관계 등 도덕 외적 가치를 함유하는 명제가 될 것이라 주장할 것이다.[18] 또한 B는 다양한 형태의 도덕가치를 지닌 명령이나 진술이 될 것이다. 예를 들어, "인생에서 성공하고 싶다면, 다른 사람들에게 선한 행동을 해라" "주위 사람들로부터 좋은 평판을 얻으려면, 사람들에게 친절을 베풀어라" 등등 많은 명제가 가언명법에 포함될 수 있다. 그런데 맥키에 의하면, 도덕명령이 가언명법이라 함은 도구적이 아닌 도덕가치가 존재하지 않는다는 것을 의미한다고 한다.[19] 과연 그럴까?

---

18) Mackie는 특히 욕망(desire)이나 바람(want)이 조건절의 핵심이라고 본다. 즉, 도덕 행위는 당사자가 개인적으로 원하는 어떤 목표의 도구인 것이다.
19) Mackie(1977), 29. 엄밀히 말하면, 맥키가 반대하는 것은 객관적(objective) 도덕가치가 없다는 것인데 이 객관적 도덕가치는 도구적이지도 않고 보편화가 가능한 도덕가치라고 말할 수 있다. 물론 맥키는 이런 객관적 도덕가치가 없음을 가언명법 주장만으로 증명하는 것은 아니다.

여기서 A와 B 사이의 논리적 관계를 살펴보자. A는 B의 충분조건일 뿐이며, 필요충분조건은 아니다. 즉, A로서 B의 정의할 수도 없고 B를 A로 환원할 수도 없다. 다시 말하면, 가언명법이 내포하는 도덕명령의 도구성을 인정한다고 해도, 도덕가치 자체가 도덕 외적 가치의 실현을 위한 도구라고 단정할 수는 전혀 없다. 예를 들어, "인생에서 성공하고 싶다면, 다른 사람들에게 선한 행동을 해라." 또는 "필요할 때 도움을 받으려면, 다른 사람들에게 선한 행동을 해라." 등등의 도덕명령이 있다고 하자. 다른 사람들에게 선한 행동을 해야 하는 목적으로서 수 없이 많은 조건절들이 제시될 수 있지만, 그 조건절들이 선한 행동이 무엇인지 왜 그런 행동을 해야 하는지 등을 남김없이 설명할 수 없는 것이다. 가언명법을 인정한다고 해도, 도덕가치 자체가 도구적이라는 것을 증명하는 것이 아니라, 많은 일상적 도덕 행위들이 도구적 행위일 수도 있거나 어떤 도덕 외적 가치와 연관이 있을 수 있음을 인정하는 것뿐이다. 정언명법이나 가언명법은 도덕 행위를 지시하기 위한 명령이고, 그 자체가 도덕가치를 정의하거나 규정하는 것은 아니다. 칸트가 제시한 정언명법은 순수하고 진실한 도덕 행위가 무엇인가를 보여주려 했다고 할 수 있다. 따라서 가언명법을 받아들인다고 해도 이것은 칸트의 도덕명령에 대한 관념을 수정하는 것일 뿐이며, 모든 도덕가치 자체가 도구적일 뿐이라는 주장이 증명되는 것은 아니다. 맥키는 주장하기를, 도덕명령이 가언명법이라면, 도덕가치 자체가 사람들의 행동을 유발하는(action-guiding) 힘이 없다는 것이고, 따라서 객관적 도덕가치, 즉 도구적이지 않은 도덕가치는 존재하지 않는다고 한다.[20] 그러나 이 주장 역시 모든 가언명법의 조건절이 도덕명령의 충분조건이라는 점을 고려하지 않은 것이다. 다시 말하면, 많은 도덕명령이 도덕 외적 가치의 충족을 위해 실행된다고 해도, 모든 도덕가치나 도덕명령의 본질이 반드시 그렇다고 말할 수는 없다. 이것은 조건절의

---

20) Loc. cit. 도덕가치와 도덕명령에 권고성이 있으므로 행동을 유발할 수 있다는 (action-guiding) 것이 일반적 견해이나 맥키는 이것을 부정하고 욕망(desire)만이 행동을 유발한다고 본다.

위상이 단지 주절의 충분조건이라는 논리적 귀결이다.

　맥키의 주장대로, 모든 도덕적 명령이 가언명법이며 도덕가치와 사고도 도구적이라면, 적어도 두 가지 점에서 일상적 도덕개념과 언어에 배치된다. 첫째, 모든 도덕적 사고나 행위가 단지 도구적이라면, 도덕 행위와 타산적 분별(prudence)에 의한 행위가 별로 구분되지 않는다고 본다. 우리는 보통 어떤 도덕 행위로 보이는 행위가, 실제로는 어떤 목적(도덕 외적 목적)을 추구하기 행위일 때 이것을 타산적 분별에 의한 행위라고 말한다. 예를 들어, 나의 개인적 이익을 위해 다른 사람에게 호의적 행위를 하거나 나의 행동을 자제하는 것을 타산적 분별에 의한 행위라고 말한다. 다음과 같은 명령들을 생각해 보자.

　(e) 만약 성공과 출세를 원한다면, 주위 사람들에 대해 사려 깊게 행동해라.
　(f) 만약 사람들의 신뢰를 계속 받고 싶다면, 약속을 잘 지켜라.[21)]
　(g) 주위 사람들에 대해 선한 행동을 해라.

(e)는 문법적으로 조건절을 가진 가언명법이자 타산적 분별에 의한 명령의 예라고 할 수 있다. 이것은 어떤 개인적 목적을 위해 특정 행동("사려 깊은 행동")을 권고하고 있으나, 그것이 반드시 도덕 행위라고 말하기는 어렵다. (e)가 타산적 분별에 의한 명령임은 일상적 도덕관으로 알 수 있다고 본다. 그런데 맥키의 말대로 모든 도덕명령이 도덕 외적 목표를 추구하는 도구가 되어야 한다면, 타산적 분별에 의한 행동과 도덕행동의 차이를 구분하기 어려워진다고 생각된다. (f)는 맥키 자신이 예로 든 도덕명령이다. 모든 도덕 명령이 이런 형태를 갖고 있다는 것이다. 그의 입장에서는 모두 조건절에 행위의 목표가 포함되고 주절에서 명시한 행위는 도구적이다. 더욱이 (e)에서 말하는 "사려 깊은 행동"에 "약속을 잘 지키는 것"이 포함될 수 있다. 맥키의 도구적 도덕관에서는, "약속을 잘 지키는 것이 나의 욕망 실현을 위한

---

21) 이것은 맥키 자신이 제시한 가언명법이다. Mackie(1977), 28 참고할 것.

사려 깊은 행동이며 또한 도덕적 행동이 된다."라고 말하는 것이 전혀 이상하지 않다. 왜냐하면 맥키의 체계에서는 모든 도덕 행위가 화자의 욕망 실현을 위한 타산적 행동이라고 할 수 있기 때문이다.[22] 그렇다면 앞서 (e)를 타산적 분별에 의한 행위이고 도덕명령이 아니라고 본 것은 어떻게 가능할까? 그것은 맥키의 견해가 아닌 일상적 도덕관념에 의해 가능한 것이다. 즉, 일상적으로는 타산적 분별에 의한 행위와 도덕 행위를 구분하고 있으며, 또한 (g)와 같이 순수한 도덕명령이나 행위도 구분해서 쓰고 있다. 그래서 타산적 분별에 의한 행위와 순수한 도덕 행위를 구분할 수 있고, (g)와 같이 조건절이 없는 명령도 사용할 수 있다. 그것이 불가능하다면 (g)와 같은 형태의 도덕명령은 우리가 이해하기 어려운 명령이 되어야 한다. 반면 맥키의 가언명법 주장은 순수한 도덕 행위와 타산적 분별에 의한 행위를 구분할 수가 없다고 본다. 이것은 일상적 도덕관념과 확실히 맞지 않는다.

두 번째는, 모든 가언명법이 맥키가 주장하는 것과는 달리, 조건절이 도덕 외적 가치의 추구를 목적으로 하지 않을 수도 있다. 다음의 가언명법들을 생각해 보자.

(h) 만약 명랑한 지역사회를 원한다면, 주위 사람들에 대해서 선한 행동을 해라.
(i) 만약 사회의 최적 균형상태에 도달하기 원한다면, 도덕적 행동을 해라.
(j) 만약 사회의 객관적 이익을 추구한다면, 도덕적 행동을 해라.
(k) 만약 도덕적으로 살기 좋은 사회를 원한다면, 도덕적 행동을 해라.

이 중에서, (i), (j)는 각각 보이드와 레일톤의 입장을 가언명법으로 만든 것이다. 이들 모두가 도덕가치를 도구적으로 보고 있고, 각 명령의 조건절은 도덕 외적 가치의 추구라고 일단 볼 수 있다. 먼저 (h)를 살펴보자. 맥키의 논리로 보자면, 명령을 말하는 사람이 "명랑한 지역사회"라는 목표를 원하

22) 맥키가 말하는 도덕행동이 타산적이라는 점은, 각주 10), 18)과 앞으로 나올 23)을 참조할 것.

는 가언명법이다. 그런데 "명랑한 지역사회를 원함"이 공동선(common good)이 될 수 있지 않을까? 이것이 개인적 바람이기도 하지만, 나아가 바람직한 지역사회를 만들기 위한 사회구성원 전체의 목표라고 말할 수도 있다.[23] 그렇다면, (h)는 가언명법의 형태를 띠고는 있지만, 어떤 공동선의 달성이 목표이므로 도덕가치 자체를 도구적으로 다루고 있다고 말할 수 없다. 어떤 도덕가치의 실현을 위해 도덕행동을 할 것을 명령하고 있기 때문이다. 비슷하게 "최적균형상태의 도달" "객관적 이익의 추구" 등은 모두 어떤 개념의 공동선이라고 볼 수도 있다. 다시 말하면, 도덕 외적 가치의 추구를 위해 도덕적 행동을 도구적으로 권고한다고 보는 그들의 생각과는 달리, 사회적 도덕가치, 즉 공동선의 추구를 위해 도덕적 행동을 개인들에게 권고하는 것이 올바른 해석이 될 수 있다. 그들 이론이 각각 특정한 도덕 외적 목표를 설정하고 이 목표 달성에 도덕행동이 도구적으로 필요하다고 주장하고 있지만, 필자의 해석이 맞는다면 도덕행동이나 가치가 도덕 외적 가치추구를 위한 도구로 파악되어야만 한다고는 말할 수 없다. 왜냐하면 "최적 균형상태의 도달" 같은 목표 자체가 공동선이며, 따라서 도덕적이기 때문이다. 사람들이 개인적인 도덕 외적 목표를 설정하고 그것을 추구하는 것은 도덕적이라고 말할 수 없지만, 그들이 사회적으로 설정된 목표(공동선)를 달성하기 위해 노력하는 것은 도덕적인 것이다. 보이드나 레일톤은 "최적 균형상태"나 "객관적 이익" 같은 것을 도덕가치로 볼 수 없었기 때문에 이것들이 도덕 외적 목표로 본 듯하다. 그러나 이런 목표가 공동선이라면, 그것을 위해 노력하는 것은 도덕적이라고 보아야 한다.

혹자는 필자의 주장이 앞선 이론가들을 반박하는 것이 아니라, 그들의 이론을 도와주는 것이라고 말할 수도 있다. 왜냐하면 "최적 균형상태"나 "객

---

23) 이 점에 대한 맥키의 의견은 찾아볼 수 없다. 맥키의 이론에서는, 도덕명령에서 조건절은 그 명령을 말하는 화자가 개인적으로 "원하는 목표"가 설정될 뿐이라고 본다. 다시 말해서 그는 (h) 같은 도덕명령에서 화자가 공동선을 추구할 수 있는지에 대한 고려는 없다.

관적 이익"을 추구하는 것에 도덕 행위의 역할이 지대함을 그들도 말하고 있기 때문이다.[24] 그러나 필자는, "최적 균형상태"나 "객관적 이익"의 추구에서 도덕 외적 가치들의 실현이 우선적이 아니라, 도덕가치들이 먼저 "최적 균형상태"나 "객관적 이익"을 추구할 수 있는 기본 틀의 역할을 하고 그 틀 안에서 도덕 외적 가치의 추구로 해석하는 것이 가능하다고 보는 것이다. 예를 들어, 자유민주주의 사회에서는 다양한 자유와 평등, 생명, 안전, 재산 등의 보장이라는 도덕가치(공동선)가 기본 틀로 제시되고 그 안에서 도덕 외적 가치의 추구가 실현될 수 있다는 것이다. 이것은 플라톤의 구성론에서도 볼 수 있다. 먼저 선의 이데아로서 정의(justice)라는 개념이 제시되고 그 안에서 도덕 외적 가치의 추구가 장려되거나 제한되는 것이다. 그래서 (i)나 (j)에서 보이드와 레일톤은 각각 나름의 공동선을 기본 틀로 제시하고서도 그것들의 본질이 도덕 외적 가치라고 본 것이 잘못이라고 생각된다. 필자의 생각으로는 (i)나 (j)가 본질적으로 (k)와 크게 다를 바가 없다고 여겨진다. (k)에서는 도덕적 사회라는 목표를 위해 개인들에게 도덕적 행동을 할 것을 명령하고 있는 것이다. 비슷하게 (i)와 (j) 각각의 목표가 공동선이라고 본다면, 그것들은 (k)와 별로 다를 바가 없다. 그렇다면, 도덕명령이 가언명법으로 되어 있다고 해도, 도덕명령의 목표나 의도가 반드시 어떤 도덕 외적 가치의 추구에 있다고 말할 수만은 없다. 즉, 도덕가치가 도구적이기만 하다는 주장은 설득력을 잃는다. 오히려 사회 전체가 어떤 도덕가치에 의해 구축된 가치실현의 장이라고 말할 수도 있다.

만약 도덕가치가 단지 도구적이라는 주장이 힘을 얻으려면, A → B 대신 A ⇌ B가 논증되었을 때 좀 더 설득력이 있다고 할 수 있다. 즉, 모든 도덕 행위가 도덕 외적 행위로 정의되거나 환원됨을 보여주는 것이다. 또한 도덕 외적 행위들도 도덕 행위로 정의되거나 환원됨을 보여줄 수 있어야 한다.

---

24) 4절에서 Boyd를 인용하는 부분을 참조할 것. "균형상태의 효과적 통합이 존재하는 것이 도덕적 선의 일부분"이라고 그도 말하고 있다.

도덕 행위와 도덕 외적 행위가 서로 필요충분조건이 되는 것이다. 예를 들어 보면, "주위 사람들로부터 좋은 평판을 얻으려면, 사람들에게 친절을 베풀 것이며, 만약 사람들에게 친절을 베푼다면, 주위 사람들로부터 좋은 평판을 얻을 수 있다" 같은 명제가 성립하고, "좋은 평판을 얻음" ≡ "친절을 배품" 이 참이 되어 서로를 정의하는 것이다. 이것의 일반적 형태는 다음과 같다.

a ⇌ b (a와 b는 각각 어떤 개념 또는 상수(constant)를 가리킴)

레일톤 같은 자연주의자들은 도덕가치를 도덕 외적 가치로 정의내리고 또 환원될 수 있다고 주장한다. 또한 공리주의자들도 도덕가치를 "쾌락"이나 "행복"으로 정의할 수 있다고 주장한다. 그러나 이런 식으로 정의하는 것에는 어려움이 따른다. 우리가 갖고 있는 언어 개념상 이런 정의를 참이라고 보기가 어려운 것이다. 무어(G. E. Moore)의 "열린 질문 논증(Open-Question Argument)"은 바로 이점을 지적한다. 자연주의자들이 도덕가치를 어떤 도덕 외적 가치로 정의를 내렸다고 하자. 예를 들어, "최대 다수의 최대 행복을 추구하는 것"을 도덕적 선(good)으로 정의했다고 하자. 그 정의에 대해 거꾸로 "최대 다수의 최대 행복을 추구하는 것이 재론의 여지없이 도덕적 선이라고 할 수 있는가?"라는 질문을 던질 수 있는 것이다. 생각해 보면, 행복의 극대화가 도덕적 선이 아닐 수 있는 경우는 어렵지 않게 생각할 수 있다. 어떤 마약 같은 것을 모든 사람들에게 제공해서 그들이 극대화된 행복을 느낄 수도 있지 만, 이런 행위가 도덕적 선을 추구한다고 말하기는 어려운 것이다. 무어의 열린 질문 논증은 누군가가 a ⇌ b라는 형태의 정의를 제시하였을 때에, 과연 b (도덕가치) → a(도덕 외적 가치)가 성립할 수 있는가를 되물어보는 것이라 할 수 있다. 이 대답에 "그렇다. b → a도 성립한다."라고 말하기 어려운 이유는 처음부터 a와 b가 서로 다른 종류의 가치이자 개념이라는 것이 우리의 언어 속에 내재되어 있기 때문이다. 이제까지 도덕가치가 도덕 외적 가치로 만족스 럽게 정의된 적은 없다. 무어가 지적하는 바와 같이, 도덕가치가 도덕 외적 가치를 위한 종속적 도구로 존재함을 보여주지 못한 것이다.

이제까지의 논쟁이 "보편화 대 상대주의"와 어떤 관계가 있는지 정리해 보자. 도덕 외적 가치로 환원할 수 없는 도덕가치가 존재한다함은 그 도덕가 치가 보편화될 수 있는 가치가 될 수 있다는 것이다. 왜냐하면 이런 가치들은 특정한 사회의 이익 등과 무관하므로 모든 사회나 사람들이 공유할 수 있는 가치, 즉 보편화될 수 있는 가치일 수 있는 것이다. 예를 들어, 황금률을 생각 해 보자. "다른 이들에게 네가 대우 받기를 원하는 대로 다른 이들을 대우하 라."고 하는 도덕률이 개인의 이익 추구와 연관성이 있을 수도 있다. 즉, 어 떤 이익 추구를 위해 남들을 잘 대해 주는 것이다. 그러나 이 황금률은 이런 이익 추구의 행동만으로 다 설명되지 않는다. 잘 모르는 타인, 이해관계가 없는 사람들, 심지어는 내게 손해를 끼친 사람들에게도 이 도덕률은 적용될 수 있는 것이다. 또 이런 가치가 사회 전체의 이익 추구나 편리함 등을 위해 만들어진 것으로 볼 수도 없다.[25] 이런 가치는 이익 추구와 무관하게 존재하 는 것이며, 인간의 훌륭한 심성(칸트가 말하는 "선한 의지(good will)" 같은 것)으로부터 유래한다고 할 수 있다. 그렇다면 이런 도덕가치는 어느 사회에 서나 발현될 수 있으니 보편화될 수 있는 가치가 될 수 있을 것이다.

마지막으로, 보편화에 대한 맥키의 반박을 간략하게 생각해 보자.[26] 맥키 는 물론 보편화에 대해 맹렬히 반박한다. 그는 도덕문장을 몇 단계에 걸쳐 보편화를 시도하는데 각각 그 시도가 좌절될 수밖에 없음을 보여주려 한다. 예를 들어, 보편화의 단계에서 상대방의 입장을 이해하고 상대의 입장에서 바라보기도 해야 하며, 또 다양하게 많은 취향이나 이상(ideal)을 넘어 도덕 문장을 보편화해야 하는데, 이것은 기술적으로 불가능하다는 것이다. 서로 의 입장을 이해하고 입장을 바꿔 생각해 본다고 해도, 입장 차이는 남아 있

---

25) 적어도 G. E. Moore의 "열린 질문 논증"이 맞는다면 그렇다. 그의 "논증"은 Moore(1988), 13-15 참조할 것

26) 이 문제에 대한 논의는 상당한 분량의 지면이 필요하므로 여기서는 간략히 언급하고 본격 적 논의는 다음 기회로 미룰 수밖에 없을 것 같다. Mackie의 논의는 Mackie(1977), 4장 (83-102) 참고할 것

고 또 취향이나 이상의 차이가 해소되는 것이 아니기 때문이다. 이런 차이가 해소되지 못한다는 맥키의 주장은 옳다. 그러나 보편화의 시도는 현실적으로 드러나 있는 개인들의 도덕적 가치나 취향 또는 이상을 보편화한다기보다는 사회구성의 기본적 가치를 찾아내고 그것을 공유함으로써 보편화한다고 보는 것이 더 적절한 것 같다. 예를 들어, 사회를 거대한 건축물에 비유한다면, 그 안에 다양한 형태나 크기의 방들이 있고, 그런 다양한 방들의 특징을 보편화하기는 어려운 것이다. 그러나 우리가 건축물의 토대를 알아낸다면 공유할 수 있는 특징이 나올 수 있을 것이다. 즉, 우리의 건축물이 아래에서 위로 쌓아 올라갈 때에 어떤 가치 위에 뿌리박고 있는가를 안다면 그 특징, 즉 가치가 공유가능하고 보편화될 수 있는 것이다. 이것이 플라톤이 구성론을 통해 사회의 기반을 재점검하며, 칸트가 도덕가치의 근본을 분석하는 방법이라고 할 수 있는 것이다.

그런 맥락에서 필자의 논점은 더 잘 이해될 수 있다고 본다. 개인적 이익이나 도구성으로만 설명할 수 없는 도덕가치가 존재할 수 있다는 것은 그런 가치들이 사회구성의 기본요소들로 존재한다고 할 수 있는 것이다. 그런 기본적 도덕가치들이 존재하기에, 공통적으로 개인적 이익의 추구나 편리한 인간관계가 가능할 것이다. 그러나 개인적 이익 추구나 편리한 인간관계라는 관점에서 기본적 도덕가치를 도구적으로 다룬다면, 이미 이런 가치들이 왜곡되어 그 진정한 의미를 알 수 없게 될 것이다.

6. 맺는말

도덕 상대주의자들의 주장은, 보편성 있는 도덕가치가 없고 사회들 간에 공통된 도덕체계도 없는 상태에서 도덕가치가 보편화는 무의미하다는 것이다. 또한 그들은 도덕성이나 도덕가치란 한 사회 전체의 조화나 균형을 위한 도구이므로, 사회를 뛰어넘는 도덕가치가 있을 수 없다는 입장이었다. 그런 주장들에 대해, 필자는 도덕 상대주의 이론들 중 주로 맥키와 보이드 및 레일톤의 이론을 검토하면서, 그들 이론 자체가 도덕가치의 보편화를 완전하게 부정하지 못한다는 점을 주장하였다. 앞서 본대로, 맥키 등은 도덕가치의 도구성을 주장하면서, 모든 도덕명령은 어떤 목적을 수반한 가언명법이 될 수밖에 없다고 말하였다. 필자는 맥키의 가언명법 주장을 검토하면서, 모든 도덕명령이 가언명법이라고 해도, 이것이 도덕가치의 도구성을 증명하는 것이 아니며, 도덕명령이 반드시 도덕 외적 목적을 갖는 것도 아니라는 점을 보여주려고 노력하였다. 또 레일톤과 같이 도덕가치가 도덕 외적 가치로 환원된다는 주장에 대해서는, 무어의 "열린 질문 논증"을 빌어 그런 환원이 언어적으로 불가함을 보여주려 하였다.

필자의 주장은 도덕가치란 도덕 외적 가치들과 어떤 연계를 가질 수 있지만, 반드시 도구적 가치가 아니라는 것이고, 그런 특징 때문에 다른 사회에서도 통용될 수 있는 가능성이 있다는 것이다. 도덕가치의 근원은 인간의 이성이나 선한 의지 같은 내면적 특성에 있다고 본다면, 그런 특성들을 사회 구성의 기반 또는 기본 틀로 사용할 수 있으니, 이런 가치는 또한 보편화될 수 있다고 볼 수 있는 것이다. 도덕 상대주의자들이 인정하듯, 한 사회 안에서 다양하고 주관적인 도덕 판단들이 있다. 그러나 객관화 과정을 통해 공유할 수 있는 도덕 기준이 성립될 수 있다면, 그것은 사회의 구성원들이 공유할 수 있고 동의할 수 있는 도덕가치가 존재했기 때문일 것이라고 생각된다. 그렇게 공유하고 동의할 수 있는 도덕가치들 중 일부는 다른 사회의 인간들과도 공유할 수 있을 것이다. 비록 사회마다 전통과 문화가 다를지라도, 인간 자체가 다르지 않기 때문에 도덕가치의 공유가 가능하다고 할 수 있는 것이다. 물론 모든 도덕가치가 보편화될 수 있다고 볼 수는 없을 것이다. 어떤 도덕가치들은 순전히 사회적 환경이나 특성에 의해서, 구성원들의 필요에 의해서 만들어질 수도 있기 때문이다. 이런 도덕가치들은 다른 사회의 구성원들과 공유하기 어려울 것이고, 따라서 보편화도 어려울 것이다. 본 논문에서는 어떤 도덕가치가 보편화가 가능하고 어떤 도덕가치가 불가능할 것인지에 대해서는 기준을 제시하지 못하였으며, 단지 도덕 상대주의자들의 이론을 비판적으로 검토함으로써 그들의 이론이 보편화를 완전히 배제하지는 못함을 보여주려고 하였다. 차후 보완해야 할 부분이라고 사료된다.

참고문헌

윤화영(2013). 「무어의 열린 질문 논증과 코넬 학파의 도덕적 자연주의」.
『철학연구』 103집, 219-244.

Anscombe, "Modern Moral Philosophy" in Roger Crisp and Michael G.
E. M.(1997). Slote(1997), 26-44.

Ayer, A. J.(1952). *Language, Truth, and Logic*, New York: Dover Publication.

Blackburn, S.(1993a). "Errors and Phenomenology of Value" in Simon
Blackburn(1993), 149-165.

_____, (1993b). *Essays in Quasi-Realism.* Oxford: Oxford University Press.

Boyd, R.(1997). "How to be a Moral Realist", in Darwall(1997), 105-135.

Darwall, S. ed.(1997). *Moral Discourse & Practice.* Oxford: Oxford University Press.

Hare, R. M.(1981). *Moral Thinking.* Oxford: Clarendon Press.

Kant, I.(1964). *Groundwork of the Metaphysics of Morals.* New York:
Harper Torchbooks.

Mackie, J.(1977). *Ethics: Inventing Right and Wrong.* Middlesex, England:
Penguin Press.

Moore, G. E.(1988). *Principia Ethica.* New York: Prometheus Books.

Railton, P.(1997). "Moral Realism" in Darwall(1997), 137-163.

Rawls, J.(1971). *A Theory of Justice.* Cambridge, Mass.: Harvard University
Press.

Crisp, R. *Virtue Ethics.* Oxford: Oxford University Press.
& Slote M.(1997).

Seung, T. K.(1996). *Plato Rediscovered.* Lanham, Ma.: Rowman & Littlefield
Publishers, Inc.

Abstract

Universalizability of
Moral Values and Moral Relativism

Hoayoung Youn

(Pyeongtaek University)

This article deals basically with whether universalization of moral values is meaningful or not. Many theorists argue for moral relativism by saying the following: moral cognitivism—estimation of moral judgments as true or false—is possible within a society where citizens share its culture and tradition while it is not possible beyond a cultural and traditional unit. This means not only that there is no moral value that can be applied to plural communities, but that universalization of moral values is meaningless. The author argues that although it is true that there is no universal moral value, the attempt of universalizing moral values is not meaningless. It is not only because there can be moral values that cannot be reducible to non-moral values, but because those moral values are rooted in some features of human being. Moral relativists usually argue for the instrumentality of moral values. John Mackie's argument about moral imperative is a good example. According to him, moral commands are all hypothetical, not categorical, imperative. In other words, moral commands are an instrument of attaining non-moral values, so that the commands should have a conditional clause which contains the goal of a moral activity. The author also argues that although moral commands may have a conditional clause, it does not necessarily show the instrumentality of moral values, and that Mackie's concept of moral theory may not square with ordinary concepts concerning moral value and activity. If it is true that there are moral values non-reducible to non-moral values, those values can be shared with people in different societies, and they can be universalized. Otherwise, it is totally meaningless to make judgments on many moral atrocities occurred in other societies.

Main Scope: metaethics, ethics

Keyword: universalizability of moral values, instrumentality of moral values, moral relativism, hypothetical imperative, categorical imperative

접수일: 2016년 11월 17일   심사일: 2016년 11월 17일~12월 14일
게재확정일: 2016년 12월 14일

정언명법, 가언명법, 그리고 도덕 객관주의

윤 화 영[*]

【주요어】 정언명법, 가언명법, 칸트, 도덕 객관주의, 도덕 반객관주의
【논문개요】 이 논문은 정언명법과 가언명법의 관계에 대해 논하고 있다.
도덕 객관주의인 칸트가 모든 도덕 행위는 정언명법적 행위라고 말한
이래로, 도덕 반객관주의자들은 도덕 행위가 가언명법적 행위라는 것을
보여줌으로써 도덕 객관주의가 틀렸다는 것을 논증하려 하였다. 다시 말
하자면, 모든 도덕 행위는 가언명법의 조건절이 제시하는 도덕외적 목표
달성을 위한 수단이나 도구일 뿐이므로, 도덕 객관주의자들이 주장하는
독립적 또는 본원적 도덕가치가 존재하지 않는다는 것이다. 필자는 이와
같은 논증이 잘못된 것이라는 주장을 하고 있다. 도덕 행위를 명령하는
가언명법들, 또는 도덕적 가언명법들은 독립적 또는 본원적 도덕가치(즉
정언명법으로 표현될 수 있는 가치)가 존재함을 전제로 하고 있다는 것
이다. 그런 객관적 가치 없이는 가언명법적 행위들이 도덕 행위로 이해
될 수 없다고 주장한다. 필자는 나아가 주장하기를, 이 주장이 칸트의
이론 체계에 부합하며, 칸트가 말하는 정언명법은 어떤 구체적 상황에서
의 도덕명령이 아니라, 모든 상황에서 행위자가 도덕행동을 할 수 있게
하기 위한 의지 또는 결심을 위한 명령이라는 칸트 자신의 주장을 재확
인한다.

---

* 평택대학교 피어선 컬리지(교양학부), younh@ptu.ac.kr

1. 머리말

도덕가치의 위상을 파악하는 입장은 크게 두 가지로 나누어질 수 있다. 첫째는 도덕가치를 본원적(intrinsic)이고 다른 가치로 환원 또는 완전히 설명될 수 없으며, 언제나 그렇지는 않다 하더라도 다른 가치들 추구에 기본적 환경을 제공하는 독립적 역할을 할 수 있는 가치라는 것이다. 그런 관점에서 도덕가치를 다른 가치들을 이끌 수 있는 선도적 가치라고 볼 수 있는 것이다. 다시 말하면, 도덕가치가 사회 구성의 기본적 가치가 되고, 그럼으로써 다른 가치추구의 규칙을 제공한다는 것이다. 대표적으로 칸트의 이론이 이런 입장을 대변한다. 둘째는 도덕가치가 다른 가치들에 환원 또는 종속되거나 다른 가치들의 실현을 위한 도구적 수단이라고 보는 입장이다. 이런 입장을 지지하는 학자들은 대단히 많아서 흄이나 맥키 같은 전통적 도덕 반실재주의자들 뿐만 아니라, 도덕 실재주의자로 자처하는 학자들 사이에서도 도덕가치의 종속성과 도구성을 인정한다.

상기한 두 입장은 도덕 실재주의 대 도덕 반실재주의와는 다른 분류이다. 도덕 실재주의는 그 범위가 넓어서 칸트 계통의 도덕철학으로부터 단지 도덕현상의 실재성에만 착안하는 도덕 현상학자들이나 도덕가치를 자연적 속성으로 인정하는 자연주의자들 모두를 포함할 수 있다.1) 그런데 현상학자들이나 자연주의자들이 칸트의 시각에 동의하는 것은 아니다. 도덕 반실재주의는 도덕가치나 속성이 실재하는 것 같아 보여도, 그 본질은 다른 가치들에 환원되거나 종속되거나 도구적이라고 보고 있다. 이렇듯 도덕가치와 속성의 본원성과 선도성을 강조하는 입장은 도덕 실재주의 중에서도 일부이며, 맥키는 이런 입장을 대략 도덕 객관주의라고 부른 바 있다.2) 편의상 도덕 객관주의의 반대 입장을 도덕 반객관주의로 부르기로 하자. 도덕 객관주의와

---

1) 도덕 현상학의 예로는 John McDowell, "Values and Secondary Qualities," 131-150쪽. 자연주의의 예로는 Peter Railton, "Moral Realism," 137-163쪽 등을 참조할 것.
2) John Mackie, *Ethics: Inventing Right and Wrong*, 20-27쪽을 참고할 것.

도덕 반객관주의 또는 도덕가치의 본원성과 도구성이라는 상반된 입장 차이가 첨예하게 대립하는 곳이 도덕가치의 실행명령인 정언명법(categorical imperative)과 가언명법(hypothetical imperative)에 대한 논의에서이다. 정언명법과 가언명법의 구분은 문법적인 것으로, 도덕명령에 조건절이 있다면 가언명법이고 없다면 정언명법이다. 물론 가언명법에 도덕적 내용을 포함하는 것들이 있으므로 필자는 그런 명령들을 "도덕적 가언명법"으로 구분하였다.

도덕 객관주의자들은 도덕적 행동의 실행이 근본적으로 정언명법적 행위라고 본다.[3] 즉 진정한 도덕 행위는 다른 조건이나 도덕 외적 목적을 포함하지 않는 행동이며 그런 행동을 통해서 도덕가치가 제대로 표현된다는 것이다. 예를 들면, "도둑질하지 말라."는 도덕 행위를 권고할 때, 도덕외적 목적을 함유하는 조건절이 ("네가 감옥에 가고 싶지 않다면" 또는 "네가 사회적 평판을 잃고 싶지 않다면" 등등) 붙지 않아야 그 행동이 도덕적 행동이 된다는 것이다. "도둑질하지 말라."는 도덕가치는 본원적 또는 독립적으로 (즉, 도구적으로가 아닌) 존재하는 가치인 것이다. 반면에 도덕가치의 독립성이나 본원성을 인정하지 않는 도덕 반객관주의의 입장에서는 도덕적 행동이 항상 가언명법적 행동이라는 것이다. 모든 도덕적 행동은 도덕가치 자체를 추구하는 것이 아니라, 다른 가치를 추구하는 목적을 갖고 있다는 것이다. 물론 도덕적 행동의 권유가 조건절이 없이 주어질 수도 있음을 인정한다. 상기한 "도둑질하지 말라."를 권고할 때에 다른 조건절이 표면적으로는 붙지 않을 수도 있다. 그러나 드러나지 않은 조건이 숨겨져 있다는 것이다. 그래서 "도둑질하지 말라."는 말을 할 때에, 상황에 따라 이 말의 실제 의미는 "네가 감옥에 가고 싶지 않다면, 도둑질하지 말라." 또는 "네가 사회적 평판을 잃고 싶지 않다면, 도둑질하지 말라." 등이라는 것이다.[4]

---

3) 도덕명령은 오직 정언명법이라는 주장과는 다르다. 그 다른 점을 본 논문에서 해명하려는 것이다.
4) 대표적으로 존 맥키가 이런 주장을 하고 있다. 본 논문 3절에서 그의 주장이 소개된다.

거의 모든 도덕가치와 속성의 본질 논쟁에서, 가언명법 논의는 빠지지 않는다. 도덕 반객관주의자들은 도덕적 명령이나 권고가 본질상 가언명법이라는 것이다. 그들이 제시하는 이유는 앞서 언급되었듯이 다음 두 가지로 나누어 볼 수 있다. 첫째는, 도덕가치가 다른 가치로 환원될 수 있기 때문이라는 것이다. 둘째는, 환원(reduction)이 될 수 없을지 몰라도 도덕 행위는 다른 가치의 증진을 돕기 위한 도구 또는 방편이다. 도덕가치가 도구적이라면, 도덕적 명령과 권고가 정언명법의 형태를 띠고 있더라도 항상 숨겨진 조건절 또는 목적이 존재한다는 것이다. 이렇게 도덕 반객관주의 진영에서는 도덕명령이 가언명법이 될 수밖에 없음을 주장하고, 그것이 바로 도덕 객관주의가 틀렸다는 증거라고 말한다.

본 논문에서는 도덕명령이 가언명법 형태로 주어진다고 해도 그것이 도덕 객관주의가 틀렸다는 증거가 되지 못함을 논하고자 한다. 이제까지 정언명법과 가언명법의 논쟁에서 도덕 반객관주의자들은 도덕명령이 실질적으로는 가언명법임을 보여주면서 도덕 객관주의가 잘못이라는 결론을 내려왔다. 필자는 이런 논증이 잘못임을 밝히고자 한다. 2-4절에서는 다양한 형태의 가언명법을 살펴보고 그중에서 도덕적 가언명법 형태를 추려낸 다음, 이런 가언명법들은 정언명법과 대립관계에 있기보다는 상호보완적 관계에 있다는 것을 주장한다. 5절에서는 이런 관계가 칸트의 이론에 부합한다는 것을 보여준다.

2. 도덕가치의 환원과 가언명법

많은 도덕 반객관주의자들은 도덕가치가 자연적 가치(또는 속성)로 환원될 수 있다고 주장한다. 예를 들어, 공리주의자들은 도덕가치란 "최대다수의 최대행복"을 실현하는 도구이고 따라서 도덕가치란 행복(또는 쾌락) 간은 자연적 가치로 환원될 수 있다는 것이다. 비슷한 주장들이 제기되어 도덕가치를 어떤 감성이나 이익 추구 또는 삶의 편리함 등 자연적 가치로 환원시킬 수 있다고 말한다. 그러나 이런 주장들의 최대 걸림돌은 무어(G. E. Moore)의 "열린 질문 논증(Open Question Argument)"이라고 할 수 있다.[5] 무어는 말하기를, 만약 도덕가치(good)가 다른 가치로 환원될 수 있다면, 그 가치로 도덕가치를 정의할 수 있어야 한다고 말한다. 어떤 자연적 가치가 도덕가치의 본질이라면 그 가치를 중심으로 도덕가치가 정의될 수 있어야 한다는 것이다. 그러나 무어의 "논증"은 그런 시도가 성공할 수 없음을 보여주려 한다. 예를 들어, 누군가가 도덕가치를 다음과 같이 정의했다고 하자.

도덕가치 ≡ 행복 (즉 도덕가치와 행복은 서로 필요충분조건이며 서로 정의할 수 있다.)

무어의 "논증"은 "과연 행복이 도덕가치의 본질 또는 정의가 될 수 있는가?"를 되묻는 것이다. 여러 경우를 생각해 보면, 행복이 도덕적 의미를 갖지 않는 경우가 많다. 나의 행복을 추구하면서 도덕적인 고려가 전혀 없는 경우도 있고, 심지어는 비도덕적 행위를 통해 행복을 추구하는 사례들도 많은 것이다. 그래서 상기한 질문의 답을 하자면, "아닌 것 같다" 정도가 될 것이다. 무어는 주장하기를 어떤 자연적 가치나 속성으로 도덕가치(goodness)를 정의하려 할 때, 거꾸로 그 정의하는 속성이나 가치가 도덕가치의 본질이 될 수 있는가를 되물어본다면 그 대답은 유의미한(즉 동의어 반복이 아닌) 것이니, 그 질문은 언제나 "열린" 질문이 될 수밖에 없다는 것이다. 이것을 좀 더 논리적으로 설명해 보자면 다음과 같다.

x와 y가 같다는 것은 사실이다.

---

5) G. E. Moore, *Principia Ethica*, 37-48쪽 참조할 것

이 명제에서 x ≡ y 라면, "x와 y가 같은 것인가?"라는 질문은 무의미하지만 분석적으로 언제나 참이다. 이런 질문이 "닫힌(closed)" 질문이 될 것이다. 그러나 도덕가치의 정의에 관한 질문은 언제나 "열린 질문, "즉 분석적으로 x와 y가 같다고 할 수 없는 질문인 것이다. 무어가 지적하고자 하는 바는 도덕가치나 속성은 어떤 자연적 가치나 속성과 같을 수 없는 분석이 불가능하고 또 다른 자연적 속성이나 가치로 정의내릴 수 없다는 것이다. 즉, 도덕적으로 좋은(good)과 완전히 일치하는 자연적 개념은 없다는 것이다. 무어는 도덕 객관주의의 기반을 제시하면서 도덕적 자연주의를 논박하며, 도덕가치나 속성을 자연적 가치로 환원하려는 노력을 자연주의적 오류(naturalistic fallacy)라고 불렀다.

무어의 주장에는 많은 반론이 있는데, 최근 제임스 드라이어(James Drier)는 말하기를, 무어가 구분한 것은 실제로는 묘사적(descriptive) 속성과 규범적(evaluative) 속성일 뿐, 도덕가치가 전혀 자연적 가치나 속성이 아니라는 주장에는 설득력이 없다고 한다.[6] 드라이어의 주장은 무어의 도덕적 자연주의(ethical naturalism) 반박에 일격이 될 수도 있다. 무어에 의해, 도덕적 가치가 자연적 가치로 환원 또는 정의될 수 없음이 증명되었다 해도, 도덕가치나 속성 자체가 자연적이 아니라는 증명은 없는 것이다. 그러나 무어 당시에도 그렇고, 우리는 일상적으로 도덕가치가 자연적이 아니라는 믿음을 갖고 있는 것도 사실이다.[7] 이것은 잘 알려진 자연적 가치인 개인적인 쾌락이나 욕망, 이익 등과 도덕가치가 보통 대립관계에 있기 때문이다. 도덕가치의 추구는 빈번히 이런 자연적 가치들을 억누르면서 실현되

---

6) James Drier, "Was Moore a Moorean?," 191-207쪽 참조. 또한 비슷한 논의를 Stephen Darwall, "How Should *Ethics* Related to (the Rest of) Philosophy? Moore's Legacy," 17-37쪽에서도 찾아볼 수 있다.

7) 칸트나 무어는 물론이고 비교적 최근인 도덕 반객관주의자 맥키의 저술에서도 같은 시각을 찾아볼 수 있다. 현대의 자연주의자들이 도덕가치가 자연적일 수 있다는 주장을 하지만, 도덕외적 자연적 성향이나 가치와 역시 자연적이라는 도덕가치의 충돌을 여하히 조화시킬 수 있는가 하는 문제에서 항상 곤란을 겪고 있다.

기 때문이다. 물론 이런 사실만으로 도덕가치나 속성이 비자연적이라고 단정지을 수는 없다. 무어의 논증이 과연 자연주의적 오류를 보여주고 있는가 하는 점에서는 문제가 있을 수 있지만, 도덕가치나 속성이 다른 가치나 속성으로 환원 또는 정의될 수 없다는 그의 논증은 의미 있는 주장이라고 할 수 있다. 도덕적 가치가 자연적이건 아니건 도덕가치를 다른 가치로 환원하거나 정의내릴 수 없다는 것이다. 그렇다면 다음과 같은 형태의 가언명법은 설득력이 없다.

(a) 만약 당신이 인생에서 쾌락을 추구한다면, 도덕적 행동을 해라. (도덕적 행동이 곧 쾌락 추구이기 때문이다.)

무어의 열린 질문 논증이 맞는다면, 도덕가치가 쾌락으로 환원되거나 정의될 수 없기 때문에, (a) 같은 가언명법은 도덕적 행동을 충분히 설명할 수 없는 것이다. 그런데 다른 종류의 가언명법의 형태가 있고, 나름의 논리도 있다. 그것을 살펴보기로 하자.

3. 도덕외적 가언명법과 도덕적 가언명법

많은 도덕 반실재주의자들 또는 일부의 도덕 실재주의자들은 주장하기를, 도덕가치나 속성이 다른 가치나 속성으로 환원될 수는 없으나 도덕가치는 언제나 다른 가치에 종속적이며 도구적이라는 것이다. 이런 입장이라면 도덕적 명령은 언제나 가언명법의 형태를 띨 수밖에 없다고 한다. 예를 들면,

(b) 당신이 인생에서 성공하고 싶다면, 도덕적 행동을 해라.

이 명령에서 "인생에서 성공"이 목적이라면, 도덕적 행동은 그 목적을 위한

도구인 것이다. 이렇게 도덕 행동을 다른 목적의 보조적 또는 도구적 수단이라고 보는 학자들의 예로, 도덕적 자연주의의 한 부류인 코넬 학파 자연주의자들을 들 수 있다. 그들은 도덕적 가치와 행동은 어떤 사회적 목적을 갖고있다고 말한다. 대표적으로 리차드 보이드는 도덕가치가 사회 전체의 평형상태(homeostasis)를 달성하고 증진시켜 주는 도구적 또는 보완적 역할을한다고 주장한다. 그는 말하기를,

> 만약 최초의 제한적인 의미의 민주주의가 발전하며 남긴 조건들이 없었더라면, 우리는 민주주의 안에서 도덕적 선이 평형상태에 주는 역할을 이해하지 못했을 것이다. 최초의 사회주의 사회가 성립된 후에만이, 평등을 지향하는 사회적 행위들이 전체 선을 증진시키는 데에 어떤 역할을 하고 있는가를 평가할 수 있는 필요한 자료를 우리는 비로소 습득할 수 있는 것이다.[8]

언뜻 보면 상식적인 말인 듯하지만, 핵심은 사회의 도덕외적이며 기본적인가치들과 체제가 형성되고, 도덕가치의 역할은 사회 전체의 평형상태 도달과 유지에 도구적으로 작동할 뿐이라는 입장이다. 그러면서도 그가 도덕 실재주의의 입장을 천명할 수 있는 이유는, "도덕적 속성이 행위, 정책, 사태들의 상황(state of affairs) 등에 포함된 실재적 요소이며 도덕적 판단은 충분히 많은 경우에 선에 관한 진실의 반영"임을 믿기 때문이라는 것이다.[9]도덕적 속성과 가치가 존재함을 믿지만, 그것은 사회의 총체적 선 또는 평형상태의 달성에 기여한다는 것이다. 그래서 이런 입장을 가언명법으로 구성해 본다면 다음과 같이 표현될 수 있다.

> (c) 만약 당신이 사회적 선들이 총체적 평형상태에 도달하기 원한다면, 도덕적 행동을 해라.

---

8) Richard Boyd, "How To Be a Moral Realist," 123쪽.
9) Richard Boyd, "How To Be a Moral Realist," 123쪽.

이렇게 도덕가치나 속성이 도구적 역할에 머문다는 입장은 도덕 반실재
주의자들도 부정하는 바가 아니다. 그들의 주장은 바로 그 역할 때문에 도덕
적 속성과 가치가 실재적일 수가 없다는 것이다. 도덕가치의 도구적 역할은
그 기원이 인간들의 주관적 감성 또는 감수성으로부터 나온다는 것이다. 그
러니 도덕적 속성과 가치를 객관적 세상에 실재하는 속성이라고 볼 수 없다
는 것이다. 도덕 실재론자들은 대개 도덕적 속성과 가치가 객관적 인간관계
에서 실재로 존재함에 초점을 맞춘다면, 도덕 반실재론자들은 가치와 속성
의 피상적 실재함을 넘어 그 근본을 분석하고 그 본질을 주관성에 근거한다
고 말하는 것이다. 예를 들어, 도덕 반실재주의자이자 투사론자인 사이먼
블랙번(Simon Blackburn)은 말하기를, 소위 말하는 도덕적 속성이란 주관
적 감성을 외부적 행위에 투사한 것에 지나지 않는다는 것이다.10) 도덕가치
와 속성은 세상에 실재한다고 보기보다는 만들어진 것으로 보는 것이 타당
하다는 것이다. 이런 입장은 또 다른 도덕 반실재주의자 존 맥키도 인정하는
바이며, 맥키는 특히 도덕가치가 욕망과 바람을 실현시키기 위한 도구임을
강조하면서, 도덕적 명령은 결코 정언명법이 될 수 없다고 주장한다. 그는
다음과 같이 말한다.

> 윤리학에 관한 한, 객관적 가치가 없다는 나의 논제는 특히 어떠한 정언명법
> 적 요소들이 객관적으로 유효하다는 주장을 거부하는 것이다. 내가 거부하는
> 객관적 가치란 절대적으로 행위를 이끌어내는(action-guiding) 가치이며,
> 행위자의 욕망과 바람에 의존하지 않는 가치이다.11)

맥키의 설명에 따르면, 조건절이 없는 형태의 정언명법에도 드러나지 않은
의도나 목표가 항상 존재한다. 그러므로 조건절이 없는 문법적 형태의 정언
명법이 있을 수 있지만, 실제로는 정언명법과 정언명법으로 표현되는 객관

---

10) Simon Blackburn, "How to Be an Ethical Anti-Realist," 167-178쪽 참조할 것
11) John Mackie, *Ethics: Inventing Right and Wrong*, 29쪽.

적 가치는 존재하지 않는다. 이와 같이, 도덕적 속성이나 가치의 객관성, 독립성, 또는 본원성을 거부하는 입장에서는 도덕명령이 실제로는 항상 가언명법의 형태를 띨 수밖에 없다. 그런데 도덕명령이 조건절이 포함된 가언명법 형태를 띤다고 해서, 본원적이고 도구적이지 않은 도덕가치가 존재하지 않는다고 말할 수 있을까? 물론 칸트는 도덕 행위가 정언명법에 의한 행위가 되어야함을 강조한 것이 사실이다. 그렇다면 칸트의 정언명법 이론이 틀린 것일까? 이런 의문들에 대해 생각해 보기로 하자.

4. 가언명법과 도덕 행위

이제까지 가언명법으로 주어지는 도덕명령 또는 도덕 행위에 다양한 형태가 있음을 살펴보았다. 이 형태들을 다른 각도에서 분류해 보기로 하자. 첫 번째는 (b)와 같이 조건절에 개인적 이익이 포함된 경우이다.[12] 이런 경우는 도덕적 행위의 실행이 개인적 이익의 성취를 목표로 한 것이다. 그런데 이런 형태의 가언명법이 진정한 도덕 행위라고 말할 수 있을까? 또는 일상적 개념의 도덕 행위를 이런 형태의 가언명법으로 설명할 수 있을까? 도덕 행위가 단지 개인적 이익의 추구를 위한 방편이라면, 도덕 행위와 타산적 분별(prudence)이 구분되지 않는다고 본다. 상당수의 사람들이 자신의 이익을 위해 도덕 행위를 할 수 있다. 그러나 그들의 행위는 진정한 도덕 행위라고 볼 수 없는 것이 일상적 시각이다. 진정한 도덕 행위는 개인적 이익의 추구를 목표로 하지 않는 행위라는 것이 일반적인 시각이다. 누군가는 모든 도덕 행위가 결국 어떤 이익 추구와 연관되어 있다고 주장할 수도 있지만, 그런 경우라도 도덕 행위는 적어도 직접적으로 개인적 이익을 추구하지는 않는다고 봐야 한다. 그렇게 개인적 이익을 직접적인 목표로 행위를 할 때에

---

12) (a)는 무어의 "열린 질문 논증"에 의해 가능하지 않은 도덕명령문 형태로 보기로 하자.

우리는 그런 행위를 타산적 분별에 의한 행위라고 말한다. 다시 말하면, 도덕 행위는 타산적 분별에 의한 행위와는 다르다는 것이 우리의 일상적 또는 직관적 시각이다. 따라서 (b)와 같은 형태의 가언명법은 도덕 행위를 설명하지 못한다고 할 수 있다.

좀 더 까다로운 형태의 가언명법이 (c)와 같은 형태이다. (c)에서는 조건절이 함유하는 목표가 집단적 이익이라고 할 수 있다. 그런데 (c)와 같이 집단적 사회적 이익을 추구하기 위한 가언명법은 (b)와 같이 개인적 이익을 추구하기 위한 가언명법과는 좀 다르다. (c)의 목적은 전체의 이익이므로 타산적 분별에 의한 행동이라고 보기는 어렵다. 적어도 (c)에서의 도덕 행위는 반드시 도덕 행위자에게 어떤 이익이 직접적으로 돌아온다는 보장이 없기 때문이다. (c)가 도덕가치의 도구성을 주장하는 예시라고 해도 그 자체가 도덕명령임을 부정할 수는 없다. 이런 종류의 가언명법을 "도덕적 가언명법"이라고 부르기로 하자. 좀 더 명확한 도덕적 가언명법의 예를 생각해 보자. 마을을 지키기 위해서 구멍 난 제방을 팔로 막다가 희생된 네덜란드 어린아이의 일화가 있다. 이 경우 다음과 같은 가언명법이 가능하다.

> (d) 만약 마을이 수몰되는 것을 막고 싶다면, 너의 몸을 던져 물새는 곳을 막아라.

이 가언명법에서 조건절의 목표가 "마을이 수몰되는 것을 막는(막고 싶은) 것"이며 이것은 도덕적 가치라고 할 수 있다. 그래서 이 목표를 위해 주절에서 도덕적 행동을 권고 또는 명령하는 것이다. 다시 말하면, 도덕적 가치 또는 목표를 위해서 도덕적 행동을 명령하는 것이라고 볼 수 있다. (c)의 경우 "사회적 가치(그것이 무엇이든지) 실현의 동참"이라고 말할 수 있고, (d)의 경우 "자기희생"이라는 도덕가치의 실현을 명령하는 것이라고 할 수 있다. 물론 모든 가언명법이 이런 형태를 띠고 있지 않을 것이다. 다음과 같은 예를 생각해 보자.

(e) 나치 독일의 국민들이 전쟁에서 승리하기 원한다면, 더욱 열심히 독일에 봉사해야 한다.

이 가언명법에서 조건절에 포함된 목표가 (d)에서와 같은 도덕적 목표인지 확실하지가 않다. 나치 독일과 독일의 승리에 어떤 도덕성을 부여하기 어렵기 때문이다. 그러나 국민들이 자신의 국가가 어떤 성공하기를 바라는 것, 또 그런 목표를 위해 애국적으로 노력하는 것에는 도덕적 가치가 포함되어 있다고 보아야 한다. 단지 당시 독일인들이 나치 독일정부의 진면목을 충분히 이해하지 못했었으며, 그로 인해 그들의 행위가 결과적으로 반인륜적 범죄를 도운 것이라고 볼 수 있다. 물론 어떤 가언명법에서는 조건절의 목표가 대단히 비도덕적이고 따라서 주절의 도덕 행위가 도덕외적 또는 비도덕적 목표의 도구나 수단이 되는 경우도 있다. 극단적으로 비도덕적인 목표를 추구하는 가언명법을 생각해 보자.

(f) 만약 자신이 속한 범죄조직이 더 번창하기 원한다면, 조직원들은 조직에 더 충성해야만 한다.

이런 가언명법에서는 범죄조직의 구성원들은 그 조직의 목표가 비도덕적임을 잘 알고 있으며, 그런 목표를 위해 어떤 도덕 행위, 즉 충성을 요구하는 것이다. 이런 경우에는 그 행위가 도덕적 행위라고 부르기도 어렵게 된다. 이기적 목표 추구라는 점에서, (f)는 (b)와 비슷한 가언명법이라고 할 수 있다.

이제까지 필자가 논의한 바는, 가언명법에서 조건절이 존재하고 그 조건절에 도덕 행위의 목표가 기술되어 있다고 해서, 도덕가치가 언제나 도덕외적 가치의 도구적 역할을 한다고 말할 수 없다는 것이다. 이제까지 본대로 어떤 가언명법에는 조건절에 포함된 목표가 도덕가치를 포함할 수 있기 때문이다. 그런데 필자의 주장에는 아직 해명되어야 할 점들이 남아 있다. 첫째는 필자의 주장이 칸트의 이론과 합치될 수 있는가 하는 점이다. 둘째로는 만약 합치가 된다면, 칸트의 정언명법을 어떻게 파악해야 하며, 그것과 가언명법은 어떤 관계를 가질 수 있는가 하는 점이다.

5. 도덕적 가언명법과 칸트의 정언명법

칸트의 정언명법 형식(formula)들 중에서도 본 논쟁과 밀접한 연관성이 있는 것은 "인간들을 목적으로 보는 인류사회(Humanity and the kingdom of ends)"를 위한 정언명법이다. 잘 알려진 그 내용은 다음과 같다.

인간들을 (그것이 당신 혼자이든지 또는 여러 사람이든지) 언제나 단지 수단이나 도구가 아닌 목적으로 대하도록 행동하라.[13]

이 정언명법이 요구하는 일상적 예를 들어보자면, 사람들을 도울 때에 어떤 대가나 이익을 바라지 말고 도움을 주는 그 사람만을 위해서 행동을 할 때에 비로소 그 행동이 도덕적 행동이자 이 정언명법에 부응하는 것이다. 그런데 다른 목적이 있다면, 그 행동은 가언명법적 행동이 되는 것이고 진정한 도덕행동이 될 수 없는 것이다. "어려움에 빠진 사람을 도와라." "물에 빠진 어린아이를 구하라." 등은 도덕적 행동이 되지만, "당신이 평판과 명예를 생각한다면, 어려움에 빠진 사람을 도와라." 또는 "당신이 보상을 바란다면, 물에 빠진 어린아이를 구하라." 등은 진정한 도덕행동이 될 수 없는 것이다. 그런데 정언명법들이 문법적인 (즉 내용적이 아닌) 가언명법이 될 수 없는 것일까? 다음과 같은 명령문을 생각해 보자.

(g) 만약 당신이 도덕적 행동을 하기 원한다면, 다른 목적 없이 어려움에 빠진 사람을 도와라.

---

13) Kant, *Groundwork of the Metaphysics of Morals*, 38쪽.

이 명령은 문법적 형식으로는 가언명법이지만, 그 내용은 정언명법과 다를 바가 없다. 왜냐하면 주절의 행위가 도덕적 행위이면서 조건절의 목적도 도덕적 행위이기 때문이다. (g)의 일반적 형태는 다음과 같다고 말할 수 있다.

(h) 만약 당신이 도덕적 행동을 하기 원한다면, 도덕적 행동을 하라.

(h)는 동의어 반복(tautology) 형태의 가언명법이지만, 그 내용은 정언명법과 다름이 없다. 그러므로 그 문장 형태가 가언명법이라고 해서 칸트의 정언명법을 거스르는 것은 아니다. 현재 논의되고 있는 많은 도덕적 가언명법들이 이와 같은 형태에 준한다고 할 수 있다. 이런 형태에 현실적 상황이 고려되어 복잡한 내용의 도덕적 명령과 행동이 등장한다고 볼 수 있는 것이다. 앞서 언급한 (c)와 (d)는 (h)가 구체적 사례에 적용된 형태라고 할 수 있다. 반면 (a)와 (b)는 (h)와 무관한 형태인 것이다. (e)와 (f)는 자신이 속한 사회의 번창 또는 성공을 위하는 도덕적 요소가 있지만, 사회 자체가 비도덕적 특성이 강해서 개인들의 도덕적 행위가 무의미해지는 경우라고 할 수 있다.

자연주의자들 또는 도덕 반실재주의자들은 다음과 같은 반론을 펼칠 수 있다. 필자의 주장에 일리가 있다고 해도, 조건절에서 도덕적 행동의 목표가 제시된 것은 사실이라고 할 수 있다. "'총체적 평형상태' 또는 '마을이 수몰되는 것을 피하기' 등이 목표로 제시된 이상, 도덕적 행동은 그런 도덕외적 목표를 위한 수단이 되는 것은 아닌가?"라는 질문을 던질 수 있다. 필자의 대답은, 각 조건절에서 도덕외적 개념이 제시되는 것이 도덕 행위 자체의 도구성을 보여주는 것이라고 볼 수는 없다는 것이다. 오히려 "총체적 평형상태로 도달하려고 행동함" "마을이 수몰되는 것을 피하고자 노력함" 같은 의도가 조건절의 핵심적 요소이고, 이런 요소들은 이미 도덕적 속성을 포함하고 있다고 보아야 한다.

조건절의 핵심은 행위자가 도덕가치를 실행하는 목적이나 이유가 제시된 것이고, (c)와 (d) 같은 가언명법은 도덕 행위자로 하여금 도덕 행위를 하도록 유도하는 명령인 것이다. (c)와 (d) 같은 가언명법의 조건절이 도덕외적 목표를 제시하는 것이라고 볼 수는 없다. 만약 가언명법의 조건절이 순전히 도덕외적 목표를 제시하기 위한 것이라면, 도덕명령으로서의 의미가 퇴색할 것이다. 예를 들어 다음과 같은 명령은 잘 납득이 되지 않는다.

(i) 만약 총체적 평형상태가 사회의 목표라면, 도덕적 행동을 해라.

(i)의 의미가 잘 이해되지 않는 이유는 조건절에서 행위자의 규범적 또는 도덕적 의도가 빠져있기 때문이다. 다시 말해서, 주절의 "도덕적 행동"이 조건절의 "총체적 평형상태"와 연결성이 없는 것이다. "총체적 평형상태"가 행위자의 목표인지 또 그것이 행위자의 목표라고 해도, 이 상황에서 행위자가 다른 의도를 가질 수도 있기 때문이다. 이렇듯 도덕적 가언명법에서 조건절은 상황에 따른 행위자의 행위목표나 이유를 제시하는 것이 그 핵심이라고 할 수 있다. 그것을 (c)와 (i)의 차이에서 볼 수 있다. 그래서 가언명법의 조건절에서 개별적 도덕 행위의 도덕외적 개념(예를 들어 "총체적 평형상태")이 제시된다는 사실이 도덕가치(예를 들어, "총체적 평형상태의 달성을 위해 노력함")의 도구성을 증명할 수는 없다고 본다. 앞서 필자가 주장한 바와 같이, (c)와 (d)는 (h)를 특정한 상황에 적용한 것이라고 보아야 한다.

여기서 또 다른 반론이 가능하다. 필자의 주장이 맞는다고 해도, (c)와 (d) 같은 가언명법의 조건절에서 어떤 목적(end)이 제시된 것은 부인할 수 없고, 이런 목적의 제시가 칸트가 말하는 정언명법적 도덕이론에 부합할 수 없다는 것이다. 그러나 칸트는 행위의 목적이 제시됨을 전혀 부인하지 않는다. 칸트는 실생활에서의 도덕론을 두 가지로 분류하는데, 첫째는 권리에 관한 이론(Doctrine of Right)이며 두 번째는 덕에 관한 이론(Doctrine of Virtue)이다. 전자는 법에 의해 규정되고 강제성을 갖는 권리와 의무에 관한 논의라면, 후자는 행위자들의 자유로운 선택에 의한 도덕 행위에 관한 논의이다. 칸트는 도덕 행위 이론을 전개하면서 다음과 같이 말한다.

> 윤리란 순수한 실천이성의 목적에 관한 체계라고 말할 수 있다. 목적(ends)과 의무(duties)는 일반적으로 도덕학설의 두 분야라고 할 수 있다. 윤리가 다른 사람들로부터 (자연적 방법들을 통해) 강제되지 않는 의무들을 포함한다는 것은 그것이 [즉 윤리체계가] 목적론(doctrine of ends)이라는 것에서 비롯된다. 목적을 향해 강제된다는 것은 모순적이기 때문이다.[14]

여기서 칸트가 강조하는 것은, 윤리는 법체계와 달리 자발적인 선택에 의한 행위이고 자유의지에 의해 그 목적이 선택된다는 것이다. 칸트에 따르면, 모든 행위에는 목적이 있다.[15] 단지 그 목적이 도덕적 목적인지 아니면 충동과 자연적 본능에 의한 것인지 다를 뿐이다. 그는 또 말하기를,

> 왜냐하면 인간들의 감각적 경향이 그들로 하여금 의무와 반대되는 목적을 선택하도록 유혹하는 경향이 있으므로, 사람들은 스스로 법칙성을 부여할 수 있는 이성을 통하여 자연적 성향에 의한 목적과 맞서는 도덕적 목적(moral ends)을 설정하여 이런 경향들을 견제해야 한다.[16]

칸트가 도덕적 목적을 말하는 것은 사실 이상할 것이 없다. 앞서 언급한 정언명법에서도 사람들 자체를 목적으로 보기 위한 정언명법을 설파하였고, 상식적으로 봐서도 도덕적 행동에 어떤 목적이 있음이 하등 이상할 것이 없다. 앞서 언급한 (c)에서 "평형상태에 도달하고자 노력함" 같은 것도 인간들과 인간사회를 목적으로 한 도덕 행위이며, (d)에서 "마을이 수몰되는 것을 막으려 함"도 바로 인간들과 인간사회를 목적으로 두고 있는 행위인 것이다. 맥키 같은 반객관주의자들은, 도덕 행위에 목적이 있음이 드러난다면,

---

14) Kant, *The Metaphysics of Morals*, 146쪽.
15) 앞으로 두 번째 인용 참조 바람.
16) Kant, *The Metaphysics of Morals*, 146쪽.

칸트의 도덕이론이 틀린 것처럼 말한다. 그러나 그들이 칸트의 의도를 충분히 이해하고 반박한다고 볼 수 없다.

마지막으로 해명해야 할 부분은 칸트의 정언명법이 갖는 위상의 문제이다. 필자가 말한 대로 도덕 행위에 이미 목적이 있다면, 왜 칸트는 정언명법에 어떤 조건이 없어야 한다고 말한 것일까? 도덕 행위에 어떤 목적이 있다면, 그 목적 역시 행동의 조건이 아닐까? 그렇다면 도덕 행위는 반객관주의자들의 주장처럼 이미 가언명법적 행위가 아닐까? 칸트가 말하는 조건이 배제된 도덕 행위는 앞서 언급된 "자연적 성향"이 배제된 도덕 행위로 봐야 한다. 칸트의 문제의식은 사람들의 일상적 행위를 지배하는 "자연적 성향", 즉 충동적이고 본능적이며 이기적인 성향을 여하히 견제해서 도덕적 목적과 행위를 자리잡게 하는 것이었다고 할 수 있다. 따라서 그가 배제하고자 한 "행동의 조건"은 "자연적 성향"에 의한 목적을 선정하고 도덕 행위를 그 도구로 삼는 것이었다. 칸트는 의무(duty)를 핵심으로 본 도덕 행위에 대해 다음과 같이 말한다.

> 어떤 목적(end)은 자유로운 선택의 대상(object)이며, 그 대상이 구체화되기 위해서는 행위를 선택한다. 그러므로 모든 행위에는 목적이 있다. 그리고 사람들이 대상의 실현을 위한 어떤 선택이 없다면, 목적도 이루어지지 않으므로, 어떤 목적이든지 목적이 있다함은 그 자신의 자유로운 행위가 있음을 의미하며, 그것은 자연적 결과가 아님을 말한다. 그러나 목적을 결정하는 이 행위는 수단이라기보다는 그 목적 자체(end itself)를 결정짓는 실천적 원칙 (practical principle)이기 때문에, 그 행위는 순수 실천이성에 의한 정언명법적 행위라고 할 수 있다. 그러므로 이 행위는 의무라는 개념과 일반적인 목적의 개념을 연결시켜 주는 [자발적] 명령에 의한 것이다.[17)]

정언명법이란 어떤 구체적 상황에서 도덕 행위를 지시하는 명령 또는 규범이라기보다는 사람들이 갖고 있는 도덕적 의무감을 자유선택에 의해 도덕

---

17) Kant, *The Metaphysics of Morals*, 149쪽

행위를 할 수 있게 하는 내적 명령이다. 따라서 이 명령은 구체적이고 개별적인 도덕 행위들의 근본인 것이며, "자연적 성향"으로 불린 이기심 개인적 욕망 등을 배제한 상태에서만 이 명령의 실행이 가능한 것이다. 반면에 앞서 언급한 (c)와 (d) 같은 가언명법은 이런 정언명법을 구체적 경우 또는 상황에 적용시킨 것이라고 할 수 있다. 칸트에 의하면, 정언명법이 없이, 구체적 경우에 도덕적 행동을 일관성 있게 실행할 수 없기 때문이다. 정언명법이 없다면, 개인들은 각 상황에서 자신들의 행동준칙(maxim)을 적용할 것이고 그 행동준칙은 "자연적 성향"에 크게 좌우될 것이다. 도덕 반객관주의자들의 일반적 실수는 칸트의 정언명법을 구체적 상황에서의 실행명령으로 착각하는 것이다. 칸트의 입장에서는, 구체적 상황에서 어떤 도덕행동을 하기 위해서는 이미 정언명법에 의한 자발적 명령을 행위자가 실천할 준비가 되어 있어야 한다. 쉽게 말하자면, 어느 경우에서나 도덕 행위를 할 수 있다는 것은 모든 경우를 아우르는 절대적인 명령(categorical imperative)이 행위자의 의지 속에 자리잡아야 하는 것이다. 이런 준비가 되어 있을 때, 구체적 경우나 상황 속에서 도덕 행위를 지시하는 도덕적 가언명법이 그 의미를 가질 수 있는 것이다.[18)

6. 결론

모든 가언명법이 도덕적 의미를 담고 있지는 않다. 그러나 도덕적 의미를 포함하는 경우도 많으며 그런 것들을 도덕적 가언명법이라고 필자는 지칭했

---

18) 칸트가 가언명법을 이런 방식으로 설명한 것은 아니고, 필자가 제시하는 설명이다. 그렇지만 코스가드 같은 칸트주의자들은 필자의 입장에 동의할 것으로 생각된다. 한 예로, 그녀는 칸트의 의지에 대해 설명하면서 "가언명법은 분리된 원칙이 아니다. 그것은 정언명법의 한 양상을 붙들고 있는데, 그것은 우리 의지의 법칙은 실행적 법칙이라는 사실이다."라고 말한다(Christine Korsgaard, *Self-Constitution: Agency, Identity, and Integrity*, 70쪽).

다. 그런 경우에 도덕 반객관주의자들은 가언명법과 정언명법의 관계를 오해한다고 할 수 있다. 그들은 가언명법과 정언명법을 서로 대립되는 관계로 보았는데, 문법적 관계로만 본다면 그럴 수도 있다. 그러나 그 둘의 관계를 내용적으로 본다면 꼭 그렇지 않다고 봐야 한다. 도덕적 가언명법을 실행하기 위해서는 정언명법이 전제되어야만 한다는 것이다. 칸트의 이론에 입각해서 보자면, 정언명법은 도덕적 의무감으로 행위와 행위의 목적을 규정하는 일반적 또는 근본적 명령이고 도덕적 가언명법은 특정적 상황에서 구체적 도덕 행위를 실천하기 위한 명령 또는 규범이 될 수 있다. 칸트 역시 일상적 도덕 행위에는 목적이 있음을 강조하고 있다. 그러나 도덕 행위의 원칙으로서 정언명법이 없다면, 구체적 도덕 행위(가언명법에 의한 행위)가 있을 수 없는 것이다. 따라서 정언명법과 도덕적 가언명법은 대립관계에 있는 것이 아니라 도덕 행위 실행을 위한 상호 보완관계라고 할 수 있다. 정언명법에 의해 도덕 행위자는 어떤 도덕 행위를 실행할 수 있는 내적 준비가 되어 있는 상태이고, 상황에 따른 구체적 행위 논리나 이유가 도덕적 가언명법으로 제시됨으로써 도덕 행위를 실천할 수 있다.

필자의 의견이 맞는다면, 구체적 도덕 행위나 도덕목표를 제시하는 가언명법은 도덕가치 또는 도덕적 속성이 도구적이라는 증거가 될 수 없다. 도덕적 가언명법은 어떤 도덕가치를 전제하면서 특정한 상황에서 그 도덕가치를 실행하기 위한 이유 또는 목적을 제시하는 것이지, 도덕가치 자체가 상황적 목표의 도구라고 주장하는 것은 무리한 해석이라고 말할 수 있다. 만약 도덕 반객관주의자들이 도덕 행위가 정언명법을 완전히 배제한 가언명법적 행위라고만 본다면, 도덕 행위는 칸트가 말하는 "자연적 경향"에 의한 행위와 같은 것이 될 수밖에 없고, 도덕 행위를 일관성 있는 행위로 말하기도 어렵게 된다고 본다.

참고문헌

Boyd, Richard, "How to be a Moral Realist," in *Moral Discourse and Practice*, 1997.

Blackburn, Simon, "How to be an Ethical Anti-Realist," in *Moral Discourse and Practice*, 1997.

Darwall, *Moral Discourse and Practice*, Oxford University Press. 1997.
Stephen. et. al.,

_____, "How Should Ethics Relate to (the Rest of) Philosophy?," in *Metaethics after Moore*, 2006

Drier, James, "Was Moore a Moorean?" in *Metaethics after Moore*, 2006.

Hogan, Terry *Metaethics after Moore*, Oxford University Press. 2006.
& Timmons, Mark,

Kant, Immanuel, *Groundwork of the Metaphysics of Morals*, edited by Mary Gregor, et. al. Cambridge University Press, 1998.

_____, *The Metaphsics of Morals*, edited by Mary Gregor, et. al., Cambridge University Press, 1996.

Korsgaard, Christine, *Self-Constitution: Agency, Identity, and Integrity*, Oxford University Press, 2009.

Mackie, John, *Ethics: Inventing Right and Wrong*. Penguin Press, 1977

McDowell, John, "Values and Secondary Qualities," in *Mind, Value, & Reality*, 1997.

Moore, G. E., *Principia Ethica*, reprinted by Prometheus Books, 1988.

Railton, Peter, "Moral Realism," in *Moral Discource and Practice*, 1997.

Abstract

Categorical Imperative, Hypothetical Imperative, and Moral Objectivism

Youn, Hoayoung[*]

This article deals with the relationship between categorical and hypothetical imperatives. Since Kant, a moral objectivist, proclaimed that all moral activities should be carried out by categorical imperatives, moral anti-objectivists have tried to show that all moral activities are in fact practiced by hypothetical imperatives. This could disprove the objectivists' tenet that there exist intrinsic moral values that are independent from non-moral values. The author argues that the anti-objectivists' attempt is a failure. Moral hypothetical imperatives that demand to execute moral acts presume the existence of objective moral values, which can be expressed by categorical imperatives, without which the acts performed by hypothetical imperatives do not make sense as moral acts. The author further argues that this interpretation matches with Kant's moral theory. The author also confirms that Kant's categorical imperative is not to deal with a specific moral situation, but to command moral agents' will or resolution, by which they must be able to perform moral acts in any situation.

Key words: categorical imperative, hypothetical imperative, Kant, moral objectivism, moral anti-objectivism

논문접수일: 2018년 05월 14일   논문심사일: 2018년 05월 29일
게재확정일: 2018년 06월 13일

* Pyeongtaek University, Pierson College, younh@ptu.ac.kr

도덕 행위자 이론의 문제점

윤 화 영(평택대)

【주제분류】메타윤리학

【주 요 어】도덕 행위자 이론, 행위논리, 도덕 실재론, 도덕 반실재론

【요 약 문】본 논문은 도덕 행위자 이론이 갖고 있는 문제점을 진단한다. 도덕 행위자 이론이란, 도덕 행위자의 성향, 반응, 선택 등의 분석에 주안점을 두고, 도덕가치나 규범의 본질을 탐구하는 이론이다. 행위자 분석은 자연적 가치나 존재 등을 논할 때 보통 쓰이는 방법이다. 즉, 인식론적 접근을 통해 형이상학적 존재에 대한 연구를 하는 것이다. 그러나 필자는 이런 방법이 도덕가치의 본질을 규명하는 메타윤리학에는 별로 설득력이 없다고 주장한다. 왜냐하면 도덕 행위자의 행위를 설명하는 "행위논리"가 일반적 또는 중립적인 것이라면, 특정한 메타윤리적 입장을 옹호할 수 없다고 보기 때문이다. 일반적이거나 중립적 행위논리는 도덕 실재론적 행위자나 반실재론적 행위자 모두에게 적용될 수 있다. 그런데 도덕 실재론자나 반실재론자들이 도덕 현실 또는 현상을 이해하는 것에서는 별 차이가 없다. 그들의 차이는 도덕가치의 본질 또는 위상을 어떻게 보는가에 따라 달라진다. 그래서 도덕가치의 본질을 논할 적에는 가치자체에 대한 논의가 주가 되어야 하며, 도덕 행위자 이론은 보조적 수단으로 써야 한다는 주장을 필자는 하고 있다. 필자는 도덕 행위자 이론의 예로써 존 맥키의 "도덕적 동기유발에 근거한 논쟁", 도덕 현상학자들의 감수성이론과 메튜 에반스와 니시샤의 도덕 행위자 이론 등을 검토하며, 이들 이론이 상기한 이유 때문에 소기의 목적을 달성하기 어렵다는 비판을 한다.

Ⅰ. 머리말

메타윤리학자들의 근본적 관심은 도덕가치 또는 규범적 가치의 본질을 규명하는 것이다. 그런 목표를 추구하는 과정에서 연구자들은 빈번히 도덕 행위자의 성향, 선택, 또는 반응 등 행위 분석에 주안점을 둔다. 이런 분석을 "도덕 행위자 이론"이라고 할 수 있다.[1] 예를 들어, 도덕가치가 근본적으로 존재하지 않는다고 보는 도덕 반실재주의자들(moral antirealists) 중 상당수는 어떤 도덕 행위자를 상정하여 그 성향이나 반응을 분석해서 자신의 입장을 옹호하는 결정적 증거로 삼는다. 마찬가지로 도덕 실재주의자들(moral realists)도 같은 방법을 자주 채용해서 실재주의의 증거로 삼는다. 도덕 행위자 이론에 대비되는 연구방법은 "도덕가치 분석이론"이라고 할 수 있다. 이 방법은 일반적으로 통용되는 도덕가치 개념을 분석하고 그것을 근거로 메타윤리학적 입장을 제시하는 것이다. 좋은 사례를 칸트의 정언명법 설명에서 찾아볼 수 있다. 칸트는 개인들의 도덕준칙(maxim)이 정언명법이 되기 위해서는 보편화가 가능해야 한다고 보았다. 물론 이것은 도덕 행위자 개인들이 도덕준칙(maxim)의 보편화를 시도한다는 것이 아니라, 도덕가치는 본질적으로 그런 조건을 충족해야 한다는 것이다. 이렇게 칸트는 도덕가치의 본질에 대한 논의는 우리가 갖고 있는, 그러나 명확히 드러나 있지 않은 도덕가치의 특징을 드러내는 것이라고 볼 수 있다. 이런 칸트의 분석 방법은 정언명법의 또 다른 조건에서도 찾아볼 수 있다. 칸트는 어떤 행위가 도덕적 행위가 되기 위해서는 행위 자체가 목적이 되어야 하며, 행위로부터 생길 수 있는 이익이나 결과에 대한 계산이 포함되어서는 안 된다고 말한다. 여기서도 개인들의 도덕 행위 자체를 분석하는 것이 아니라, 도덕가치의 본질적 특징을 행위에 적용해서 제시하고 있다 할 수 있다. 이런 분석방법은

---

1) 이 용어가 메타윤리학 논의에서 널리 쓰이는 정립된 용어는 아니다.

도덕 반실재주의 이론에서도 찾아볼 수 있다. 도덕 반실재주의자인 존 맥키의 오류이론에는 도덕가치의 기원, 일상적 도덕언어의 분석 등이 포함되어 있다. 특히 맥키는 일상적 도덕관습을 묘사하며 우리의 언어습관에 객관적 도덕가치에 대한 믿음이 얼마나 깊게 뿌리박고 있는지를 강조한다. 물론 그는 이런 객관적 도덕가치 개념이 잘못된 것이라는 결론을 내린다.

도덕가치 개념분석에서 행위자 반응이나 행동의 분석을 완전히 배제할 수는 없다. 왜냐하면 도덕가치가 사람들의 사고와 무관하게 존재하는 것이 아니므로, 도덕가치의 존재를 논하는 것은 어느 정도 도덕 행위자의 행동과 선택 또는 사고에 의존할 수밖에 없는 것이다. 이렇게 도덕 행위자를 분석하는 것과 도덕가치의 존재(또는 비존재) 사이에는 어떤 관계가 있음이 분명하지만, 그 관계를 정확히 지적하는 것은 쉬운 일이 아니다.[2] 행위자의 반응과 성향을 분석하는 인식론적 방법은 일반적 사물의 존재를 논할 때에도 빈번히 사용된다. 그러나 도덕가치에 관한 논쟁에서는 이런 방법을 결정적 증거로 사용하는 것은 적절하지 않을 수 있다. 그 이유는 자연적 가치문제에서는 행위자들의 반응과 성향이 일정하고 그것을 통해 가치의 존재를 논함에 별 이견이 없지만, 도덕가치의 문제에 있어서는 행위자들의 반응과 성향이 비슷하다고 해도 전혀 다른 도덕가치관을 가질 수 있기 때문이다. 또 반응과 성향이 다르다고 해도 그것은 행위논리의 문제가 아니라 서로 다른 도덕가치관에 기인한다고 할 수 있기 때문이다.

본 논문은 도덕 행위자를 분석하는 것과 도덕가치의 본질 간의 관계를 좀더 명확히 하려는 시도를 하고 있다. 필자의 결론은 도덕 행위자 분석은 도덕가치의 본질을 논함에 있어 보조적 수단은 될 수 있지만, 결정적 증거가 되기는 어렵다는 것이다. 도덕 행위자 분석에 의존하는 이론가들은 어떤 "행위논리"를 제시한다. 즉, 행위자들의 어떤 행위양태를 이론화해서 그것

---

2) 예를 들어, 코니 로사티(Connie S. Rosati) (2016)가 이 문제에 대해 언급한다. p. 204-6 참조할 것.

이 특정한 메타윤리학적 입장을 옹호할 수 있는 결정적 증거로 제시하는 것이다. 예를 들어, 맥키가 일반적인 도덕 행위자의 동기 분석을 통해 반실재주의가 옳다는 결론을 내리는 것이다. 필자의 논지는 그런 "행위논리"를 공정하게 적용해 본다면, 도덕 실재주의자나 반실재주의자에 모두 적용될 수 있고, 따라서 어떤 특정한 메타윤리학적 입장을 옹호하지 못한다는 것이다. 도덕가치의 본질을 규명하는 논의는 도덕가치의 개념분석에 더 주목하는 것이 바람직하다고 생각된다. 이 문제를 다루기 위해서 다음 절에서는 회의주의자 존 맥키(John Mackie)의 도덕 행위자 이론인 "도덕적 동기유발에 근거한 논쟁"에 대해 비판적으로 검토하고, 그 다음에는 도덕 현상학자들의 감수성이론(sensibility theory)에 대해 논의하도록 하겠다. 마지막으로는 최근 도덕 실재주의를 옹호한 메튜 에반스(Matthew Evans)와 니시 샤(Nishi Shah)의 주장에 대해 검토하기로 하겠다. 이 이론들 외에도 더 많은 도덕 행위자 이론들이 있을 수 있으나, 이 이론들이 대표적인 도덕 행위자 이론임을 감안하여 본 논문에서 다루어 보려고 한다. 상기한 이론가들 중에는 도덕 실재주의를 옹호하는 이론도 있고, 도덕 반실재주의를 옹호하는 이론도 있다. 필자는 이 논문에서 어떤 특정한 입장을 옹호하기보다는 단지 그들이 도덕 행위자 이론에 의존해서 도덕가치의 본질을 찾으려는 시도에 문제가 있음을 지적하고자 한다.

Ⅱ. 존 맥키의 도덕적 동기유발에 근거한 논쟁

맥키는 회의주의자 또는 주관주의자(subjectivist)로 잘 알려져 있으며, 그의 이론은 "객관적" 도덕가치가 존재하지 않는다는 것이 핵심이다. 여기서 주의해야 할 것은 그가 모든 도덕가치 개념들을 객관적으로 다룰 수 없다거나, 도덕적 판단이나 주장을 객관적으로 평가할 수 없다는 주장을 하는 것이 아니다. 오히려 그는 도덕인지론(moral cognitivism)을 주장하며, 이미 만들어진 사회적 기준들에 의해서 도덕적 판단이나 주장들을 옳고 그름으로 판단할 수 있다고 말한다.3) 그렇다면 맥키가 반대하는 "객관적 가치"는 무엇이고, 그 가치는 사회적 기준과 다른 것인가? 우선 뒤의 질문에 답하자면, "객관적" 가치는 사회적 기준과 다르다고 맥키는 보고 있다. "객관적" 가치는 시대와 문화를 뛰어 넘는 초월적 가치지만, 사회적 기준은 필요에 의해 각 사회가 만든 도덕적 기준들로서 "객관적 가치"가 아니라는 것으로 해석해야 한다. 맥키에 의하면, 우리가 말하는 도덕규범들이란 각 사회의 도덕 기준으로 개인들의 상호 이익 추구를 원활하게 하는 등의 사회적 필요에 의해 만들어질 뿐이고, 소위 객관적 가치는 이 사회적 규범의 형성에 아무런 영향을 미치지 않는다는 것이다.4) 예를 들어, "살인은 나쁘다."라는 사회적 도덕규범이 있을 때, 이 규범은 한 사회 안에서만 통용될 수 있는 기준임에도 불구하고, 사람들은 이 도덕규범이 어떤 사회에서든지 통용될 수도 있고, 또한 어떤 행위가 "나쁘다"라고 판단하는 것은 마치 보편성이 있는 판단인 것처럼 착각하고 있다는 것이 맥키의 주장이다. 이런 잘못된 생각과 언어가 사람들의 도덕사고를 지배한다고 봄으로, 맥키는 자신의 이론을 오류이론(error theory)이라고 부른다.

그렇다면 맥키가 앞서 말한 "객관적" 도덕가치를 도덕 행위자 분석을 통해 어떻게 부정하는지 알아보자. 맥키는 몇 개의 논변과 논증을 통해 "객관적" 도덕가치가 존재하지 않음을 주장하는데, 그중 하나가 도덕적 동기유발을 다룬 논쟁이다.5) 이 논쟁은 맥키의 "기이함에 근거한 논변(Argument from Queerness)"에서의 핵심적 논쟁으로, "객관적" 가치가 어떻게 "기이한" 것

---

3) 이 인지론은 도덕 실재론의 인지론과 다름이 없다. 그러나 그가 실재론자가 아닌 이유는 도덕가치의 본질이 주관성에 근거한다고 보기 때문이다. 맥키(1977) p. 18 참조 바람. 여기서부터 맥키(1977)을 때때로 「윤리학(*Ethics*)」으로 부르기로 하자.
4) 이것이 맥키가 말하는 제 일 단계 도덕사고와 제 이 단계 도덕사고의 분리의 한 의미이다.
5) 맥키(1977), p. 40. 이 논쟁은 그의 "기이함에 근거한 논쟁"의 핵심 부분이다. "도덕적 동기유발에 근거한 논쟁"이라고 부르자.

인가를 결정적으로 보여주려는 시도이다. 여기서 맥키의 논증 방법은, 사람들이 "객관적" 도덕가치에 의해서는 행위자들의 동기유발이 되지 않으므로 그런 가치가 존재하지 않는다는 것이다. 좀 더 구체적으로 기술해 보자.6)

(1) 만약(if) 객관적 가치가 행위자의 도덕 행위를 유발시킬 수 있다면, 객관적 도덕가치가 존재한다.
(2) 도덕 행위의 주체들은 도덕적 가치와 판단이 주관적이라고 믿는다.
(3) 객관적 도덕가치가 그들의 도덕 행위를 전혀 유발시키지 않는다. ((2)에 의해)
(4) 그러므로 객관적 도덕가치는 존재하지 않는다.

(1)-(4) 논증은 일관성 있는 주관주의적(subjective) 도덕 행위자를 상정하고 있다. 그러나 이런 주관주의적 도덕 행위자가 모든 도덕 행위자를 대표할 수 있을까? 객관주의적 도덕 행위자들, 즉 "객관적" 도덕가치에 대한 믿음이 있고, 그런 가치에 의해 도덕적 행동을 할 수 있는 사람들이 또한 있음을 부정할 수 없다. 오히려 맥키의 오류이론에 의하면, 이런 객관주의적 도덕 행위자들이 대부분이라고 보는 것이 타당하다. 왜냐하면, "객관적" 도덕가치에 대한 믿음이 있고, 그런 믿음이 반영된 도덕 언어를 쓰는 사람들이 대다수라면, 이들이 (철학적 객관주의자는 아닐지라도) 객관주의적 도덕 행위자라고 보는 것이 타당하다. 그들의 행동양식에 의하면, 다음과 같이 객관적 도덕가치의 존재가 증명될 수도 있다.

(1') 만약(if) 객관적 가치가 행위자의 도덕 행위를 유발시킬 수 있다면, 객관적 도덕가치가 존재한다.
(2') 도덕 행위의 주체들은 도덕적 가치와 판단이 객관적일 수 있다고 믿는다.
(3') 객관적 도덕가치가 그들의 도덕 행위를 유발시킬 수 있다. ((2')에 의해)

---

6) 이것은 맥키의 "동기유발에 근거한 논쟁"을 정확히 재구성한 것이 아니라, 도덕 행위자가 일관성 또는 합리성을 가질 때의 행동이라고 할 수 있다. 맥키의 설명에서는 행위자가 일관성이 결여되어, 뒤에 나올 (1')-(2')가 (3)-(4)와 결합된 형태이다. 자세한 것은 윤화영(2006b) 참조 바람.

(4') 그러므로 객관적 도덕가치는 존재한다.

(1')-(4')는 맥키의 "도덕적 동기유발에 근거한 논쟁"을 소위 오류에 물든 일반적 도덕 행위자에 적용한 것이며, (4)와 (4')는 완전히 상반된 결론이다. 여기서 맥키는 (2')로부터 (3')의 과정에 문제가 있을 수 있다고 볼 것이다. (2')는 오류이론을 반영한 것으로 이것이 단지 허상이라고 그는 주장하기 때문이다. 그러나 그것은 맥키의 입장에서 할 수 있는 말일 뿐, (2')를 믿고 수용하는 사람들에게는 (3')의 행동이 일관된 행동일 것이다. 예를 들어, 십계명을 "객관적" 도덕가치로 믿는 사람이 있다면, 십계명을 지키는 행동이 일관성 있는 행동일 것이다. 적어도 (2')를 수용하는 사람이 이성적 사리판단을 한다면, 언제나 그렇지는 못하더라도 (2')에 따라 (3')의 행동을 할 수 있을 것이다.7) 이와 같이 어떤 가치관을 도덕 행위자가 갖고 있는가에 따라 그 결과는 정반대로 달라질 수 있다. 도덕 행위자들이 똑같은 논리에 의한 행동을 하더라도, 그들이 이미 갖고 있는 가치관에 의해 다른 선택을 하고 다른 결과가 나온다는 평범한 사실을 반영하는 것이다. 그래서 맥키의 "도덕적 동기유발에 근거한 논쟁"이 올바로 도덕 행위자들의 행동양식을 설명한다 해도 동기유발 행위이론으로부터 그들의 도덕가치관이 결정되거나 또는 정당화되는 것은 아닌 것이다.

이 "논쟁"에서 (1)-(4)와 (1')-(4')는 공통적 행위논리를 포함하고 있다고 봐야 한다. 즉, "도덕가치에 대한 믿음에 의해 행위가 결정된다."라고 할 수 있다. 따라서 객관주의에 대한 믿음이 있는 도덕 행위자와 믿음이 없는 도덕 행위자의 행동양식이 달리 나타나는 것이다. 각 유형의 행위자들이 도덕가치에 대한 믿음이 서로 다르고, 같은 행위논리를 갖고 있다 하더라도 그들이 반응과 행위의 선택이 달라지는 것이니, 그 결과적 행위와 반응에 의해 도덕 실재주의가 옳다 또는 그르다를 논할 수 없는 것이라고 본다.

---

7) 맥키를 옹호하려는 리차드 가너(Richard Garner) (1990)에서 이 논쟁을 찾아볼 수 있다.

혹자는 다음과 같은 반론을 펼칠 수 있다. "도덕가치에 대한 믿음이 있다 해도, 그것은 행위자의 실제 행위와 무관하다."라고 주장할 수 있다. 예를 들어, 객관적 도덕가치에 대한 믿음이 있는 행위자의 실제 행동은 그 가치와 무관하게 이루어지는 것이다.8) 만약 이 반론이 맞는다면, 필자의 주장에는 큰 충격을 줄 수는 있지만, 행위자들은 비합리적이고 일관성이 결여된 행위자들이 될 뿐만 아니라, 그들에 대한 논리적 설명은 불가능해진다고 할 수 있다. 예를 들어, (1)-(2)가 (3')-(4')와 연결이 된다면, 그들의 행위논리를 설명할 수 없다. 따라서 도덕 행위자들의 반응과 행동에 어느 정도의 합리성 또는 일관성이 있다는 것을 상정한다면, 필자가 해석한 맥키의 행위논리가 옳다고 보아야 하며, 그 행위논리와 그에 따른 행동만으로는 객관주의 또는 반객관주의가 옳은지 그른지 판정을 할 수가 없다고 본다. 이들의 행위논리는 같지만 자신들이 갖고 있는 도덕가치관에 의해 다른 행위가 결정되기 때문이다. 따라서 그들의 행위와 행위논리를 분석함으로써 특정한 메타윤리적 입장을 옹호하는 것은 본말이 전도된 시도라고 할 수 있다. 이렇게 도덕 행위의 묘사에서 도덕가치의 본질을 끌어내려는 시도는 맥키 뿐만이 아니다. 비슷한 시도를 하고 있는 도덕 현상학자들의 이론을 검토하기로 하자.

Ⅲ. 도덕 현상학자들의 감수성이론

도덕 현상학자들, 예컨대 데이비드 위긴스(David Wiggins)나 존 맥도웰(John McDowell) 등은 도덕 실재주의자(moral realist)로 여겨지고 있다. 그들에 의하면, 도덕 행위자들이 어떤 도덕가치의 참을 인식하는 순간에는 그 주관적 인식과 객관적 도덕가치가 같이 결합되어 뗄 수 없는 상태라고

---

8) 맥키의 "논쟁"은 실상 이 주장을 포함하는 듯하다. 즉 (1')-(2')를 (3)-(4)와 결합시키는 것이다.

한다.9) 즉 〈도덕적 속성, 도덕적 반응〉이 한 묶음으로 행위자에게 주어지고 이 묶음은 분리 또는 분석할(unanalyzable) 수 없다는 것이다. 이렇게 객관적 속성이 거부할 수 없이 존재한다고 주장하므로, 그들이 실재주의자로 자리매김하는 것이다. 또한 이 이론은 기존의 논쟁, 즉 도덕가치의 주관성 또는 객관성 논쟁에 나름의 해결책을 제시하고 있는 바, 도덕가치란 객관적 속성을 주관적 감수성으로 인지할 적에만 그 가치로서 존재할 수 있다는 것이다. 예를 들어보자. 어떤 용감한 시민이 불량배로부터 희롱당하는 여성을 구출했다고 하자. 관찰자의 입장에서 보면, 이 시민의 행동에서 용감함을 구성하는 속성을 관찰자의 감수성으로 인식할 때에, 〈용감함이라는 속성, 용감함을 느끼는 반응〉의 결합이 일어나고 이 결합은 분리 또는 분석해서 속성과 반응 간의 선후를 생각할 수 없다는 것이다.10) 이 결합은 가장 기본적 현상이므로 분석할 수 없다는 것이 도덕 현상학자들의 주장이다. 이 〈속성, 반응〉의 결합이 필자가 말하는 행위논리에 해당한다.

만약 도덕 현상학자들의 주장이 모두 맞는다면, 메타윤리학 논의에서 획기적 성과라고 할 수 있다. 그러나 이들 이론에는 큰 문제가 있다. 먼저 사람들이 도덕가치를 잘못 인식하는 경우는 어떻게 설명할 수 있을까? 앞의 예에서 용감한 시민이 사실은 사건과 무관한 행인이 아니라, 가해자 측과 연관이 있는 사람으로서 그의 모든 행동은 사전에 기획된 것이라고 한다면, 그의 행동은 용감한 것도 아니고, 도덕적인 것도 아닌 것이다. 그의 행동을 처음 목격했을 때에는 의심의 여지없이 그의 행동을 도덕적이라고 느꼈지만, 나중에 알고 보니 잘못된 인식이었던 것이다. 그렇다면, 이런 상황은 감수성이론에 비추어 어떻게 설명할 수 있을까? 우선 분석할 수 없다는 〈속성, 반응〉의 결합은 차후에 분석될 수밖에 없고 분리할 수밖에 없다. 왜냐하면, 처음의 〈도덕적 속성, 도덕적 반응〉의 결합이 잘못된 인식으로 실상은

---

9) 도덕현상학, 즉 감수성이론은 존 맥도웰(1997)과 데이비드 위긴스(1998)에서 잘 소개되어 있다.
10) 이런 이유로 이 이론을 무선후이론(no-priority view)이라고 부른다.

〈비도덕적 속성, 도덕적 반응〉임을 알았다는 것은 이 결합이 분석되었다는 의미이기 때문이다. 또 처음의 결합이 잘못임을 안다면, 이 결합이 분리도 될 수 있다는 것이다. 즉, 비도덕적 속성이 도덕적 반응과 잘못 결합되었고, 그렇기 때문에, "처음에는 그 사람의 행동이 용감하고 도덕적인 줄 느꼈지만, 알고 보니 나의 느낌이 옳지 않았다."라고 말할 수 있는 것이다.

더 큰 문제는 개인적으로 잘못된 인식을 넘어 사회 전체가 옳다고 생각했던 도덕적 진실이 바뀔 수도 있는 것이다. 과거에는 대다수 사람들이 노예제도가 옳다고 여겼지만 지금은 그런 생각이 옳다고 할 수 없는 것이다. 20세기 중반에 많은 독일인들은 유태인이나 유색인종은 열등하므로 게르만족의 지배를 받는 것이 당연하다고 생각했었지만, 지금은 그런 생각을 옳다고 보지 않는 것이다. 이런 도덕가치 인식의 변화에 대해 도덕 현상학자들은 수렴이론(convergence theory)으로 설명한다.11) 그들에 의하면, 사람들의 감수성과 속성의 결합이 어떤 진릿값을 향해 수렴한다는 것이다. 역사적으로 보자면, 이런 경향이 있음을 부정할 수는 없다. 그런데 이 수렴이론이 도덕적 진리를 찾는 수단이라면, 처음 제시된 감수성이론, 즉 〈속성, 반응〉의 결합은 도대체 무엇을 설명할 수 있는 것인가? 이 결합에 의한 도덕적 감수성이 틀릴 수도, 즉 잘못될 수도 있음을 안 이상 이 결합의 의미는 어떤 도덕적 진리라고 판단되는 순간의 감수성일 뿐이다. 다시 말하면, 특정한 상황에서 도덕적 진리나 진실이라고 느끼는 순간을 상기한 결합으로 표현할 수 있는 것이다. 그러나 이 결합은 특정한 순간의 도덕적 감수성이나 도덕적 속성의 이해가 절대적으로 옳음을 보장하지는 못한다. 도덕 현상학자들이 수렴이론에 의존하는 바와 같이, 이 결합이 도덕적 진리나 진실을 찾아내는 수단은 될 수 없는 것이다.

그렇다면 아직도 이 〈속성, 반응〉의 결합이 도덕 실재주의가 옳다는 강력한 증거가 될 수 있거나 도덕 실재주의의 독특한 특징이 될 수 있을까? 이

---

11) 수렴이론에 관해서는, 데이비드 위긴스(1998), pp. 149 ff. 참조 바람.

결합이 도덕적 진실과 속성을 발견하는 수단이 될 수 없다면, 이 결합은 도덕적 경험의 한 순간을 표현할 뿐, 도덕 실재주의를 옹호할 수 있는 특징은 아니라고 생각된다. 다시 말하면, 도덕 실재주의자이건 또는 반실재주의자이건 간에, 도덕적 진실이라 여겨지는 것을 깨닫는 순간을 상기한 결합으로 표현할 수 있다고 생각된다. 물론 맥도웰 같은 도덕 현상학자에 의하면, 상기한 결합이 도덕현상학의 독특한 시각이며 다른 이론들은 이를 수용할 수 없는 것처럼 말하고 있다.[12] 그러나 그것은 이 결합이 그들의 애초 주장대로 도덕적 진리와 속성에 다가가는 수단일 경우에는 그 독특한 위상을 인정할 수 있지만, 단지 도덕적 진실이라고 느낄 때를 표현하는 결합이라면 별로 독특한 점을 발견할 수 없다고 본다.

필자의 해석에서 한 가지 문제가 될 수 있는 것은, 여기서 말하는 속성이 객관적 속성이라면, 도덕 반실재주의에서 이것을 수용할 수 없을 수도 있다는 것이다. 그러나 도덕 반실재주의자이자 투사론자인 사이먼 블랙번에 의하면, 사회 안에는 이미 객관적 또는 실재적인 듯 보이는 많은 도덕적 속성들이 감수성의 투사에 의해 이미 만들어져 있다는 것이다. 맥도웰 같은 현상학자들이 실재성이 있다고 보는 도덕적 속성들은 주관적 감성의 투사에 의한 창작물이란 것이다. 그렇게 만들어진 속성들은 실재적이 아니지만 실재적인 것처럼 통용된다고 주장한다.[13] 따라서 블랙번의 준실재론(quasi-realism)의 입장에서 보아도, 어떤 도덕적 진실이라고 느끼는 것을 인식하는 순간을 〈도덕적 속성, 도덕적 반응〉의 결합으로 표현됨을 거부할 필요가 없다고 본다. 또한 맥키의 이론에서도 사회에는 많은 도덕적 기준들이 만들어져 있다. 몰론 이 기준들이 "객관적" 기준들은 아니지만, 이들에 의해 어떤 행위가 도

---

12) 맥도웰은 이 감수성이론이 맥키의 오류이론과 사이먼 블랙번의 투사론보다 더 나은 설명임을 강조한다. 맥도웰(1997) pp. 131-66 참조할 것.
13) 맥도웰은 이에 대해 침묵론(quietism)으로 대응한다. 즉, 주어진 속성에 대해서는 말할 수 있지만, 그런 속성의 기원에 대한 것은 분석할 수 없으므로 침묵할 수밖에 없다는 입장이다. 〈속성, 반응〉의 결합을 분석할 수 없다는 것이 이 침묵론을 뒷받침한다.

덕적임을 느끼는 순간을, 상기한 〈도덕적 속성, 도덕적 반응〉의 결합으로 표현함을 전혀 배제될 이유가 없다. 특히 맥키 역시 도덕적 판단에서 감수성 또는 감성의 역할을 중시하는 이론가이며, 맥도웰 같은 도덕인지론자이다. 그렇게 도덕적 행위나 판단에 옳고 그름이 가능한 이유는 외부적인 도덕적 기준이나 속성이 사회적 전통에 의해 만들어진 것임을 인정하고 있는 것이다. 우리가 의심의 여지없이 어떤 속성이 진실이라고 느낄 때를 상기한 결합이 잘 표현하고 있으니, 다른 이론들도 이 결합을 배제할 이유는 없다고 생각된다.

이제까지 논의한 바와 같이, 도덕 현상학자들의 감수성이론, 즉 〈속성, 반응〉의 결합은 사람들의 특정한 도덕적 경험을 표현하는 행위논리로 해석할 수 있다. 도덕적 진리와 속성이라고 생각되는 것을 느끼는 순간을 설명하는 것이다. 그렇다면 도덕 실재주의자나 반실재주의자가 이런 경험과 그 행위논리도 모두 공유할 수 있다. 따라서 그 행위논리 또는 〈속성, 반응〉의 결합을 통해 어떤 특정한 메타윤리적 입장(예를 들어 도덕 실재주의나 반실재주의)이 입증되는 것은 아니다. 즉 행위자들의 행위 분석이 도덕적 가치와 규범의 본질 또는 위상을 탐구함에 결정적 증거가 될 수 없는 것이다.

Ⅳ. 매튜 에반스(Matthew Evans)와 니시 샤(Nishi Shah)의 도덕 행위자 이론

최근 매튜 에반스와 니시 샤는 도덕 실재론을 옹호하기 위한 흥미로운 제안을 한다. 즉 도덕 행위자들의 어떤 일반적 도덕 행위의 성향에 주목하고 그것이 옳다고 본다면, 다양한 도덕 반실재론들, 예컨대 비인지론(non-cognitivism), 오류이론(error theory), 구성론(constructivism) 등은 모두 틀렸다는 것이다.

우선 행위자들의 "행위경향 규범성(Normativity of the Attitude; NA)을 다음과 같이 정의한다. 이것은 도덕 행위자들의 일반적인 행위경향이라고 할 수 있는데, 이것이 필자가 말하는 행위논리에 해당된다. 에반스와 샤는 이것을 반실재론들을 논박하는 도구로 삼는다.

> 행위경향 규범성(NA): 도덕 행위자가 어떤 행위경향(attitude)을 갖는다고 말하는 것의 한 의미는 그 행위경향에 적용될 수 있는 규범에 의해 그것을 평가함을 말한다.[14]

예를 들어, 우리가 지하철에서 시끄럽게 통화하는 사람을 보고, "저 사람은 너무 시끄럽게 통화한다."라고 말할 수 있고, 이것은 "저 사람의 시끄러운 통화는 잘못이다."라고 말하는 것과 같은데, 물론 여기에 적용할 수 있는 규범, 즉 "지하철에서 시끄럽게 통화해서는 안 된다."라는 규범이 존재한다는 것이다. 에반스와 샤는 도덕적 규범에 대해 좀 더 설명한다. 그들에 따르면, 이 규범은 생각보다 약하지(weak) 않다는 것이다. 예를 들면 장기 게임에서 여러 가지 수를 생각할 수 있고, 한 사람이 이기기 위해서는 어떤 특정한 수를 "두어야 한다"고 규범적인 평가를 내릴 수 있다. 예컨대, "차로 포를 먹어야 한다" 같은 것들이다. 그러나 이 행위자는 그것을 꼭 따를 필요도 없고, 그렇다고 그 행위자의 선택을 "맞다" 또는 "틀리다"로 평가하기도 애매모호하다. 왜냐하면 이기기 위한 여러 가지 전략이 있기 때문에 어떤 규범적 선택을 꼭 해야만 하는 것이 아니기 때문이다. 이런 의미에서 장기판에서의 규범은 "약하다"고 할 수 있다. 또 식탁예절에서도 "수저는 오른손으로 사용해라" 같은 규범이 있기는 해도 이것 역시 지키지 않았다 해서 그 사람을 "좋다" 또는 "나쁘다"로 평가하는 것은 지나칠 수 있다. 역시 "약한" 규범의 예이다. 그러나 도덕적 규범은 그렇지 않다는 것이다. 그것을 지키거나 지

---

14) 에반스와 샤(2012), p. 83. 원문은 "Part of what it is to be attribute an attitude to someone is to evaluate that attitude in accordance with the norms that apply to it."

키지 않는 행위는 엄격한 평가를 받을 수 있는 것이다. 에반스와 샤가 지적을 하지 않지만, 이 특징은 도덕인지론(moral cognitivism)을 반영하는 것이다. 즉, 어떤 행위경향들은 규범에 의해 명확히 평가할 수 있다는 것이다. 예를 들어, 살인이나 강도짓에 관한 평가는 강한 의미의 나쁜 행동이다.

에반스와 샤가 인정하듯, NA는 도덕적 판단을 또한 포함하고 있는데, 이것은 규범에 대한 복종(conformity)에 의해 어떤 행위경향을 실행하는 것에 대한 판단이다. 간단히 말하면, 규범을 잘 지켰는가에 대한 판단이다. 이 규범에 대한 "복종"은 보통 말하는 "권고성(prescriptivity)"의 복종 또는 규범성(normativity)에 입각한 판단과 같은 것이라고 볼 수 있다.15) 즉, 도덕적 규범이나 가치가 포함하는 권고성을 잘 따르는 것이 그 규범에 대해 복종하는 것으로 볼 수 있다. 이렇게 NA가 포함하는 두 특징은 인지론적 판단과 권고성에 대한 복종이라고 정리할 수 있다.16)

그렇다면 상기한 NA가 어떻게 도덕 반실재론들의 문제점을 어떻게 드러낼 수 있을까? 에반스와 샤는 도덕 반실재론과 실재론의 주장들을 아주 간략하게 다음과 같은 논증 속에서 보여준다.

(E1) 만약 우리의 도덕적 판단이 어떤 사실들을 드러내는 목적을 갖고 있다면, 그것은 사람들의 [주관적 또는 도덕외적] 행위경향과 무관한 규범적 사실들을 드러내려는 것이다.
(E2) 우리의 모든 규범적 판단들은 사실들을 드러내는 것이다.
(E3) 사람들의 행위경향과 무관한 규범적 사실들은 존재하지 않는다.
그러므로
(E4) 우리의 모든 도덕적 판단은 잘못된(mistaken) 것이다.17)

이 논증은 존 매키의 오류이론을 에반스와 샤가 정리한 것으로, 각각의

---

15) 에반스와 샤는 권고성이나 규범성에 대한 직접적 언급은 없다.
16) 이것은 에반스와 샤의 언급이 아니라 필자가 정리한 결론이다.
17) 에반스와 샤(2012), p. 86.

명제들은 특정 메타윤리학적 입장과 연관이 있다고 그들은 보고 있다.[18) 에반스와 샤에 따르면, 구성론(constructivism)은 (E1)을 부정한다. 그들은 구성론의 구체적 설명과 예를 들지는 않지만, 잘 알려진 것으로는 존 롤스(John Rawls)의 구성론이 있고 맥키 또한 그의 『윤리학(Ethics)』에서도 구성론적 시각을 제시한다. 롤스의 입장에서는 도덕적 규범, 예를 들어, 최소치 최대화의 규칙(maximin principle)이 어떤 객관성 있는 도덕가치 또는 규범적 사실에 근거해서 만들어지는 것이 아니라, 단지 사람들이 최악의 상태에 떨어질 가능성에 대한 두려움에 의해 선택된 원칙일 뿐이다.[19) 표면적으로는 도덕적으로 보이는 규범의 본질이 전혀 도덕적인 것이 아니다. 맥키도 비슷하게, 도덕적 규범들이 만들어지는 이유는 개인적 이익 추구가 가져오는 충돌을 완화시키고 편리함을 제공하는 것 정도이다.[20) 구성론의 입장에서는, 우리가 도덕적으로 여기는 규범의 본질은 도덕적인 것도 사실적인 것도 아니다.

에반스와 샤에 의하면, 비인지론자(non-cognitivist)들은 (E2)를 거부한다. 비인지론은 규범적 또는 도덕적 판단이 사실적 판단과 근본적으로 다르다고 보는 입장이다. 즉 도덕적 판단이란 어떤 행위나 사실에 대해 "맞다" 또는 "틀리다"의 판단이 아니라, "인정한다" "찬성한다" "반대한다" "허용한다" 등 주관적 느낌의 표현이라는 것이다.[21) 그렇다면 비인지론자들은 (E2)를 거부할 수도 있다. 또한 도덕 실재론자들은 (E3)를 부정할 것이다. 실재론의 핵심이 객관적인 도덕적 사실들이 존재한다는 것이니 (E3)를 수용

---

18) 이 논증이 정확하게 오류이론을 재구성한 것인지에 대해서는 의문의 여지가 있지만, 여기서는 논하지 않기로 한다.
19) 존 롤스(1971), pp. 160–61.
20) 맥키(1977), pp. 105–24.
21) 비인지론에 대한 이런 해석은 일반적이기는 하지만, 비인지론자들은 동의하지 않을 수 있다. 자세한 논쟁은 여기서 다루지 않기로 한다. 자세한 논의는 윤화영(2006a) 참조 바람. 또한 에반스와 샤가 정확히 말하듯, 적어도 표면적으로 비인지론자들이 도덕적 판단에 진위가 없다는 주장을 하지는 않는다. 단지 도덕적 판단은 사실적 판단과 근본적으로 다르다는 것이다.

할 수 없다. 마지막으로, 맥키 같은 오류이론가들은 (E4) 뿐만 아니라 (E1)-(E3)의 논쟁을 모두 수용한다.

에반스와 샤는 NA가 구성론, 비인지론, 오류이론과 서로 충돌함을 보여주려고 한다. 먼저 오류이론을 살펴보자. 도덕적 규범의 한 예로 다음과 같은 명제를 생각해 볼 수 있다.

(a) 거짓말을 해서는 안 된다.

이 규범에 근거해서 다음과 같은 도덕적 판단이 가능하다. 앞서 본 (E2)에 따라, 모든 도덕적 판단은 어떤 사실을 드러내려는 것이다.[22]

(b) 톰은 거짓말을 해서는 안 된다는 것을 믿는다.

NA에 의하면, 이 판단의 진위는 "(a) 거짓말을 해서는 안 된다."가 참이면 (b) 역시 참이 되고, 아니라면 (b)도 거짓이 된다. 그런데 오류이론에 의하면 모든 도덕적 판단은 잘못된 것 또는 틀린 것으로, 비록 (a)가 참이라도 (b)는 틀린 것이 된다.[23] 즉 NA가 요구하는 인지론적 판단과는 달리, (b)는 항상 틀린 것이고, 따라서 오류이론과 NA는 서로 합치하지 않는다. 이 점을 좀 더 극명하게 보여주기 위해 에반스와 샤는 다음과 같은 예를 든다.

(c) 톰의 판단이 잘못되었다는 것(즉 (b))은 틀렸다.

이것 역시 도덕적 판단이므로, 오류이론에 의하면 잘못된 것이다. 그러나

---

22) 에반스와 샤에 의하면, 이것은 오류이론의 전제이다. 또한 그들은 오류이론이 모든 도덕적 판단을 잘못된 또는 틀린(false) 것으로 본다는 생각을 하고 있다. 필자기 이미 말했듯, 이 생각은 문제가 있을 수 있다.
23) 멕키가 도덕 객관주의를 비판하는 과정에서, "객관적" 가치의 존재를 주장하는 것은 모두 "잘못된(false)" 것이라 말하지만, 그는 사회적 기준에 의한 도덕인지론을 주장한다. 따라서 에반스와 샤의 이 해석은 의문의 여지가 있다. 맥키(1977) pp. 25-6, p. 40 참조할 것.

오류이론은 이미 (b)를 잘못된 것이라 말하였으므로 논리적으로 보자면, (c)는 (b)의 부정이므로 긍정이 되어야 한다. 그러나 오류이론은 (c) 역시 거짓이라 볼 수밖에 없으니, 오류이론의 입장은 모순적이 되고 만다는 것이 에반스와 샤의 입장이다.

오류이론가들은 이 비판에 대해 충분히 대응을 할 수 있다고 본다. 정확히 말하면, 에반스와 샤의 비판은 의문의 여지가 많다. 맥키 같은 오류이론가가 거부하는 "사실"은 "객관적 도덕가치"가 사실로서 존재함을 거부하는 것일 뿐, 필요에 의해 또 주관적 감성에 의해 만들어진 도덕적 현실들조차 거부하는 것은 아니기 때문이다. 이 점에 대해 곧 필자의 의견을 좀 더 제시하기로 하겠다.

다음으로 에반스와 샤는 비인지론의 문제점을 NA에 비추어 비판한다. 그들의 지적을 요약하자면 다음과 같다. 비인지론자들의 주장대로, 모든 도덕적 판단이 어떤 사실에 대한 진위의 믿음에 근거한 판단이 아니라, 단지 주관적 선호의 표현이라면, 옳고 그름을 판단하는 인지론이 되기 어렵다는 것이다. 예를 들어 설명해 보자.

(d) 톰은 거짓말을 해서는 안 된다는 것에 찬성한다.[24]

(d)는 (b)의 비인지론적 표현이라고 할 수 있다. 에반스와 샤에 의하면, 일단은 비인지론자들도 도덕적 판단의 진위가 있다는 인지론에 동의한다. 그러나 (E2)에서 볼 수 있듯, 비인지론이 도덕적 판단을 어떤 사실(즉 "거짓말을 해서는 안 됨"이라는 사실)에 근거하는 것이 아니라면, (d)가 진리값을 갖기도 어렵고, 단지 개인적 의견에 의한 찬반이 될 수밖에 없다는 것이 에반스와 샤의 주장이다. 따라서 NA가 요구한 인지론적 판단을 충족할 수 없다는 것이다. 이 비판은 보통 비인지론에 대한 표준적 비판이지만, 비인지론자들

---

24) 이것은 에반스와 샤의 예는 아니다.

은 얼마든지 대응이 가능하다. 먼저 비인지론자들은 도덕적 판단은 사실적 과학적 판단이 아니라 개인의 감성 같은 것을 표현하는 특징이 포함되어 있다는 것이다.25) 다시 말하면, 도덕적 판단은 사실적 과학적 판단과 그 종류가 다르다는 것이다. 예를 들어, (d)는

(e) 화성은 두 개의 달을 갖고 있다
(f) 대한민국의 초대 대통령은 이승만이다.
(g) 12월 25일은 크리스마스 공휴일이다.

등의 사실적 명제들과는 근본적으로 다르다는 것이다. 마찬가지로 "거짓말을 해서는 안 된다."라는 우리가 도덕적 판단의 기준으로 받아들일 수는 있지만, 그것이 사실적 또는 과학적 기준 같이 단지 어떤 객관적 사실로서 존재하는 것이 아니라는 주장이다. 그럼에도 문화와 전통 등에 의해 옳고 그름의 기준들이 주어져 있거나 또는 다른 방법으로, 도덕적 판단과 명제들 역시 진위를 판단할 수 있다는 것이다.26) 결국 소위 비인지론은 규범과 가치는 과학적 자연적 사실과 다르다는 입장일 뿐이며, 옳고 그름의 판단을 거부하는 것은 아니다.

마지막으로 에반스와 샤는 구성론에 대해서도 NA와 맞지 않음을 보여주려고 노력한다. 구성론은 계약 같은 어떤 이상적 상황 하에서 도덕규범들을 만들어 내는 주장인데, 도덕규범의 본질을 도덕외적 가치나 감성에 두고 있다는 주장이다. 다음과 같은 도덕적 판단들을 생각해 보자.27)

(h) 톰은 거짓말을 해서는 안 된다는 것을 믿는다.
(i) 톰은 거짓말을 해서는 안 된다는 것을 바라고 있다.

---

25) 이것이 스티븐슨(C. L. Stevenson) 이래 소위 비인지론의 핵심이라 할 수 있다. 이 특징이 헤어(Hare)에 의해 권고성으로 구체화되었다.
26) 여기서는 요점만 언급하였다. 보다 자세한 것은 윤화영(2006a) 참조 바람.
27) (h), (i), 그리고 (j)는 에반스와 샤의 예시들이다.

(j) 거짓말을 해서는 안 된다는 것은 바람(want) 또는 욕망으로 환원할
수 있다.

에반스와 샤에 따르면, (h)와 (i)는 각각 NA에 부합하는 규범적 판단이다.
물론 (j)는 규범적 판단이 아니지만 구성론자들이 궁극적으로 입증하고 싶은
명제이다. 에반스와 샤의 논점은, 구성론자들이 어떤 이상적 상황, 예를 들
어 계약 상황 같은 것을 만들어서 (h)와 (i)가 서로 필요충분적 조건임을 보
여줄 수는 있을지라도, 그것 자체가 (j)를 증명하는 것은 아니라는 것이다.
예를 들어, 존 맥키가 어떤 계약상황과 그에 필요한 전제들을 설정하고 그
안에서 "(h) ⇌ (i)"를 보여줄 수 있었다고 하자. 그러나 이것은 (j)를 증명한
것이 아니라는 것이 에반스와 샤의 주장이다.28) 비슷하게 롤스의 계약 상황
에서 사람들이 "최소치 최대화의 규칙"을 선택했다고 해서, 도덕가치가 사
람들의 두려움으로 환원될 수 있다고 볼 수는 없다는 것이다. 따라서 규범적
판단을 논하면서, 규범적 판단도 아니고 규범적 판단에 의해 뒷받침되지도
않는 (j)를 주장하는 구성론은 적어도 NA와는 합치할 수 없다는 것이다. 에
반스와 샤의 구성론 비판은 날카로운 점들이 있지만, 구성론이 예컨대 (j)를
옹호한다고 해서 NA 즉 인지론적 판단과 권고성에 대한 복종을 거부하지는
않는다고 생각된다.29) 구성론에 의하면, 도덕가치와 규범이 본질적으로 결
국 욕망이나 바람으로 환원될 수 있다는 것이지 도덕 실생활에서 도덕적 규
범과 가치가 개인적 또는 주관적 욕망이나 바람의 실현을 위한 도구로 보지
는 않는다는 것이다. 예를 들어, 도덕가치와 규범을 자기 이익에 맞게 왜곡
하고 이용하는 행위자가 있을 때, 구성론이 이런 행위를 도덕적으로 문제가
없다고 말할 수 없다는 것이다. 구성론에서의 도덕 행위자들도 도덕규범을
인정하고 그에 따른 인지론적 판단과 권고성을 충분히 수행하는 일반적 사

---

28) 이 주장은 정확히 필자가 이 논문에서 주장하는 것과 상통한다. 행위자들의 반응이나
    선택을 통해서 어떤 가치명제를 증명할 수 없다는 것이다.
29) 앞서 언급했듯이, 맥키가 도덕인지론자이고 도덕적 판단의 행위 유도적(action-guiding)
    특징을 인정하고 있으며, 롤스의 경우도 이런 특징들을 반대한다고 전혀 볼 수 없다.

람들임을 기억해야 한다.

이제까지 에반스와 샤의 도덕 반실재론 비판에 대해 개략적으로 검토하였고, 필자가 언급했었듯이 도덕 반실재론들이 에반스와 샤의 비판에 대응할 여지는 많이 있다고 본다. 먼저 필자가 지적하고 싶은 것은, 앞서 언급했듯이 에반스와 샤의 비판이 적절하지 않다는 것이다. 오류이론, 비인지론, 구성론 모두가 권고성이나 도덕인지론을 부정하지 않으며 행위자들이 그런 특징들을 무시한다고 보지 않는다는 것이다. 이들 이론 모두가 어떤 도덕적 판단이나 주장을 옳고 그름(또는 맞고 틀림)으로 판단할 수 있다고 보는데, 그것은 사회에 이미 주어진 도덕 기준과 규범의 존재함을 부정하지 않으며 도덕 행위자들이 도덕 기준의 권고성을 수용함을 사실로 받아들인다는 것이다. 예를 들어, 맥키는 다음과 같이 말한다.

> 객관적 가치(objective value)가 존재하지 않음을 주장하는 한 방법은 가치에 대한 진술에 옳고 그름이 없다고 말하는 것이다. 그러나 이렇게 공식화(formulation)하는 것은 잘못된 해석이다. 왜냐하면 그것은 비록 내가 주장하는 대로 객관적 도덕가치가 없다고 한다 해도, 많은 가치 진술들이 명백히 옳거나 그른 것으로 판정할 수 있다. 많은 종류의 판단들이 합의되거나 가정된 기준들에 의해 보통 만들어진다.(『윤리학』, pp. 25-6)

물론 맥키에 따르면, 그런 기준들이 "객관적"이지는 않겠지만, 사회 안에 실재함은 사실이고, 더 중요한 것은 도덕 행위자들이 그런 기준에 맞추어 옳고 그름의 판단하고 거기에 맞추어 행동함을 인정하는 것이다. 소위 비인지론 또한 도덕인지론을 부정하는 것이 아니다. 대표적인 비인지론자인 블랙번의 경우에도 준실재론(quasi-realism)을 제시하면서, 도덕적 주장이나 진술이 준실재적 기준들에 의해 옳고 그름으로 판단할 수 있음을 강조한다. 물론 그런 기준이 근본적으로 감성의 투사(projection)에 의한 것임이 도덕 실재주의와 다른 것이다. 또 리차드 헤어(Richard Hare) 같은 비인지론자들은 "맞다 또는 틀리다"라는 사실적 판단은 "옳다 또는 그르다"는 도덕적 판단과는 근본적으로 다르며, 사실과 도덕적 판단 사이는 수반(supervenience)이라는 연결고리가 있을 뿐이라고 주장한다.30) 따라서 도덕적 판단은 사실적 판단과 다르지만, 나름대로 옳고 그름을 판단하는 인지론의 체계를 인정하고 있으니, 에반스와 샤의 비인지론 비판이 적절하다고 말할 수 없다.

권고성의 경우에도 오류이론, 비인지론, 또는 구성론 등이 반대할 이유가 전혀 없다. 맥키의 예를 다시 들어보자. 그는 비인지론(non-cognitivism)과 자연주의를 비판하는 과정에서 각각의 이론들에서는 도덕적 사실에 대한 묘사(description) 또는 행위를 권고하는(action-guiding) 특징 중 하나씩이 결여되어 있다고 말한다. 그러나 그는 주장하기를 도덕적 판단의 중요한 특징은 이 둘을 모두 수용하는 것이라고 말한다.31) 한편 대표적 비인지론자 중의 하나인 앨런 기바드(Allan Gibbard) 역시 도덕적 판단이 옳다함은 행위를 이끌 수 있음을 의미한다는 것이다.32) 실제로 거의 모든 도덕이론가들이 도덕적 판단의 인지론적 특징과 그런 판단의 행위 권고성을 인정하고 있음이 사실이다.33) 도덕 행위자들의 행동을 묘사하는 부분에서는 도덕 실재주의와 반실재주의가 다를 바가 전혀 없는 것이다. 도덕 행위자들의 행위논리나 행태에 차이가 없는 경우에도, 그들이 따르는 도덕가치나 도덕 기준의 위상을 해석하는 것에서 다양한 도덕 실재주의와 반실재주의 이론들이 발생하는 것이다.

에반스와 샤의 문제는, 자신들이 제시한 도덕적 행위논리를 도덕 반실재

---

30) 리차드 헤어(1964), pp. 80-1 참조 바람.
31) 존 맥키(1977) pp. 32-3 참조 바람. 여기서 맥키는 prescriptivity 보다는 categorical quality of moral requirement라는 용어를 쓰고 있다. 둘 다 도덕 행위의 권고성의 의미를 갖고 있으나, 아마도 그는 헤어가 도덕적 판단에서 prescriptivity를 universalzability와 뗄 수 없는 관계로 보는 것에 부담을 느끼는 듯하다. 헤어의 주장이 맞다면, "객관적" 도덕가치가 존재함이 입증될 수 있기 때문이다.
32) 앨런 기바드(1990), p. 34 참조 바람.
33) 특히 권고성이라는 개념은 소위 비인지론자로 불리는 헤어(R. M. Hare)에 의해 처음 제시된 수 지금은 자연주의자 등 실재론자들도 이 개념을 수용하게 된 것이다. 윤화영(2006a) 참조 바람

론들이 수용할 수 없을 것이라고 잘못 판단한 것이다. 앞서 그들이 제시한 (E1), (E2), (E3), 그리고 (E4)는 각 도덕 반실재론이 보는 도덕가치와 규범의 본질에 관한 훌륭한 요약이지만, 필자의 주장은 이 명제들이 도덕 행위자들의 행위논리와는 무관한 것이라는 점이다. 에반스와 샤가 제시한 행위논리는 특정 이론의 이론적 특징이 아니라 도덕 행위의 일반적 특징으로 여겨지고 있다. 모든 메타윤리학적 이론들이 이 특징을 일반적 도덕현실로 받아들이고 있는 것이다. 그래서 도덕행의의 실상 또는 현상에 대한 논의에서는 각 이론들 간의 차이가 거의 없으니, 도덕 행위자의 행위를 분석하거나 행위논리를 제시함으로써 특정한 메타윤리적 이론을 옹호하기 어렵다는 것이다.

혹자는 도덕 반실재론들이 어떻게 현실에서 도덕인지론과 권고성을 존중할 수 있을까를 의문시한다. 만약 도덕가치나 규범이 단지 욕망이나 바람의 표현이라면, 도덕적 판단에 굳이 옳고 그름이 있다고 보기도 어렵고 또 그런 가치나 규범을 따를 필요도 없을 것 같기도 하다. 아마도 에반스와 샤가 그렇게 생각했을 수 있다. 그러나 도덕 반실재론자들도 도덕가치나 규범의 권위를 부정하는 것이 아니며, 도덕가치나 규범의 필요성과 역할을 절대 낮게 평가하는 것이 아니다. 단지 그들은 도덕적 가치와 규범이 인간사회의 유지 발전과 편리함 등에 의해 만들어졌다는 생각을 갖고 있는 반면, 도덕 실재주의자들은 가치와 규범이 오로지 사실적으로 존재함을 강조하는 것이다. 따라서 도덕이론가들은 두 가지 논의를 할 수 있는 바, 첫째는 도덕생활의 실상에 대한 논의가 있고 여기에 인지론적 판단과 권고성을 실행하는 도덕 행위자 이론이 포함될 수 있다. 두 번째는 도덕생활을 가능하게 하는 도덕가치와 규범의 본질에 관한 논의이다. 맥키는 이 두가지 논의를 제 일 단계와 제 이 단계 논의로 구분하며, 이 둘 사이는 완전히 분리된 것이라 하였다. 다시 말하면, 도덕가치와 규범의 본질에 관한 논의가 도덕생활에 관한 논의에 전혀 영향을 미치지 않는다는 것이다.[34] 예를 들어, 어떤 도덕 반실재론

---

34) 맥키(1977), pp. 19-20 참조 바람.

이 있다 해서, 그것이 도덕 행위자들의 현실적 도덕생활에 영향을 미치지 않는다는 것이다. 이 주장이 언제나 옳다고 볼 수는 없어도, 일리가 있다고 본다. 예를 들어, 일반적 도덕 행위자들은 주어진 가치와 규범을 존중하며 살아갈 뿐, 그런 가치와 규범의 본질에는 관심이 없다고 할 수 있다. 그러나 메타윤리학자들은 도덕적 현실을 인정하지만, 도덕가치와 규범의 본질의 문제에 관심을 갖고 실재론 또는 반실재론적 결론을 내릴 수도 있다. 그러나 그들은 주어진 가치의 본질 탐구에 관심이 있을 뿐, 현실 도덕생활의 변화나 개선을 목표로 하는 것은 아니다. 그런 의미에서 두 단계의 논의는 분리될 수 있겠다. 따라서 에반스와 샤의 주장이 받아들여지려면, 이 두 단계 논의가 분리될 수 없음을 보이는 것이 선결과제라 할 수 있다.

V. 맺는말

필자는 서두에서 메타윤리학의 이론들을 "도덕 행위자 이론"과 "도덕가치 분석이론"으로 구분하였다. 또한 도덕 행위자 이론은 도덕가치 분석이론의 보조적 역할을 할 수밖에 없음을 주장하였다. 그러나 많은 이론가들이 도덕 행위자 이론에 주안점을 두고 도덕적 가치나 규범의 본질을 탐구하려는 노력을 하고 있다. 도덕 행위자 이론에서 채택하는 다양한 "행위논리"들, 예컨대 "도덕가치에 대한 믿음에 의해 행위가 결정된다." "도덕 행위자들은 옳고 그름의 판단을 한다."라든가 "도덕 행위자들은 규범과 가치의 권고성에 대해 복종한다." 등은 도덕 행위의 일반적 특징으로서 어떤 특정한 메타윤리이론을 옹호할 수 없다는 것이 필자의 주장이었다. 물론 어떤 뛰어난 이론가가 이전에는 착안하지 못했던 일반적 행위논리를 지적하고, 그것에 의해 특정한 입장이 옳음을 증명할 수도 있음을 배제할 수는 없다. 그럼에도 그런 가능성이 적은 이유는 이론가들 사이에 메타윤리학적 입장이 서로 다를지는 몰라도, 일반적 도덕 행위의 실상에 대한 이해는 공유되고 있기 때문이다. 다시 말하면, 메타윤리학적 입장이 다르다고 해서 도덕 행위의 현상의 이해가 다르지 않는다는 것이다. 누군가가 특정한 행위논리에 착안해서 특정한 메타윤리이론을 옹호할 수도 있다. 그럴 경우 이런 특정한 행위논리는 편향된(ad hoc) 논리가 되기 쉽다.

메타윤리적 입장의 다양함이 도덕가치와 규범의 위상을 해석하는 것에서 발생한다면, 그런 해석이 타당한 것인가를 직접 따져봄이 더 적절해 보인다. 그 방법이 필자가 이름붙인 "도덕가치 분석"이다. 도덕 행위자 이론을 제시하는 이론가들도 특정한 메타윤리적 입장을 이미 갖고 있으며, 편향된 행위논리를 통해 자신들의 메타윤리적 입장을 옹호하려는 시도는 성공적이기 어렵고, 일의 본말이 전도된 것일 수 있다. 그래서 도덕 행위자 이론보다는 도덕가치 분석이론을 통해 보다 공정한 논의가 이루어질 수 있고, 이론의 설득력도 더 향상될 수 있다고 생각된다.

참고문헌

윤화영, 「Non-cognitivism의 바른 평가」, 『철학연구』 제 32집, 고려대학교 철학연구소, 2006a

_____, 「존 맥키의 "기이함에 근거한 논변 비판"」, 『철학적 분석』 제 14호, 분석철학회, 2006b

Darwall, S., *Moral Discourse & Practice.* Oxford University Press, 1997.

Evans, M. & N. Shah, "Moral Agency and Metaethics." in Shafer-Landau, 2012.

Garner, Richard. "On the Genuine Queerness of Moral Properties and Facts", *Australasian Journal of Philosophy*, vol 68, No. 2, 1990.

Gibbard, Allan, *Wise Choices, Apt Feelings.* Harvard University Press, 1990.

Hare, Richard M., *The Language of Morals.* Oxford University Press, 1964.

Mackie, John, *Ethics: Inventing Right and Wrong.* Penguin Press. 1977.

McDowell, John, "Aesthetic Value, Objectivity, and the Fabric of the World." In McDowell(1997).

_____, *Mind, Value, & Reality.* Harvad University Press, 1997.

Rawls, John, *Theory of Justice.* Harvard University Press, 1971.

Rosti, Connie, "Agents and 'Shmagents': An Essay on Agency and Normativity." In Shafer-Landau(2016).

Shafer-Landau, R., *Oxford Studies in Metaethics* (vol. 11). Oxford University Press. 2016.

_____, *Oxford Studies in Metaethics* (vol. 7). Oxford University Press, 2012

Stevenson, C. L., "Emotive Meaning of Ethical Terms." *Mind*, vol. 46, 1937.

Wiggins, David, *Needs, Values, Truth* (3rd. edition). Clarendon Press. 1998.

Abstract

A Problem of Moral-Agent Theory

Youn, Hoayoung

(Pyeongtaek Univ.)

This paper diagnoses what problem the moral-agent theories may have. Moral agent-theories try to find out the nature of moral or normative values by focusing on moral agents' attitude, response, choice, etc. The analysis of agents' response is frequently adopted to probe the nature of natural values or things. It is an epistemic approach for metaphysical inquiry. However, the author argues that this method is not effective at all in searching the nature of moral values. For if a behavioral logic that is designed to explain the agent's behavior is neutral or comprehensive, a specific metaethical position would not be advocated. Neutral or comprehensive logic of moral agents' behavior can be applied to both the moral realist and moral antirealist. Both of them do not show difference in understanding moral actuality or phenomena. Their difference consists in how to evaluate the nature or the status moral values and norms. So in sponsoring a metaethical position, the discussion of values themselves should be the main topic while that of moral agents should be a subsidiary one, according to the author. The author examines some typical moral-agent theories, such as John Mackie's "argument from moral motivation," Moral Phenomenologists' Sensibility Theory, and a moral-agent theory by Matthew Evans and Nishi Shah, which tries to advocate moral realism. The author concludes that these moral-agent theories hardly achieve their goals because of the reason the author proposed.

Main Scope: metaethics
Key words: moral agent theory, behavioral logic, moral realism, moral antirealism

도덕 경험론의 욕망과 도덕규범의 문제

윤 화 영[*]

【주요어】도덕 경험론, 도덕 이성론, 칸트, 존 맥키, 피터 레일톤
【논문개요】본 논문은 도덕 경험론이 도덕 이성론과 비교해서 어떤 문제가 있음을 주장한다. 도덕경험론은 도덕 행위자들의 욕망과 바람에 초점을 맞추고 그들의 인식론적 분석을 통해 도덕규범과 체계의 본질을 설명할 수 있다고 주장한다. 반면에 잘 알려진 대로, 도덕 이성론은 보편적 이성 또는 이론적 이성을 통해서 도덕규범과 체계를 구성하거나 분석할 수 있다고 주장한다. 그런데 도덕적 경험론자들은 이런 이성적 기능이 불필요하다고 말한다. 필자는 대표적인 도덕적 경험론인 존 맥키와 피터 레일톤의 이론들을 분석하여 이들 이론은 도덕규범과 체계의 구성과 분석을 다루지 못한다는 것을 보여준다. 이런 경험적 방법은 결국 주어진 도덕적 전통을 재확인하고 거기에 의존하는 방법에 그치고 말게 되며, 도덕적 전통 자체를 분석하거나 그 변화를 설명할 수 없게 된다. 경험론적 도덕론이 도덕규범과 체계의 근본에 대해 논할 수 없는 주된 이유는 그들이 사용하는 도구의 부적절성에서 온다고 할 수 있다. 그들은 도덕 행위자의 욕망이나 바람 또는 도구적 이성에 의존하는데, 이런 것들은 주어진 또는 전통적 도덕규범과 체계의 범위 안에서만 의미가 있는 도구들이므로, 그 범위 밖, 즉 도덕적 전통이 어떻게 구성될 수 있는지에 대해서는 이 도구들로 다룰 수가 없는 것이다. 도덕규범과 체계의 구성은 경험할 수 있는 사건이 아니며, 그것들을 논하는 방법은 경험을 초월하는 이성적 사유로서만이 가능한 것이다. 한편 도덕 이성론은 도덕적 경험론에서 언급하는 도구적 이성이나 욕망 등을 이미 수용하고 있다. 즉, 도덕 이성론자들은 평범한 도덕 행위자들이 욕망이나 바람에 의해 행위의 동기부여가 됨을 인정하는 것이다. 그러나 욕망이나 바람은 일관성이 없고 서로 갈등을 일으킬 수 있으므로 이성적 사유에 의해 도덕규범들과 도덕체계를 만들게 된다고 보는 것이다. 그런 연

---

* 평택대학교 피어선 칼리지 교양학부 교수, younh@ptu.ac.kr

후에 도덕 행위자들은 전통으로 주어진 도덕규범들을 내재화하거나 도덕체계에 대한 신뢰를 바탕으로 도덕생활을 영위할 수 있는 것이다. 그런 인식론적 설명과 묘사가 도덕적 경험론이 기여할 수 있는 부분이 될 수도 있으나 경험론의 설명이 절대적으로 옳다고 할 수만은 없다는 것이다.

1. 머리말

도덕적 기준들과 규범들을 정하고 그 본질을 규정함에 있어 이성의 역할은 어디까지인가? 이 물음을 둘러싸고 윤리학자들은 크게 두 진영으로 나뉘어 아주 오랫동안 설전을 벌이고 있다. 첫 번째 진영은 이성이 주요한 역할을 한다고 보고 있으며, 이런 종류의 이성을 칸트는 초월적 이성(transcendental reason)이라 부르고 있다. 또한 아리스토텔레스나 피터 레일톤의 경우, 이런 이성을 이론적 이성(theoretical reason)이라고 부르고 있다. 플라톤과 칸트의 계보를 잇는 윤리학자들이 대개 이 첫 번째 진영에 속하고 있다고 할 수 있다. 이들의 주장은 윤리적 기준들을 구성하거나 발견할 때에 경험에 제한되지 않는 이성의 역할이 중요하다는 것이다. 두 번째 진영에서는 이성의 역할을 최소화한다고 할 수 있다. 이들에 따르면, 윤리기준과 연관된 이성은 도구적 이성일 뿐이다. 이성이 도구적이라는 것은 이성이 다른 가치나 개인적 목적 실현을 위해 봉사하는 기능을 할 뿐이라는 것이다. 이 두 번째 진영에서는, 사람들이 윤리적 생활을 하고 윤리적 기준에 대한 탐구를 할 때에 도구적 이성 외에 다른 이성이 필요하지 않으며, 첫 번째 진영에서 말하는 "경험을 초월하는 이성"의 존재 자체가 의심스럽다는 것이다. 이들에 의하면, 이성보다는 오히려 욕망(desire)과 바람(want)의 역할이 도덕적 행위의 핵심이라고 본다. 이런 입장의 역사도 아주 오래되었으나, 대개 경험론적 윤리학자들이 이 두 번째 진영에 가담하고 있다. 특히 비교적 최근 데이비드 흄 이래로 많은 경험적 윤리학자들이 흄의 감성론을 발전시키며 초월적 이성을 주장하는 학자들에 맞서고 있다.

본 논문에서는 도덕 경험론에 문제가 있음을 논하고자 한다. 욕망과 바람 또는 도구적 이성만으로는 도덕규범체계 또는 도덕 전통에 대해 분석하거나 그 구성을 설명할 수 없음이 그 문제라고 주장한다. 또한 도덕 이성론 역시 일상적 도덕 행위자들이 욕망과 바람에 의거해서 행동한다는 것을 이미 수용하고 있다. 그렇지만 다른 점은 그런 행태를 근거로 도덕규범이나 체계의 구성을 설명하지 않고, 행태에 의존해서 도덕규범이나 도덕체계의 문제점 또는 변화를 진단하지 않는다. 물론 도덕 경험론에는 장점이 있을 수도 있다. 도덕 행위자들의 가치를 수용하는 논리라든가 그들의 도덕행태를 경험적으로 설명할 수 있다. 그러나 도덕 경험론의 입장을 수용한다면, 도덕규범체계 또는 도덕전통은 단지 주어질 뿐이며, 전통의 구성이나 분석에 대해서는 더 이상 언급할 수 없는 입장이 된다고 할 수 있다.

다음 2절과 3절에서 도구적 이성론을 채택하는 경험론적 윤리이론의 특징을 설명해 보기로 하겠다. 경험론적 윤리학자의 대표 격인 존 맥키와 피터 레일톤의 주장을 살펴보고, 4절에서는 그들 이론의 문제점을 좀 더 짚어보기로 하겠다. 그들은 욕망(want)과 바람(desire), 또 도구적 이성으로 도덕적 행위를 설명할 수 있으며, 이런 요인들로 이성적 도덕론을 반박할 수 있다고 본다. 필자는 칸트의 입장을 명확히 하면서 도덕적 이성론을 옹호하고 상기한 경험론의 문제점을 강조한다.

2. 존 맥키의 욕망과 도덕 기준

도덕적 경험론을 분류해 보자면 흄의 전통에 서있는 이론들과 자연주의 전통을 잇는 이론들로 나눌 수 있다. 각 전통의 대표적 이론을 검토해 보기로 하겠다. 그런데 본 논문의 취지에서 보자면 각 전통은 공통된 문제점을 갖고 있다고 할 수 있다.

먼저 흄의 도덕이론 전통을 계승하는 존 맥키(John Mackie)의 이론을 살펴보기로 하자. 존 맥키는 이성론을 부정하면서 도덕적 성향의 근본은 감성(sentiment 또는 sensibility)에 있다고 말한다. 이런 성향을 투사했을 때 도덕규범 또는 도덕 기준들이 만들어질 수 있다는 것이다. 맥키는 보편적 이성의 역할을 부정하면서 사람들의 이익, 욕망(desire), 바람(want) 같은 감성들이 도구적 이성, 즉 이런 욕망을 원활히 추구하기 위한 사고와 결합해서 도덕규범이나 기준이 만들어질 수 있다고 보고 있다. 물론 사람들에게 일반적 감성들만 실제로 있고 도덕적 감성(sentiment)은 거짓이라고 맥키가 말하는 것은 아닌 듯하다.[1] 그러나 도덕적 감성이 있다면 어떻게 개인적 욕망과 바람을 넘어 발현될 수 있을까?

그가 죄수의 딜레마(Prisoner's Dilemma)를 인용한 설명을 통해 그의 입장을 살펴보자.[2] 잘 알려진 죄수의 딜레마는 두 명의 죄수가 각기 "협력"과 "배신"이라는 전략을 갖고 자신들의 이익을 극대화하기 위한 게임이라 할 수 있다. 상황은 체포된 죄수가 각각 분리되어 심문을 받는 상황이며, "협력"이란 자신의 죄를 인정하고 자백하는 것이다. 반면 "배신"은 자신의 죄과를 숨기고 공범에게 모든 죄를 뒤집어씌우는 것이다. 이 게임에서 각자 "협력"을 선택하면 각 죄수들은 중간 수준의 이익, 즉 비교적 적은 형량을 받을 수 있고 상호간에 서로 이익을 볼 수 있는 것이다. 그러나 한 쪽이 "협력"을 다른 편이 "배신"을 선택한다면, "배신"을 선택한 쪽이 상대방에게 모든 죄를 전가하게 되니 "배신"을 선택한 죄수는 아주 낮은 형량 또는 무죄를 받는 것이며, "협력"을 선택한 죄수는 모든 죄를 혼자 뒤집어쓰게 되는 것이다. 이 상황은 각 개인들이 도덕규범을 잘 지키며 사회의 여러 사람들과 협

---

1) John Mackie, *Ethics: Inventing Right and Wrong*, 26-7쪽 참조할 것. 이 책을 또한 윤리학이라고 부르기로 하겠다.
2) John Mackie, *Ethics: Inventing Right and Wrong*, 115-20쪽 참조할 것.

력을 할 것인가 말 것인가와 비슷한 상황이라 할 수 있다. 모든 사람들이 도덕적으로 행동한다면, 내가 비도덕적으로 행동함으로써 많은 이익을 취할 수 있다. 반면 도덕적 행위를 한 사람들은 나로 인해 피해를 볼 수 있다. 많은 사람들이 돈을 내고 지하철을 이용할 때에, 내가 승차권을 사지 않고 지하철을 이용한다면, 내게 큰 이익이 될 것이다. 또 사업을 같이 하기로 친구와 약속한 다음 내가 가장 큰 이익을 얻을 수 있는 순간에 배신을 할 수도 있는 것이다. 이와 같이 내가 사익을 추구한다면 도덕 행위를 하지 않음으로써 사익을 얻을 수 있는 경우는 아주 많은 것이다.3) 이와 같은 상황에서 쌍방이 "협력"을 선택하여 계속 협력할 수 있다면, 일단은 도덕적 사회가 가능하다고 말할 수 있다. 즉, 맥키에게 도덕규범이란 도덕가치 자체를 실현하기 위한 것이 아니고 욕망을 실현하기 위한 인간사회를 지속시켜 주기 원하는 또 다른 욕망의 표현이라고 할 수 있다. 즉, 도덕 행위란 개인적 이익을 계속 추구하기 위한 방편이 되는 것이다. 이와 같이 편의적 도덕사회에 대한 시각을 맥키는 프로타고라스를 인용해서 다음과 같이 말한다.

프로타고라스의 주장은 다음과 같이 간단하다. 도덕적 감각, 법, 그리고 정의는 우리가 거친 야생동물들과 성공적으로 경쟁하기 충분한 큰 사회를 만들어 같이 살아가기에 필요한 것들이다.4)

플라톤이나 칸트 같은 이성론자들이 도덕사회가 주는 이점(benefit)에 대해 전적으로 반대하지는 않겠지만, 도덕적 사회를 파악하는 입장은 확실히 다르다고 하겠다. 칸트의 경우 우리가 도덕 행위, 즉 정언명법적 행위를 하는 이유는 이익을 따지지 않고 도덕가치가 본원적이라고 볼 것이다. 그러나 프로타고라스나 맥키는 그런 도덕가치의 실현이라는 입장에서 도덕 행위를 설명하지 않고 단지 인간들이 잘 살기 위한 필요성에 의해 도덕가치를 추구

---

3) 물론 여기서는 도덕의 기본적 상황을 논하는 것이므로 법적 처벌이라는 개념은 개입하지 않는다.
4) John Mackie, *Ethics: Inventing Right and Wrong*, 108쪽.

한다고 보는 것이다. 그런데 도덕가치와 규범이 단지 욕망추구의 도구라면, 사람들이 욕망을 계속 추구하는 수단으로 도덕규범을 반드시 따라야 하나? 인간사회에는 자신을 도덕적 인간으로 위장하면서 비도덕적 행위를 계속하는 사람들도 많은 것이다. 그런 사람들은 인간사회를 협력의 장으로 보지 않고 약육강식 "강자의 이익"이 지배하는 사회로 볼 수도 있다. 그렇다면 중요한 점은 사람들이 왜 "협력"을 선택해서 도덕규범을 확립하고 행위의 기준이 되도록 할 수 있을까? 맥키는 다음과 같이 말한다.

> [서로 협력을 하게 하기 위한 물리적 족쇄와] 거의 같은 정도로 효과가 있는 것은 어떤 외부적으로 가해지는 훈련일 것인 바, [배신]을 한 자에게 심한 처벌이 있을 수 있다는 것을 안다면 더욱 그러하다. 그러나 우리의 목적상 중요한 것은 물리적 족쇄와 외부적 처벌을 대신할 수 있는 심리적 대체수단이 있을 수 있다는 것이다. 군사적 명예와 충성심이라는 전통은 [군인에게] 보이지 않는 족쇄가 될 수 있다. 겁쟁이라는 낙인과 불명예와 창피함은 외부적 처벌만큼 효과적일 수 있다. 이런 가상적 상황에서 동료들 모두가 [명예]을 선택한다면, 이런 심리적 구속을 선호하는 것이 이성적이다. (......) 그러나 서로 약속을 지킨다는 일반적 전통이 있다면, 톰과 댄[죄수의 딜레마의 두 죄수]이 같은 결론에 도달할 수 있을 것이다. 그들은 각각 자신의 위치를 지킬 것이며, 그리고 약속을 지킨다는 전통은 그들이 그렇게 하도록 할 것이다.[5]

여기서 맥키는 행위의 옳고 그름을 판정할 수 있는 전통에 대해 언급하고 있다. 윤리적 전통이 있으니 그 전통에 의거하여 윤리적 행위를 실천하게 할 수 있다. 또 그 전통에 의지하여 행위의 옳고 그름을 판별할 수도 있다. 그렇다면 그 전통은 어떻게 형성되는 것일까? 그는 이런 전통이 자연적 또는 초자연적으로 주어지기보다는 "만들어진(invented)" 것으로 보는데 그것이 어떻게 만들어질 수 있는지 또는 그것들의 본질에 대해서는 별 설명이 없다.[6] 맥키는 그의 저서 윤리학 1장 5절 "평가의 기준들"에서 이 문제에

---

5) John Mackie, *Ethics: Inventing Right and Wrong*, 116-7쪽.

대해 또한 언급을 하기는 한다. 여기서 그는 도덕적 행위들은 많은 경우 옳고 그름으로 판정될 수 있고, 그런 판정을 가능하게 하는 기준들(standards)이 존재함을 강조한다. 그리고 이 기준들은 사회의 합의에 의해 가능하다고 말한다. 예를 들어, 맥키는 양치기개(sheepdog)의 우수성, 스케이팅이나 다이빙 경기에서 선수들의 우월성을 합의된 기준에 의해 판단할 수 있다고 한다. 맥키는 또한 말하기를 이런 기준들은 욕망과 개인적 목표들과 연관성이 있다고 본다.[7] 현실적으로 이런 기준들은 이미 정해져 있지만, 그것들이 어떻게 합의되어 형성되고 올바른 기준은 무엇이 되어야 하는가에 대해서는 맥키가 아무 말이 없다. 즉, 그에게는 이런 기준들이 전통으로 주어질 뿐이며, 그 전통이 어떻게 형성되는지는 파악할 길이 없다. 더군다나 도덕규범은 사회 전체를 위해 만드는 규범인 바, 개인적 욕망을 어느 정도 제한하는 것이 중요한 부분인데 갈등 욕망들 사이에 어떤 우선순위를 정할 수 있는지 등에 대해서도 맥키는 전혀 말이 없다.

이제까지 맥키에 대한 필자의 비판은 다음과 같이 요약할 수 있다.

    (a) 도덕 행위자는 사적 이익 추구를 위한 욕망이 있다.
    (b) 도덕 행위자는 장기적인 사적 이익 추구라는 욕망의 달성을 위해 도덕규범을 합의하고 싶어한다.
    (c) 도덕 행위자는 도덕전통을 따르면서 장기적인 사적 이익 추구의 욕망이 있다.

맥키에게 있어 (a)는 확실한 것이며 그의 이론이 출발하는 점이다. 그러나 (b)의 "장기적 욕망"은 (a)의 욕망보다 대가가 불확실하며, 그 욕망을 달성할 수 있는 수단이 마땅치 않다. 합의 후 사회 전체의 이익이 개인들의 이익보다

---

6) 필자의 생각으로는 이것이 맥키 이론의 가장 큰 문제점이 아닌가 싶다. 그는 도덕가치나 규범은 "만들어지는 것"이라는 입장을 고수하면서도 그것들이 어떻게 만들어지는가에 대한 논의는 그의 윤리학에서 찾아볼 수 없다. 단지 도덕가치와 규범(그의 용어로는 device of morality)을 경험적으로 설명할 뿐이다.

7) John Mackie, *Ethics: Inventing Right and Wrong*, 27쪽

는 클 수 있지만, 모든 개인이 이익을 얻는 것은 아니다. 더군다나 맥키 같이 보편적 또는 이론적 이성을 배제하는 입장에서는 합의에 이를 수 있는 수단이 전혀 없다고 할 수 있다. 앞서 본 "죄수의 딜레마" 게임을 반복한다면, 죄수들은 때로는 협력하다가 때로는 배신할 뿐, 자체적으로 "서로 협력하자"는 규범을 합의하고 지킬 가능성은 없다. (a)에서의 욕망과 (b)에서의 욕망 사이에 어떤 우선 순위도 정할 수 있는 수단이 없기 때문이다. 결국 맥키는 (c)를 제시하는데, (c)에서는 도덕 행위자들에게 이미 합의된 도덕 전통이 주어지고 그것을 따름으로써 도덕 행위를 수행하면서 장기적인 이익 추구를 하고 있다고 할 수 있다. 그러나 (a)에서 (b)로의 진전이 의문시 된다면, (c)에서의 "도덕 전통"의 출현은 주어진 사실일 뿐, 맥키가 전통 형성의 이론적 근거를 제시하지는 못한다고 할 수 있다. 도덕 전통이란 이미 합의과정을 거친 도덕규범의 체계이기 때문이다. 또 이 도덕전통을 따르기 위해서는 전통 안의 규범들을 내재화(internalization)하는 과정이 필수적이다. 그런데 이 내재화 역시 (a)에서의 욕망과 갈등(free rider의 경우)이 생길 수 있는데 이때 역시 도덕적 행위를 사적 욕망에 우선해야 한다는 원칙을 만들어 낼 수가 없다.[8]

3. 피터 레일톤의 욕망과 도덕규범

또 다른 경험론적 이론가이며 자연주의자로 자처하는 피터 레일톤(Peter Railton)의 이론을 살펴보기로 하자. 그 역시 철저히 도덕성 자체를 도구적이라고 본다. 도덕성을 어떤 이익을 추구하기 위한 도구로 보는 것이다. 그렇다고 해서 도덕적 가치가 없다는 것이 아니라 도덕적 가치는 독립적이 되

---

8) 필자는 여기서 도덕 행위자들의 동기부여에 대한 논의를 하는 것이 아니라 그런 행위를 규제할 수 있는 규범의 구성과 원칙에 대해 논의하고 있다.

지 못하고 다른 가치 또는 이익으로 환원된다는 것이다. 그런데 사람들이 생각하는 "이익"이 실제로 그들에게 이익이 되는 것은 아니다. 예를 들어, 어떤 사람은 더운 여름에 냉면이나 냉커피 같은 찬 음식을 먹기 좋아하는데, 실제로는 이런 음식들이 그의 건강을 해칠 수 있다. 이 사람은 건강상 여러 부작용을 거치면서 마침내는 찬 음식이 그에게 좋지 않다는 것을 깨달을 수 있다. 이렇게 진실로 그에게 유익한 것이 무엇인지를 알게 될 때 그는 "객관적 이익(objective interest)"의 실체를 알게 된다는 것이다.[9] 이와 같이 사회에도 "객관적 이익"이 존재하는데, 이런 "객관적 이익"을 추구하는 과정에서 사람들은 도덕규범의 중요성을 깨닫고 도덕적 심성을 발휘하는 것 역시 필요한 것임을 알게 된다는 것이다. 이렇게 사회 전체를 위한 "객관적 이익"이 있고 그것을 달성하기 위한 최적의 방법이 도덕규범과 도덕성이라 할 수 있다는 것이다. 그래서 도덕규범과 도덕성은 그 자체적 가치보다는 사회의 "객관적 이익"을 달성하는 도구적 가치가 있을 뿐이라고 할 수 있는 것이다. 그렇다면 사람들은 어떻게 도덕규범으로 나아가고 도덕 행위를 실행할 수 있을까? 도덕 이성론자들에 의하면 여기에 이성의 역할이 중요하다. 이성적 사고로 어떤 규칙(rule)이나 법칙성(law)을 만들고 그것이 도덕 행위를 이끈다고 보는 것이다. 그러나 레일톤은 이런 이성의 역할이 거의 없다고 본다. 예를 들어, 치아가 아픈 사람이 취할 수 있는 다음과 같은 행위를 생각해 보자.[10]

(1) 그는 치통을 없애기 원한다.
(2) 그는 치과에 가는 것이 이 치통을 없앨 수 있다고 믿는다.
(3) 그는 치과에 가는 행위를 실행한다.

레일톤에 따르면, 크리스틴 코스가드(Christine Korsgaard) 같은 이성론자

---

9) Peter Railton, "Moral Realism," 142쪽. 도덕 경험
10) Peter Railton, "How to Engage Reason: The Problem of Regress," 183쪽.

의 입장에서는 (1)-(3)의 행위에 전혀 이성적 사고가 포함되어 있지 않으며, 따라서 (3)의 행위는 이성적이라고 말할 수 없다는 것이다.11) 그래서 코스가드는 다음과 같은 단계를 추가해서 위의 행위가 이성적 행위라고 할 수 있다는 것이다.12)

(1') 그는 치통을 없애길 원한다.
(2') 그는 치과에 가는 것이 이 치통을 없앨 수 있다고 믿는다.
(3') 그는 (1')과 (2')를 개념적으로 묶어서 치과에 가야 한다는 논리(reason)가 만들어짐을 깨닫는다.
(4') 그는 치과에 가야 한다는 욕망을 갖는다.
(5') 그는 치과에 가는 행위를 실행한다.

이렇게 (3')를 추가해서 (5)의 행위를 이성적 행위로 만들 수 있다는 것이다. 그러나 레일톤은 반박하기를, (3') 자체가 (4')-(5')를 촉발하기에는 약한 것이라는 것이다. 그래서 (4')-(5')를 이성적 행위로 만들고 행위를 실행하기 위해서는 (3') 다음에 또 다른 단계 (3'')이 필요하다는 것이다.

(3'') 그는 (1')과 (2')와 (3')을 개념적으로 묶어서 치과에 가야 한다는 논리(reason)가 만들어짐을 깨닫는다.

이와 같이 또 다른 이성적 판단의 단계인 (3'')이 또 있어야 하지만, 이것 역시 행위를 촉발하기에는 약하므로 또 다른 이성적 판단이 추가되어야 하고 이런 추가는 무수히 일어난다는 것이다. 이것을 레일톤은 "무한 반복적 퇴행(regress)"라고 부르며 이성론의 약점이라고 보았다.13)

---

11) 여기서 코스가드의 입장은 충분히 설명되지 않고 있다. Christine Korsgaard, *Self-Constitution*, 133-58쪽 참고할 것.
12) 이것은 코스가드의 입장을 감안해 레일톤이 재구성한 것이다.
13) 간단히 말하면, "이성은 어떤 행위를 촉발하지 못한다."는 흄(Hume)의 전제에 따라, 이성론자(여기서는 코스가드)들이 (4')-(5')와 같은 행위를 이성적 판단에 의한 행위로 규정하기 위해서 무수히 많은 이성적 판단의 단계를 도입한다고 해도 성공할 수 없다는 논지를 펴고 있다고 할 수 있다.

레일톤은 주장하기를, 오히려 다른 개념으로 도덕 행위를 설명하는 것이 더 적절하다는 것이다. 사람들은 일상생활에서 의심하거나 검증할 필요 없이 신뢰성을 가지고 실행하는 행동들이 있다는 것이다. 예를 들어, 내가 집을 나올 때 문을 잠그고 나온 사실에 대해 따질 필요 없이 신뢰성을 부여할 것이며, 빨래를 한 세탁물은 한나절이 지난 지금 거의 말랐을 것이라든가, 내가 자주 방문하는 식당은 매주 월요일만 문을 닫으므로 수요일 저녁 그곳에서 식사를 할 수 있다는 생각도 신뢰할 수 있다. 이 같은 신뢰를 "무검증적 신뢰(default trust)"라고 부른다. 그는 말하기를,

> 만약 내가 p에 다른 대안이 있다는 생각을 가질 수 없다면, "p가 불가능하다." 같은 나의 말은 나 자신의 상상력(imagination)과 내가 p의 내용에 대해 자유로운 구사(command)를 할 수 있음을 보여주는 것이다.[14]

다시 말하면, 내가 p라는 규범에 대해 충분히 알고 있으며, 그 내용 또한 신뢰하고 있을 때, p가 포함된 도덕적 주장에 대해 나의 자유로운 판단이나 평가를 제시할 수 있다는 것이다. 이런 신뢰에 근거한 생각은 당연히 자명한 (self-evident) 것으로 받아들여지며, 이런 신뢰는 경험의 축적으로부터 나온다는 것이 레일톤의 주장이다. 그런데 그는 또 말하기를 이 "무검증적 신뢰"는 맹목적인 것이 아니다. 경험의 진전을 통해 특정한 규범에 대한 신뢰가 철회될 수도 있지만, 도덕체계에 대한 신뢰성 자체가 없어지는 것은 아니라고 한다. 그래서 이 신뢰를 "무검증적 철회 가능한 신뢰(default defeasible trust)"라고도 부르게 된다.

레일톤은 주장하기를, 바로 이 "무검증적 철회 가능한 신뢰"가 도덕 행위유발에 결정적 역할을 한다고 한다. 이성적 사유로써 도덕규범을 확인하는 방법이 아닌 "무검증적 신뢰"를 통한 도덕규범을 신뢰하고 또 경험을 통해 점점 배워가면서 그런 규범을 교정해 나가는 것이라고 주장한다.

---

14) Peter Railton, "How to Engage Reason: The Problem of Regress," 187쪽

"무검증적 신뢰"는 우리로 하여금 배움과 사고함의 첫 단계를 시작하게 한다. 또한 이 신뢰는 우리로 하여금 두 번째 단계로 나아가게 하며, 첫째 단계와 두 번째 단계를 비교하거나 그들의 갈등 속에서 세 번째 단계로 나아갈 수 있는 것이다.15)

레일톤에 의하면, 주어진 도덕규범에 대한 신뢰가 먼저 주어지고 그것을 경험을 통한 배움의 과정에서 수정하게 된다는 것이다. 그래서 "무검증적 철회 가능한 신뢰"가 필요하다는 것이다. 레일톤의 주장은 도덕생활의 한 측면을 설명하고 있다. 많은 사람들이 어려서부터 도덕교육을 받는 과정이 이 "무검증적 철회 가능한 신뢰"를 채택하고 있다. 부모나 사회가 가르치는 도덕규범에 큰 의심을 하거나 반박을 하기보다는 일단 그것을 수용하는 것이 도덕교육의 과정이다. 물론 경험이 쌓이고 사리판단을 더 잘하게 될 때에는 기존의 도덕규범에 대해 비판이나 수정이 가능하게 될 것이다. 그러나 그렇다고 해서 모든 도덕규범과 도덕 체계에 대해 신뢰를 철회하기보다는 특정한 규범에 대한 신뢰의 철회와 그로 인한 수정이 일어난다고 봐야 한다. 레일톤의 "무검증적 철회 가능한 신뢰"는 많은 도덕 행위자의 도덕습관과 견해를 잘 설명한다고 할 수 있다.

이런 신뢰가 도덕 행위의 핵심에 존재한다면, 레일톤은 또한 "믿음과 욕망의 결합(belief-desire pairs)"으로 도덕 행위를 설명하는 것이 가장 바람직하다고 주장한다.16) 이렇게 "무검증적 철회 가능한 신뢰"는 도덕적 전통에 대한 신뢰이다. 다시 말하자면, 레일톤의 방식으로 도덕 행위를 설명하는 것은 도덕적 전통에 대한 신뢰가 우선이고, 맥키와 같이 도덕적 전통을 주어진 것으로 보지 않으면 안 된다. 그런데 레일톤은 소위 이성론자들도 자신과 같은 욕망과 바람의 개념들을 수용하고 있다고 지적한다. 보통 이해하기를, 이성론자들이 도덕적 행위에서 욕망을 배제하려 하는데, 이것은 올

---

15) Peter Railton, "How to Engage Reason: The Problem of Regress," 190쪽.
16) Peter Railton, "How to Engage Reason: The Problem of Regress," 191쪽.

바른 이해가 아니라는 것이다. 오히려 많은 이성론자들, 예를 들어, 칸트나 조세프 라즈(Joseph Raz) 등은 이 욕망을 적극 수용한다는 것이다. 레일톤이 인용한 라즈의 말을 들어보자.

> 우리는 우리가 욕망을 가질 가치가 있는 것들을 욕망의 대상으로 놓기 때문에, 우리의 욕망은 인식된 사유에 대한 반응 가운데 하나이다. 이것은 좋은 선생이 되고 싶은 욕망만큼이나 목마를 때 물을 마시고 싶은 욕망에 두루 다 적용된다.[17]

라즈의 말인 즉, 욕망이라 함은 가치 있는 것을 추구하기 위한 행위 논리(reason)라고 할 수 있다는 것이다. 그러니 도덕 행위도 도덕가치를 추구하기 위한 욕망의 발현이라 할 수 있는 것이며, 그 욕망을 행위의 논리로 볼 수도 있다는 것이다. 현대의 대표적 이성론자들 중 한명인 라즈조차 욕망의 중요성을 간과하지 않는다는 것이 레일톤의 주장이다.[18] 레일톤은 이런 욕망의 중요성을 칸트의 이론에서도 찾아볼 수 있다고 주장한다. 레일톤이 인용한 칸트의 말은 다음과 같다.

> 삶이란 욕망 체계의 법칙에 따라서 존재가 행동하는 체계를 말한다. 욕망의 체계는 존재의 구성 체계인데 욕망을 발현(representation)하는 수단으로 이런 욕망 발현의 대상물들에 실재성의 근원을 부여한다. 쾌락(육욕)은 행위의 대상과 내적인 삶의 조건이 서로 화합됨을 나타내는 것이다. (......) 이 비판의 목적상 더 이상 심리학으로부터 빌려 온 개념들에 대해 논할 필요성은 없는 것 같다. (CPrR 5: 8n)[19]

칸트의 말과 같이 욕망이 인간 행위의 중심에 있다면 각종 윤리적 행위도

---

17) Peter Railton, "How to Engage Reason: The Problem of Regress," 192쪽.
18) 조세프 라즈의 입장이 충분히 설명되고 있지 않다. Joseph Raz, Practice of Value, "Reason, Reasons, and Normativity" 등을 참고할 것
19) Peter Railton, "How to Engage Reason: The Problem of Regress," 194쪽. 이 인용문은 칸트의 *Critique of Practical Reason*(실천이성비판)으로부터 온 것으로 보이는데 정확한 위치를 찾을 수 없음.

욕망에 근거해서 보는 것이 더 낫다는 레일톤의 주장이다. 도덕 행위자들이 보편적 이성을 발휘하는 경우는 없고, 욕망과 바람으로써 행위를 실행한다면, 도덕 경험론이 옳다는 결론을 내릴 수 있다. 그런데 라즈나 칸트가 자신들의 이성론을 포기하고 레일톤의 경험론을 뒷받침한다고 볼 수 있을까? 만약 아니라면 상기한 칸트의 입장과 이성론자 칸트는 어떤 연관성이 있으며 어떻게 각각을 자리매김하게 할 수 있을까?

이런 의문들은 레일톤 이론에 대한 비판적 검토와 함께 다루어 보기로 하자. 먼저 레일톤의 이론은 맥키보다 진보된 측면이 있다. 앞서 맥키의 이론에서는 도덕 전통을 내재화해야 하는 문제가 있었는데, 레일톤은 "무검증적 신뢰"를 제시하면서 내재화의 문제를 어느 정도 방어했다고 할 수 있다. 또한 필자는 맥키의 이론에서 도덕 전통의 변화에 대해 맥키가 할 수 있는 말이 없음을 주장했었는데, 레일톤은 "철회 가능한 신뢰"를 말하면서 도덕 전통 변화에 대한 설명의 여지를 남기고 있다. 그러나 레일톤의 이론에서 가장 큰 문제는 맥키와 같이 사적 욕망의 추구와 도덕규범체계 또는 도덕전통이 어떻게 조화될 것인가 하는 점이다. 앞서 보았듯이, 레일톤은 사적이익을 추구하는 과정에서 사람들이 자신들의 "객관적 이익"을 알게 되고 그 객관적 이익을 추구하게 된다고 보았는데, 도덕의 문제는 그렇게 단순한 것이 아니다. 즉, 도덕규범을 따르고 도덕 행위를 실행하는 것이 모든 사람들의 "객관적 이익"이 된다고 단정할 수 있을까? "죄수의 딜레마"에서 보았듯이, 사적이익의 추구와 도덕적 "객관적 이익"의 추구에는 많은 경우 갈등이 따를 수밖에 없는 것이다. 더군다나 사적이익만을 추구하던 각 개인들이 도덕규범을 자신의 "객관적 이익"으로 받아들인다는 것 자체가 의문스러운 일이다. 맥키와 같이 보편적 또는 이론적 이성을 거부하는 레일톤에게 도덕적 "객관적 이익"을 합의할 수 있는 수단이 없다고 할 수 있다. 옳고 그름의 기준 또는 도덕규범을 어떻게 구성할 수 있는지를 레일톤의 욕망에 근거한 이론에서는 논의할 방법이 없고, 그런 기준과 규범이 도덕적 전통으로 주어짐을 확인할 수 있을 뿐이다. 그런데 레일톤은 이 문제가 도덕적 이성론에서도 발생하는 것 같은 인상을 준다. 그것은 라즈와 칸트를 인용하면서 도적 이성론자들조차 욕망이 도덕 행위의 중심에 있는 것처럼 보이게 하고 있다. 그렇다면, 도덕 이성론에서 욕망의 역할은 어떤 것인가?

4. 도덕규범의 확립과 도덕규범에 의한 행위

칸트는 욕망이 인간의 행위에서 큰 비중을 차지하는 것을 절대 부인하지 않는다. 그러나 욕망은 한 사람의 내면에서도 서로 경쟁과 충돌을 유발하며, 사회 전체적으로도 똑같은 문제를 야기한다는 사실에 주목하는 것이다. 따라서 욕망 간의 충돌을 제어해서 인간의 행동을 어떤 규칙성(예를 들어, 도덕규범)에 따르도록 하는 것이 필요한 것이다. 그는 다음과 같이 말한다.

> 모든 물질적이고 실제적인 행위규칙들은 그 의지를 결정하는 근거를 욕망의 낮은 기능에 두게 된다. 그리고 만약 그것을 결정함에 순수하게 형식적인 의지의 법칙이 없다면, 우리는 높은 수준의 욕망 또한 존재한다고 인정할 수 없을 것이다.[20]

인간의 행동은 어떤 욕망에 의해 실행된다고 할 수 있으나 욕망에 의한 행위들을 좀 더 높은 수준으로 이끌어 올리기 위해서는 순수하게 형식적인 의지의 법칙(purely formal laws of the will)이 있어야만 한다. 방탕한 행위를 하게 하는 것도 욕망이며, 숭고하거나 도덕적 행위를 실행하는 것도 어떤 욕망에 근거한 행동이라고 할 수 있는 것이다. 이기적이고 남을 해치는 행위도 욕망에 근거하는 것이고, 남을 돕는 행위도 욕망으로부터 나올 수 있는 것이다. 문제는 어떻게 이런 욕망들이 지속적이고 원칙에 입각한 도덕적 행

---

20) Immanuel Kant, *Critique of Practical Reason*, 21쪽

위로 발전하게 하는 것인가에 달려있다. 여기서 낮은 욕망을 제어하는 도덕규범의 필요성이 대두되는 것이며, 칸트는 이것을 보편적 이성에 의해서 만들 수 있다고 보는 것이다. 그래서 칸트의 도덕 행위 이론에서는 두 가지 측면이 있다고 말할 수 있는데, 첫째는 자연적인 인간들의 행위, 즉 법칙성이 없이 자신들의 욕망 또는 자연적 성향에 의해서 행해지는 행위에 대한 설명이다. 그런 행동들에는 동정심이나 측은함 등에 의한 행동이 있을 수도 있으나 이런 행동들을 도덕적 행동이라고 보기는 어렵다. 두 번째는 그런 욕망들을 통제해서 이성에 의한 법칙성을 마련하여 욕망의 발현을 "높은" 수준으로 끌어올리는 것이다. 이 단계에서만이 도덕적 행위가 가능하다고 칸트는 보고 있는데, 그 이유는 자연적인 욕망과 성향(inclination)이 충분히 제어되어 도덕규범 같은 보편적 규칙이 마련되었기 때문이다. 칸트의 두 입장은 인간들의 도덕생활 두 측면을 각각 설명하는 것이며, 칸트가 욕망의 역할을 인정했다고 해도 그것은 레일톤의 의도와는 다른 역할을 하는 것이다.

도덕규범이 만들어졌다면, 일상적인 도덕 행위자들은 어려서부터 도덕교육을 받고 거기에 따라 도덕 행위를 한다고 볼 수 있다. 레일톤이 말하는 "무검증적 철회 가능한 신뢰"에 따라 도덕생활을 영위할 수도 있는 것이다. 그의 말대로 특정한 도덕규범에 대한 수정은 있지만, 사람에 따라 도덕규범 체계 전반에 대한 의심이나 수정은 불필요할 수 있는 것이다.21) 이 부분이 도덕적 경험론으로 충분히 설명 가능한 영역이다. 그러나 여기에도 다양한 형태의 도덕 행위자가 있을 수 있다. 극단적으로 도덕파탄자의 경우 이러한 신뢰가 처음부터 없을 수도 있고, 교조주의자 같은 경우, 도덕규범에 대해 "무검증적 철회 가능한 신뢰"보다는 "절대적 신뢰"를 보낼 수도 있다. 어떤 사람들은 도덕규범 체계 전반에 대한 의심이 들 수도 있고 그 근거에 대한 궁금증이 생길 수도 있다. 그래서 "무검증적 철회 가능한 신뢰"보다는 검증

---

21) 레일톤과 비슷한 주장으로, James Lenman, "Humean Constructivism in Moral Theory"을 참고할 것. 렌만은 레일톤과 흡사한 이론을 전개하고 있으니 장단점 역시 공유한다고 할 수 있다.

을 통한 "법칙성에 대한 신뢰"가 중요할 수 있다. 이런 사람들은 극소수일 것이며 도덕철학에 대한 깊은 흥미가 생겨야 그런 생각에 미칠 수 있을 것이다. 그런데 이런 탐구는 도덕 행위자의 경험적 행태분석으로 설명할 수 없는 영역이다. 이성적 사고로써만이 탐구가 가능하다고 할 수 있다.

5. 맺는말

본 논문의 주된 관심사는 도덕 경험론에 어떤 문제점이 있다는 것인 바, 이제까지 설명으로 그 부분이 충분히 제시되었다고 본다. 도덕 경험론은 대개 평균적 도덕 행위자를 대상으로 인식론적 분석에 집중하고 있다. 평범한 도덕 행위자가 어떻게 도덕규범과 가치를 인지하는가에 대한 분석과 또 어떻게 도덕 행위를 실천하는가에 대한 행태분석이다. 그런 분석들을 바탕으로 경험론자들은 도덕규범 체계의 본질에 대해서도 진단을 내리고자 한다. 그러나 경험적 도덕 행위자는 전통으로 주어진 도덕규범 체계의 범주 안에서 도덕생활을 영위하기 때문에 도덕규범체계의 본질에 대해 경험하지 않는다. 주어진 도덕체계 안에서 생활하고 행동하는 것을 분석하는 것은, 그 도덕규범 체계가 어떻게 만들어지는가를 분석하는 것과 다르다. 욕망과 도구적 이성이 일상적 도덕행태의 분석 수단이 될 수 있지만, 도덕규범 체계의 본질을 분석할 수 있는 도구(즉 보편적 이론적 이성)는 경험론자들 스스로가 포기하는 것과 같다. 맥키의 경우, 도덕규범들은 "만들어지는(invented)"것으로 규정하고도 그는 도덕규범들이 어떻게 만들어질 수 있는가에 대해서는 의미 있는 설명을 전혀 제시하지 못하고 있는데 바로 도구적 이성만을 수용하고 있기 때문이라 할 수 있다. 레일톤도 도덕 행위자의 행위가 욕망에 근거한다는 행태 분석에 그칠 뿐, 다양한 욕망들이 어떻게 도덕규범으로 발전하고 도덕체계가 만들어지는지를 설명할 길이 없다.

마지막으로 고려하고 싶은 것은, 레일톤 같은 도덕 경험론의 주요한 주장 중 하나인 욕망만이 행위의 동기부여를 할 수 있다는 점이다. 이제까지 필자는 욕망으로서는 도덕규범 체계를 설명할 수 없다고 주장했는데, 레일톤은 욕망을 고려하지 않고서는 도덕 행위와 도덕규범을 설명할 수가 없다는 것이다. 그러나 도덕규범 체계는 옳고 그름의 기준들이지만, 행위들에 의해서 이 기준들이 정해지는 것은 아니다. 각 도덕규범들은 행위자들이 그 규범을 따르지 않아도 행위의 기준으로 존재할 수 있는 것이다. 예를 들어, 많은 사람들이 서로 훔치고 속이는 사회가 있다고 해도, "남의 것을 훔치거나 남을 속이는 행위는 나쁘다"는 규범이 존재할 수 있다. 또한 욕망만이 행위의 동기라고 보기도 어렵다. 행동을 사유와 의지로서 자제하기도 한다. 예를 들어, 방탕한 생활이 주는 쾌락에 빠지고 싶은 욕망이 있지만, 이성적 사유를 통해 스스로의 욕망을 자세하기도 하는 것이다.[22] 이렇듯 욕망이 일반적 행위에 큰 영향력을 갖고 있다 해도 도덕 행위나 규범과 필연적 관계를 갖고 있지 않다면, 욕망으로써만 도덕 행위와 도덕규범을 설명하려는 도덕 경험론의 문제가 재삼 부각될 수 있다고 말할 수 있다.

---

22) 많은 도덕 경험론자들이 이성이 욕망을 자제한다는 것을 회의적으로 보지만, 조나단 댄시는 그렇지 않을 수 있음을 주장한다. Jonathan Dancy, "From Thought to Action"을 참고할 것.

참고문헌

Dancy, Jonathan, "From Thought to Action," in *Oxford Studies in Metaethics* 9, 2014.

Darwall, *Moral Discourse and Practice*, Oxford University Press, 1997.
Stephen, et.al,

Kant, Immanuel, *Critique of Practical Reason*, Lewis W. Beck ed, New Jersey: Prectice Hall, 1993.

_____, *The Metaphysics of Morals*, Mary Grogor ed, Cambridge: Cambridge University Press, 1996.

_____, *The Groundwork of the Metaphysics of Morals*, Mary Gregor ed, Cambridge: Cambridge University Press, 1997.

Korsgaard, C. M, *Self-Constitution*, Oxford University Press, 2009.

Lenman, James, "Humean Constructivism in Moral Theory," in *Oxford Studies in Metaethics* 5, 2010.

Mackie, John, *Ethics: Inventing Right and Wrong*, England: Penguin Press, 1977.

Railton, Peter, "Moral Realism" in *Moral Discourse & Practice*, 1997.

_____, "How to Engage Reason: The Problem of Regress" in *Reason and Value*: Themes from the Moral Philosophy of Joseph Raz, 2004.

Raz, Joseph, *Practice of Value.* Oxford: Clarendon Press, 2003.

_____, "Reason, Reasons, and Normativity," in *Oxford Studies in Metaethics* 5, 2010.

Russ Shafer-Landau, *Oxford Studies in Metaethics* 5, Oxford University Press, 2010.
ed,

_____ed, *Oxford Studies in Metaethics* 9, Oxford University Press, 2014.

Wallace, R. J, ed, *Reason and Value*: Themes from the Moral Philosophy of Joseph _____Raz, Oxford: Clarendon Press, 2004.

Abstract

A Problem of Moral Empiricism
in Connecting Desire with Moral Norms

Youn, Hoayoung[*]

This article argues that moral empiricism has a definite disadvantage compared to moral rationalism. The former argues, by focusing on moral agents' behavior such as desires and wants, that it can explain away the nature of moral norms and structure through an epistemic analysis. In contrast, moral rationalism holds that moral norms and structure can be constructed or analyzed by universal or theoretical reason. Moral empiricists deny the function of reason in this matter. The author examines John Mackie and Peter Railton, both of whom can represent moral empiricism, to show that moral empiricism's argument is unjustified. The empirical analysis as theirs confirms and relies only on the existence of given moral convention, rather than illustrating how the convention can be formed or changed. The reason for this difficulty comes from the inadequacy of empiricists' tools that are wants, desires, and instrumental reason. These can be meaningful only within the range of given moral convention, so the tools cannot be applied beyond what lies beyond the range — that is, the examination of how the moral norms and structure are made. This examination is not an empirical research, so that it can be dealt only by transcendental reason. Meanwhile moral rationalism can accommodate instrumental reason or desire—major weapons wielded by moral empiricism. That is, moral rationalism admits that average moral agents can be motivated by wants and desires, or by instrumental reason. But wants and desires are not consistent at all, and conflictive with each other, so that moral norms and system can be constructed only by rational thinking. Then moral agents can internalize moral norms and maintain moral life with the trust in the given moral system — so-called moral convention. This epistemic explanation or description on this moral behavior can be a contribution from moral empiricism, but it cannot be said, the author argues, that the explanation is solely right.

Key words: Moral Empiricism, Moral Rationalism, Immanuel Kant, John Mackie, Peter Railton

논문접수일: 2018년 11월 19일 　　논문심사일: 2018년 12월 11일
게재확정일: 2018년 12월 20일

* Professor. Pierson College, Pyeongtaek University, younh@ptu.ac.kr